Joseph Jacobs

An Inquiry into the Sources of the History of the Jews in Spain

Joseph Jacobs

An Inquiry into the Sources of the History of the Jews in Spain

ISBN/EAN: 9783337061586

Printed in Europe, USA, Canada, Australia, Japan

Cover: Foto ©ninafisch / pixelio.de

More available books at **www.hansebooks.com**

AN INQUIRY INTO THE SOURCES

OF THE

History of the Jews in Spain

BY

JOSEPH JACOBS

Corresponding Member of the Royal Academy of History, Madrid, and of the American Jewish Historical Society, Washington.

LONDON:
DAVID NUTT, 270 & 271, STRAND.

1894.

To

F. D. MOCATTA, Esq.

Dear Mr. Mocatta,

At length I am enabled to place before you the results of the mission which you were good enough to intrust to me more years ago than I care to remember. The array of volumes of which I have been guilty in the interim will, at least, convince you that the cause of the delay has not been idleness.

Nor can I accuse myself of any want of diligence during the time I was working in Spain. The volume you now have before you is in the main the result of twenty-eight working days, and I can never hope to put more work into the same space of time. For Alcalá, Barcelona, Madrid, and Pamplona I have managed to place Jewish scholars outside Spain in a better position than if they had lived in any of those cities before I started on my travels, and this was the main object you had at heart. If similar lists could be procured for Burgos, Leon, Valencia, Toledo, Seville, and Saragossa, the bulk of the Spanish deeds relating to the Jews would be accessible. Much would remain to be gleaned from the municipal archives of towns like Lérida, Gerona, Tudela, Huesca, Avila, and elsewhere : but these can only come to light by chance, not research, which could rarely succeed in extricating the Jewish needles from the bundles of Spanish hay.

I have not been able to append many documents of interest to my calendar ; my aim was to obtain a list of documents rather than transcripts of the documents themselves. It was only by rigidly refraining from peeping at documents of interest as I came across them in the catalogues of the archives that I was enabled to make my lists so far as possible complete. Nor could I check or control in any way the entries of the archivists, which I have left in exactly the same form as regards spelling and punctuation as that in which I found them. This will account for the various ways in which proper names are spelt; these I have left as I found them, merely collecting together the various forms in the indexes at the end. To have attempted to check them by the documents at the time would have reduced my spoil to one tenth of its present extent, to have checked them by correspondence afterwards was beyond my power. I have not even attempted to alter some eccentricities of spelling which occurred in my authorities ; the readers to whom I appeal will not be much disturbed by omissions of aspirates or confusions of g and j. If London printers have at times made this confusion worse confounded, they may possibly be forgiven on the score of the general accuracy with which they have reproduced my entries.

Dedicatory Letter. vii

I have added to the calendar of documents transcripts of a few which seemed to me, for various reasons, of special interest, a report on documents at Manresa which I was not myself able personally to visit, and a general discourse in Spanish on Jewish historiography in general and on Spanish Jewish history in particular, which I contributed to the *Boletin* of the Royal Academy of History of Madrid on being elected a corresponding member of that body. To make this book as useful as possible for students of Spanish Jewish history I have added a bibliography of the subject and a list of Spanish Jewish rabbis, with their dates and places of residence, more for the use of Spanish archivists in these various localities than for the experts in Jewish literature, who could doubtless supplement my list. Finally, I have drawn attention, in an introduction, which is intended to serve as a sort of Index Rerum, to the main points of interest in the documents I have unearthed. This is reproduced, practically unchanged, from the pages of the *Jewish Quarterly Review*, in which it first appeared. I have to thank you for permitting me to let it appear there, and the editors for allowing me to reproduce it here.

During my stay in Spain I was received with much courtesy by various archivists, and by the small but capable band of Spanish students of history who are interested in our subject. In particular I have to mention among the first, Don S. Bofarul y Mascaro, the genial and erudite keeper of the Royal Records of Aragon at Barcelona, and, among the latter, Don Fidel Fita, who has himself done so much for Spanish Jewish history, and Don F. Fernandez y Gonzalez, his worthy coadjutor in the same field. Lastly, I was helped throughout my researches by the advice and encouragement of the late M. Isidore Loeb, who took the greatest possible interest in my researches, dealing, as they did, with a subject of which he was complete master. My regret is poignant that he did not live to see more than the first two or three sheets of this book, which owed so much to his encouragement. It is difficult to express adequately the loss which Jewish history in general, and Spanish Jewish history in particular, have sustained by M. Loeb's death. He alone among the younger men was equally master of Jewish literature and Spanish records.

      I remain, dear Mr. Mocatta,

        Yours very faithfully,

          JOSEPH JACOBS.

18, LANSDOWNE TERRACE,
  WEST HAMPSTEAD,
    LONDON, N.W.
August 1st, 1894.

TABLE OF CONTENTS.

EL TRANSITO, TOLEDO, from a Drawing . *Frontispiece.*

	PAGE.
DEDICATORY LETTER.	v.
INTRODUCTION.	xi.
ALCALÁ DE HENARES (1—100)	1
BARCELONA (101—1227).	9
BRITISH MUSEUM (1232—1240)	66
EL ESCORIAL (1241—1253)	67
MADRID (1260—1365)	69
MANRESA (1366—1373)	81
PAMPLONA (1380—1680).	82
SIMANCAS (1681—1695)	124
APPENDIX	126

DOCUMENTS (Nos. 101, 214, 215, 289, 500, 501, 502, 504, 1240, 1281, 1291, 1294, 1296, 1304, 1321, 1690, &c.)	129
LOS JUDIOS DE MANRESA, POR SR. E. TÁMARO	154
LOS PERIODOS DE LA HISTORIOGRAFÍA JUDÍA, POR J. J.	160
JEWISH WRITERS IN SPAIN	169
TOWN LIST	202
BIBLIOGRAPHY OF SPANISH JEWISH HISTORY	213
INDEX LOCORUM	245
INDEX NOMINUM	250

NOTE.

THE seal on the title-page was first published in my *Jews of Angevin England*, 1892, p. 26. It was found in Scotland, and is now preserved in the Museum of the Society of Antiquaries at Edinburgh. The inscription on the seal runs as follows :

שלמה בר יצחק אלמעםם א̱ללה וליה.

Except the name, this gives no sense in Hebrew. The late M. Loeb, with the aid of M. Joseph Derenbourg, of the Institute, discovered that the inscription was Arabic in Hebrew characters, and may be interpreted

𝔖olomon ben 𝔍saac, who has donned the turban, may 𝔄llah guard him!

I have conjectured that he was a Spanish Jew of Andalusia, who had been forced to adopt Islam (" don the turban ") after the persecutions of 1145, and then made his escape to England. His seal may, therefore, be appropriately prefixed to an English book dealing with Spanish-Jewish history.

J. J.

---

* The letters אל are represented by a single composite letter.

INTRODUCTION.

In the autumn of 1888 I was entrusted with a mission to proceed to Spain in order to ascertain the extent and quality of the manuscript materials relating to the History of the Jews of that country. As the time at my disposal was not long, it did not enter into my plan of campaign to transcribe all or many of the documents I should chance to hit upon; I desired rather to bring back with me a list of the documents that existed, so far as this could be ascertained from the manuscript catalogues of the various archivists who kept charge of the documents themselves. By keeping rigidly to this self-denying ordinance, I was able to bring back with me a list of some 2,500 documents relating to the History of the Jews in Spain, and have printed a rough calendar of some 1,800 of them with their library press marks attached, so that anyone interested in the subject could, with little trouble, have any of the documents copied on the spot. I propose here drawing attention to the more interesting of these, treating of the various archives in the alphabetical order of their geographical position, and attaching in brackets the number of the item in my calendar.

ALCALÁ DE HENARES.

It was not in my original plan intended to collect materials about the History of the Inquisition in Spain, or even with regard to that portion of it which related more strictly to Jews. But on paying a visit to Alcalá de Henares I found the only documents among those housed in the magnificent palace of Cardinal Ximenes in that city which had reference to Jews, dealt with the Inquisition. As the railway arrangements of Spain obliged me to stay several hours in the town before a return train could be taken, I selected from the descriptive slips of the Inquisition papers a number of items of Jewish interest.

There are two sets of *Legajos*, or packets relating to the Inquisition at Alcalá, bearing upon the trials of those who are accused of "Judaism." Sixty packets (Leg. 130-189) contain some 806 trials on this charge held before the Inquisition of Toledo, while thirteen other packets (Leg. 34-46) treat of 280 similar trials at Valencia. Some 900 descriptive slips give the names and particulars of the Toledo cases[1]; those of Valencia have not yet been calendared. From the former I selected specimen cases illustrating various aspects of the Inquisition's work, or interesting for other reasons. Thus, it was curious to find an Indian slave of Don Diego Alvarez de Coto accused of Judaism (38). Again, in several instances, the unfortunate victims were subjected to the tender mercies of the Holy Office several times (6, 35, 45, 46, 58, 61), in one case, that of Isabel Nunez (45), no less than six times. In other cases, proof of the accused having been subjected to torture caused me to select it for description (2, 61). The tender age of Inez Gonzalez and Isabel Ortolan (30, 31), each ten years of age, caused me to include them in the list. Some cases included those of members of religious orders, as the Licentiate Don Miguel Doliz (18), and Friar Juan (37). In one case (52) the trial was interesting, as there was attached to it evidence that an appeal was lodged against it 150 years after it had been decided. This was doubtless in order to settle the heraldic pretensions of the descendants of the accused to ",purity of blood" (*limpieza de sangre*). In the seventeenth century it became quite usual to have trials before the

---

[1] From these Don Fidel Fita selected the items relating to the fifteenth century in the *Boletin* for 1889.

Inquisition for this purpose, and we shall see when we come to Simancas that large materials exist for ascertaining the truth of the statement often brought forward that a large portion of the nobility of Spain have Jewish blood in their veins. In several instances at Alcalá a genealogy was attached to the trial in order to prove Jewish descent, and whenever this was mentioned in the descriptive slip, I included this in my selection as likely to be of use to those who have, like my friend, Mr. Lucien Wolf, been studying the genealogy of Jewish families. Such tables of descent are, e.g., attached to Nos. 2, 14, 16. In the same interest it was useful to give the many aliases contained in the lists. Nos. 6, 29, 39, 47, 56, were prominent examples; above all, it was interesting to find in these lists so many names which lend a lustre to the early annals of the Sephardic Jews in this country, e.g., Brandon (9), Caceres (10), Diaz-Mendez-Brito (15), Pereira Enriquez (19), Espinosa (21), Fonseca (23), Garcia (24-26), Andrade (35), Machado (36), Matos (40), Mendez (41-43), Rodrigues de Seseña (52), Sosa (60, 61), Cohen Villareal (63). There is obviously here ample materials for one of the great *desiderata* of Jewish literature, an adequate history of the Marranos or secret Jews of the Peninsula. I know of no subject more fascinating, more full of romantic episodes and interesting sidelights on international history.

One set of papers, contained in packet 189 and numbered 889, was specially interesting in this connection, as it included some twenty lists of various persons examined before the Inquisition at Cordova, Granada, Murcia, Seville, Saragossa, and other places; and it would be highly desirable that the whole of these lists, numbering some 1,500 names, should be copied out and published. One of them (67) was of peculiar interest, as it contained a reference to the wide spread commercial transactions of the Gradis family, the Rothschilds of the seventeenth century.[1] This

---

[1] See Graetz, "Die Familie Gradis" in *Monatsschrift*. Neue Folge, vii. and viii.

xiv *MS. Sources of the History of the Jews in Spain.*

"Memoria" even gives some pages from the ledger of the Gradis. Other papers (86-91) give evidence of the terrible power that might reside in a single person's hands, referring to several hundred persons who are suspected on the testimony of Amanda Pimentel and her sister.

In the case of the Valencia denunciations, as there were no descriptive slips, I had to have out three of the packets of cases and go through them. This brought out one curious result, since one case, the process of Galavandrez Adret (94), probably a descendant of Solomon Adret, filled a whole manuscript volume, which was bound together by a strip of parchment from a scroll of the Law. Indeed, most of the processes seem to extend to a volume, and it was the custom, at Valencia at any rate, to decorate volumes with serrated flames like those which covered the robe of a San Benito (98). One of these trials, that of Bonorsi Brianda is a "cause célèbre"; similarly in the Toledo cases, one packet is devoted to the celebrated case of El Cristo de la Paciencia (13). It was noteworthy how wide was the field of employment among these victims of religious intolerance. In many cases the occupation of the accused was mentioned, and I noticed carpenters, tailors, jewellers, apothecaries, silk merchants, hatters, tobacco merchants, and parchment sellers, among those given.

It is obvious that there are sufficient materials at Acalá alone to occupy one man's lifetime in the study of the transactions of the Inquisition; no less than 1,200 cases exist here with full details and testimonies and witnesses on the conduct of the Jews; a mass of information could be here obtained as to the traces left of the Hebrew nation, as it is so often called, after the more steadfast portion of it had been driven forth from Spanish soil.[1]

---

[1] The latest and most elaborate History of the Inquisition, that of F. C. Lea (New York, 1889, 3 Vols.), does not even touch upon the trials for "Judaism," though Mr. Lea repairs the omission in his later work.

BARCELONA.

Few European States can possess such a magnificent set of archives as those of Aragon, now lodged in one of the former palaces of the kings of Aragon in Barcelona. Here every deed that issued from the Royal Chancery from 957 up to the consolidation of the Spanish Monarchy in 1492 exists in a copy made in one of the four thousand "Registros" dealing with that period. These form practically a huge copy letter book, in which all the kings' correspondence is given in full. I reckon that there could not be much less than twenty thousand State papers referring to the Jews of Aragon contained in this collection; but the full number could only be ascertained by going through page for page each of the Registros, a work which will occupy a trained observer at least ten years of his life. To copy them all might easily fill up the lifetimes of five enthusiasts. In the scant time at my disposal in the former Capital of Aragon I could merely extract from the indexes of the Registros those items which were stated to refer to Jews. Now these indexes have been drawn up with various degrees of thoroughness, becoming more and more scanty as time goes on; for the first forty Registros, dealing with the twenty years 1257-76, they are very full of abstracts of the contents of almost each page. Then from Registros 200 to 860—that is, from 1290 to 1340—the entries become very much more scanty, while for the remaining 150 years of the stay of the Jews in Aragon, there exists only an alphabetical index which gives but little clue to the contents of the entries indexed. For I feel sure that thousands and thousands of documents are not indexed at all for that part of Aragonese annals. I have, therefore, only been able to give few references, selected almost at hazard from the Rubric "Judios" in this last index. But for the earlier period, 1257-1340, I have a detailed account of some eleven hundred documents, containing a skeleton history of the Jews of Aragon during those eighty years. Skeleton is the proper word to employ in such a case, for it is but seldom the dry bones of history, as viewed by the civil servants of the king, can be clothed with the flesh and blood of humanity.

A large proportion of these documents relate to the fiscal contributions of the Jews of the crown of Aragon. As in the rest of Europe, Aragonese Jews constituted indirect tax-gatherers for their king, for whom they held their wealth in trust. By the aid of the documents which I have roughly calendared, it will be an easy task for the future student of Spanish annals, who will be fortunate enough to visit Barcelona, to determine the exact proportion of the king's wealth which was sweated out of Jewish usury.

I have myself copied and printed in an appendix several documents which give part of this information, especially one (App. VII.) which gives a sort of budget to the kingdom of Aragon for the year 1270.[1] From this it appears their direct contributions only amounted to some three per cent. of the whole revenue. But it would be impossible to accept this as a full statement of the case, as it leaves out of account the individual contributions of the richer Jews which flowed almost daily into the treasury.[2] Later on we shall see some evidence of the extent of this kind of tribute.

The deeds give a certain amount of information as to the occupations of the Jews of Aragon, though not so much as we should have desired. We hear of a broker (122), a dyer (128), a town clerk (258), horse dealers (260), money changers (264), moneyers (163, 361), sheep farmers (525), ship owners (466).

A Court doctor is mentioned in Nos. 400 and 1080, while on one occasion a Jewess is pardoned for prescribing medicines (1082).

---

[1] The late M. Loeb was especially interested in this class of inquiries, and I therefore collected as much as I could on the details relating to the Jewish population of Aragon.

[2] Another entry (504) gives the Jewish direct contribution at the much higher figure of 8 per cent. in 1270.

A large number of deeds are merely formal in character, dealing mainly with the king's mercantile transactions with his Jewish subjects. The list given below contains sufficient indication of the character and extent of these deeds.[1]

These deeds, like similar ones we shall have to note of Pamplona, are of the greatest possible importance in studying the mercantile development of Europe and the early history of European banking.

Very few of the deeds deal with criminal offences (234, 515, 550, 632), though a certain number are connected with cases of false evidence (234, 237, 434).

It is not often that the religious aspect of the Jewish question presents itself in these documents, though of course it really underlies the whole series. The chief entries of interest on this subject relate mainly to the preaching of the Friars to the Jews, or their disputations with them. The Jews do not appear to have been very willing hearers of sermons—at least, from Christian Friars —since it needed the services of the judges to cause them to attend either Franciscans (244) or Dominicans (247), while the Jews of Barcelona were ultimately freed from the infliction altogether (424, 426).

Full details are given of the celebrated disputation between Pablo Christiani and Moses Nachmanides. One and one only of these was known to Graetz from Boffarul (*Geschichte* VII., 418).[2] But besides this deed there are

---

[1] Balance-sheet: 183, 329, 332, 338, 367, 368, 369, 370, 385, 390, 391, 465, 468, 469, 498, 513, 519, 520, 562, 564, 569, 574, 577, 579, 600, 617, 618, 621, 722. Debitorio: 130, 134, 144, 156, 158, 159, 167, *et pass.* Receipt: 164a, 208, 221, 224, 297, 326, 328, 340, 347, 348, 349, 356, 357, 363, 371, 372, 376, 378, 406, 415, 420, 434a, 453, 559. Confirmation: 516, 726, 727, 1716. Consigna: 350, 352, 354, 355, 359, 360, 367, 368, 380, 384, 373, 516, 623, 702. Donation: 267, 291, 294, 407, 422, 463, 471, 475, 512, 521, 526, 534, 711, 733, 607. Pledge: 266, 269, 272, 405, 447, 535, 548, 565, 713, 725. Promissory note: 580, 734, 738. Pensions: 400, 403, 407, 422, 444, 605, 651, 659, 1105.

[2] Since my visit Père Denifle has published others. See *Revue des Études Juives*, t. xv. p. 16 *seq.*

several pardoning Nachmanides for his "blasphemies" during the disputation (289, 321, 323); while other deeds, in which he occurs under the name of "Astrugo Ravay," show in what favour he was held by the king, who absolved him from all tribute for the rest of his life (319). Others show that he was possessed of considerable means (313, 314, 320, 322, 430, 490). I have given in an appendix to my book the deed in which the king pardons Nachmanides for his blasphemy on account of the favour in which his majesty held his brother, Benvenist de Porta.

It was doubtless in connection with this disputation that a general order was issued to the Jews not to disturb the preaching of Pablo Christiano. Orders were at the same time given that passages of blasphemous character were to be expunged from Jewish books (248, 278). It was on this account doubtless that the writings of Maimonides ("Moyses hijo de Maymon Egipnachus," sic) were ordered to be burnt; it was stated that these works were entitled "Soffrim" (243). Somewhat later the Jews of Aragon got free from the Censorship by favour of the king, who ordered that their books need not be submitted to the Dominicans (325).

The above-mentioned Benveniste de Porta, brother of Nachmanides, was one of several Jews who figure largely in the transactions of the time. He was appointed bailiff in several towns of Aragon, and a large number of deeds exist connected with his transactions with the king. Of even greater importance was Jahudan de Cavalleria, who was bailiff of Barcelona itself for many years, and was undoubtedly the Rothschild of Aragon during his lifetime. Materials exist in my collections for determining the part played by this merchant prince in the consolidation of Aragon under James the Conqueror. A third name of almost equal importance is that of Astrugo Jacob Xixon.

One of the most interesting documents to which I obtained access was one relating to the family history of Don Chasdai Crescas, Jewish philosopher and controversialist. The late Dr. Joel has proved conclusively that Spinoza owed much that was peculiar and significant in his philosophy to the influence of Crescas' philosophical work, *Or Adonai* (Light of the Lord). Any detail relating to him must be regarded as of special interest, not alone to Jewish history, but in the general history of European speculation. It is by a mere chance that I fell upon the trail of the document. As I have before mentioned, the indexes to the later documents at Barcelona are very defective; so much so that I have not thought it worth while even to print the majority of the items I gleaned from these later indexes. They are arranged alphabetically, and I confined my attention to extracting the one item, "Judios"; but, after I had extracted this, I thought it would be worth while giving a cursory glance to the remaining letters of the alphabet, and I did not go unrewarded. Under the very first letter there is an entry relating to "Azday Cresques,"[1] which obviously related to the great philosopher. I have given it at length—and it is very lengthy—in the appendix to my calendar, and may summarise the effect of the long legal terminology in this place. It is a confirmation by John of Aragon, dated December 5th, 1393, of a privilege granted by his consort at Tortosa on the 15th of November of the same year. It appears from the document that Chasdai Crescas had been one of the executors of the will of his uncle Vitalis Azday, that owing to the disappearance of his co-trustees the estate of the deceased had got in bad order, and Crescas had, the document informs us, applied to the Queen for powers to administrate himself. These powers she grants, and her grant is confirmed by her royal consort. Crescas does not appear to be personally interested in his uncle's will, for the property seems to have been all left to the Jewish poor. It consisted of five tenements at Gerona, the locality and abuttals of each being given.

---

[1] In the *liste nominative of* 1392, this appears as Atzay Cresques.

These seem to have brought in a modest rental of £2. 4s. 6d. in all, though that sum would probably have to be multiplied by twenty to represent the corresponding value at the present day in Spain, and probably by twenty-five to give some idea of the amount of services and commodities which could be obtained for a similar sum in the contemporary England of to-day. It is obvious, from the terms of the deed and from the result of Crescas' petition, that he was in favour with both the King and Queen of Aragon. We shall see, when we come to Pamplona, that he enjoyed equal favour at the Court of Navarre.[1]

A few miscellaneous items in the Calendar may be here referred to before summarising the general aspects of the deeds. When the Jews were expelled from France in 1306 permission was given to those of Aragon to receive their persecuted coreligionists (752, 756). It is curious to observe that the executioner's fees were in one case contributed to the erection of Jewish Schools. We find Jews acting as guides to Saracens, but the king had his account in this, and license had to be obtained from him for that purpose (155). Certain articles of furniture were free from seizure for debt (152).

I will now proceed to sum up, somewhat in the form of a Code, various regulations for the Jews of Aragon which can be extracted from the Barcelona deeds. These of course could be largely supplemented from *fueros* and statutes which exist in print, and many of which are referred to simply as *Statutos de Judios* in my collections.[2] To these have to be added two charters of privileges (149, 414). But statutes may be passed without being observed, whereas in the following list of enactments we have tolerably certain evidence that they were in actual operation.

---

[1] I have noted a couple of deeds referring to the commercial transactions of Solomon Adret (215, 713). I have printed one of them in Appendix III.

[2] 195, 198, 210, 254, 255, 256, 261, 265, 271, 306, 310, 311, 316, 550, 587, 588, 720, 750, 765.

Introduction. xxi

BARCELONA.

CONSTITUTION.

(1.)—King could summon representatives from each Aljama to confer with him on communal matters, 500, 505, 1193.

(2.)—Jewish officers were nominated by the king, 279, 462, 768, 884, 990, 1066, 1061, 1219.

(3.)—Rabbis could be elected by the Aljama, 774, 1032.

(4.)—King could annul excommunication or interdict put upon the Jews by the ecclesiastical authorities, 586.

(5.)—King could remit charges brought by the Inquisition, 764, 873.

(6.)—Jews could elect their own notary, 599.

(7.)—Jewish notaries had special privileges, 779, 858, 867, 879, 1220.

(8.)—Town Council could elect Jew representatives to carry out Statutes of Jewry, 634.

(9.)—Safety of Jews was entrusted to bailiffs of towns, 417.

RESTRICTIONS.

(10.)—Licence was required to build a synagogue, 241, 788, 900.

(11.)—Synagogue services on days of festival were regulated by the king, 440.

(12.)—Licence was required to establish Jewish School, 315.

(13.)—Beth Hamidrash could not be restored without permit of king, 1177.

(14.)—Licence was required to purchase cemetery, 541, 791, 870, 930, 1039.

(15.)—King's permission had to be obtained to erect baths, 386, 484, 511.

(16.)—Permission had to be obtained to open gate and city walls, 482, 510.

(17.)—Jews had special slaughter-houses, 794.

(18.)—Licence was required to cover in a lane in front of houses, 604, 627, 882.

(19.)—Regulations as to dress, 427.

(20.)—Jews could be exempted from wearing badge, 771, 1080, 1088, 1147.

(21.)—Jews were not permitted to sell on Christian festivals, 1165.

(22.)—Licence required for selling meat to Christians, 426.

(23.)—Jews permitted to sell meat with throat uncut, 1166.

(24.)—Special permit required to bake Passover bread, 854.

(25.)—Jews were allowed at times to bake bread in royal ovens, 452.

(26.)—Permission had to be obtained to buy meat from the town butchers, 476.

(27.)—Jews could not change place of residence without permission, 112, 334, 1038, 1104, 1126, 1142, 1201, 1208, 1209.

(28.)—Limitation of Jewish Ghetto, 913, 979, 1022.

(29.)—A Jew changing residence paid one shilling in the pound, 302.

(30.)—Jews changing residence did not enjoy the rights of the local community without special concession, 270, 530, 736, 1089.

(31.)—Jews had to obtain special permission and safeguard to live outside the Jewish quarter, 123.

(32.)—Payment was required for general right of residence, 218, 235, 302, 421, 639, 751.

(33.)—Jews had to have passports, 153, 164, 389, 405, 721.

(34.)—General or individual safe-conducts to Jews were issued by the king, 566, 947, 972. 1049.

(35.)—King could withdraw concession conferred on one Jew and transfer it to another, 638.

(36.)—Sales and purchases had to be confirmed by the king, 177 330, 459.

(37.)—Jews could not rent out property, 1073.

(38.)—Jews could not buy treasure-trove, 108, 200.

(39.)—Jews had to register their possessions, 1036. This order could be withdrawn for special Aljamas, 1054, 1057.

(40.)—Jews had to pay ferry dues, which, however, could be remitted, 447.

(41.)—Guilds could prevent Jews from buying horses, 260.

(42.)—Jews had to obtain licence to export wheat, 120, 126, 167*a* ; and to buy it, 179, 180, 227 ; and to grow flax, 273, 276, 628, 735, 829, 830, 831.

PRIVILEGES.

(43.)—Jews had not to contribute to benevolences for fueros, 148.

(44.)—Jews freed from local taxation, 640, 661.

(45.)—Jews were exempted from lodging the king, 184, 197, 263.

(46.)—Jews could hold landed property, 176, 232, 238, 240, 459, 512, 581, 671, 772.

(47.)—A Jew could hold castles and manors, 250, 338, 342, 385, 518, 615, 621, 664, 728.

(48.)—Jews farmed salt-marshes, 171, 298, 336, 346, 351.

(49.)—Jews could farm royal mills, 166, 173.

(50.)—Rights of pasturage could be farmed, 352.

(51.)—The king could grant indemnity for buying property on payment of part, 109.

(52.)—King could grant Jewish houses to his nobles, 1705, 1706, 1707, 1708, 1709, 1710, 1711, 1712, 1717, 1718, 1719, 1720, 1721, 1722.

(53.)—King granted nobles permission to have Jews on their fiefs, 845, 852, 863, 899, 922, 1003, 1027, 1028, 1046, 1095, 1118, 1144, 1702, 1703.

(54.)—Jews could hold licences, 650, 734.

(55.)—Jews could take interest from one another, 1023.

(56.)—Jews could be bailiffs of towns, 130, 172, 201, 326a, 517, 538, 629, 668, 678, 701, 717, 730.

(57.)—Town dues were often farmed to Jews, 114, 132, 143, 145, 171a, 202, 205, 252, 274, 298, 300, 339, 387, 389, 404, 571, 576, 606, 619, 620, 622, 625, 670, 737, 601.

(58.)—Town dues could be sub-farmed, 275, 331, 619, 626.

(59.)—Jews could buy Escheats of the crown, 572.

(60.)—Office of bailiff could be sub-farmed, 142.

(61.)—Town clerkship could be held by Jews, 258, 268, 745.

TAXATION OF JEWS.

(62.)—Congregations could be grouped for purposes of payment, 169a, 419, 479, 1008.

(63.)—Taxation by Jewish representatives had to be confirmed by the king, 299.

(64.)—The distribution of the taxation among the various Aljamas was settled by the king in consultation with the representatives of each Aljama, 501, 502, 504, 533.

(65.)—Jews could elect representatives to tax themselves, 151, 281, 293.

(66.)—Jews could tax one another, but this tax had to be approved by the king, 113.

(67.)—Taxation of Jews was equal per head, 288.

(68.)—One Jew could pay another on behalf of the king, 220.

(69.)—A congregation could be ordered to pay to a Jew, 168a.

(70.)—Taxation of Jewry could be farmed by Jews, 249, 281, 293, 433.

(71.)—The Jewry could be farmed to a Jew, 337, 341.

(72.)—Nobody but royal officials could proceed against Jews for taxation, 762.

(73.)—Right of taxing Jews was part of the queen's dowry, 758.

(74.)—An Aljama could be farmed to the Knights Templars, 663 ; and other nobles, 724, 837.

(75.)—The king drew on Jews for money owed to him, 115, 129, 136, 137a, 170, 499, 509, 675, 676, 827.

(76.)—Taxation on Jews could be lowered, 170, 174, 186, 423, 436, 442, 524, 527, 561, 1070, 1099.

(77.)—Taxes on Jews could be remitted by the king, 160, 161, 166a, 186, 196, 213, 226, 227, 239, 296, 304, 358, 379, 397, 398, 399, 402, 411, 412, 416, 438, 467, 472, 456, 457, 495, 536, 539, 552, 555, 763, 773, 775, 767, 781, 799, 868, 931, 1004, 1005, 1040.

(78.)—The king could remit taxation of Jewry on account of their poverty, 116, 118, 1011, 1163.

(79.)—A Jew might be exempted from a tax levied on his congregation, 203.

(80.)—The king could grant general remission of claims to a congregation, 206, 543.

(81.)—Jews could be paid by a life-long interest in the customs, 140.

(82.)—Jews could be credited with debt owed by the king against tribute owed to him, 141, 162.

(83.)—Jews could pay debts to the king in kind, *e.g.*, sheep, 163a.

(84.)—A Jew could cede property to king in payment of a tax, 437.

(85.)—Jews could pay in anticipation of future taxation, 441, 596, 597.

(86.)—Jews contributed to war expenses, 677, 434a.

(87.)—Jews had to pay for the king's dinner, 507.

(88.)—Jews paid the king's journeys, 538.

(89.)—Jews contributed to war against Granada, 977, 980, 995, 996.

(90.)—Jews were required to provide royal bedding, 1041 ; or could be exempted from same, 1062, 1123.

JEWS AND DEBTORS.

(91.)—The amount of interest to be charged was subject to regulation, 147 ; in one case 4d. a pound (per week), 199, 306, 311, 316, 428, 750, 765, 770, 807, 840, 871.

(92.)—Deeds of indebtedness had to bear the cause of the debt, 449.

(93.)—Jewish debts were recoverable in the Courts, 154, 303, 308, 377, 662, 872.

(94.)—Jews could imprison for debt, 157, 251, 545.

(95.)—Goods sold to Christians by Jews could be distrained, 749.

(96.)—Special permit was required for compound interest to run on a debt, 207.

(97.)—The king could abolish indebtedness of his subjects to Jews, 117, 119, 125, 127, 193, 194.

(93.)—A prince was permitted to free the king's subjects from their debts to the Jews when they had removed from the kingdom, 146.

(99.)—Jews were not allowed to lend to University students, 1206.

(100.)—The king could grant an individual or inhabitant of the town a *moratoria* or period of delay, during which interest would not run on their debts to the Jews, 107, 110.

(101.)—The king could promise the Jews that he would not grant such a *moratoria*, 111, 121, 187, 120, 305, 443, 446, 544, 612, 783, 790, 792, 798, 801, 802, 828, 846, 921, 945, 987, 1000, 964, 965, 1031, 1050, 1103.

(102.)—*Moratorias* might be made invalid at the king's will, 181.

(103.)—*Moratoria* could be granted to a foreign Jew, 214, 217.

FAMILY.

(104.)—A Jew could pay for licence to marry a second wife, 148, 946, 1226, 1227.

(105.)—Jewess could not marry near relative without special permit, 1101.

(106.)—Wedding settlements of Jews were only legal when declared in presence of two witnesses before a public notary, 280.

(107.)—Marriage settlements of debtors' widows were to be valued in settling the debtor's estate, 451.

(108.)—Testamentary depositions required the king's confirmation, 233.

(109.)—Property inherited had to be confirmed, 195, 285, 286, 537, 540, 641, 642, 643, 644, 645, 646, 652, 653, 654, 657, 658.

(110.)—King appointed guardians to heirs, 646, 1076.

(111.)—Heirs came of age at eighteen, 654.

(112.)—King settled alimony of heirs, 653.

(113.)—An heir could not marry before eighteen without consent of his mother, 655.

(114.)—A Jew required special permit to transmit farms to his heirs, 672.

(115.)—The inheritance went by primogeniture, 1713.

(116.)—Property of expelled Jews fell into the hands of the king, 1734.

CONVERTS.

(117.)—King granted special protection to converted Jews, 744.

(118.)—Baptised children were not allowed to live with their Jewish parents, 793.

(119.)—Converts were allowed to preach to and convert Jews, 1033.

(120.)—Converts were not allowed to change residence, 1724.

xxvi *MS. Sources of the History of the Jews in Spain.*

LEGAL.

(121.)—There was a special judge for the Jews, 128, 198, 237.

(122.)—Christian administrators were appointed for the Jews, 1007.

(123.)—Bailiff of town could hear Jewish cases, 805, 961.

(124.)—Slander cases between Jews could be decided upon by Jewish judges, 450.

(125.)—Jews could not assemble for judicial proceedings amongst themselves in other than their town of residence without special permit, 542.

(126.)—Jews could submit cases amongst themselves to arbitration by local judge, 556.

(127.)—Jews might be allowed to appear before the king's justices, 573.

(128.)—Jews could not be tried without king's writ, 1017, 1037.

(129.)—Law proceedings against Jews required a definite accuser, 432.

(130.)—Jews had to agree to appear to answer complaints, 461.

(131.)—Consultation by ecclesiastical authorities could be prevented by the king, 821.

(132.)—Jews were sworn to keep the king's peace, 284.

(133.)—No law proceedings on Jewish festivals, 746, 769.

(134.)—Jews were freed from torture, 635, 1071.

(135.)—Sworn evidence of Jewesses could be taken on commission in their own houses, 124.

(136.)—There was a special form of oath for Jews, 210, 458, 523, 855.

(137.)—Appeal was granted in murder cases, 529, 967.

(138.)—Jews were freed from ordinary imprisonment, 748.

(139.)—Jewish prisoners had to be separated from others, 1134.

(140.)—Law proceedings against a Jew for criminal offences might be stopped, 204, 282, 283.

(141.)—Punishment of a Jew might be remitted, 236, 292, 301, 317, 318, 413, 515, 584, 591, 593, 616, 609, 660, 712, 714, 715, 716, 719, 776, 838, 1045, 1074, 1081, 1167, 602, 603, 632.

(142.)—Jews were sometimes pardoned for usury, 464, 470, 473, 631, 647, 648, 1125, 1143.

I should add that the original deeds known as "Pergaminos" run to no less than eighteen thousand numbers, and doubtless contain several of Jewish interest, but here, as elsewhere, I was dependent upon the indexes of the archives and was only successful in unearthing three "Shetaroth," which are among the earliest known to exist among documents of this class. One of these (101) I transcribed, and have added in an appendix; it is a deed of sale of some land in the territory of Barria in the year 1092.[1]

It is possible that I overlooked some better means of getting access to the contents of "Pergaminos," since I observe that Mr. E. D. Swift, in his recent monograph on James I., of Aragon (Clar. Press, 1894), refers to several Pergaminos as bearing upon the relations of the Jews of Aragon to James I. It is in this direction that I should recommend that further inquiry should be made to Barcelona with best hopes of supplementing my list.

Names.—The names of Jews mentioned in the Barcelona records would deserve a study by themselves.[2] Here I can only give a few notes on points that struck me. It is at first sight somewhat difficult to recognise the familiar forms under their Spanish cloaks. Isaac hides himself under the disguise of Acach or Acaz; Ibn Shaprut becomes Abenxaprut (402); Chasdai becomes Azday or Hizde (562). The aspirated guttural is indeed a difficulty, being as often as not omitted altogether, while sometimes it is represented by the aspirated labial *f*. Thus Mordecai becomes Mardofay (497), and Abraham Abrafim. Some very familiar names in Jewish literature appear for the first time in a latinised form. Thus, as the late M. Loeb pointed out to me, Ibn Giat appears in my list (161) as Mosse Avengayet.[3] Again, Jafre Abenzabarre (153) is probably a descendant of Joseph ibn Zabara the satirist, whose work has been so admirably described by Mr. Israel Abrahams. At times we get hints which may possibly throw light on the origin of well-known Jewish family names. It is not impossible, I should say, that Benvist Almocatel (269) pre-

[1] This is earlier than any other Shetar in existence except those noted by M..Loeb in "Revue des Etudes Juives." I have to thank Mr. Schechter for helping me to decipher my own notes of this Shetar.

[2] An admirable model for such an inquiry is afforded by the paper of the late M. Isidore Loeb on a *Liste nominative des juifs à Barcelone en* 1392, in *Revue des Etudes Juives*, t. iv.

[3] Cf. also *Index Nominum* s.v. Avenianah, Descapa, Falaguera, Farach, Neyto, Xaprut, Xicadillo.

serves the original form of the family name Mocatta. So too, Abendanan (237), proves that the family of Abendanas are of the same stock as the Ibn Danans. Thus mainly from a consideration of the names beginning with Aben, a considerable amount of information may be gained as to Jewish names. One of these is peculiar as being obviously derived from the Spanish. There can be no doubt that Abrahim Abenrodrich combines in his surname the Arabic Ibn with the Spanish, or rather Visigothic, Roderick.

Municipal Archives.—The town history of Barcelona is a long and distinguished one; in the history of Commerce its annals fill a large place, and the Code of Barcelona is the foundation of the Maritime Code of all nations. Under these circumstances it is not surprising to find the municipal records of the city in a very complete state. The items of Jewish interests, however, to which I could obtain access were not very great in number. They were contained in an index of the various ordinances of the Town Council from 1290-1472, which gave a list of the Jewish ordinances passed between those dates. They number fourteen, and are of the usual mediæval kind. A dress of the Jews is required, partly for some peculiar reasons, but mainly in order to distinguish them from their Christian fellow-citizens, to prevent Christian women from acting as servants in Jewish houses, or Jews from walking abroad on days of Christian festivities. During the fatal year 1300 the town obtained the right to rid itself from all the Jews. Later on, in 1472, the Jews were allowed to reside in the city only fifteen days. All these entries are in the archives in old Catalan, and are by no means easy to read (App. X.). If I had had time to refer to the various ordinances themselves it is possible that other information might have been obtained. There are doubtless other deeds relating to our subject at the Cathedral Library of the city. The cathedral itself was undergoing repairs at the time of my visit, and the librarian had seized the opportunity to take a little holiday, I was therefore unable to have access to the cartularies and other documents.

Museo Provinciale.—At the local museum of antiquities the only items of Jewish interest were a number of tombstones containing sepulchral inscriptions. Four of these are complete, and have been studied by that indefatigable antiquary Don Fidel Fita. He has published them in the *Revista de Ciencias Historicas*, ii. 54, *seq.* The remaining five are but fragments. All these were derived from the cemetery of the Jews, *Fossar dels Juheus*, near Montjuich (the Jew Mount), in the neighbourhood of Barcelona. There used to be a very great number of these in existence, but they were during the last century ruthlessly applied to the construction of the houses and public buildings in Barcelona. It may be surmised that many of these may come once more to the light when these houses are reconstructed. It would be well that the local antiquaries of Barcelona should be alive to this possibility. From the list of Spanish Rabbis which I have collected it will be seen that a large proportion of the Jewish talent of the Iberian peninsula have been buried at Montjuich, so that the tombstones taken thence are of exceptional importance and interest.

THE BRITISH MUSEUM.

It often happens that a man goes out searching for treasure and finds on his return that, after all, he has left the greatest treasure at home. Something like this has happened in the present instance. When on my return to England, I was curious enough to ascertain the documents existing in the British Museum which could throw light on the subject of my researches, I was by this means fortunate enough to come across a document (1240) which, taken altogether, is perhaps the most important single deed which I have unearthed. This, so far as I can ascertain, seems to be the original decree of expulsion of the Jews from the kingdom of the two Sicilies in 1504, for it has the original seal attached to it. How it came into the possession of the British Museum I have been unable to ascertain, as the volume of charters in which it is now bound seems to have been bought by auction, and its original *provenance* cannot now be discovered. The document, which I give in the appendix (App. XI.), states, as the main reason for the expulsion of the Jews from the kingdom of the two Sicilies, their perverse ingenuity in reconverting the new Christians to their old religion. Ferdinand had just come into possession of the kingdom of Naples, in the year 1504, in which this document is dated. As a matter of fact, the Jews were not actually finally expelled from Naples till 1540 (Graetz, ix. 316). The Great Captain, then Viceroy of Naples, resisted successfully the introduction of the Inquisition into that kingdom, and it may have been his influence which prevented the carrying out of the fateful decree. It was possibly also the influence of Samuel Abrabanel, afterwards finance minister of the Viceroy of Naples, which helped to prevent its execution; possibly also the death of Isabella, in November of that year, had something to do with the respite. At any rate, the British Museum deed shows with what unrelenting resolution the Catholic monarchs pursued their policy of freeing Spanish soil from the contamination of Jewish belief. The other documents interesting in this connection at the great storehouse at Bloomsbury, are mainly in Portuguese, and deal chiefly with the New Christians.

THE ESCURIAL.

On my way to Simancas, I thought it worth while to stop for the afternoon at the grand but gloomy palace of Philip II., known as the Escurial. It was scarcely likely that documents of historic interest would be found there, but it seemed worth while trying. But searching was rendered peculiarly difficult by the chaotic condition of the catalogues of the Escurial Library. All, therefore, I was able to obtain were the descriptive slips of a few treatises in Latin and Castilian relating rather to Spanish-Jewish literature than to Spanish Jewish history. A Spanish translation of

Kimchi on Isaiah (1248) and of Ibn Ezra on astrology (1251) were perhaps the chief of these, and an interesting and long account of the disputation at Tortosa, with a fine copy of Raymundus' *Pugio Fidei* (1249), were the two others that deserve most notice. The latter, so far as I can ascertain, did not contain the Hebrew quotations which give it its chief value. I fear my list adds but little to the information about the treatises of the Escurial, already contained in De Castro. I may add that I made no attempt to look at the Hebrew codices which have already been investigated by the competent hands of Dr. Neubauer and Don Fernandez y Gonzalez.

MADRID.

Biblioteca Nacional.—The National Library at Madrid contains a fair amount of material for Spanish Jewish history, chiefly in the form of transcripts of documents now or formerly at Toledo. A certain number of these relate to a question which much exercised the minds of the Spanish Heralds in the sixteenth and seventeenth centuries. Purity of blood of Spanish nobles from any taint of Judaism was a point to which great attention was given, and on which the Spanish archives bore considerable and curious evidence. In the sacred city of Toledo, for example, no New Christian could hold public office, and a list of persons thus deprived is given in one of the Madrid documents (1264). Three other documents deal with similar subjects (1272, 1326, 1327). The National Library contains a few Hebrew manuscripts of interest, as for example a Hebrew Euclid (1262), and a couple of astrological works translated from Arabic into Hebrew (1340, 1341). A number of Bulls of Popes on Jewish subjects exist in this library (1268, 1269, 1270, 1273 1274, 1275, 1277, 1278, 1301, 1319, 1348). One document contains a list of fifty-eight writers who have written against the Jews. It would be interesting to see if any additions to Wolf's list, *Bibl. Rabb.*, II., could be obtained from this list (1267). But the chief treasure of the National Library, regarded from the present standpoint, is a volume marked Dd. 108. This contains over thirty documents relating to the Jews of Spain, mainly to those of Toledo, and giving full account of their relations to the archbishop. It contains the *Padron* or list of all the Aljamas of Castile and Aragon as given in Amador de los Rios, II., pp. 531-52, with some important variations which I have given in a supplement (XII). It is curious to find the king nominating as chief Rabbi of Castile, the physician of the Archbishop of Toledo (1293). The archbishop himself nominated the Rabbi of Alcalá de Henares (1296). Another curious document is that which deals with the discussion between the Jewry of Seville and the archdeacon of that town. A couple of documents relate to the Expulsion of 1492 and the measures to be taken by the Jews in settling their affairs (1303, 1304). Information is to be found, too, at Madrid as to the badge of the Jews (1269, 1270, 1275). A very early document deals with the annual payment by Jews to the Archbishop of Toledo in 1219 (1265). Prohibitions against the Talmud also occur here (1278, 1301). Evidence is given of several synagogues that were dismantled in the fateful years, 1395, 1396 (1297, 1317, 1318). One of the most precious records retained in this Library is a full and illustrated description of the Toledo Synagogue, made by Fra Perez Bayer in 1752. This gives the inscriptions on the walls, a beautiful elevation and plan of " El Transito," and an exquisite drawing of the interior, *i.e.* the altar, wall. The Royal Academy History of Madrid has wisely had a copy of the volume made; but it would be highly desirable that the drawings at any rate should be permanently reproduced. Altogether, the Madrid collection, though small, is very varied in contents, and touches upon almost the whole ground of the subject, including even documents relating to the Inquisition (1342).

El Museo.—One of the Sundays spent in Madrid, when I could not have access to any of the libraries, was naturally utilised for a visit to the magnificent National Gallery of that city, known as " El Museo." This turned out to be not without fruit for my special studies, for two of the pictures dealt with scenes from the Inquisition. The earlier one, attributed to Berruguete, and dated of the fifteenth century, gives a curious representation of an " Auto-da-fé," presided over by San Domingo de Guzman. The picture gave full and realistic details of the actual process adopted in the burning of heretics. One of the victims had marked Jewish features. The other picture, by Francisco Rizzi (1350), gave an " Auto-da-fé " two hundred years later, at Madrid, in 1680. It gives, with great vigour and full detail, the elaborate ceremonial gone through in the condemnation of the San Benitos. Here, with greater art, and possibly more feeling of humanity, the final act of execution is supposed to be transacted behind the scenes.

Royal Academy of History.—I was unfortunate in not being able to obtain anything for my immediate purposes among the original manuscript treasures belonging to the Royal Academy of History. All the cartularies and deeds belonging to the monasteries of Spain have been handed over to this august body; but no full catalogue has yet been made of these, and it was impossible, therefore, for me to ascertain how far they contained anything relating to the transactions of the Jews, which must have been considerable, with the various monasteries of the Iberian Peninsula. Among the deeds, however, of the Royal Academy, there were thirteen Arabic ones, transcribed in Hebrew characters, that dealt with various deeds of sale at Toledo during the years 1233-1255. We may hope, I believe, to have a full account of these from the competent hands of Don Fernandez y Gonzales. I may, perhaps, here give a few details of which I took rough notes.

The deeds ranged in date from 5005 to 5043, that would be 1245-93. I took down, in most cases where they were legible, the names of the signataries as follows :—

(1.)—Tebeth, 5043 : Moses ben Chainiz, Jacob Chasan ben Isaac.

(2.)—5009 : Don Jucef Abudarhan, Israel ben Isaac, Joseph Chasan ben Moses Chasan, Israel ben Isaac, Ephraim ben Isaac, Joseph ben Abraham, Abraham ben Jehuda, Shoshan ben Shemtob.

(3.) — Has been published by Don Fernandez y Gonzalez.

(4.)—4993 (?) : Joseph ben Moses Chasan, Jehuda ben David.

(5.)—Tebeth, 5043 : Jacob Chasan ben Isaac, Moses ben Chinaz, Joseph ben Samuel.

(6.)—5005 : Joseph ben Abraham, Solomon Chasan ben Chayim, Joseph Chasan ben Moses Chasan, Jacob ben Isaac.

(7.)—5005 (?) : Jehuda ben Abraham, Moses Chasan ben Joseph, Abraham Chasan ben Joseph.

(8.)—Adar, 5040 : Joseph ben Samuel, Jehuda ben Abraham, Samuel ben Chaya.

(9.)—Tebeth, 5043 : Solomon Cohen ben Joseph, Moses Chaya, Jacob ben Isaac.

(10.)—Tebeth, 5015 : Isaac ben Abraham, Abraham ben Solomon, Solomon ben Abraham, Abraham ben Isaac, Shoshan ben Shemtob.

(11.)—Shebat, 5032 : Jehuda ben Abraham, Samuel ben Chaya, Jacob ben Isaac, Abraham ben Moses, Joseph ben Samuel.

(12.)—Tebeth, 5043 : Jacob ben Isaac, Solomon ben Yussuf, Yussuf ben Samuel.

(13.)—Abraham ben Moses, Jehuda ben Abraham, Samuel ben Chaiya, Jacob ben Isaac, Shoshan ben Shemtob, Yussuf ben Samuel, Isaac ben Albatiel.

(14.)—Tebeth, 5043: Jacob ben Isaac, Moses ben Chaiya, Yussuf ben Samuel.

It will be observed that Nos. 1, 5, 9, 12, 14 are of the same date, and probably refer to the same transaction or series of transactions.

MANRESA.

I had been anxious to stop at Manresa, to investigate personally the "Libros de Judios" which are known to exist in the municipal archives of that town; but, unfortunately, I had not time to spare for this purpose, and, for once in a way, determined to depend upon external assistance. I therefore commissioned Don Eduardo Tamaro, of Barcelona, to proceed to Manresa, and report to me on the contents of these books. I have appended his report to my own calendar. This gives a few specimens of the deeds given in the "Libros de Judios," and a number of the names of the Manresan Jews in the thirteenth and fourteenth centuries.

PAMPLONA.

The ancient capital of Spanish Navarre presents many anomalies. Itself a mediæval town surrounded by a wall, it was already at the time of my visit entirely lit by electricity. The old royal archives of Navarre seem to be now in the possession of the Municipality, so that, though the Archivario was absent, I was enabled by the courtesy of the town clerk to examine the catalogue of the records, and here and there to dip into the records themselves. These are really splendidly preserved and admirably catalogued, so that, much to my surprise and pleasure, I was enabled to bring back, as the result of four days' hard work, what was practically a complete history of the Jews of Navarre, at any rate, in their relation to the royal treasury. I was enabled to do this owing to the very thorough way in which the *Archivos de Comptos* had been catalogued by the former Archivario. He had given, in twenty-six folio volumes, each containing some 500 pages, full and detailed accounts of over 60,000 documents ranging from 1042 to 1498. In the four days at my disposal at Pamplona, I managed to go roughly through these twenty-six volumes and extract most of the items relating to the Jews. It is possible that other sets of documents besides those of the Treasury have been equally fully calendared, but owing to the absence of the present Archivario I was unable to come across any such calendar; as it was, the second manuscript volume of the calendar of the *Archivos de Comptos* was missing, and my collections were so far incomplete; by a lucky chance, however, it turned out that most of the documents referred to by Yanguas in his *Diccionario de Andeguedades de Navarra* were those described in the missing volume, so that between my list and Yanguas's items the expert in Spanish Jewish history has before him a key to the whole history of the Jews in Navarre.

Though the deeds calendared at Pamplona were mainly concerned with the Treasury, yet they ranged over almost all aspects of Jewish life. We may indeed almost draw up from the documents, as we did from those of Barcelona, a Code of Jewish Law and Custom in Navarre.

Before proceeding, however, to give such a Code, I may draw attention to various matters of special interest, which do not admit of being put into such a form. The Pamplona documents give curious and extended information as to the wide range of the occupations of the Jews in

Navarre. The following tabulated list will illustrate this statement:—

Bullion merchants	1564, 1623, 1630.
Carriage dealers	1439.
Clerk of the Treasury	1669.
Cloth merchants ...	1415, 1438, 1441, 1498, 1505, 1560a, 1598, 1562, 1639, 1640, 1647, 1655.
Corn dealer	1405.
Fur merchants	1567, 1571.
Horse dealers	1437, 1548, 1549.
Leather merchant	1498.
Lion tamer	1502, 1512, 1529, 1594.
Money changers	1483, 1485.
Mule sellers ...	...1507, 1528 (*bis*), 1586, 1599, 1619, 1620, 1624 (*bis*), 1627, 1628, 1685.
Physician ...	1495, 1596, 1611, 1616, 1617, 1638, 1657
Silk merchant	1560 *b*.
Spice merchants	1473, 1503.
Surgeon	1519.
Tailor	1527, 1560.
Timber merchant	1430, 1575.
Upholsterer	1556.
Wine merchant	1667, 1668.

One of the most interesting items under this head is that relating to Juze Zayel, the keeper of the king's lion, of whom Dr. Kayserling has recently given an account in the *Revue des Etudes Juives*. It seems that he was followed in his office by another Jew, Abran Aron (1594).[1] The many royal physicians will also attract attention, and the career of the chief of them, Juze Orabuena, can be

---

[1] Amador de los Rios also refers to this subject. *Tom.* II.

followed throughout the entries relating to his name. Other names of Jewish physicians are :—Sallaman Gateymos (1596); Maestre Aron (1611), Abraham Cominto (1616), Jacob Abozar, Maestre Vidal, and Samuel Alfaqui. There is much evidence of the great influence of Orabuena at Court, and there are many entries referring to his pension.[1] It was interesting to find him recognised as a Chief Rabbi of Aragon, and still more interesting to find him allowed to appoint his son as a sort of Delegate Chief Rabbi (1605). A modern parallel will doubtless occur to most readers.

The career of Ezmil de Ablitas can also be followed through many entries. Dr. Kayserling has already drawn attention to the importance of this great merchant prince in his *Juden in Navarra* (pp. 53 seq.). But my calendar contains much fuller information as to the large windfall which came to the Treasury of Navarre by the confiscation of his goods.[2] Similarly the financial career of Judas Levi, also mentioned by Dr. Kayserling, has full justice done to it in my extracts.

Two very interesting deeds deal with a hitherto unknown incident in the life of Chasdai Crescas, the chief Jewish master of Spinoza. It was known from Jewish sources that Joseph Orabuena was in correspondence with Crescas (Kayserling, *l.c.*, page 89). But the two deeds to which I refer, show that Crescas actually visited Orabuena, 1401-2, and what is more, that he did so at the request of Charles III. of Navarre. The king paid Orabuena the expenses he had incurred in entertaining Crescas (1570), and another Jew for Crescas's travelling expenses while on the king's service to Sanguesa, Egea, and other Navarrene

---

[1] 1513, 1519, 1521, 1543, 1547, 1551, 1571, 1581, 1587, 1601.

[2] 1409, 1410, 1412, 1414, 1416 (a single indebtedness to the king of £53,000), 1417 (£3,000 of the queen), 1422, 1424 (£16,000 of the queen-mother), 1427, 1448.

towns (1574). In the latter documents he is described as "Maestre Azday, Rab de los Judios de Zaragoza." It will thus be seen that my researches have shown that Crescas enjoyed the favour of the King of Aragon and also that of the King of Navarre.

Several entries were of particular interest to me as connecting together the History of England with that of the Jews of Navarre. One of these relates to an after effect of the invasion of Castile by John of Gaunt in 1386. His troops, by seizing grain on the passage through Navarre, caused a great loss to the Jewish farmers of taxes, and the king remitted a considerable portion of his dues in consideration of this loss (1523).

Another relates to a donation to a Jewish surgeon Samuel Alfaqui, on account of his having cured Sir Thomas Trivet (1519). There are many entries which seem to show that the Jews had large connections with the wool and cloth trade of England. Reference is made to "cloth of London" (1565), and of Bristol, spelt "Vristol" (1639, 1647), while Orabuena, on behalf of the Jews, has to settle with Messrs. Cella and Co. for cloth from England (1573). It was possibly from this source that Jewish converts were clothed at the expense of the king (1539). Reverting to the occupations of the Jews, many of the entries give details from which the prices of goods sold by the Jews can be ascertained.[1] One entry gives full details for a doctor's bill (1608).

A large number of documents are of course purely mercantile in character, but are not the less interesting on that account. Owing to their early date they give practically the beginnings of commercial book-keeping. Some

---

[1] 1503; 1507 (a mule, £70); 1515 (damask, 42 florins a piece); 1586 (black mule, £84); 1624 (rouncy, 75 florins); 1627; 1639 (crape mantle, £3); 1640, 1647, 1669.

are promissory notes (1404, 1405, 1407, 1411, 1427, 1442); others are receipts;[1] others drafts on Treasury in favour of Jews.[2] Some, again, are credit notes.[3] Some documents contain whole budgets of transactions relating to Jews, corresponding to modern ledger accounts.[4] In four instances (1404, 1471, 1519, 1549) it is explicitly mentioned that the documents are accompanied by Starrs in Hebrew; but I have little doubt that this number could be largely supplemented by more careful scrutiny of the deeds, and even in the few that I had out, there were many Hebrew signatures. The entries were remarkably free from references to Jewish criminality; half a dozen entries would exhaust the list (1401, 1408, 1414, 1417a, 1514, 1516, 1544). One entry suggested Greece or Australia rather than Spain. In this, Juan Garcia was condemned for seizing Juze Ahaen (Hacohen), the Jew of Pamplona, and holding him to ransom (1589). Many more points of interest occur in the documents, but I have perhaps already lingered too long over these details. I may now proceed to summarise the more general information contained in them in the form of a code.[5]

---

[1] 1437, 1451, 1472, 1475, 1476, 1478, 1540, 1585.

[2] 1450, 1504, 1505, 1515, 1516, 1524, 1568, 1586, 1597, 1619, 1641, 1642, 1644, 1645, 1651, 1656, 1671.

[3] 1488, 1497, 1512, 1542, 1560, 1560a, 1565, 1570, 1591, 1598, 1602, 1615, 1621, 1637, 1643.

[4] 1434, 1444, 1452, 1485, 1491, 1494, 1499, 1578, 1631, 1678, 1679.

[5] It will, of course, be understood here, as in the case of Barcelona, that such a Code can have no claims to be complete, since many references to the "fueros" and other legal documents (many of which are translated by Lindo, in his *History of the Jews in Spain and Portugal*), would be necessary in order to give a complete picture of the constitutional position of the Jews in Navarre.

Introduction. xli

PAMPLONA.

CONSTITUTION.

(i.)—The Jewries of the kingdom of Navarre were divided into five Aljamas, 1525, 1557.

(ii.)—There was a Grand Rabbi of all the Jews, named *Rab*, or *Rau*, 1568, 1571, 1573; he might have a delegate, 1605.

(iii.)—The chief officials of the Jews were termed porter and bailiff, 1421; or bailiff alone (1460, 1518, 1520, 1663).

(iv.)—Jews had to carry badge, 1388.

(v.)—Jews were confined to special quarters of town, 1674, 1675.

(vi.)—All Jews, except physicians and surgeons, had to keep within the Ghetto on Christian feasts, 1674.

(vii.)—King could grant general right of residence, 1425.

RIGHTS AND PRIVILEGES.

(viii.)—King could grant to the Jews of one locality fueros of the Jews of another, 1382, 1386.

(ix.)—Jews could farm royal mills, 1480, and buy royal houses, 1440.

(x.)—Jews could rent vineyards, 1635.

(xi.)—Jew could sell houses to another, 1638.

(xii.)—Jews were not allowed to sell their property to Christians or Moors without licence of the king, 1458, 1459.

(xiii.)—Property of Jews leaving the kingdom fell into the king's hands, 1436, 1461.

(xiv.)—Jew could give his son power of attorney during his absence, 1592.

(xv.)—King supported alien Jews in his service, 1626.

(xvi.)—Alien Jews paid two per cent. for right of residence, 1447.

(xvii.)—Jews could hold castles, 1553.

(xviii.)—Jews' houses could be razed to build castle, 1658.

(xix.)—King could give houses in the Jewry, 1519, 1607, 1652.

(xx.)—Goods of a Christian who had murdered a Jew under safeguard of king became escheated, 1588.

TAXATION OF JEWS.

(xxi.)—Tax on Jewry could be farmed by a Jew, and amounted in 1385 to £12,000. 1494.

(xxii.)—Jews of Navarre contributed one thousand florins to the coronation of the king, 1526.

(xxiii.)—Jew tribute reduced to £7,000, 1578, 1580, 1609.

(xxiv.)—Hearth tax was levied on Jews, 1457.

(xxv.)—King levied tax on meat bought by Jews, 1547, 1584, 1629, 1646.

(xxvi.)—Bread of Jews was taxed, 1629.

(xxvii.)—Jews had to pay taxes for their houses and landed property, 1387.

(xxviii.)—Jews contributed to war expenses, 1419, 1439, 1659.

(xxix.)—Jews' property could be distrained for taxes, 1664.

(xxx.)—Taxation of a single Jew might be remitted or lowered, 1516, 1552, 1554, 1555, 1566, 1609, 1619 (bis), 1620 (pass.), 1621 (bis), 1622, 1658, 1659, 1662, 1665.

(xxxi.)—Taxation of Jews was sometimes remitted on account of their poverty, 1400, 1500, 1550, 1578, 1584, 1634, 1646.

(xxxii.)—King remitted taxation to help towards rebuilding synagogue, 1569.

(xxxiii.)—Taxation was remitted owing to Black Death, 1420.

(xxxiv.)—King could pay by draft on Jew tax, 1456, 1462, 1463, 1464, 1465, 1470, 1471, 1485, 1496, 1501, 1511, 1522, 1568, 1632.

(xxxv.)—King could grant to Christian ecclesiastical authorities taxes due from the Jews, 1395, 1432, 1606, 1676.

(xxxvi.)—Right of taxing the Jews might be conferred by royal gift, 1454.

Introduction. xliii

TAXATION BY JEWS.

(xxxvii.)—Jews could be tax-gatherers, 1466, 1479, 1482, 1490, 1492, 1532, 1545, 1590, 1593, 1618, 1636, 1648.

(xxxviii.)—Travelling expenses of Jewish tax-gatherers were repaid by the king, 1477, 1617.

(xxxix.)—Pension was granted to Jew tax-gatherers, 1536.

(xl.)—King could withdraw part of pension, 1601.

(xli.)—Customs of Navarre were farmed for £54,000, 1531 ; or £72,000, 1533 ; or £60,000, 1541 ; or £50,000, 1561.

(xlii.)—Jew tax-gatherers taxing Jews higher than the king had ordered, were liable to be imprisoned, 1469.

JEWS AND DEBTORS.

(xliii.)—Interest was granted at the rate of twenty per cent., 1407, 1427.

(xliv.)—Debtors of Jews might give them a lien on town dues, 1406.

(xlv.)—King could remit debt to Jews, 1535, 1537.

(xlvi.)—King's writ issued for Jew to recover debt, 1563.

(xlvii.)—King's debt to others could be taken up by Jews, 1564.

(xlviii.)—Execution of Christians might be delayed till payment of debts to Jews, 1661.

(xlix.)—The king at the behest of the Pope could restore usury extracted from the debtors of the Jews, 1394.

FINES.

(l.)—King claimed twenty per cent. from the property of a deceased Jew, 1458, 1468, 1474, 1479, 1487.

(li.)—Punishment could be remitted on payment of fine, 1448, 1489, 1540, 1544, 1589.

(lii.)—A fine could be entirely remitted, 1449, 1628.

(liii.)—King claimed fines for offences against Jewish law, 1429.

(liv.)—Goods of condemned Jew escheated to king, 1614.

Libro de Fuegos.—A special volume of the Pamplona archives is devoted to a return made of the number of houses held by inhabitants of the chief cities in 1366. It is known as the *Libro de Fuegos* and was doubtless drawn up to facilitate the collection of a hearth tax. Under several towns the number of Jewish hearths are enumerated as follows:—Estella 75, Larraga 1, Falces 18, Peralta 10, Sanguesa 25, Tafalla 25, and Tudela 270. This gives important information as to the relative Jewish population of these towns at that date. In many cases the number of Jewish hearths is given in figures, but the actual names of the Jewish inhabitants are left unrecorded. But in two cases, Estella and Sanguesa, these are given. I have copied out the lists and printed them in an appendix (XVIII). They afford a useful contribution to the study of Jewish names, to which the great master Zunz devoted so much of his attention. We find at Estella for instance, the Spanish spelling of the Jewish family name Naamias. Immanuel appears under the curious form, Amaneiel. The Chasan of the community of Estella, one Levi by name, is recorded under the curious title of lave Azen. Isaiah is spelt in one place Azaia, in two others Azaya. One name, which is rather popular, is of somewhat fishy appearance, namely that of Maquerel. A good many of the names seem to refer to occupations, Zapattero, Alfaquin, Pintor, Oficial, Gabai, Marchant, Azen. Others again refer to the place of origin, Castillano, Calaorrano, de Langa, Alcalahorri, Alaman, de Torres, de Paris, de Niort.

SIMANCAS.

The archives at Simancas I found dealt chiefly with the national documents of Spain after the consolidation of the Spanish Monarchy in 1492. There was therefore very little which had direct relation with the immediate objects of my search, and my toilsome journey in a jolting butcher's cart, my only means of access, was practically fruitless. Here again, as at Alcalá de Henares, I was obliged to touch upon the Inquisition and its works. I found evidence of the solicitude with which the monarchs of Spain regarded the doings of the Marranos (1683, 1685, 1687, 1695). Beside these there were a number of documents relating to the Expulsion (1687-1694). One of these was merely a copy only of the Expulsion Order of 1492. I was given to understand that it was actually the original, and it can be readily understood with what eagerness I had the document out and gazed upon it. It soon became clear that it was simply a copy unprovided with a seal, and my enthusiasm quickly disappeared on ascertaining this fact. I am sorry, however, that the scant time at my disposal prevented my going more carefully through the other documents relating to the Expulsion, which might possibly contain further evidence relating to the causes which led to this fatal procedure on the part of the Catholic Monarchies.

Besides the documents noted in my calendar, Simancas possesses a huge collection of materials relating to the Inquisition. There are 449 "secret packets," 1154 packets from twenty-three various seats of the Inquisition in Spain, 469 deeds connected with the Supreme Council, 1155 packets dealing with its correspondence, while no less than 993 cases are preserved at Simancas where " purity of blood " of the Spanish nobility was decided upon by the Inquisition. It is obvious that these pleadings contain a mass of evidence relating to the history of the Marranos in Spain.

An attempt has been made by the officials of Simancas to draw up an alphabetical list of the various names mentioned in this huge mass of papers. So far as I could ascertain, this has only as yet reached the letter B, and in the first two letters of the alphabet includes no less than 3450 names. It seems probable therefore that an enumeration dealing merely with the Simancas materials relating to the Inquisition, would give about 35,000 individuals as coming within the clutches of the Holy Office between the years 1492 and 1819, which seems the latest date mentioned in the papers at Simancas.

I may perhaps add that I was apparently the first professing Jew who had visited Simancas since the expulsion of 1492, and was regarded with some curiosity by the officials on that account. One of them mentioned with an air of mingled pride and secrecy that he was himself descended from Jewish ancestors.

TOLEDO.

I was hoping that the Cathedral Archives at Toledo would have added considerably to my store: but after making arrangements for investigating them on the spot, I was prevented from doing so on my arrival at the ecclesiastical Metropolis of Spain, by the unfortunate, but as I had reason to imagine, not altogether undesigned, absence of the librarian of the cathedral. Fortunately, however, the majority of the deeds I had calendared in Madrid were derived from the cathedral library by the great archivist Burriel, so the little plan of the librarian was not so successful as he may have wished. My journey was not however altogether fruitless, and I should have indeed been sorry to have missed the chance of visiting the Synagogue, now known as Santa Maria La Blanca, in which Jehudah Halevi probably worshipped.

Of the later and more elaborate synagogue, the finest building of its kind in existence, I was fortunate enough to obtain a sketch made for me on the spot by an American artist, Mr. Edgar Josslyn. This gave a view of the exterior of El Transito, as it is now called, which has never hitherto been figured, and I have had it reproduced as a frontispiece to this work. In a local museum of antiquities at Toledo, there are several tombstones with Hebrew inscriptions, which it would be interesting to compare further with those given in Rapoport's book אבני זכרון. Not having taken the precaution to bring a copy with me I was unable to do this. The inscriptions however are, I believe, to be published by that indefatigable antiquary Don Fidel Fita, to whom Jewish History owes so much.

CORRIGENDA.

Pa c.	No.		for		read	
9	108		for	T. Abutarda	read	J. Abutarda.
12	143		,,	Pud. Id.	,,	Prid. Id.
14	172		,,	mermato	,,	merinato.
28	451				,,	441.
45	756		,,	Genova	,,	Gerona.
57	1045		,,	Umcastro	,,	Unicastro.
67	1242		,,	Santos	,,	Santob.
82	1385		,,	Nagerae	,,	Nagera.
87	1127				,,	1427.
103	1534		,,	Vido	,,	Vida.
111	1583		,,	Various few	,,	Various Jews.

Throughout £ has been used to represent the Spanish "libras," and the dates have been given with the English form of the months. In the absence of accents and the unnecessary presence of capitals, the original entries of the archivists have been followed. "Judio" or "Judios" have been represented throughout by J.

MANUSCRIPT SOURCES
OF THE
HISTORY OF THE JEWS IN SPAIN.

ALCALA DE HENARES.

I. INQUISICION DE TOLEDO—JUDAIZANTES.

[(A.) Selection from a list of 806 causes contained in the descriptive slips of 891 papers contained in " Legajos 130—189."]

1 Acosta, Alejandro de, Contador del Duque de Benavente, natural de Oporto y vecino de Benavente; su causa 1661 á 1669. Leg. 130, No. 2.

2 Almeida, D.ª Maria de, portuguesa, vecina de Madrid, viuda de Antonio Lopez Ferro y suegra de Manuel Cortizos. Sus causas y genealogía. Tormento, 1651—1661. En el segundo proceso se comprende á D.ª Luisa Ferro. Leg. 132, No. 37.

3 Alonso Tudillos, Diego, zapatero, vecino de Belalcazar, difunto, 1486. Leg. 132, No. 40.

4 Anónima, Delacion de Frai Pedro de S.ª Teresa contra una mujer de Toledo, 1801. Leg. 134, No. 79.

5 Aubies de la Cassa, Pedro, natural de Goarasa (Francia), 1691—1701. Leg. 135, No. 85.

6 Baez de Payba, Gonzalo, *alias* D. Gonzalo Pacheco de Luna, *alias* D. Gonzalo Perez de Villagarcia, 1.ª, 1654—7; 2.ª, 1659—61; 3.ª, 1664 72. Leg. 136, No. 95.

7 Beatriz, criada del secretario Luis de Toledo, 1500—1. Leg. 137, No. 102.

B

8 Beatriz, hija de Luis Alfonso, zapatero, ausente 1500—2. Leg. 137, No. 104. Nota: La sentencia comprende además Catalina, hija de Lope Gonzalez; Fernando, hijo de Juan Alfonso, zapatero; Ines, hija de Rodrigo de Villanueva; Martin, hijo de Ruy Gonzalez; Peña, Fernando de la, hijo de Alvar Gonzalez; Sanchez Martin, carnicero, todos ausentes.

9 Brandon, Fernando Esteban, portugués, 1613—16. Leg. 137, No. 114.

10 Cáceres, Isabel, mujer de Luis Baez, testificacion contra, 1625. Leg. 189, No. 858.

11 Cardoso de Fonseca, Diego, Delacion contra, 1655. Leg. 138, No. 131.

12 Castro, Alonso de, borceguinero, 1498—9. Leg. 139, No. 138.

13 Cristo de la Paciencia—causas conocidas con dicho nombre contra varios J. que maltrataron y ultrajaron un Santo Cristo en una casa de la calle de las Infantas de Madrid á saber:

 Baez Fernan, portugués. Tormento y relajado [1630—1632].
 Mendez, Victoria, portuguesa y mujer de Enrique Mendez [1630—1633].
 Mendez, Violante, portuguesa, hija de Domingo Luis y Beatriz Miñez [1630—1632].
 Nuñez Alvarez, Isabel, portuguesa, mujer de Miguel Rodriguez, Relajada [1630—1632].
 Rodriguez, Beatriz, hija de Fernan Baez, portuguesa, fugitiva [1629—1632], comprende la sentencia á Catalina Acosta.
 Rodriguez, Miguel, portugués. Relajado [1630—1632].

14 Diaz (Ant.) Caldera, llamado tambien Diaz Caldeira, su causa y genealogía [1653-6]. Leg. 141, No. 172.

15 Diaz-Mendez-Brito, Francisco, hijo de Jorge Rodriguez de Acosta, canciller de la Santa Cruzada y vecino de Madrid, 1653-7. Leg. 142, No. 184.

16 Diaz Francisco, natural y vecino de Granatula, de 14 años, 1770-2. Su causa y genealogía. Leg. 142. No. 185.

17 Diaz Mendez, Francisco Franco, Fernan Mendez de Castro (Manuel), Sanchez Serrano (Luis), portugueses. Leg. 142, No. 182.

18 Doliz, Lic.^{do} D. Miguel, clérigo presbítero, 1665-74. Leg. 143, No. 205.

19 Enriquez Pereira, Diego, natural de Portugal, sus causas, 1.ª, 1662-4; 2.ª, 1665-7. Leg. 144, No. 214.

20 Espinosa, D.ª Ana de, *alias* Ana Gomez de Espinosa, portuguesa, su causa, 1666-7. Leg. 145, No. 233.

Alcalá de Henares. 3

21 Espinosa, Manuel de. Testificaciones contra el mismo y otros noventa y tres, de Fernando Diaz, Francisco y Josefa de Mendoza, Maria y Leonor Espinosa y Manuel de la Mota, 1721-2. Leg. 189, No. 863.

22 Fernandez de Castro, D.ⁿ Jorje, *alias* Don Jorje Coronel, 1663-5. Leg. 147, No. 247.

23 Fonseca, D.ⁿ Antonio de, portugués, marido de Beatriz Mariade Salazar [1652-68]. Leg. 148, No. 272.

24 García el Blanco, Alonso, 1543-9. Leg. 150, No. 285.

25 García, Luis, *alias* Abraham García, librero, vecino de Talavera, 1514-5. Leg. 150, No. 292.

26 García, Marcos, tintorero, vecino de Herrera, 1487. Leg. 150, No. 293.

27 Gil de Espinosa, *alias* Benjamin Gil, natural de Madrid, 1669-70. Leg. 150, No. 300.

28 Gomez, Francisco, presbítero, natural de Arayoles (Portugal), 1623-4. Leg. 152, No. 313.

29 Guzman, Domingo de, *alias* Isaac Benzamino, hebreo, 1694-9. Leg. 156, No. 417.

30 Ines, de nueve á diez años de edad, hija de Marcos Gonzalez ó García, herrador, y de Leonor Ximenez, vecinos de la puebla de Alcocer : su causa [1500-1]. Leg. 158, No. 431.

31 Isabel, de diez años de edad, hija de Alvaro Ortolan y de Catalina Lopez, vecina de Herrera : su causa, 1501. Leg. 158, No. 435.

32 Jerónima de la Paz, beata de la Orden de Nuestra S.ª del Carmen, hija de Juan de Alcazar y de Maria de Chinchilla, vecina de Alcazar de Consuegra : su causa 1608-11. Leg. 158, No. 443.

33 Juarez, Manuel, natural y vecino de la Iglesuela 1729-40. Leg. 158, No. 453.

34 Liot, Carlota, de nacion hebrea, residente en la villa de Consuegra : su delacion expontánea y abjuracion, 1790-1. Leg. 159, No. 465.

35 Lopez de Andrade (Manuel), portugués, sus causas seguidas en la Inq.ⁿ de Logroño : 1.ª, 1635 ; 2.ª, 1641-2. Leg. 163, No. 517.

36 Machado, Lope, portugués, 1567-91. Leg. 164, No. 529.

37 Madrid, Fr. Juan de, religioso profeso del monasterio de la Sisla. Su sentencia. Relajado, 14.... Leg. 164, No. 531.

38 Manuel, indio, esclavo de Diego Alvarez de Coto, acemilero de la Princesa, 1569-70. Leg. 164, No. 534.

39 Martin, B.ʳ Francisco, *alias* Francisco de San Martin, médico de S. Martin de Valdeiglesias, 1537-43. Leg. 164, No. 547.

40 Matos, Baltasar de, portugués, 1598-9. Leg. 165, No. 553.

41 Mendez, D.ⁿ Carlos, natural de Constantinopla, 1622-3. Leg. 165, No. 561.

42 Mendez, Cristobal, *alias* David Mendez, *alias* Don Cristobal de Ayala, portugués, vecino de Amsterdam, residente en Madrid, 1661,71. Leg. 165, No. 562.

43 Mendez, Fernando, y su mujer, portugués, causa sobre su fuga, 1591. Leg. 189, No. 890.

44 Nuñez Febos, Diego, portugués, diligencias relativas al secuestro de sus bienes, 1641. Leg. 169, No. 602.

45 Nuñez, Isabel, mujer y viuda de Francisco Palos, suegra de Simon Fernandez Miranda. Seis causas, á saber: 1.ª, 1608-9; 2.ª, 1621-3; 3.ª, 1626-8; 4.ª, 1653-4; 5.ª, 1655-61, y 6.ª, 1665-70. Leg 170º, No. 610ª.

46 Nuñez de Silva, D.ª Isabel, portuguesa, viuda de Rodrigo Nuñez Valencia : sus causas, 1.ª, 1654-60; 2.ª, 1657-8; 3.ª, 1658.

47 Nuñez García, José, *alias* José de Vitoria, *alias* José García de Najera, 1694-5. Leg. 170, No. 615.

48 Olivares, Francisco Luiz de. Hay informacion contra Antonio y Francisco Lopez, Antonio Suarez, Gracia y Leonor Ruiz, Antonio Luis y su mujer, 1626-7. Leg. 173, No. 634.

49 Paramo, Francisco de, médico residente en Bruselas, Testificacion contra, 1720. Leg. 189, No. 877.

50 Pedro, Juan de San, el bastardo, vecino de Toledo, 1486-7. Leg. 174, No. 647.

51 Robles, Juan de, ausente, natural de Cadahalso y residente en la ciudad de Fez : su causa : relajado, 1532-5. Leg. 176, No. 682.

52 Rodrigues de Seseña, Alonso, 1494-5. Leg. 176, No. 687.

NOTA. — Hay algunas actuaciones de 1640 pidiendo sus descendientes la rehabilitacion.

53 Rodriguez Mercado, D.ⁿ Baltasar, contador de la mesa maestral; Castro, D.ª Ana de, su mujer; Sola, D.ⁿ Gabriel, y su mujer, residentes todos en Colmenar de Oreja. Diligencias contra los mismos, 1676. Leg. 177, No. 695.

54 Rodrigues Narices, Diego ; Juan y Rodrigo, hijos de Catalina Rodriguez y de Bartolomé Rodrigues Narices ; Alvares, Mencia, mujer de Fernando Rodriguez ; Rodrigo, hijo de Martin Fernandez ; Pedro, hijo de la Cibriana ; Bartolomé, hijo de Diego Sanchez, vecinos de Guadalupe, ausentes; su causa, 1485. Leg. 177, No. 702.

55 Rodriguez, Juana, mujer de Augustin de Meyora, genovés, 1490. Leg. 180, No. 736.

56 Romero, Juan, y otros varios. Testificacion contra ellos de Domingo Romero, *alias* Isaac Mendez, 1658-9. Leg. 189, No. 882.

57 Ruiz, Bartolomé, bastardo, vecino de la villa de Zalamea, ausente, 1487. Leg. 181, No. 757.

58 Salazar, D.ª Catalina, hija (*sic*) de Diego Gomez de Salazar, y casada con Lionel de Rivera : dos causas y una sumaria, 1.ª, 1661-9 ; 2.ª, 1670-1 ; sum.ª, 1672-8. Leg. 182, No. 769.

59 Sanchez de Zamora, Diego, clérigo, organista y racionero en la santa iglesia de Toledo, 1494-5. Leg. 183, No. 779.

60 Sosa, D. Francisco Rafael de, *alias* D. Antonio [1691-2]. Leg. 184, No. 804.

61 Sosa, Manuel de, portugués ; sus causas, Tormento, 1.ª, 1652-8; 2.ª, 1658-60. Leg. 184, No. 805.

62 Toledo, Fr. Alfonso de, fraile profeso del monasterio de N.ª S.ª de la Sisla, 1487-8. Leg. 185, No. 813.

63 Villareal Cohen, Juan de, 1496. Leg. 188, No. 848.

[(B.) List of Indices contained in Leg. 189, No. 889.]

64 Memoria de las [222] personas de la nacion hebrea de Portugal que fueron presas y condenadas por el S.to Off.o de la Inquis.n de Toledo y de las que actualmente están presas, y asi mesmo de las que ellas testifican por observantes de la ley de Moysen desde el año de 1618 acá.

[Seemingly sent to Portugal, and afterwards a copy returned from Lisbon in the year 1622.]

65 Indice de las [160] personas testificadas por Manuel Rodriguez, portugués, natural de Biarres, en Francia desde once de nov.e de 1632 hasta fin del año de 1633.

[Alphabetical : At end " Letra general," among " Vn hombre que vino de Amsterdam con dos hermanos."]

66 Memoria de algunos portugueses que viven en Madrid que han dicho sus dichos en defensas de reos portugueses presos en el Sto. Off.cio con nombres de vecindad y naturalesa dellos, año de 1634.

[57 names ranged under the headings of the cases : *some are underlined.*]

Portugueses que son en Pastrana [? the same 57 names].

67 Memoria de las [13] personas con quienes tienen correspondencia Antonio Rodrigues-Grades, *alias* Mendez, y su hermano Franco, Rso., vecino de Madrid, en el distrito de Toledo, tocante A la ynq.on

[Some are marked ᔕ, others with crosses.] At end elaborate accounts of business, including sums of 11,632 ms., and 7,308 ms., Dr. and Cr.

68 Memorial de [10] pessoas xrāns novas da ciudade de Bragança denunçiadas no sancto off.o
[Dated 1676 ?]

69 Memoria de las [26] personas pressas y detenidas en este s.to off.o por delitos de Judaismo.

[Giving age and personal appearance of each : *no date.*]

70 Memoria de [28] diferentes personas vecinas de la Ciudad de Málaga, testificadas de sospechas de Judaismo en esta Inqui.^{on} de Granada. *No date.*
    [Names and descriptions of person : some marked with crosses.]

71 Memoria de las [29] personas testificadas en el s.^{to} off.^{o} de la Inq.^{on} de Murzia por Maria Marg.^{ta} Lopez, presa en carz.^{s} secretas de ella, como constan de la testific.^{n} gen.^{l} que remitió á este de Granada.
    [No date, but reference to one " reconciliado por este s.^{to} off.^{o} en el año 1691."]

72 Memoria de las [10] personas en esta Inquisicion por Judaizantes.
    [No date : seeming Inqn. of Granada.]

73 Ittem declara son Judios observ.^{tes} Isabel de Castro, Fran.^{ca} Ger.^{mo} Fernando, Maria Alvarez, y como tales los a trat.^{s} y camimecs.
    [Follows a list of 53 names : no date ; above heading crossed through.]

74 Personas en cuia cabeza sean de Recorrer los registros de las Inquisiciones de Castilla y Portugal.
    [35 followed by 21 many " difuntos," some crossed out.]

75 Inquisicion de Córdoba.
    [Names of 3 persons, dated 1721.]

76 Inquisicion de Sevilla.
    [Names of 2 persons, dated 1721.]

77 Same of Cuenca (2), Zaragoza (1).
    [3] Detenidos [no date].

78 Justificados vivos [15] que se an de votar a prision como absentes fugitibos. *No date.*

79 List of 17 at the Inquisition of Seville in 1712.

80 Testificados por Fern. Alvarez que están presos en las Inquisiciones de Zaragoza [9], Cuenca [3], Valencia [2], Granada [3], Córdova [3], Sevilla [8], Llerena [1], Murcia [1].

81 Testificados por Isabel de Fuera presos en las Inquisiciones de Zaragoza [9], Cuenca [5], Santiago [1], Llerena [1], Granada [2], Sevilla [3].

82 " Ad perpetuam d.^{a}."
    [List of 43 persons.]

83 Ausentes futivivos Testificados por Manuela Pimentel [6].

84 Memoria de los [45] testificados por Ag^{no}. Pimentel.

85 Memoria de los [38] que han de ser pressos.
    [Note at end "en persona 100, Difuntos 21, Testificados 15, Reos de Judaismo 156.]

86 Testificados por Agostino Pimentel presos en las Inquisiciones de Murcia [2], Zaragoza [9], Cuenca [3], Granada [2],

Alcalá de Henares. 7

Valencia [3], Sevilla [5], Córdova [2], Llerena [1], Santiago [1].
87 Testificados por Manuela Pimentel [31].
88 Difuntos, testificados por Manuela Pimentel [18].
89 Fragment Nos. 16—57 of a list.
90 Memoria de las [15] personas presas en cárceles secretas de la Inquisicion de Cuenca con sequestro de Vienes detenidos en ellas y mand.^{as} prender en dhas. carceles.
   [Names and description of persons : no date.]
91 En 11 de Jenero de 1721 se remitió por la Inq.^{n} de Toledo á la de Zaragoza la testificacion gen.^{l} de Isavel de Vivera contra [8], de Fran.^{a} Albarez contra [9], de Isauel de Castro contra [6], de *Augustina Pimentel* contra [9], de Mariana Pacheco contra [10], y de Francisco de Torrescontra [9], de Manuela de Pimentel contra [3]. Similarly to Valladolid, Valencia, Santiago, Murcia, Valencia, Granada, Córdova, Sevilla, Cuenca, Corte, Llerena.
   [Fixed dates of other documents. About 100 other names on authority of same witnesses.]
92 En este s.^{to} off.^{o} estan dotadas a prision por culpas de Judaysmo confirm.^{do} por los S.^{res} de Conss.^{o} [8].
   [Dated 23 June, 1721.]
93 Inquisicion de Toledo, año de 1721. Judaismo [11], Testigos que deponen en esta sumaria [5 women].
   [Lists of 11, 34, and 183 persons.]

II.—INQUISICION DE VALENCIA—JUDAIZANTES.

[Some causes selected from three Legajos (34-6) out of 13 containing about 280 causes at the Valencia branch of the Sacred Office.]

94 Adret, Galavandrez, 1487. Leg. 34.
   [This process is bound together by a strip of parchment from a *Sepher Torah* of 15th Century with vowels inserted later.]
95 Aguilarer, Joanne, 1586. Leg. 34.
96 Alascon, Simon de, 1720. Leg. 35.
   [This "cause," like many others, is a folio volume of nearly 200 pp. of depositions, &c.]
97 Benoria, Ysrael. Espontánea abjuracion de los errores del Judaismo y reconciliacion á nuestra religion católica que hace

Ysrael Benoria, hebreo, natural de Gibraltar, de edad de 21 años. 8 Jun. 1815. Leg. 35.
98 Brianda, Bonorsi. Leg. 36.
[Quite a volume of 200 pp., decorated on cover with flames like those of a San Benito.]
99 Castilla, Frances. Leg. 36.
[100 pp., also flames on cover.]
100 Joaimez, Selma. Leg. 36.
[128 pp., flames of a serrated form on cover.]

BARCELONA. — ARCHIVOS DE ARAGON.

A. — ORIGINAL DEEDS.

101 Anno 1092, Juseph, hebreo, venta que hizo á Andrez Sabarez y Alcardes, en 3 de las calend. de Junio, año 32 del Rey Philipe, en el territorio de Barria, en el término de Morgonzio. [Indice alf. de Códices, 844–1291, No. 70.]

102 Anno 1092, Jucef, hebreo, de Denart, venta que hizo á Andrez y Chardin, consortes, en 13 de las calend. de Abril, año 32 del Rey Philipe, de una prisa de vina en el territorio de Barria, en el término de Marunya. [Indice, etc., No. 81.]

103 Juda, hebreo, empeño que le hicieron Martin Isarno y Maria, consortes. [Indice, etc., No. 102.]

B. — COPIES IN THE "REGISTROS."

Reg. 9.

104 Indulto concedido á Asturgo y Salasaar Belcayra, padre y hijo, de no poder ser capturados sus personas ni embargados sus bienes por razon de algun tributo ó servicio que estubiesse obligada á hacer al Rey ó á cualquier otro la Aljama de los Judios á Barcelona, pagando no obstante ó assequando el contingente de aquellos que les correspondiesse. Barc., xvij Cal., Jan. 1257. (f. 1.)

105 Concession del peso mayor de Lerida, hecha por el Rey, á Cortal Almalagni, Judio, durante su vida, pagando cada año 82 maçemutinas. Lerida, ij Kal., Nov. 1257. (f. 2.)

106 Decreto del Rey á favor de los J. para que fuessen validos los instrumentos otorgados y que se otorgarian por sus deudores ante ecclesiasticos. Barc., 14 Kal., Jan. 1257. (f. 2.)

107 Prorogacion por tres años mas de la promesa q.^{e} hizo el Rey á los J. de no conceder moratorias á sus deudores en el termino de 5 años. Ibid, Eod. Die. (f. 3.)

108 Absolucion hecha por el Rey á T. Abutarda y otros Judios de Daroca de lo que pudiesse pedirles civil y criminalmente por razon del tesoro q.^{e} se dixo haber hallado Mateo Corbalan y haver les dado parte y encomendado otras. Barc., xiij Kal., Jan. 1257. (f. 3.)

109 Carta de pago otorgada por el Rey á favor de Janiono Abutarda y otros Judios de Daroca de mil y cien sueldos jaqueis en que se pacto por la accusacion é inquisicion q.ᵉ se hizo á causa de dho. tesoro. Ibid, Eod. (f. 3.)

110 Moratoria á favor del Abad de Ripoll y oficiales y hombres de el monasterio por lo que debiessen á los Judíos. Barc., v Id., Jan. 1257. (f. 8.)

111 Prorogacion por otros tres años mas de la promesa que hizo el Rey á los J. de la Aljama de Perpignan y su collecta, de no conceder moratorias á sus deudores por tiempo de tres años. Barc., 2 Id., Jan. 1257. (f. 11.)

112 Seguridad concedida á Jafra Almorcat, judía, de bolver y habitar en Lerida, no obstante haver sido justificado su hijo por un homicidio. Lerida, 2 Kal., Nov. 1257. (f. 12.)

113 Aprobacion de la tassa (ó talla) echa entre ellos por los Judíos de la Aljama de Zaragoza. 3 Kal., Feb. 1257. (f. 17.)

114 Licencia á Jahudano de Cavalleria, Bayle de Çaragoza, para vender por un año los derechos de aquella Baylia. 3 Kal., Feb. 1257. (f. 17.)

115 Orden á Jahudano para que de los fechos de Çaragoza pagasse á Arnaldo de Luna c. c. 17 Id., Marc. 1257. (f. 26.)

116 Remision hecha por el Rey, por tiempo de 4 años, de 500 J. jaqueses en cada uno del tributo que annualmente pagava la Aljama de los J. de Barbastro, en atencion á su pobreza. Lerida, 4 Kal., Sept. 1257. (f. 31.)

117 Absolucion y remision hecha por el Rey á los vezinos de Frayella de las deudas y usuras que debiesen á los J. de Aragon. 3 Kal., Sept. 1257. (f. 32.)

118 Remision de mil sueldos á 1 año, por tiempo de dos, del tributo que pagaban los J. de Huesca (por pobreza). 3 Non., Nov. 1257.(f. 33.)

119 Absolucion á favor de Juan de Acelguer y de su mujer de las deudas y usuras que debiessen á los Judios de Aragon, contraidas antes de sequestrarseles por el Rey. 2 Id., Sept. 1257. (f. 35.)

120 Licencia de extraher trigo á Abrahin, hijo de Açach, Bayle del Templo. 15 Kal., Oct. 1257. (f. 37.)

121 Promesa del Rey á los Judios de Monso de no conceder mas moratorias á los hombres de Pertusa, sus deudores. 6 Id., Nov. 1257. (f. 45.)

122 Orden al Veguer de Barcelona para que no se molestasse á los Judios corredores en el uso de sus oficios. 3 Id., Nov. 1257. (f. 45.)

123 Proteccion y salvaguardia real al favor de Pedro Arbens por un honor y calle que tenia en el arrabal de Barc.ᵃ, baxo el castillo nuevo, cerrada para habitacion de Judios. 13 Kal., Dec. 1257. (f. 48.)

124 Indulto para que Bona filia, viuda de Scapato Maleto, Judio, no jure fuera de su casa. Id., Dec. 1257. (f. 54.)

125 Absolucion á favor de los vezinos de Putresa de lo que debian á los J. 8 Id., Aug. 1257. (f. 4.)

Reg. 10.

126 Licencias de extraher trigos concedidas á Abraham, hijo de Vidat ben Estranja, judio, á Juan de Vidouire, á Umberto tudisco, &c. 7 Id., Oct. 1257. (f. 10.)

127 Absolucion á favor de los vezinos de Bolia de todo lo que debiessen á los Judios de Aragon. 4 K., Aug. 1257. (f. 12.)

128 Concession á Astrugo, Judio, hijo de Isach, tinturero, de no poder ser convenido sino ante el Juez de los J. 18 K., Feb. 1257. (f. 15.)

129 Resignacion de 3500 s. Jaqueses sobre los tributos de Judios en favor de Ramon, vizconde de Cardona. 10 Kal., Sept. 1257. (f. 16.)

130 Debitorio y consigna á Benvenist de Porta, Bayle de Barcelona. 14 Kal., Sept. 1257. (f. 16.)

131 Resignacion á la Aljame de los J. de Barc.ª y Besalu de lo que havian pagado por el Rey sobre los tributos mismos y ellos debian pagar. 6 Cal., Sept. 1257. (f. 17.)

132 Asignacion en los derechos de la Baylea de Çaragoza de 3000 s. jaq. á favor de Jahudano de Cavalleria, á quien los debia Palacino de Focibus y ú el Rey. 4 Kal., Nov. 1257. (f. 23.)

133 Memo. que Palazin de Focibus debia restituir un albaran de 2000 s. que el Rey se encargo á pagar á Jahudano. (f. 24.)

134 Debitorio de 3863 s. Barc. á Benvenist de Porta, consignandoselos en los dros. de su Baylia. 14 Kal., Jan. 1257. (f. 28.)

135 Carta de pago á favor de los J. de Barc.ª y otras partes de los tributos impuestos. 15 Kal., Jan. 1257. (f. 28.)

136 Orden á los J. de Gerona y Besalu para que pagassen el tributo al Infante don Pedro. 5 Kal., Jan. 1257. (f. 29.)

137 Carta de pago de dho. tributo á los mismos. Ibid.

138 Assignacion de 40 morab.ˢ sobre el tributo de los J. de Gerona á Magestro, J. 4 N. Jan. 1257. (f. 30.)

139 Absolucion de tributos á los J. de Gerona y Besalu. 5 Id., Jan. 1857. (f. 31.)

140 Establecim.ᵗᵒ del dro. sobre el trigo de Barc.ª á Jahudano de Cavalleria durante su vida. 3 Id., Jan. 1257. (f. 31.)

141 Asignacion á Jahudano de Cavalleria sobre un censo que el mismo debia prestar al Rey, hasta ser satisfecho en mil morab.ˢ que el Rey le debia. 4 Id., Jan. 1257. (f. 31.)

142 Faculdad á Benvenist de Porta, Bayle de Barzelona y Gerona, de vender por dos años las Baylias pertenecientes á las dos referidas. 18 Kal., Feb. 1257. (f. 32.)

143 Venta por dos años á Benvenist de Porta de los redditos de Falier &c. Pud. Id., Feb. 1257.(f 35.)

144 Debitorio á Benvenist de Porta de 199,483 s. Bar.^ses consignandoselos en los dros. de las Baylias de Barcelona y Gerona. (f. 35.)

145 Assignacion á Benvenist de Porta en los dros. de Turza &c. por mil maçamutinas á el debidas. 3 Id., Feb. 1257. (f. 35.)

146 Facultad al Infante D.ⁿ Pedro de componerse con los deudores de los J. absolviendoles de sus deudas, por averse retirado dhos. J. de Cattaluna de los dominios del Rey. 12 Kal., Mar. 1257. (f. 37.)

147 Remission á Abraham Levi y Bonanat de Provincia, J. de Villafranca, sobre la transmigresion del modo de dar dineros á interes. 6 Kal., Jan. 1258. (f. 44.)

148 Licencia á Jucef de Grassa, J., de casar con Regina, hija de Samuel Brafayre, tambien Judio, no obstante el matrimonio de dho. Jucef con Luna su muger ; es por sent.^cia del Rey. 13 K., Feb. 1258. (f. 47.)

149 Privilegio de diff. cosas en favor de los J. de Montpellier. 12 Kal., Feb. 1258. (f. 48.)

150 Decreto para q.^e se puedan emparar los bienes de los deudores de los J. de Gerona y Besalu. 5 Kal., Apr. 1257. (f. 53.)

151 Licencia á los J. de Gerona y Besalu de elegir personas de entre los suyos para prendar los resistentes á contribuir en los pechos y tributos que les fueren repartidos. 2 Kal., Ap. 1258. (f. 54.)

152 Declaracion de los muebles exceptuados de poder ser apremiados por deudas á los Judios de Gerona y Besalu. Ib. (f. 54.)

153 El mismo [la alqueria de Bonichalim] dio Guiage á Jafre Avinzabarre y su hijo Maymonello, J. 4 Kal., May 1258. (f. 61.)

154 Decreto p.ª que las Justicias hagan pagar á dho. Jafre Avinzabarre lo que le debiessen cualesquier personas. 4 Kal., May 1258. (f. 61.)

155 Licencia á Abraham Albarme, J., de poder conducir Sarracenos de las tierras del Rey de Castilla y de Aladracho. Kal., May 1258. (f. 62.)

156 Otro [debitorio] de 200 J. jaqueses á favor de Jafre Avinzabarre, J. Kal., May 1258. (f. 65.)

157 Facultad á Jafre Maymon, J., de prendar los hombres de Lupo Guillen de Oteyra por lo q.^e le debian. 18 Kal., Jun. 1258. (f. 66.)

158 Debitorio de 430 s. Barc.^ses á Bonafot, hijo y heredero de Vidal Salomon, consignandoles en el tributo que el mismo y otro J. debian pagar. 7 Id., Ag. 1258. (f. 71.)

159 Debitorio á Astrugo Bonsenior, consignandoselas en dha. moneda nueva de Barc.ª 13 Kal., Sept. 1258. (f. 75.)
160 Remision á Jahudano Avencivez y otros Judios por razon de la tassa de la Aljama de Zaragoza. 10 Kal., Sept. 1258. (f. 77·)

Reg. 11.

161 Franquisia de tributos á Mosse Avengayet, J. de Xativa. 6 Non. Jun. 1258. (f. 81.)
162 Concession á Benvenist de Porta de cobrar los redditos de Lerida y otros lugares de su Baylia hasta queda satisfecho en c. c. Prid. Kal., Oct. 1258. (f. 85.)
163 Orden á Ber.ᵈᵒ Andres &c., para que adilen plata y boçonaylla á Benvenist de Porta para hacer moneda, dandole el lucro en pago de lo que el Rey le debia. Kal., Oct. 1258. (f. 85.)
163a Confiesa haber recibido de Jahudan muchos carneros, cuyo valor queda compensado con el dinero que este habia recibido de los porteros del Rey. Non., Jan. 1259. (f. 122.)
164 Guiage á Juceff Mascarani, Judio. 3 Kal., Nov. 1258. (f. 86.)
164a En la qual el Rey confixa que el Aljama de los J. de Perpignan habia pagado 2100 sueldos en razon de tributos á que estaba obligado. (f. 128.)
165 Jayme Montjuich. [? J.] (f. 95-91.)
165a Debitorio á Jahudan consignandolos con las Baylias de Zaragoza y Calatayud. 6 Id., Jan. 1259. (f. 129.)
166 Consigna de los Molinos de Barc.ª á Benvenist de Porta. 15 Kal., April 1258. (f. 106.)
166a Franquisia de tributos á favor de los J. en Nucastell. 16 Kal., Dec. 1259. (f. 153.)
167 Debitorio á Benvenist de Porta. Kal., Jul. 1259. (f. 114.)
167a Venta de la foueca de trigo de Lerida á Benvenist de Porta. 2 Kal., Sept. 1259. (f. 168.)
168 Debitorio á Aharon Almafia, J., de 600 J. jaqueses, consignandoseles en los dhos. de la Moraria de Daroca. 4 Id., Jul. 1260.(f.176.)
168a Orden que el Aljama de los J. de Barcelona pago á Benvenist de Porta, Bayle de la misma, 10,000 sueldos. 3 Cal., Sept. 1259. (f. 117.)
169 En la que confixa deber varias cantidades á Salomon Zaragoza, Judio de Huesca. 2 Kal., Sept. 1259. (f. 117.)
169a Mandato á la Aljama de Judios de Gerona y Besalu de pagar del tributo 8683.94 Bar.ˢᵉˢ ad Monde Gionetta. 4 Id., Jun. 1260. (f. 177.)
170 Minoracion del tributo de los J. de Gerona y Besalu. 3 Id., Jun. 1260. (f. 177.)
170a Carta á Benvenist, mandandole entregar á Pedro de Capelcade, é en su lugar á Ramon Olivano, 5000 s. 3 Id., Sept. 1259. (f. 118.)

171 Orden á Jahudano y otros que tuviesen las salinas de Polo para que quediesen todos los años c. c. de sal al Abad y Convento de Berola. 14 Id., Jun. 1259. (f. 121.)

171a Licencia á Jahudan de vender los reditos de Zaragoza por un año. 4 Kal., Oct. 1260. (f. 180.)

172 Debitorio de 6305.98 jaqueses á Salomon Zaragoza, J. de Huesca, entregandole en empeno el mermato de afuera de la ciudad de Huesca, haciendole Bayle y Merino con consignacion de todos los Dnros. R.ª hasta quedar pagado. Id., Oct. 1260. (f. 181.)

172a Mandato al Aljama de los J. de Barc.ª para que obligase á todos los Judios que se le presentaron al pago de varios cargos vecinales. 9 N., Dec. 1259. (f. 121.

173 Concession hecha por el Rey á Bonastrugo de Porta, Maestro de Judios de Gerona, de el molino en el Mercadat de dicha ciudad. 16, Kal., Nov. 1260. (f. 182.)

174 Remission de 1000 J. de los seis mil annuales que pagava de tributo la aljama de los J. de Calatayud. Kal., Dec. 1260. (f. 185.)

175 Donacion de un Parral y tierra en Valencia á Jahudano. 13 Kal., Jan. 1260. (f. 186.)

176 Confirmacion á los J. de Valencia de las compras hechas y que hizieron de tierras y possessiones en el Reyno y Ciudad de Valencia. Id., Ap. 1261. (f. 202.)

177 Conf. de las compras y ventas de los Judios de Taragona y Montblanch. 3 Kal., Sep. 1261. (f. 211.)

178 Franquicia del dro. del cops á Salomon Cohon, Bayle del Noble Ramon Gamelmo, Señor de Lunilli. 3 Kal., Aug. 1264. (f. 111.)

179 Tres despachos á favor de los J. de Barcª, Villafranca, Cervera y otras partes, con que el Rey aprueva las deudas contrahidas á favor de aquellos, les da facultad de vender y comprar granos y otras cosas, y prohibe el que se proceda de oficio contra dhos. Judios por razon de prestamos. Id., Sept. 1261. (f. 215.)

180 Carta especial á los J. de Perpinan de poder comprar y vender trigo y otras cosas. Id., Sept. 1261. (f. 216.)

181 Carta á los J. de Barcelona, &c., para que las moratorias que diere á sus deudores no sean validas. Id., Sept. 1261. (f. 216).

182 Privilegio á los J. de Besalu, concediendoles el goze de los de Gerona. 3 Kal., Oct. 1261. (f. 216.)

183 Diffinition de quentas á Jahudano de Cavalleria de los redditos de la Baylea de Çaragoza. 4 Kal., Oct. 1260. (f. 227.)

184 Privilegio á favor de los J. de Barc.ª y otras partes de no alojar el Rey ni sus hijos y familia en sus calles y casas, y de otras exempciones. 5 Kal., Jul. 1260. (f. 229 [antes 222].)

185 Confirmacion á favor de Bonafacio y de Bonanaich Salomon de una porcion de la quartera de Barc.ª que sus antecessores havian comprado. 7 Id., Jul. 1260. (f. 229.)
186 Remision y baxa del tributo de los J. de Jaca. N., Oct. 1260. (f. 228.)
187 Promessa de no conceder moratorias á los J. de Exea. Id., Oct. 1260. (f. 230.)
188 Indulto á los J. de Valencia de no haver de contribuir al donativo de la confirmacion de los fueros. Id., Ap. 1261. (fd. 233.)
189 Debitorio á los J. de Huesca. Kal., Jun. 1261. (f 234.)
190 Promesa de no conceder moratorias... á los Judios de Barc.ª Id., Marz. 1260. (f. 239.)
191 Nota de lo que debia el Rey á fr. Pedro Peyronet por Jahudano y la muger de Fenicio de Liçana. (f. 268.)
192 Nota de lo que debia baxarse del credito de Benvenist de Porta. (f. 274.)

Reg. 12

193 Remision á favor de Raymund Marti, del debito. 3 Kal., Dec. 1262. (f. 2.)
194 Absolucion á Samuel, hijo de Jacob, del debito. Kal., Jan. 1262. (f. 6.)
195 Statuto por los J. de Calatayud. 6 Kal., Feb. 1262. (f. 6.)
196 Absolucion de demandas á los J. de Monzon. Prid. Kal., Feb. 1262. (f. 6.)
197 Promesa que Rey hizo á los J. de Perpignan de no alojarse ni su familia en sus casas. Id., Feb. 1262. (f. 9.)
198 Concedio á los J. de Perpignan statutos sobre la administracion de Justicia y á los demas Judios que fuessen de su collecta. (f. 9.)
199 Absolucion en favor de los J. de Tortosa por razon de usuras, y que de los debitos de los Cristianos no podiesen percebir mas que quatro dineros pro libra. 8 Kal., May. 1262. (f. 13.)
200 Remision en favor de Jucef, hijo de Abraham Ferrero, J. [de Barbastro], de la enquesa formado por el dho. de sacar tresoros. Kal., Mart. 1262. (f. 14.)
201 Nombram.to de B.e de la Ciudad de Tortosa en persona de Astruch Jacob, J., para collectar los derechos Reales. Kal., Mart. 1262. (f. 15.)
202 Venta á Benvenist de Porta de los derechos de la Villa y baylea de Coblivre. 7 Id., Mar. 1262. (f. 17.)
203 Franquesa en favor de Jucef Avincabre, J., de que en los servicios y donaciones hiziesse la Aljama de Catalayud no deviesse contribuir cosa. 13 Kal., Ap. 1263. (f. 21.)

204 Conf. á favor de Mosa Nahguelib, J., de la acusacion se le havia echo ante el çalmedina de Darocha. 5 N., May. 1263. (f. 27.)

205 Conf. á Benvenist de Porta de la obligacion que Ray.^{do} Visconde de Cardona le avia echo de los derechos de Villafranca de Panadesa. 7 Id., May. 1263. (f. 29.)

206 Absolucion en favor de los J. de Montpellier de qualesq.^{r} peticion o demanda pudiesse haser hasta dho. dia. Kal., May. 1261. (f. 35.)

207 Concesion en favor de los J. de Montpellier de poder juntar en un instrumento la ganancia y capital con q.^{e} no pudiessen percibir mas de 4 din.^{s} pro libra. Kal., Mart. 1261. (f. 39.)

208 Reconocimiento á las Aljamas de Barcelona, Villafranca, y Zaragoza de estar satisfecho hasta aquel dia del tributo. 5 N., May. 1262. (f. 39.)

209 Concession á los J. de Barc.^{a} de que por los mandatos de las Justicias para satisfazer á sus merchadores no deviessen pagar sterios ni darles cosa. Non., May. 1262. (f. 41.)

210 Concession á los J. de Valencia de estatutos sobre sus juramentos &c. Id., May. 1262. (f. 43.)

211 Franquesa concedida á los Sarracenos que haviessen habitacion en heredades q.^{e} fuessen proprias de los J. de Valencia del Bisance acostumbravan pagar cada año. 6 Id., May. 1262. (f. 44.)

212 Debitorio al favor de Salomon Almuli. 8 Kal., May. 1262. (f. 48.)

213 Remision de 500 J. jaqueses de sus tres mil devian pagar en dos años á los J. de Darocha. 8 Kal., May. 1262. (f. 48.)

214 Moratoria concedida á Abraham, hijo de Maymon, de Fez, hasta el dia de Pasqua. 3 Non., May. 1262. (f. 50.)

215 Debitorio á favor de Salomon Adret, J. de Barc.^{a}, de 1000 J. Barc.^{ses}. 4 N., May. 1262. (f. 50.)

216 Debitorio á favor de Astrugo Leon y Pedro de Ruiprimer de 100 J. en emienda de la perdida en los molinos de Llobregat. 7 Id., May. 1262. (f. 51.)

217 Concession á los J. de Gerona y Besalu... hasta el dia de Pasqua del S.^{r}, no debiessen responder á la demanda les avia echo sobre lo q.^{e} tocava pagar al heredero de Bonanaschi de Besalu y Navarro J. sobre questros y tallas. 16 Kal., Jun. 1262. (f. 52.)

218 Salvoconducto en favor de Navarre, J., y Jucef, su hijo, y facultad de habitar en qualq.^{r} parte, pagando mientras estuviesen cada año 300 J. milgareses. 16 Kal., Jun. 1262. (f. 52.)

219 Debitorio á Benvenist de Porta de 15,221. s. avia entregado por gastos de la Infanta D.^{a} Ju.^{a} 12 Kal., Jun. 1262. (f. 52.)

220 Debitorio á Jahudano de Cavalleria, Bayle de Çaragoça, de 2750 s. por haverles satisfecho á Vidal Astruch. Kal., Jun. 1262. (f 53.)

221 Reconoc.to en favor de Salomo de Derocha, J. de Monso, de haver pagado cuentas y quedar á dever hasta entonces 7100 marabatros nuevos de oro. Id., Jun. 1260. (f. 55.)
222 Debitorio á favor de Azruel Aben Levi, J., de 2000 J. Jaq. percebidores 300 J. cada año hasta estar ficho sobre el tributo de los Judios de Zaragoza. Id., Jun. 1262. (f. 56.)
223 Item de 221 s. J. havia satisfecho á Egidio de Peralta. Kal. Sept. 1272. (f. 57.)
224 Reconocimiento á favor de Benvenist de Porta de haver dado cuentas y quedar deviendo la cantidad de 15,166 J. j. hasta 3 Kal., Jul. 1260. 12 Kal., Jun. 1262. (f. 59.)
225 Debitorio á Jahudan de 5,170 J. con consigna de los reditos de Perpignan. Sin fecha. (f. 47.)
226 Remision á los J. de Gerona y Besalu durante de la R.[1] voluntad de 2400 J. cada año, de la 13258 J. pagavan de tributo á mas por los dos primeros años, los baxava assi mismo 600 J. por cada año. 3 K., Sept. 1262. (f. 68.)
227 Absolucion á los J. de Lerida de los drechos devian de las compras de treyte trigo avian echo. 2 Non., Jun. 1260. (f. 71.)
228 Decreto en favor de J. de Montblanch sobre convenir á sus fianzas ó sus debitores como los J. de Barc.a 3 I., Oct. 1262. (f. 73.)
229 Concession á favor de los J. de Huesca de pagar servicio á la contrada de los justicios de dha. ciudad. (f. 74.)
230 Donacion del oficio de la Varonia de la villa de Puigcerda á Raymundo Martí para durante su vida. 9 Kal., June 1263. (f. 81.)
231 Franquesa á Abraham Levi, J., de contribuir en quistia ni peyta ni demas drechos pagava la Aljama de los J. de Perpiñan todo el tiempo cuy davia del mineral de plata de nossaceria la villa de Saorra. 2 Id., May 1262. (f. 84.)
232 Franquesa á Benvenist de Porta de 20 quarterados de tierra en Villafranca, y absolucion del censo de una quartera de ordio que por cada una devia pagar cada año. 8 Kal., Jun. 1263. (f. 85.)
233 Confirmacion de la disposicion y tutela que en su testamento hizo Salomon de Tortosa, J. de Barc.a, á favor de Beder, su hijo. Id., Jun. 1263. (f. 88.)
234 Sentenzia con la qual absuelva Alcaçar, J., del crimen de sodomia le avian acusado algunos J. por medio de testimonios falsos. 6 Kal., Jul. 1263. (f. 91.)
235 Guiage en favor de Jacob, Judio de Urgel, dando facultad de vivir en qualq.r ciudad. 14 Kal., Jul. 1263. (f. 93.)
236 Absolucion de las demandas y penas y por sus delitos en favor de dicho Jacobo. Eod. (f. 93.)
237 Documento dirigido á los Justicias assi de Christianos como de

Judios, en que los manda no atiendan á las declaraciones de los testigos recibieren Samuel Acaa, David Avendanan y otros, contra Alazar Nee por haver entendidos falsos. 4 Kal., Jul. 1263. (f. 93.)

238 Promesa á Samuel y Isach, hijos de Aron, de dar les en Xative una heredad de 3000 S. reales de valor, en recompensa de lo que havia dado á su padre. 8 Id., Jul. 1263. (f. 93.)

239 Absolution á Isach fusil, de sus delitos. 16 Kal., Ap. 1263. (f. 96.)

240 Donacion á Jahudan de la Paza de tierra en Valencia. 17 Kal., Sept. 1263. (f. 102.)

241 Licencia á Bonanoxo Salomon de fabricar sinoga en la calle de los J. de Barc.ᵃ 9 Kal., Sept. 1263. (f. 104.)

242 Orden á los Justicias de Valencia que no permitiesen entrar ninguno en las casas y reales de Jahudan de Cavalleria. 4 Kal., Sept. 1263. (f. 106.)

243 Condemnacion de unos libros compuestos por un Judio nombrado Moyses, hijo de Maymon Egipnachus (sic) nombrado Soffrim, por contener Blasphemias contra Dios, recogiéndolos de poder de los Judios y se quemasen. 5 Kal., Sept. 1263. (f. 106.)

244 Mandato á las Justicias que los padres predicadores se presentasen ante ellos á fin de predicar y convertir Judios lo permitiesen. 7 Kal., Sept. 1263. (f. 107.)

245 Orden á los J. de su distrito para que no perturbasen la predicacion les havia fr. Pablo Cristian, de la orden de Predicadores, para su conversion. 4 Kal., Sept. 1263. (f. 107.)

246 Disputa havida por fr. Pablo Cristiano, de la orden de Predicadores, con Moysse Rabbi, nombrado maestro de Gerona, sobre la fe. 13 Kal., Aug. 1263. (f. 110.)

247 Orden á los Justicias para que no impidiesen á los J., sus mugeres ó sus hijos, el hir a ohir los Padres dominicos. 3 Kal., Sept. 1263. (f. 111.)

248 Orden de barrar las blasfemias de los libros de los Judios de consejo del beato fr. Raymondo de Penafert. 4 Kal., Sept. 1263. (f. 111.)

249 Concession á Salema de Daroca de confirmarle la venta de los derechos de la Judaria de Lerida. 4 Id., Sept. 1263. (f. 115.)

250 Donacion á Abuhafa Haman, J. del castillo y villa de Pelof, torre nombrada Altea, con sus alquerias y con sus derechos. Prid., Cal., Oct. 1263. (f. 118.)

251 Orden á los Justicias de Valencia para que diesen auxilio á Astruch Jacob Xixen, para peñorar los hombres del honor de Calatrava por lo que lo devian. 2 Kal., Oct. 1263. (f. 119.)

252 Orden al B.ᵉ de Valencia que por tiempo de 5 años pagasse á

Astruch Jacob Xixen 500 J. cada año de la primicia de Morella, á fin de gastarlos en reparos del Castillo de Pecusco. 6 Kal., Oct. 1263. (f. 119.)

253 Licencia al Bayle de Tortosa para peñorar ó marcar á los J. de ella hasta que huviessen satisfecho á Astruco Jacob Xixen, Bayle do Tortosa, 9000 s. que le devian 2 Kal., Oct. 1263. (f. 119.)

254 Orden á los Justicias sobre lo que devian observar en las demandas de Cristianos y Judios. Non., Oct. 1263. (f. 120.)

255 Statuto en favor de los J. de Barc.ª sobre los enquestas. 3 N., Oct. 1263. (f. 120.)

256 Statuto concedido á los J. de Barcelona las apellaciones de las causas que contra ellos se diesen. N., Oct. 1263. (f. 120.)

257 Conf. á Benvenist de Porta de la asignacion le avia echo el Sr. Infante D.ⁿ Jayme de los drechos de Mallorca y Minorca. Prid., Kal., Oct. 1263. (f. 131.)

258 Donacion á Simon Egido para durante su vida de la escrivania de los Judios de Exea. Kal., Oct. 1263. (f. 131.)

259 Mandato á los Juradores de Borja para que guardasen á los J. y Saracenos al inst.º les avia concedido sobre la Peyta. 11 Kal., Dec. 1263. (f. 134.)

260 Concession á Jucef, Jahude, Açach y Abrafino del Calbo, J. de Calatayud, para que no obstante la ordenaza echa por los hombres de la cofradía de Calatayud, por ellos mismos mercar cavallos. 18 Kal., En. 1263. (f. 134.)

261 Statuto á favor de los J. de Jacca sobre el modo devian pagar la Peyta. 4 N., Jan. 1263. (f. 138.)

262 Orden al Justicia de Calatayud p. q. mantuviesen en sus drechos á Jacob Aronz. Kal., Feb. 1263. (f. 140.)

263 Promesa á la Aljama de los J. de Calatayud de no allorgar por el termino de dos años en Calatayud ni sus aldeas. 3 Kal., Feb. 1263. (f. 141.)

264 Licencia á J. de Calatayud de tener tendas de cambios como avian acostumbrado. Kal., Feb. 1263. (f. 141.)

265 Statuto á J. de Calatayud sobre el viernes santo. Kal., Feb. 1263. (f. 141.)

266 Guiage á Juhadan Avinbices y sus hijos. 2 Kal., Feb. 1263. (f. 141.)

267 Licencia á Jahudano de Cavalleria de tener un Cosador. Kal., Feb. 1263. (f. 142.)

268 Donacion á favor de Astrugo Ascarella, J., de la escrivania del Peso de Lerida. 5 Id., Feb. 1263. (f. 142.)

269 Guiage á Benvist Almocatel, J. Id., Feb. 1263. (f. 143.)

270 Concession á los J. que fuesen á poblarse en Morella, concediendoles los mismos fueros gozavan los de la Aljama. 4 Id., Feb. 1263. (f. 143.)

271 Statuto en favor de los J. de Jacca. 3 Id., Feb. 1263. (f. 143.)
272 Guiage á Jucef de Mora, Azach Bitales y otros J. de Zaragoza. 13 Kal., 1263. (f. 144.)
273 Licencia por 5 años á Açach Frevago, J., de sacar de sus dominios cada año de slavos ó grano de lino y traher los á Tudela. 14 Kal., Marc. 1263. (f. 144.)
274 Venta á Benvenist de Porta por un año de los reditos de Copluire. 14 Kal., Mar. 1263. (f. 144.)
275 Licencia á Benvenist de Porta para vender reditos de Copluire. 14 Kal., Marc. 1263. (f. 144.)
276 Licencia por 5 años á Açach Frevago, J., de sacar de sus dominios cada año de Avor ó grano de lino y traher los á Tudela. 14 Kal., de M. 1263. (f. 144.)
277 Statuto á J. de Çaragoza sobre el modo de pagar peyta. 3 Kal., Oct. 1263. (f. 148.)

Reg. 13.

278 Mandato á los Judios habitantes en sus dominios para que dentro tres meses borrasen de sus libros todo lo que contenian blasphemias contra Dios, la Virgen y sus Santos. 6 Kal., Ap. 1264. (f. 151.)
279 Nombramiento de oficiales para la Aljama de los J. de Zaragoza. 5 Kal., May. 1264. (f. 163.)
280 Ordenanza sobre que los Dotes y esponsalicios hechos por algunos de los Judios de Zaragoza valiesen constando de dos testigos recibidos por escribano publico. 5 Kal., May. 1264. (f. 163.)
281 Proteccion á favor de Salomon Albala, Abraham Chimello y Maylo Azelemi, repartidores de la Peyta de la Aljama de los J. de Zaragoza. 5 Kal., May. 1264. (f. 163.)
282 Remission á favor de Jucef Abnalfalim, J., y sus hijos y las penas incursas. *Sin fecha.* (f. 164.)
283 Absolucion en favor de Jucef el Calbo, J., y sus hermanos. Kal. May. 1264 (f. 164.)
284 Concesion á la Curia de Lerida para tomar el juramento de Jucef Avinceyt, de no hazer mal á ningun Judio. Prid. Kal., May. 1264. (f. 167.)
285 Confirmacion eu favor de Mosse, hijo de Bahiel, de la parte de las heredades que le havian tocado de los bienes de Salomon Alfaquin. 3 Kal., Ap. 1264. (f. 167.)
286 Conf. á favor de Salomon Bahiel de la parte que le tocava en los bienes de Salomon Alfaqui. 6 Id., May. 1264. (f. 170.)
287 Donacion á Jahudan de Cavalleria de 3000 morabatinos percibidores de los dros. de Monedas e de Teruel y sus aldeas. 16 Kal., Jul. 1264. (f. 171.)

288 Concession á Jucef Alcofol para que los tasadores de la Aljama de los J. de Huesca le tasasen igual á los demas de dha. Aljama. 10 Kal., Jun. 1264. (f. 177.)
289 Absolucion á favor de Astrugo de Porta, J., respecto á ciertas palabras que havia dicho contra Dios. 4 Kal., Jun. 1264. (f. 178.) [Astrugo-Moses Nachmanides.]
290 Remision en favor de Jucef Aveambra, J. de Calatayud, de pagar Peyta durante sus dias. 2 N., Jun. 1264. (f. 183.)
291 Donacion á favor de Samuel Avrufesal, J., de 200 s. percibidores en la Salinas de Xativa. 6 Kal., Jun. 1264. (f. 184.)
292 Absolution á favor de Azach el Calbo, J., por razon de sus crimines cometidos. Prid., Non., Jun. *sine anno*. (f. 185.)
293 Licencia á los J. de Calatayud para elegir quatro hombres para dividir las quistias y otros servicios. 2 Non., Jun. 1264. (f. 184.)
294 Donation á los J. de Calatayud de una torre, con facultad de hazerle muralla. Id., May. 1264. (f. 185.)
295 Concession á los mismos sobre el alargamiento de las deudas. Nonas Jun.
296 Remission á favor de los J. de Daroca de 750 D. por cada tanda del tributo que debian pagarle por el tiempo de uno año. 3 Id., Jun. 1264. (f. 185.)
297 Reconocimiento á Jahudan de Cavalleria de haver entregado á Blasco de Alagon 3000 s. Jaqueses. 12 Kal., Jul. 1264. (f. 189.)
298 Consigna á Jahudano de todos los dros. y salinas de Aragon á fin de satisfacer á sus Acrebedores. 13 Kal., Jul. 1264. (f. 190.)
299 Confirmacion de la talla ó repartimiento hecho por. Azach Abinafan y otros entre los J. de Calatayud. 4 Id., Aug. 1264. (f. 211.)
300 Venta por tiempo de dos años á Vidal Astrugo, J., de los derechos de las villas y castillos de Llexens y Estagello. 4 Kal., Sept. 1264. (f. 215.)
301 Remission á favor de Jucefo, J., hijo de Navarre de Monso, de las penas incursas hasta 3 Id., Sept. 1264. (f. 218.)
302 Concession á favor de Navarro, J., y Josefo, su hijo, de que se mudasen su domicilio en Gerona ó otros lugares donde huviese Judios contribuyesen por sus bienes al tributo á sueldo por libra. 3 Id., Sept. 1264. (f. 218.)
303. Orden al Veguer y Bayle de Besalu para que administrasse Justicia á los J. de dha. villa. Kal., Oct. 1264. (f. 227.)
304 Indulto en favor de la Aljama de los J. de Barcelona de 1264 J. Melgareses que le devian pagar por el tributo del año 1265. 2 Kal., Sept. 1264. (f. 226.)

305 Promesa á los J. de Barcelona, Villafranca, Tarragona, Montblanch, &c., de no alongar á ninguno por razon de sus deudas. Kal., Sept. 1264. (f. 226.)

306 Confirm.ⁿ de statuto á los mismos sobre el modo de dexar dineros á lucro. 15 Kal., Nov. 1264. (f. 233.)

307 Comanda en favor de Benvenist de Porta de Castillo de Momblanch. 3 Non., Oct. 1264. (f. 230.)

308 Orden á los oficiales de la Curia de Gerona para que administren Justicia á los J. de Gerona contra sus deudores. 5 Non., Oct. 1264. (f. 229.)

309 Concession á los mismos de 600 J. del tributo. 3 Non., Oct. 1264. (f. 230.)

310 Confirmacion del statuto á favor de J. de Gerona y Besalu sobre modos de dexar dinero á lucro. 18 Cal., Nov. 1264. (f. 233.)

311 Statuto sobre los Judios de Cataluña de que no pudiesen dexar á ganancia sino á razon de quatro dineros por libra. 18 Kal., Nov. 1264. (f. 239.)

312 Ordin.ⁿ á los mismos sobre pago de sus deudas. *Sin fecha.* (f. 276.)

313 Conf. á Astruch de Porta de las asignaciones que le havia hecho por razon de lo que le devia. 3 Id., Nov. 1264. (f. 237.)

314 Confirm. á Astruch de Porta y Vidalon, su hijo, de las consignas que le tenia hechas por las cantidades que le devia. 3 Id., Nov. 1264. (f. 239.)

315 Licencia á favor de los J. de Valencia para construir scola. 4 Non., Oct. 1264. (f. 231.)

316 Confirmacion del statuto en favor del J. de Barcelona, &c., sobre el modo de dexar dinero á lucro. (f. 233.)

317 Remission á favor de Brahim Abucayr, J., de sus delitos. 3 Non., Nov. 1264. (f. 235.)

318 Remision á favor de Çahadia Abexudach, J., por razon de sus delitos y las penas incussas. N., Jan. 1264. (f. 248.)

319 Absolucion á favor de Astrugo Ravay del tributo y quistia para durante su vida. 12 Kal., Feb. 1264. (f. 251.)

320 Orden á los Judios de Gerona para que guardasen á Astrugo Ravay la franqueza que se le havia concedido de la paga del tributo. 13 Kal., Feb. 1264 (f. 251.)

320a Guiage en favor de Astrugo Ravay, J. de Gerona. *Sin fecha.* (f. 251.)

321 Remision á Astruch de Porta de las penas incussas por haver mal hablado de Jesuchristo. 8 Kal., Marc. 1264. (f. 285.)

322 Guiage á favor de Astruc de Porta. *Sin fecha.* (f. 255.)

323 Sentencia contra Bonastrugo de Porta, Judio, sobre algunas blasphemias en disputa con algunos Padres Predicadores. 2 Id., April 1265 (f. 265.)

324 Concession á los J. de Barcelona, Villafranca, Tarragona, &c., que en adelante ningun Justicia les pudiesse tener pressos. 5 Kal., Marc. 1264. (f. 257.)
325 Concession á los mismos de que en adelante no deviessen responder á los Padres Dominicos sobre demanda de sus libros. 5 Kal., Marz. 1264. (f. 257.)
326 Reconocimiento en favor de los J. de Barc.ª, &c., de deverles cierta cantidad. 2 Id., Ap. 1265. (f. 264.)
326a Concession á favor de Astrugo Jacob Xexoni, J., de la Baylia de Tortosa para durante su vida. 2 Non., May. de 1265. (Reg. 12. f. 271.)
327 Orden á los Judios de Zaragoza para que á los Judios francos les admitan en su Mezquita y traten con ellos. 7 Id., May. 1265. (f. 272.)
328 Reconocimiento á favor de los J. de Zaragoza de haver pagado el tributo para dos años. 2 Id., May. 1265. (f. 273.)
329 Ahuste de las despesas pagadas por Jahudan por quenta del Rey despues de haver salido de Valencia y pagado en el año 1271. (f. 286.)
330 Conf. de la venta que Jahudano havia hecho de diferentes heredades. 2 Kal., Oct. 1265. (f. 292.)
331 Licencia al mismo para vender por un año los dros. de la Baylia de Çaragoça. 8 Kal., Oct. 1265. (f. 252.)

Reg. 14.

332 Recognicion q.ᵉ hizo el Rey á Jahudano de haverle restituido siete albaras de los que segun la gracia que se le diffinio debia restituir, y entre dhos. siete se borrasen cinco de cantidades que el Rey debia á las personas notadas á las margen. (f. 3.)
334 Orden á los Justicias para que guardassen á Samuel Alcala la salvaguardia Real que le havia concedido. Id., Feb. 1262. (f. 7.)
335 Orden á los Justicias en favor de los J. de Tortosa. 8 Kal., M. 1262. (f. 11.)
336 Venta por 4 años de las salinas de Arcos á Samuel Zerno y Salema de Daroca. (f. 18.)
337 Debitorio de diferentes cantidades á Salema de Daroca, Judio de Monson, con empeño y consigna de la Judearia y otros dros. de Lerida. Id., Jun. 1262. (f. 20.)
338 Diffinicion de cuentas á Jahudano de Cavalleria con empeno y consigna por el Reliquaro de la Baylia de Zaragoza y los Castillos y villas que ya tenia. Non., May. 1263. (f. 22.)
339 Debitorio á Benvenist de Porta de 7000 s. Barc.ᵉˢ consignandoselos en los redditos de la Baylia de Perpiñan. 15 Kal., Jun. 1263. (f. 22.)

340 Carta de pago de diferentes cantidades á los Judios de Barcelona. Id., Jun. 1263. (f. 25.)
341 Debitorio á Astrugo Jacob Xichoni, Judio, de 300 J. jaqueses con consigna de los Joddios (*sic*) de Peniscota. (f. 25.)
342 Otro al mismo de 20,300 s. jaqueses con empeño del castillo de Peniscola y sus redditos y otras consignaciones. Id. (f. 25.)
343 Debitorio á Jahudano de 2467 s. Jaqueses. 7 Id., Jun. 1263. (f. 25.)
344 Debitorio á Jahudano de 500 s. Jaqueses. Kal., Jul. 1263. (f. 27.)
345 Debitorio á Jahudano de 3700 s. Jaqueses. 5 Id., Jul. 1263. (f. 29.)
346 Otra á J. de C., Bayle de Zaragoza, para que del producto de las salinas de Remolini correspondiesse á los mismos y por dha. deuda 4000 s. jaq. al año. 3 Id., Jul. 1263. (f. 29.)
347 Carta de pago á los J. de Bar'na de 4000 s. de su tributo. 17 Kal., Aug. 1263. (f. 30.)
348 Otra de 270 J. á Astruco de Tolosa con consigna. 6 Kal., Sept. 1263. (f. 33.)
349 Carta de pago y absolucion á los J. de Barcelona de la quistia venida el dia de San Juan, abonandoles lo que avian pagado á F. Ocelli. 5 Kal., Sept. 1263. (f. 33.)
350 Debitorio con consigna á Abrahan [blank] de 9400 s. jaq. 6 Kal., Oct. 1263. (f. 40.)
351 Otro de dos differentes cantitades á Salome de Daroca con empeño de las salinas de Arcos. 18 Kal., Oct. 1263. (f. 41.)
352 Consigna á Jahudano de Cavalleria por sus creditos del Erbage del Merinaro de Zaragoza. 8 Kal., Nov. 1263. (f. 43.)
353 Promesa que hizo el Rey al Abrahim Abindino sobre una obligacion que le havia formado Garcias Romeu. 12 Kal., Jan. 1263. (f. 45.)
354 Otro de diff. cantitades á Maymon de Castillanli con consigna. 3 Kal., Jan. 1263. (f. 46.)
355 Debitorio de 15,000 s. con consigna á Benvenist de Porta, los mismos que de orden del Rey havia entregado al Obispo de Barcelona y Conde de Ampurias por el viage havian por el Rey al Rey de Francia. Kal., Jan. 1263. (f. 47.)
356 Carta de pago á la aljama de los J. de Barc.ª de 10,000 J. por el tributo. 4 Kal., Mart. 1263. (f. 48.)
357 Otro de cevada y dinero á Abrahim Abindino. 4 Non., Marc. 1263. (f. 48.)
358 Remission á los J. de Barc.ª de parte de su tributo. 6 Kal., Ap. 1264. (f. 50.)
359 Debitorio á Jucef Abencabre de 5579 s. jaq. con consigna. Prid., Kal., Ap. 1264. (f. 53.)

360 Consignacion [á Jahudan] de 3000 mar.^{s} 5 Kal., May. 1264. (f. 53.)
361 Venta del monedage de Teruel y otras partes á él. Id., May. 1264. (f. 54.)
362 Debitorio de diff. cantitades. 12 Kal., Jul. 1264. (f. 58.)
363 Carta de pago á los J. de Barc.^{a} de 1300 J. de tersio que de orden del Rey havian de pagar á Goig de Polofoli. 10 Kal., Aug. 1264. (f. 59.)
364 Remission á Jucef Abinhahin y otros J. de Calatayud sobre Pie [?] hecho entre los mismos. 2 Non., Aug. 1264. (f. 63.)
365 Absolucion de la cantitad en que se havia constituido deudor por el Rey á Domingo Bardaxi con vale judaico. 6 Id., Aug. 1264. (f. 63.)
366 Debitorio á Ferrano Bonafot, J., de 300 s. malg.^{s} por Guillen des Bruyt. 3 Id., Sept. 1264. (f. 65.)
367 Diffinition de quentas á Vidal Astruch, J., con consigna por el Reliquar. 6 Non., Oct. 1264. (f. 66.)
368 Diffinition de quentas á Astrugo, J., Bayle de Tortosa, con consigna de Reliquaro y por el Reliquaro y otros debitos. 7 Id., Nov. 1264. (f. 67.)
369 Otro á Astrugo ben Bonseignor de 1249 s. Jaq. parte por Gornecio de Podio. 2 Id., Nov. 1264. (f. 67.)
370 Otro al mismo de dos differentes cantitades. (f. 67.)
371 Carta de pago á los J. de Aragon y Cataluña de su tributo al Infante. 8 Id., Dec. 1264. (f. 69.)
372 Otro á los J. de Barc.^{a} de 22,500 J. pagados á dho. Infante. Id., Jan. 1264. (f. 69.)
373 Debitorio de 600 J. con consigna á Isaco, Judio. 5 Kal., May. 1264. (f. 70.)
374 Otro de diff. cantitades á la aljama de J. de Barcelona. Eod. (f. 70.)
375 Debitorio de 15920 s. Bar.^{ses} á Benvenist de Porta. Id., April 1264. (f. 72.)
376 Carta de pago. Perpignan. Id., May. 1265. (f. 73.)
377 Orden á los officiales R.^{s} de Rossillon para que compelliessen á los deudores de los J. de Perpiñan á pagar les sus deudas. 3 Id., May. 1265. (f. 73.)
378 Carta de pago.—Lerida. 22 Kal., Jun. 1265. (f. 74.)
379 Remission á los J. de Gerona y Besalu del tributo por dos años. 3 Non., Jun. 1265. (f. 74.)
380 Debitorio á los mismos de 8000 J. Bar.^{s} con consigna. Eod. (f. 74.)
381 Debitorio [á Jah.] por 5948 s. J. 4 Kal., Oct. 1265. (f. 77.)
382 Otro á Astrugo Jacob de 2320 s. Jaq. 4 Id., Jun. 1267. (f. 90.)

383 Debitorio de 1000 j. Jaq. á Astrugo ben Bonseynor. Non., Oct. 1267. (f. 91.)

384 Otro con consigna á Astrugo Jacob Xixon de 10000 J. jaq. 5 Non., May. 1268. (f. 96.)

385 Deffinicion de cuentas otorgada por el Rey á Astrugo Jacob Xixon empenandole para el Reliquaro, el castillo y salinas de Peniscola y los redditos de Morella. Kal., Oct. 1270. (f. 106.)

386 Licencia al mismo de construir baños en su habitar. Eod. (f. 107.)

387 Promesa al mismo de entregarle los redditos de Morviedro y otros lug. (f. 107.)

388 Otra deffinition á favor del mismo. Eod. (f. 107.)

389 Recursion y guiage á Jucef de Tudela, J. 12 Kal., Feb. 1270. (f. 108.)

390 Deffinition de quentas á Astrugo J. Xixon. Kal., Oct. 1270. (f. 115.)

391 Otro al mismo. Eod. (f. 116.)

392 Debitorio á David Almacaravi, J., de 442. s. r. de Valencia. 4 Kal., Jan. 1271. (f. 120.)

393 Debitorio de 2860 J. á Vion, hijo de Jucef Abenvion. 5 Non., Jan. 1271. (f. 120.)

394 Otro á los J. de Barc.ª de 5000 J. Eod. (f. 120.)

395 Concession á los J. de Bar'na. y otras partes sobre cobrar sus creditos de los deudores. 7 Id., Oct. 1271. (f. 127.)

396 Gracias á los J. de Gerona y Besalu. Eod. (*bis*) (f. 127.)

397 Remission á J. de Barcelona, &c. 7 Id., Dec. 1271. (f. 128.)

398 Remission á los J. de Zaragoza. 5 Kal., Jun. 1266. (f. 133.)

399 Una otra de haver hecho al Rey un vale de 100 mozat.ª (f. 133.)

400 Pension y assignacion de 500 s. Jaq. á Jucepho Abentudi, J., medico del Rey. Id., Jan. 1271. (f.143.)

401 Indulto á Abrahim Abenrodrich. 12 Kal., Feb. 1271. (f. 144.)

402 Exempcion de fechos y tributos á Juceffo Abenxaprut, J. 4 Kal., Feb. 1271. (f. 145.)

403 Donacion á Salomon, hijo de Samuel Aurilopiat, J., de una pension vitalicia. 7 Id., Jan. 1271. (f. 146.)

404 Assignacion de un debito á favor de Maymono de Castroaulino en los redditos del Castillo de Argensola. Kal., Nov. 1272. (f. 167.)

Reg. 15.

405 Guinge á Astrugo Jayme Xixo ecsimiendole á proprio tiempo de varias cargas y tributos reales. 5 Kal., May. 1266. (f. 13.)

406 Aprobacion de las cuentas ventidas por Vital Astruch. (1266.) (f. 23.)

407 Donacion vitalicia á Astrugo Jaime Xixo de la mitad del trigo que recibia el Rey en Lalavatio, aldea de Morella. 8 Kal., Dec. 1266. (f. 35.)

408 Absolucion á favor de Jahudano de Cavalleria del delito de irreligioso de que se le accusaba. (f. 36.)

409 Señalamiento del modo con que debia procederse en las causas q.e se promoviesen contra los Judios de Monpeller. (f. 42.)

410 Absolution á los J. de Bar'na. de la pena en que podia haber incurrido por algunas obras hechas en la sinagoga. 9 Kal., Apr. 1266. (f. 50.)

411 Renuncia de todas las demandas que pudiesse entablar contra Samuel Passarell. 4 Kal., Jul. 1267. (f. 58.)

412 Renuncia de demandas contra los J. de Monpellier. 3 Id., Ag. 1267. (f. 64.)

413 Renuncia de toda demanda tanto civil como criminal contra Astrugo, J. de Monpellier. (f. 64.)

414 Franquesia concedida á los J. que pasasen á domiciliarse en Monpellier. 4 Id., Aug. 1267. (f. 64.)

415 Apoca del tributo de los J. de Taragona. (f. 70.)

416 Franquesia de una parte del tributo á los mismos. 6 Id., Nov. 1267. (f. 70.)

417 Mandato al Bayle del Castillo y lugar de Xátiva mandandole q.e no permita se haga daño alguno á los J. de alli ni en sus personas ni bienes. (f. 95.)

418 Otro á los J. de Lerida mandandoles hagan la cota de los tributos. (f. 96.)

419 Carta á los mismos diciendoles que deben considerarse agregados al comun de los Judios de Cataluña y no de otras provincias. Kal., May. 1268. (f. 96.)

420 Mandato á los J. para que hiciesen la correspondiente apoca cuando se les pagase alguna deuda. 10 Kal., Jun. 1268. (f. 102, 103.)

421 Permiso á Jahudan Albante y algunos otros Judios para salir de montes y trasladarse á cualquiera ciudad ó villa del reyno que quisiesen. 4 Kal., Jul. 1268. (f. 109.)

422 Conf. de la donacion vitalicia en favor de Mose Abembivay de la Subbaylia de Lerida y de otra donacion. 15 Kal., Sept. 1268. (f. 114.)

423 Otra carta con la cual el Rey reduce á 900 sueldos los 1000 que pagaban anualmente los J. de Alagon. 15 Kal., Nov. 1268. (f. 120.)

424 Concession á los J. de Barc.a por la cual no estaban obligados á oir los sermones de los religiosos de la orden de Predicadores, señalando al proprio tiempo el modo con que estos debian predicarles en las sinagogas. 9 Kal., Nov. 1268. (f. 122.)

425 Otro: no responder sobre las preguntas relativas á los libros hebreos. 8 Kal., Nov. 1268. (f. 122.)
426 Otro: para comprar y vender comestibles á los cristianos: ibid. (f. 122.)
427 Otro al mismos señalando el modo con que podrian vestirse. (f. 123.)
428 Otro: permitiendoles ecsigir 4 dineros por libra por el dinero prestado. (f. 123.)
429 Concessiones iguales hechas á los J. de Gerona. (f. 123.)
430 Debitorio á los J. de Gerona y de Astrugo Ravaya señalandoles para su cobra las ventas de Besalu y su Baylia. 8 Kal., Nov. 1268. (f. 123.)
431 Concessiones iguales á los J. de Perpiñan Monpellier. (f. 123.)
432 Mandato al Bayle de Montpellier para que no procediesse contra los Judios sino quando hubiese acusador ó denunciador. (f. 124.)
433 Nomb.to de Mosse de Limello y Abraham de Lodiva, procuradores para recoger algunas rentas que cobraba de los Judios de Montpellier. (f. 124.)
434 Permisso á los J. de Montpellier para proceder contra los falsos acusadores. 8 Kal., Nov. 1268. (f. 124.)
434a Recibio los tributos de algunos años de los J. de Tarragona, Villafranca, y Barcelona, confesando deberles varias cantidades para sostener la guerra. (f. 124.)
435 Declaration de cantitad de tributo que debian pagar los J. de Monches. Non., Dec. 1268. (f. 129.)
436 Reduccion de tributo de los J. de Alagon. 4 Id., Dec. 1268. (f. 130.)
437 Remission de un censo que pagaba Astrugo Jacob Xixo, Bayle de Morella y Peniscola, por un molino que tenia en Morella proprio en otro tiempo de Bernardo Aguilon. 4 Id., Feb. 1268. (f. 138.)

Reg. 16.

438 Franquesia á los J. de Bar'na., Tarragona, y Villafranca del Penades ecsimiendoles por tres años de varios derechos. Id., Marc. 1268. (f. 144.)
439 Concession á los J. de Monpeller á no quedar obligados á prestar servicio alguno con los de Monpeller. 6 Id., Abril 1269. (f. 148.)
440 Declaration del modo que los J. de Monpeller deberan celebrar sus fiestas en las synagogas. 4 Id., Feb. 1269. (f. 148.)
451 Concession á los J. de Gerona & Besalu para cobrar de certos derechos hasta estar satisfecho de certa cantidad que habia adelantado. 16 Kal., May. 1269. (f. 152.)

442 Franquesia á los mismos ecsimiendoles por tres años de todo tributo. 13 Kal., May. 1269. (f. 153.)

443 Promesa de no conceder moratoria por tres años á los mismos. Eod. (f. 153.)

444 Pension que podrian cobrar los J. de Perpiñan, Cerdana y Conflent por el dinero que hubiesen prestado. (f. 157.)

445 Concession á los mismos para disfrutar de los priv.^{s} concedidos á los J. de Bar'na. (f. 157.)

446 Promesa de no conceder moratoria. 17 Kal., May. 1269. (f. 157.)

447 Guiage á los mismos y franquisia del derecho de leyda y peage. 10 Kal., May. 1269. (f. 157.)

448 Franquisia á los J. de Valencia. 8 Kal., May. 1269. (f. 158.)

449 Privilegio á los J. de Perpiñan, Cerdaña y Conflent para que las escrituras de debitorio hechas en su favor, y en las quales no se expresase la causa de la deuda, tuviesen la misma fuerza q.^{e} si se expresare. 10 Kal., May 1269. (f. 158.)

450 Privilegio á los mismos para eligir dos ó tres de ellos para juzgar las causas de injurias verbales. (f. 158.)

451 Privilegio á los mismos para que pudiesen hacer valuar los bienes de sus deudores cuando sus mugeres pretendiesen retenerlos por razon de su dote y esponsalicio. 8 Kal., May. 1269. (f. 158.)

452 Otro á los J. de Besalu para que pudiesen cocer pan en sus hornos por algunos dias. 7 Kal., May. 1269. (f. 159.)

453 Mandato para que los J. de Valencia pagasen todos los tributos y deudas que debian. 9 Kal., May. 1269. (f. 159.)

454 Otro para que fuese inmediamente satisfecho lo que se debia á los J. de Valencia, Cerdaña y Conflent. 8 Kal., May. 1269. (f. 159.)

455 Mandato á los Bayles de P. & Confy. Rossillo para que respectasen los privilegios á los J. (f. 159.)

456 Franquicia por dos años á los J. de Zaragoza. 6 Kal., May. 1269. (f. 161.)

457 Franquicia por dos años á los J. de Alagon. 14 Kal., Jul. 1269. (f. 166.)

458 Conf. del modo con que debian jurar los J. de Alagon en las causas contra ellos. Eod. (f. 166.)

459 Confirmacion á Abraham Alcarayvim de la venta que le habia hecho Jahudan de Cavalleria de algunas fincas que fueron de Çaib Abiniuch. 8 Kal., Jun. 1269. (f. 166.)

460 Franquicia á los J. Perfeit, Azruel. En Darocha. 2 Id., Jun. 1269. (f. 170.)

461 Promesa de Mayrisio, J., de estar á derecho y responder á las quejas del maestro de la milicia de St Jayme. Kal., Jul. 1269. (f. 198.)

462 Nombramiento de Nasi Azday, Judio, para Rabino de los J. de Lerida. 5 Kal., Aug. 1269. (f. 202.)
463 Donacion al mismo de un patio sito en Lerida. 11 Kal., Aug. 1270. (f. 202.)
464 Conf. de la absolucion hecha por el veguer de Bar'na á favor de los J. de la misma por razon de las usuras. 2 Kal., Aug. 1270. (f. 203.)
465 Declara que Jahudan de Cavalleria le habia dado cuenta ecsacta de varias cartas que se le havian calugado. 2 Kal., Aug. 1270. (f. 203.)
466 Permiso á Abrahim Abrahalaf para comprar la nave de Bernardo Macolt. 10 Kal., Sept. 1270. (f. 206.)
467 Franquisia por tres años al J. Samuel. 4 Non., Sept. 1270. (f. 211.)
468 Debitoria á Jahudan de Cavalleria de 5000 sueldos. 10 Kal., Oct. 1270. (f. 213.)
469 Guiage al Judio Mabalab. 3 Kal., Feb. 1270. (f. 228.)
470 Absolucion en razon de usuras á los J. de Barcelona. 13 Kal., Marc. 1270. (f. 231.)
471 Donacion de un patio para construir casas á Nacy Asdai, J., mediante cierto censo. 14 Kal., Marc. 1270. (f. 232.)
472 Remision á toda demanda que pudiese poner contra Salomon Alfaquein. 3 Id., Oct. 1271. (f. 238.)
473 Absolucion por usuras á los J. de Morviedro. 8 Kal., Nov. 1271. (f. 239.)
474 Aprobacion de algunas disposiciones dadas por Jahudan de Cavalleria sobre la administracion de justicia. 3 Kal., April 1271. (f. 240.)
475 Donacion á Jahudan de Cavalleria de una torre sita en Valencia contigua á unas casas que le habia dado tambien el Rey anteriormente. 4 Id., Jul. 1271. (f. 247.)
476 Permiso á los J. de Valencia para comprar carne en las carnecerias de la misma. 13 Kal., Aug. 1271. (f. 248.)
477 Debitorio á Vives, hijo de Jucef Abenvives, señalandole para su cobra las rentas de Saliana. 13 Kal., Aug. 1271. (f. 249.)
478 Concessiones á los J. de Monson. Kal., Oct. 1271. (f. 252.)
479 Otro á los mismos para pagar el derecho de peyta junto con los J. de Barbastro. Eod. (f. 252.)
480 Donacion de un banco al J. David Almascaran. (f. 257.)
481 Guiage al J. Çaleman. 6 Kal., May. 1270. (f. 260.)
482 Permiso á los J. de Barbastro para abrir una puerta en la muralla de la misma. 14 Kal., Marz. 1270. (f. 260.)
483 Sentencia contra Mosse Alcostante por haber presentado indebidamente unas letras del Rey. 8 Kal., May. 1270. (f. 262.)
484 Permiso á Astrugo Jacob Xixon para construir baños en la heredad de Campanar. Kal. Dec. 1270. (f. 268.)

Reg. 17.

485 Debitorio de mil sueldos que el Judio Biory habia prestado al Infante Don Jayme. 13 Kal., Jan. 1267. (f. 23.)
486 Debitorio de 5360 s. á Jucefo Astrugo. 11 Kal., Dec. 1267. (f. 62.)
487 Otro de 24,000 s. á Astrugo Navaya. 11 Kal., Dec. 1267. (f. 62.)
488 Computo de los gastos hechos por Aaron Abenafia Merino de Calatayud. Kal., Feb. 1266. (f. 81.)
489 Computo de las cantidades que de las rentas de la baylia de Bar'na. debia satisfacer á varios sujetos Jayme [? Jacob] de Monjuich. *Sine data.* (f. 82.)
490 Debitorio de 1360 s. á Astrugo Navaya [?Ravaya]: para su cobro las rentas de Caldas y Llagostera. 3 Non., Oct. 1265. (f. 83.)
491 Debitorio de 1000 s. á Jayme Montjuich. 13 Kal., May. 1266. (f. 86.)
492 Otro de 12,000 s. á Jayme Montjuich. 12 Kal., May. 1266. (f. 86.)
493 Cantidades que Jayme Montjuich debia cobrar de varios sugetos. 8 Kal., Jul. 1268. (f. 89.)
494 Permiso á Jucefo Revaya, Bayle de Gerona, para palliar bandos, imponer penas, &c. 4 Non., Marc. 1268. (f. 103.)
495 Franquisia por 5 años á los J. que fueren á vivir en Figueras. 6 Id., Marz. 1268. (f. 103)
496 Debitorio á Astrugo Jacob Xixon. 6 Kal., Oct. 1267. (f. 107.)
497 Otro de varias cantidades en favor de Musquet Mardofay, Astrugo Jacob Xixon, Ferrer Matolij, Pedro Mir, Pelegrin Bolas. (f. 107)
498 Computo de varias cantidades que debian entregarse á varias personas que servian al Rey. (f. 117-144.)

Reg. 18.

499 Orden que en 5 Kal., Nov. 1270, obtuvo Domingo... para que Jahudano de Cavalleria le diesse 40 sueldos por vestido. (f. 76.)
500 Carta del Rey á differentes Aljamas de Judios de Aragon y Valencia mandandoles embiassen quatro de cada una para componerse sobre la peticion que el Rey les haria. 8 Kal., Sept. 1271. (f. 63.)
501 Nota de las cantitades que se repartieron á las Aljamas de Judios á algunos pueblos de Reyno de Val.ª (f. 81)

502 Otra de las Repartidas á las del Reyno de Aragon y Cataluña. (f. 82.)
503 Indulto á·los J. de Besalu y Gerona. Id., Aug. 1270. (f. 91.)
504 [Redditos Reales] Summa 1,278,000 s.; 106,000 s. de los Judios (f. 96.)
   [A budget for the year, in which the contributions of the Jews reach about 8 per cent. of the total.]
505 Nota de una carta que en 10 Kal., Mar. 1273 escribiese el Rey á todas las Aljamas de Judios de sus Reynos mandandoles embiassen á Barcelona dos sujetos por cáda una para conferir cosas tocantes á su Provecho. (f. 105.)
507 Nota en un papel suelto de haver llegado el dia sabado 5 Non., Marc. á Peniscola, y que de alli se embio carta al Commendador de Tortosa que preparasse cena el lunes y que haverse pedido en dinero este servicio á los J. y Saracennos en Tortosa. (*No fol.*)

Reg. 19.

508 Establecimiento á Censo de un specatorio en Valencia que hizo el Rey á Abrafimo Avingabello á pedimiento del embassador del Rey de Tunez. 12. Kal., May. 1276. (f. 24.)
509 Cuenta del dinero que mando distribuir á algunas personas del que debian dar al Rey Jacob Avenrodrig, J. 7 Kal., May. 1276. (f. 15.)
510 Licencia á Jahudan de Caballeria de abrir una puerta en el muro de Valencia. Kal., Jul. 1273. (f. 18.)
511 Establecimiento á censo de los baños de Monviedro á Jucefo Avenxaprit. 16 Kal., Jul. 1273. (f. 19.)
512 Donacion á Jucefo y Salomon Avinbruch de un terreno fuera los muros de Zaragossa. 9 Kal., July 1273. (f. 24.)
513 Diffinicion de cuentas á Jahudan de Cavalleria, Bayle de Zaragossa, con otro intrumento al pie de la consigna que el Rey le hizo para la satisfaccion de lo que alcansava. 6 Non., Jul. 1273. (f. 26)
514 Recognicion á Jahudano de Cavalleria de haverle restituidos seis debitorios. 7 Id.. Jul. 1273. (f. 33.)
515 Remision de un homicidio á Jacob Avenrodrich y su hermano, J. de Teruel. 6 Kal., Sept. 1273. (f. 47.)
516 Confirmacion de privilegios á los J. de Mallorca de sus casas. 8 Kal., Sept. 1273. (f. 47.)
517 Concession de las Bayles de Morviedro y otros lugares á Salomon de Cavalleria. 2 Kal., Sept. 1273. (f. 50.)
518 Conf. á los J. de Valencia del Terreno, calle, y casas que ocupaban. 13 Kal., Oct. 1273. (f. 56.)

519 Diffinicion de quentas á Astrugo Jacob Xixon, con debitorio y consigna. 2 Kal., Sept. 1273. (f. 58.)
520 Otra al mismo. Eod. (f. 59.)
521 Donacion de tierras en Monviedro á Jucef Avenxaprut. 2 Non., Nov. 1273. (f. 65.)
522 Moratoria á los J. de Lerida. Eod. (f. 65.)
523 Concesion á los mismos sobre el modo de jurar. Eod. (f. 65.)
524 Franquicia del parte de tributo á Jucef Albala, J. (f. 70.)
525 Concession á Jahudano de Cavalleria de hazer pascer mil cabesas de Ganado en los terminos de Xaulino y de Ayles. 10 Kal. Dec. 1273. f. 71.)
526 Donacion al mismo de un Valle en Valencia. 12 Kal., Dec. 1273. (f. 71.)
527 Concession á Cetrino Halleu, J., sobre la paga de tributo. Eod. (f. 71.)
528 Debitorio de 10,000 J. á Jahudano de Cavalleria por Artallo de Suna. 2 Non., Dec. 1273. (f. 77.)
529 Concession á los J. de Saragoza, de poder apellar de las sentencias de muerte. Kal., Dec. 1273. (f. 77.)
530 Despacho collocando en la collecta de los J. de Besalu á Daniel y Jacob hermanos J. 12 Kal., Ener. 1273. (f. 89.)
531 Debitorio con empeño á Vives, hijo de Jucef Avenvives, J. 6 Id., Jan. 1273. (f. 90.)
532 Venta por un año á Muce de Portella, J., de la Alcaydia, y otros dños. R.ª de Taragona. 16 Kal., Feb. 1273. (f. 94.)
533 Despacho sobre el modo de pechar los J. de Xativa. 13 Kal., Marc. 1273. (f. 101.)
534 Donacion de tierras en Burriano á Salomen Vidal, J. 14 Kal., Marc. 1273. (f. 102.)
535 Guiage á Azach Alfara y á sus hijos. 13 Kal., Marc. 1273. (f. 102.)
536 Concession á Azach Avenjanah, de gozar de franquiccia de pecho por 5 años á los J. de Xativa. 5 Kal., Marc. 1273. (f. 108.)
537 Absolucion á favor de los herederos de Astrugo hijo del q.º Vidal de Carcassona, J., de los debitos de que dho. Astrugo havia sido culpado. 14 Kal., Ap. 1273. (f. 115.)
538 Debitorio á Jahudano de Cavalleria de 10,000 S. Jaqueses que presto al Rey por su Viage al Conclio general del Papa, con hypotheca de la Baylia de Çaragoza. 10 Kal., Ap. 1273. (f. 117.)
539 Remision de debitos á Vivones de Castillnou, J. 5 Id., April. 1274. (f. 121.)

540 Concession á los tutores de pupillo Mosse, hijo de Salomon Samiel, que no se pueda añadir otro á dha. tutela. 5 Id., April. 1274. (f. 122.)

541 Concession á los J. de Villafranca de comprar tierra para un cementerio. Eod. (f. 123.)

542 Á favor de los J. de Perpiñan sobre convenirseles en juizio en otras partes. 2 Kal., May. 1274. (f. 126.)

543 Remission general á Abraham de Limale, J. Eod. (f. 126.)

544 Promesa de no conceder moratorias á los J. de Perpiñan y otros. 7 Kal., May. 1274. (f. 127.)

545 Á los mismos para que sus deudores sean compellidos á la paga de los creditos. Eod. (f. 127.)

546 Á los mismos tocante á las fadigas que tengan sus deud.* 15 Kal., May. 1274. (f. 127.)

547 Á los mismos para que no se les puedan prolongar sus causas. Eod. (f. 127.)

548 Á los mismos para que á sus deudores no se les acien dar segundas moratorias y gueages si los obtuviesen. (f. 127.)

549 Á los mismos sobre el modo de hacer los instrum.os de sus creditos contra personas de los pueblos de Rossellon. 12 Kal., May. 1274. (f. 128.)

550 Statuto penal contra los J. que fraudassen el dinero de Lerida. 15 Kal., May, 1274. (f. 128.)

551 Despacho á favor de los J. de Perpiñan y otras partes para que no pagassen alguna Justicia de las demandas que les pusiesen por deudas procedentes del tributo del Rey. Eod. (f. 128.)

552 Concession á los J. de Montpeller sobre las tassas por tributos y servicio R.s 15 Kal., Jul. 1274. (f. 133.)

553 Despacho tocante al modo de procederse contra los J. de Montpeller. Eod. (f. 134.)

554 Debitorio de 300 J. Jaqueses á Isaco, hijo del q.º Bonito de Habraham, J. Eod. (f. 134.)

555 Aprobacion de la remission que havia hecho el Bayle de Perpinyan á Abiat Musse, llamado Abraham de Sala. 11 Kal., Jun. 1274. (f. 138.)

556 Aprobacion de una composicion hecha por y entre algunos Judios con consejo de Pedro Rubi, juez de Perpignan y Russellon, 1274. (f. 141.)

557 En favor de los J. de Perpignan sobre el modo de procederse en las delaciones y accusaciones contra ellos. 4 Kal., Jul. 1274. (f. 145.)

558 Remission de los cargos que se havian propuesto al Rey contra Pedro Vives, hijo de Jucef Avenvives, J. 5 Id., Aug. 1274. (f. 156.)

559 Carta de pago que otorgo el Rey á los J. de Bar'na., Villafranca

y Tarragona del tributo de un año, mandando se suspendiesse la paga de las assignaciones que tenia hechas á Bem.º de Bajona, Cavallero y otros en dho. tributo. Non., Aug. 1274. (f. 155.)

560 Decreto sobre el tributo de los J. de Calatayud. 2 Kal., Sept. 1274. (f. 168.)
561 Concession á los J. de Xativa de pagar por su tributo 600 J. solamente. Non., Sept. 1274. (f. 169.)
562 Deffinicion de quentas y debitorio del reliquato á Ilizde, hijo de Jahudano de Cavalleria. 4 Non., Nov. 1274. (f. 190.)
563 Tassa del tributo de la Aljama de los J. de Zaragossa. 7 Kal., Dec. 1274. (f. 190.)

Reg. 20.

564 Cuenta al favor de Jayme de Call. 8 Kal., Jan. 1274. (f. 202.)
565 Guiage á Romeo de Call y Jayme su hijo [?J.]. Kal., Feb. 1274. (f. 208.)
566 Salvaguardia á favor de los J. de Marsella. 13 Kal., April 1274. (f. 225.)
567 Concession á los J. de Valencia. 15 Kal., April 1274. (f. 225.)
568 Cuenta á favor de Jahudano de Cavalleria. 4 Kal., April 1275. (f. 237.)
569 Definicion al mismo de su administracion y debitorio por laque lo obligo la Baylia de Çaragoza. 4 Kal., April 1275. (f. 237.)
570 Definicion á favor de Salomon de Cavalleria de lo administrado por el. Eod. (f. 237.)
571 Item al mismo sobre los derechos del castillo y villa de Almonazir. Eod. (f. 238.)
572 Conf. de las ventas de las heredades que Jahudan de Cavalleria havia hecha de algunos hombres por razon de homicidios cometidos por ellos. 2 Kal., April 1274. (f. 238.)
573 Concession á los J. de Valencia para no comparecer ante el Justicia de V. 15 Kal., May. 1275. (f. 242.)
574 Definicion de cuentas á favor de Vives, hijo de Jucef de Abenvives, Bayle de Alfandich, y de pago de lo administrado y pagado por el. 7 Id., April 1275. (f. 242.)
575 Confirm. á favor de Mahahixo Coquino, J., del oficio de pego de Lerida para durante su vida. 9 Kal., May. 1275. (f. 243.)
576 Debitorio á Vives, hijo de Jucef Abenvives, de cierta cantidad por la qual empeño los reditos de Alfandech y Pego. 7 Id., April 1275. (f. 244.)
577 Definicion de cuentas á favor de Vives, hijo de Jucef Abenvives, de los redditos de Suyllana en el tiempo los avia administrado. Eod. (f. 244.)

578 Item al mismo. Eod. (f. 244.)

579 Defi.ⁿ de cuentas á Astrugo Jacob Xixon y venta de los derechos del lugar de Bencape y sus pertinencias. 6 Non., May. 1275. (f. 247.)

580 Promesa de pagar á Astrugo Jacob Xixon cierta cantidad. 4 Non., May. 1275. (f. 248.)

581 Conf. á favor de Abraham y Ali de Castelnova, J., de la compra del Campeyllo de Teruel y casas en el Barrio de S.º Martin. Eod. (f. 248.)

582 Concesion á favor de Astrugo Jacob Xixon por la venta de horno y molinos de Valencia á su favor hecho por Mateo de Montreal. 2 Non., May. 1275. (f. 252.)

583 Debitorio á Jayme de Call. 2 Kal., Jun. 1275. (f. 258,)

584 Absolucion de penas á los J. de Perpiñan, Conflent, &c. *Sin fecha.* (f. 266.)

585 Orden á los Justicias para que los J. de Perpignan observen á los J. de Perpiñan, Cerdana y Conflent, sus privilegios, *Sin fecha.* (f. 267.)

586 Concession á los mismos que por razon de qualesquier excommunicaciones ó interdictos eclesiasticos no saliesen de las villas y lugares en que habitavan. 8 Kal., Jul. 1275. (f. 267.)

587 Estatuto á favor de los mismos sobre las fadigas. 7 Kal., Jul. 1275. (f. 267.)

588 Item sobre el modo de sus collectas. 8 Kal., Jul. 1275. (f. 267.)

589 Concession á los mismos de sus privilegios. 8 Kal., Jul. 1275. (f. 267.)

590 Concession á los mismos sobre los alongamientos de sus debitores. Eod. (f. 267.)

591 Absolucion de penas á los mismos. 8 Jul. 1275. (f. 268.)

592 Debitorio de 30 s. J. á los mismos, consignados sobre los derechos de Copllure. 7 Kal., Jul. 1275. (f. 268.)

593 Absolucion de penas á los J. de Tortosa. 9 Kal., Sept. 1275. (f. 281.)

594 Conf. á Banduno, J., de la venta que el obispo de Huesca le avia de los derechos percebian Bernardo y Pedro de Monrolin en los cogos y peso de hierro de Montpellier. 2 Non., Sept. 1275. (f. 284.)

595 Def. de cuentas á favor de los J. de Bar'na., Villafranca, Penades, &c., de tributo de 7 años y debitorio de cierta candidad consignada sobre el tributo. 4 Non., Oct. 1275. (f. 294.)

596 Carta de pago á los mismos de tributo del año 1276. Eod. (f. 294.)

597 Debitorio á los mismos sobre los tributos de los años siguientes. 3 Non., Oct. 1275. (f. 294.)

598 Conf. de franquicias á los J. de Alfaunem [?]. 9 Kal., Nov. 1275.
599 Concession á los J. de Exea de tomar por sus escrituras el escrivano quisiessen. 18 Kal., Dec, 1275 (f. 290.)
600 Def. de cuentas á Muce de Portella [? J.]. 18 Kal., Nov. 1275. (f. 298.)
601 Item al mismo de lo administrado del tributo de la Moreria y debitorio. 18 Kal., Nov. 1275. (f. 298.)
602 Absolucion á favor de Abraham de Beilero, J., de la pena incursa por razon de la reñina avia tenido. 18 Kal., Dec. 1275. (f. 299.)
603 Remission de penas á David Avençadach. 11 Kal., Dec. 1275. (f. 302.)
604 Licencia á Vidal Xicadillo, J., de cubrir una calle en frente sus casas y obrar sobre dha. cubierta. 11 Kal., Dec. 1275. (f. 303.)
605 Donacion á Muse de Portella durante su vida de 6 Cafices de sal sobre las salinas de Remolins. 8 Kal., Dec. 1275. (f. 305.)
606 Conf. de venta á Muse de Portella que abia hecho el Infante D.ⁿ Jayme de los redditos de Tarragona por dos años. 18 Kal., Jan. 1275. (f. 307.)
607 Donacion al mismo de un campo delante la puerta de Torrilles. 3 Kal., Jan. 1275. (f. 308.)
608 Conf. á los J. de Lerida de las tacanas y vedas acostumbravan hazer. 2 Kal., Feb. 1275. (f. 382)
609 Absolucion de penas á los J. de Calatayud. 3 Kal. Feb. 1275. (f. 314.)
610 Orden al Justicia de Monviedro para que hiziese entregar á Muse de Portella las deudas y comandas fueron de Barn.º de Capellades. Non., Feb. 1275. (f. 319.)
611 Licencia á Muse de Portella para dar á establezer todas las heredades y posessiones que se haviessen de stablezer en los lugares de Monviedro, Sogorba, Euda, Villareal, Morella y Veniscola. Non., Feb. 1275. (f. 319.)
612 Promesa de no alongar por tres años á los J. de Calatayud. 10 Kal., Marc. 1275.(f. 321.)
613 Licencia á los J. de Huesca para vender al obispo de Huesca toda la piedra del Sementerio de los Sarracenos. 5 Non. Marc. 1275. (f. 325.)
614 Licencia á Jahudano de Cavalleria para dar y establecer todas las tierras que fueron de dar en el termino de Valencia, Id., Mar. 1275. (f. 331.)
615 Debitorio á Muse dePortella por lo qual le obligo el castillo de Trasmos. 10 Kal., Ap. 1275. (f. 332.)

616 Indulto á Jucef Franch y Vidal, su hijo, de los delitos. 11 Kal., Abril 1275. (f. 333.)
617 Def. de cuentas á Jahudan de Cavalleria. 11 Kal., April 1275. (f. 334.)
618 Item al mismo. Eod. (f. 335.)
619 Licencia al mismo para empeñyar los redditos de la Baylia de Valencia por las urgencias de la guerra contra los Sarracenos. 9 Kal., Ap. 1275. (f. 335.)
620 Debitorio al mismo con consigno sobre los redditos de la Baylia de Valencia. 8 Kal., Ap. 1275. (f. 335.)
621 Def. de cuentas á Vives, hijo de Jucef Abenvives, de la administration de los reditos del castillos y valles de Pego y Alfandih y Suyllana. 16 Kal., Jun. 1276. (f. 344.)
622 Item al mismo y debitorio sobre los derechos de Algezira, Cullera, Corvera y Syllana. 11 Kal., Jun. 1276. (f. 345.)
623 Item al mismo consigna de Algezira. Eod (f. 345.)
624 Debitorio á Muce de Portella. 6 Id., Jun. 1276. (f. 350.)
625 Asignacion al mismo de los reditos de Morviedro, Segorbe, Onda, &c. 4 Id., Jun. 1276. (f. 350.)
626 Licencia á Jayme de Call para vender ó empeñar los reditos de la Baylia de Villafranca. 12 Kal., Jul. 1276. (f. 357.)

Reg. 21.

627 Conf. á los J. de Exea del cubierte havian echo en la nueva poblacion del castillo de Exea. Id., Aug. 1271. (f. 6.)
628 Declaracion en favor de los J. de Bar'na. y otras partes sobre la compra y venta de trigos. 3 Id., Aug. 1271. (f. 10.)
629 Concession á Jayme de Call de la Baylia de Villafranca de Penadas. 16 Kal., Oct. 1271. (f. 12.)
630 Debitorio á Jahudano, Bayle de Zaragosa. 3 Non., Marc. 1271. (f. 14.)
631 Remison de penas por usuras á los J. de Mallorca. 2 Id, April 1272. (f. 19.)
632 Absolucion á Abrahan de Adreto de las penas incursas por haver cònocido carnalmente una cristiana. Non., May. 1272. (f. 31.)
633 Reconocimiento á los J. de Bar'na. & Villafranca de haver satisfecho cierta cantidad. 8 Id., May. 1272. (f. 32.)
634 Facultad á la ciudad de Barz.ª nombrar sugetos de los J. del Call de dha. ciudad para cuydar de la observacion de sus estatutos. 7 Id., May. 1272. (f. 32.)
635 Indulto á los J. de Barz.ª sobre question de tormentos. 7 Id., May. 1272. (f. 33.)

636 Recon.to á los J. de Gerona y Besalu de cierta cantidad á cuenta de tributo. Id., May. 1272. (f. 37.)
637 Statuto sobre las causas de los mismos. Eod. (f. 37.)
638 Conf. Mayro Masolom, J., y Saloman Descals de la venta q.e por 7 años le avia hecho de los reditos del monasterio de Carnella, revocando la echa á Jayme Romeo. 12 Kal., Jun. 1272. (f. 37.)
639 Licencia á Jayme Salomon de poder habitar donde quisiesse. 8 Kal., Jul. 1272. (f. 43.)
640 Concession á los J. de Montpeller de no contribuir á la talla comun que los consules de Montpeller havian. Kal., Jul. 1272. (f. 45.)
641 Conf. del testamento echo por Salomon Samuel, J., alias Bonisach Samuel. 6 Id., Aug. 1272. (f. 54.)
642 Carta de pago á favor de Bonna, muger de Salomon Samuel, de mas tudores de Mosse, hijo de dho. Salomon, de cierta cantidad. Id., Aug. 1272. (f. 54.)
643 Indulto á Mosse, hijo heredero de Salomon Samuel (*no date*). (f. 55.)
644 Absolucion á favor de Borraina, Judia, y otros tudores de Mosse Samuel de la administracion de dha. tutela (*no date*). (f. 55.)
645 Absolucion á Mosse Samuel de las penas y demandas le podia hazer y á los bienes de su padre (*sin fecha*). (f. 55.)
646 Assignacion de tutores á Mosse Samuel de las personas de Samuel Cresch y Bonafos Mosse, J., para cuydar de dho. Mosse y sus bienes (*sin fecha*). (f. 56.)
647 Absolucion de penas de usuras á Isach Suyllan. 5 Kal., Oct. 1272. (f. 63.)
648 Item á Vidal Suan y Bonfal, consortes. Eod. (f. 63.)
649 Indulto en favor de los J. de Villafranca. 3 Kal., Oct. 1272. (f. 63.)
650 Conf. á Astrugo de Carcassona de las casas tenia en Montpeller, sitos en el llano nombrado de Valmozna. 4 Id., Oct. 1272. (f. 66.)
651 Don.n vitalicia á Mosse el Neyto, J., de la escribania y oficio de la Rasora del Almudin de la Villa de Jacca. Non., Nov. 1272. (f.71.)
652 Licencia á los tudores de Mosse Samuel de mercar por 1000 s. bienes en el termino de Perpignan. 17 Kal., Dec. 1272. (f. 74.)
653 Orden y statuto sobre los alimentos devian prestarse á Mosse, hijo de Salomon Samuel. 17 Kal., Dec. 1272. (f. 74.)
654 Prohibicion para que los bienes de Mosse Samuel, J., no pudiessen extraherse de Rossillon hasta tener 18 años cumplidos. 17 Kal., Dec. 1272. (f. 74)

655 Orden para que Mosse Samuel no pudiese contraher matrimonio que no fuese de 18 años y con voluntad de su madre. Eod. (f. 74.)

656 Orden al Bayle de Perpiñan para que no permitiesse sacar ningunos bienes de Mosse Samuel. 17 Kal., Dec. 1272. (f. 74.)

657 Aprobacion de las partes y porciones avia echo de sus bienes Vidal Arture, J., con su testamento. 4 Id., Jan. 1272. (f. 81.)

658 Conf. de la sentencia en la causa de Astrugo de Collato de una y Blancha su madre y sus hermanos sobre restituar de algunas cantidades. 11 Kal., Feb. 1272. (f. 86.)

659 Concession á Benova de Melgar para durante su vida de 100 s. consignados sobre el tributo de los J. de Montpeller. 6 Kal., Feb. 1272. (f. 88.)

660 Absolucion de penas civiles y criminales á los J. de Montpeller. 7 Kal., Feb., 1272. f. 88.)

661 Concession á los J. de Montpeller de no contribuir en los 130,000 s. le devia pagar los consules y comunidad de Montpeller. 5 Kal., 1272. (f. 88.)

662 Orden á los Justicias para que hagan satisfacer á los Judios á sus deudores por los bienes reviessen no obstante sus alongamentos. 11 Kal., Abril 1272. (f. 112.)

663 Concession al Maestro de los Templarios sobre los J. de Monzon y statuto sobre el modo de pagar sus tributos. Non., Ap. 1273. (f. 120.)

664 Concession á Jayme de Call de la estada del castillo de Pryasto. Id., Ap. 1273. (f. 123.)

665 Concession á los J. de Barbastro sobre pleytos entre ellos. 13 Kal., May. 1273. (f. 126.)

666 Conc.ⁿ á los mismos sobre la persecution de los de Madavida. Eod. (f. 126.)

667 Orden al Bayle de Montpeller sobre la averiguanar de los bienes de Astrugo de Collato. 6 Kal., Mar. 1272. (f. 138.)

668 Definicion á Simon Enesch [? J.] de la administracion de la Baylia de Denia y Calf. 4 Non., Jun. 1273. (f. 141.)

Reg. 22.

669 Memoria de lo que debia Pedro Ferrando y de las partidas que de dho. pago assia dho. S.ʳ Rey como á Ray.ᵈᵒ de Resech Vives Abenvives. 1273. (f. 1.)

670 Def. á favor de Jahudano de Cavalleria y debitorio consignado sobre los derechos de la Baylia de Valencia. 12 Kal., Aug. 1276. (f. 74.)

671 Orden á Jucef Avinceprut para que emparase la Alqueria de Cauget y demas possessiones que fue de Pedro Meniz y de Ferrando Yuanges. 2 Non., Nov. 1277. (f. 76.)

672 Promesa á Jucef Avinceprut de heredarle en la Alqueria de Cauget quando la tuviesse. Eod (f. 76.)

673 Orden á Pedro Xemen, Justicia, y Josef Avinceprut, Justicia y Bayle resp.^{te} de Murvedre para que se llvasen bien en las les avia mandado hazer. 2 Non., Nov. 1277. (f. 76.)

674 Orden á los J. de Zaragoza, Daroca, Huesca, Teruel, Calatayud y Lerida para que luego entragassen al Bayle de Lerida diez mil treytas de Quadrolles. 3 Id., Jun. 1278. (f 90.)

675 Orden á Jaluedan de Cavalleria y á sus hijos de pagassen 500 J. Jaces. 13 Kal., Aug. 1278, y al pie se lee una lista de otros Judios y lo que se les podia. (f. 97.)

Reg. 23

676 Orden á Jahudan de Cavalleria para que pagase á N. cierta cantidad. 9 Kal., Jun. 1276 (f. 2.)

677 Carta á Jahudan en que se le manda envie al Rey cierto generos de guerra. *Sin fecha.* (f. 17.)

678 Cuentas que en 4 Kal., April 1276, dio Jahudan de la Baylia y Merinato de Saragoza. (f.19.)

679 Cuenta que Salama de la Cambra dio de los reditos de Morviedro. (f.19.)

680 Cuenta que Vives dio de los reditos de Alfandach, Pego y Suyllana. *Sin fecha.* (f. 20.)

Reg. 28.

681 Debitorio á Benvenist de 'Porta J., sobre el tributo de los Judios de Gerona. Kal., Feb. 1267. (f. 29.)

682 Debitorio á Jucef Ravaya. 6 Id., Feb. 1267. (f. 30.)

683 Debitorio al mismo. 9 Kal., May. 1268. (f. 30.)

684 Debitorio á Astrugo Jacob Xixo. 3 Non., Marc. 1268. (f. 32.)

685 Debitorio á Moschal Modofay. *No Date.* (f. 32.)

686 Debitorio á Assach Alcalvo. 8 Kal., Jul. 1269. (f. 33.)

687 Debitorio á los J. de Bar'na. por la qual dio en peñora ciertas joyas. 5 Kal., Sept. 1269. (f. 34.)

688 Debitorio á los J. de Gerona. 7 Id., Sept. 1271(f. 39.)

689 Debitorio á Astrugo J. Xixo 2 Id., Ap. 1272. (f. 48.)

690 Debitorio á Jucef Ravaya sobre los reditos de Gerona y Besalu. 8 Kal., Oct. 1271. (f.49.)

691 Cuenta en favor de Jahudan de Cavelleria. Non., Jul. 1274. (f. 50.)

692 Definicion á Haraon Abiuafia de la administracion de la Baylia de Calatayud y Daroca. 13 Kal., Dec. 1267. (f. 54.)

693 Licencia al mismo para obligar á tiempo á los reditos de C. y D. Eod. (f. 54.)

694 Debitorio á Astrugo Jacob Xixon, cobradora de Gondisalvo Pedro de Sanper. 8 Kal., Mar. 1271. (f. 56.)

625 Debitorio á Salomon de Prats sobre los reditos de Pradas y Ceuvano. 4 Kal., Ap. 1269. (f.58.)

696 Debitorio á Abrahim Cavalleria del precio de un cavallo. 8 Kal., Jul. 1273. (f. 59.)

697 Debitorio á Salomon de Prats sobre los reditos de Pradas y Ceuvano. 2 Kal., May. 1272. (f. 60.)

Reg. 29.

698 Debitorio de 4000 s. á Jahudano de Cavalleria. 18 Kal., Dec. 1269. (f. 6.)

699 Tres debitrios cancellados á Vives, hijo de Jucef Abenvives. Kal., Feb. 1271. (f.13.)

700 Debitorio cancellado á Jahudan. 11 Kal., Oct. 1270. (f. 17.)

701 Orden á Vives, hijo de Jucef Abrenvives, Bayle de Alfandach, de responder de los reditos de dicho lugar á su sec.^{tio} Pedro de S.^{to} Clemente á quien havia entregado el Infante el custr.^{o} de Alfandach. 17 Kal., Jun. 1272. (f. 18.)

702 Consigna á Vives de 2000 á que habia obligado por el Infante á Pedro Gilaberti. 18 Kal., Oct. 1272. (f. 18.)

703 Deb.^{o} á David Mascaran de 82 s. 12 Kal., May. 1273. (f. 25.)

704 Deb.^{o} á Jahudan de 6000 s. (f. 26.)

705 Otro diferentes cosas á Astrugo Jacob Xixon. Id., Marc. 1269. (f. 29.)

706 Definicion de cuentas á Astrugo J. Xizon. 4 Non. Marc. 1272. f. 29.)

707 Debitorio á Vives, hijo Jucef Abenvives, de 6000 s. 13 Kal., Jan. 1271. (f. 61.)

708 Recognicion al mismo de haverse obligado á pagar á Simon de Manio 400 s. q.^{e} el Infante dio á Maestro Egolino. 13 Kal., Sept. 1272. (f. 61.)

709 Debitorio de diversas sumas á los sec.^{llos} y Aljama de los J. de Barc.^{a} 2 Non., Jun. 1271. (f.63.)

710 Debitorio de 3000 s. á Jucef Ravaya. 7 Id., Ap. 1270. (f. 66.)

Reg. 37.

711 Donacion á Abraham, J., de una stada y casa tenia en Villareal á cargo de 20 s. annuales. 15 Kal., Jan. 1269. (f. 3.)
712 Absolucion de penas á Salamon, hijo de Bonhida de Torre. 3 Id., Jun. 1270. (f. 7.)
713 Guiage á Salomon de Adret. *Sin fecha.* (f. 7.)
714 Absolucion á Cresquas Çorchi, J. Non., Dec. 1270. (f. 10.)
715 Item á Salomon Caracosa. 8 Id., Dec. 1270. (f. 10.)
716 Item á Maer Zabaira. Eod. (f. 10.)
717 Venta á Vives Abenvives de los derechos de Baylia de Algeciras por 3 años. 14 Kal., Ap. 1270. (f. 14.)
718 Guiage á favor de Isach de Palafols 7 Kal., Jun. 1271. (f. 18.)
719 Remission de penas á los J. de Gerona y Besalu. Id., Aug. 1271. (f. 22.bis)
720 Statuto á favor de los mismos. Eod. (f. 23-26.)
721 Orden á los Justicias de Besalu para q.^{e} guarden á Jucef, hijo de Abrahan, la libera venia. 15 Kal., Oct. 1271. (f. 24.)
722 Reconocimiento á Jucef Rabaya de haver dado las cuentas de la administracion de 4 años de los reditos de Gerona y tributos de los J. de Gerona y Besalu. 5 Kal., Oct. 1271. (f. 29.)
723 Asignacion á Astruch Ravaya y Jucef Rava de las cantidades le avian prestado sobre los reditos de Gerona y su curia y tributos de los J. de Gerona y Besalu. Id., Sept. 1271. (f. 30.)
724 Conf. á Isach Jaffies, J., de la venta que Ray.^{do} de Cabrera le avia echo de la gracia tenia sobre el tributo de los J. de Gerona y Besalu para durante su vida. Non., Oct. 1271. (f. 30.)
725 Conf. á Juscef y Juhada Avincent del guiage tenia. 8 Id., Nov. 1271. (f. 31.)
726 Conf. á J. de Huesca del indulto sobre vinya. 2 Id., Jun. 1271. (f. 34.)
727 Conf. á Astruch Ravayle de la asignacion le avia echo al Rey su padre de algunas cantidades sobre los reditos de Gerona. 4 Kal., April 1272. (f. 39.)
728 Procura á Astruch Ravaya y Jucef, su hijo, para la collecta de los reditos del castillo y villa de Torruella. Kal., Apr. 1270. (f. 45.)
729 Venta por un año á Vives de los rentos de la valle de Pego. 9 Kal., Jul. 1272. (f. 46.)
730 Venta al mismo de los derechos de la Baylia de Algeciras. 4 Id., Oct. 1272. (f. 51.)

731 Item al mismo de los dros. de la valle de Pego. 5 Id., Oct. 1272. (f. 51.)
732 Promesa de pagar á Vives cierta cantidad. 4 Id., Oct. 1272. (f. 52.)
733 Donacion á Vives Abenvives de unas casas en la villa de Alfandach. 18 Kal., Dec. 1272. (f. 54.)
734 Venta al mismo de unas casas en Bernopa. 10 Kal., Feb. 1272. (f. 60.)
735 Reco.^{to} á Astruch J. Xixon, de haver dado cuenta de dineros y trigo avia recibido. 3 Non., Marc. 1272. (f. 62.)
736 Concession á Jucefo, hijo de Dn Pros Levi, y demas viniessen en compania para avisindarse en lugar de la Jurisd.^{n} R.^{1} de la franquisa por 5 años. 5 Id., May. 1273. (f. 64.)
737 Rec.º á Vives, hijo de Jucef, los reditos de Alfandach. 6 Id., May. 1275. (f. 64.)
738 Promesa á Astruch Ravaya para empeñar el castillo de Penbus y Crexell. 8 Id., Jun. 1276. (f. 101.)

R. 235 (1255—1305).
740 Aljama de Judíos de Aragon. 241. *

R. 249 (1325).
741 Pragmática contra los J. 73.

R. 192-3 (1291).
742 Orden sobre la absolucion de 1,000 J. de Jaca. 18.

R. 192-93 (1292).
743 Despacho sobre el modo de compeler á pagar sus tributos á los J. de Jaca. 117.

R. 195 (1297—98).
744 Pragmática para la conservacion de los bienes y proteccion de los J. coversos. 108.
745 Remision de usuras en virtud de concordia con su Majestad á varios J. 231-2.

R. 197-8 (1299—1301).
746 Concesion de no ser molestados en dias festivos para pago de tributos á los J. de Jaca. 126.

R. 199-200. (1301—3).
747 Concesion á Egidio Dipas de la escribania de los J. de Jaca. 29.
748 Declaracion y promesa sobre franquicia de carcelage y derechos de prision á los J. 68.

R. 201-2 (1303—4).
749 Orden para embargar los bienes vendidos á Cristianos por los Saracenos ó J. de Aragon. 15.

* Numbers at end of items refer to folios of "Registros."

750 Decreto sobre los contratos usurarios hechos á favor de los J. 166.

R. 203 (1305—6).

751 Ordenamiento sobre la materia de domicilio de los J. de Aragon. 31.
752 Permiso para acoger en Barcelona 60 familias de los J. expulsos de Francia. 189.

R. 204-5 (1306—8).

753 Ordenamiento sobre el modo de contribuir los J. del Reino de Valencia. 6.
754 Permiso al Comendador de Calatrava depoblar J. en Alcañiz. 9.
755 Remision de usuras á los J. de Monzon. 78.
756 Permiso á los J. de Genova y Lérida y otros de acoger diez casatas de los J. expulsos de Francia. 32-4, 40.
757 Decreto sobre el modo de contribuir los J. de Jaca. 73.
758 Concession á la Reyna de imponer derechos (en los pueblos obligados por su dote) á los J. 113.
759 Concession al Comendador de Montalban de tener diez casatas de J. de Montalban. 229.
760 Franquicia de lerda y peage á las mercaderias que transportasen los J. de Calatayud. 244.
761 Despacho sobre pago de contribucion por los J. de Escea. 205.
762 Orden para no procederse sino por oficiales Reales para tributos y deudas contra los J. de Huesca. 232-4.

R. 206-7 (1308—11).

763 Franquicia temporal de pechos y esencion de morator por el subsidio que presentaban los J. de Aragon, de Cataluña y Valencia. 29, 30-2.

R. 208-9 (1311—12).

764 Remision de cargos hechos por el Inquisidor contra los J. de Cataluña. 72.

R. 210-11 (1312—15).

765 Estatuto sobre las usuras ó premio que podian ecsigir en sus préstamos los J. de Cataluña. 301-3.
766 Desembargo á los vecinos de Barcelona y Lérida de los censos y casas compradas á J. 230.

R. 212-13 (1315—16).

767 Remision de tributos por 20 años á los J. de Monzon.
768 Ordenanza para la eleccion de los adelantadores de los J. de Zaragosa. 30.
769 Orden para no proceder en los Sábados y otros dias festivos contra los J. de Barcelona. 148, 208-9.

R. 214-5 (1316—18).

770 Ordenanzas sobre el interés que debian ecsigir en sus contratos los J. de Aragon. 92.

R. 216-17 (1318—19).

771 Esencion á Alfalmal de llevar la seña ordenada para los J. 102.

R. 218-19 (1320—21).

772 Confirmacion de las tierras y proprietades que tenian los J. de Monclus (pueblo devastado por los Pastorilles). 102.

773 Remision de todos pechos pagando ciertos tributos á los J. de Huesca, Jaca y otros. 111-12.

774 Concesion sobre eleccion de Rabinos de Sinagogia y Carniceria á la Aljama de los J. de Zaragosa. 115.

775 Esencion por 4 años de todas las contribuciones á los J. de Valencia, Tortosa, Lérida, Barcelona, Gerona (por lo que pagaron para comprar el contado de Urgel). 167, 184-5.

776 Remision por fraudes á los J. de Lerida. 176.

777 Casos en que podian ponerse presos en el Castillo nuevo á los J. de Barcelona. 197.

778 Franquicia de lerda, peage y demas derechos á los J. de Valencia y puedan hacer contribuciones. 198.

779 Confirmacion del privilegio sobre facultades de los secretarios de la aljama de J. de Barcelona. 208.

780 Confirmacion de un privilegio á los corredores de los J. de Barcelona. 64.

781 Esencion de pechos al resto de los J. de Monclus que pasasen á Huesca y Barbastro. 83, 103.

782 Declaracion sobre reclamacion de deudas entre Cristianos y J. de Teruel. 125.

783 Privilegio sobre no conceder moratorias á los deudores de la aljama de J. de Tortosa. 139.

784 Confirmacion de privilegios y franquicias á los J. de Zaragosa. 156-7.

785 Concesion sobre independencia en el pago de tributos á los J. de Valencia. 168.

786 Confirmacion de un privilegio de franquicia á los J. de Calatayud y eleccion de Rabinos. 177.

787 Concesion sobre reparto de las imposiciones rendadas de viño, etc., á los J. de Barcelona. 198.

788 Permiso para redificar su sinagoga, etc., á los J. de Jútiva sin embargo de estar prohibido. 198, 232.

789 Privilegio de franquicias á los J. de Teruel. 210.

790 Provision de no conceder moratorias en 2 años á los deudores de los J. de Segosta, de Falcet y de Santa Coloma. 214 238, 258.

791 Licencia para comprar un campo para cementerio á los J. de Castellon. 221.

R. 220-21 (1321—22).

792 Promesa de no conceder moratorias á los deudores de los J. de Alcaniz. 18.
793 Prohibicion de habitar á los hijos bautizados con los J. de Monclus. 55.
794 Orden para la construccion de una carneceria para los J. de Monblanc. 74.
795 Modo de pagar la Sisa los J. de Teruel. 82.
796 Declaracion del modo de pagar el derecho de Sisa los J. de Barcelona (Esencion de lerda y otros). 108, 111, 155.
797 Otra sobre el modo de pagar la piesta los J. de Monblanc. 128.
798 Promesa de no conceder moratorias á los deudores de los J. de Villafranca. 15.
799 Esencion temporal de tributos á los J. de Monclus. 55.
800 Modo de pagar la sisa y otros derechos por los J. de Tortosa. 66.
801 Promesa de no conceder moratorias á los deudores á los J. de Gerona. 81.
802 Otra igual á los J. de Barcelona. 103.
803 Aprobacion de la venta de un violario á olivinas por los J. de Barcelona. 117.
804 Privilegio ecsonerando de pesquisar á los J. de Zaragoza. 133.
805 Declaracion de competer al Bayle el conocimiento de las causas de los J. de Lerida. 212.
806 Donacion á Sentmanat del dominio directo en el mercado de los J. de Tortosa. 226.
807 Tarifa del interés que podian ecsigir en préstamos á Cristianos los J. de Aragon. 244.
808 Orden comprendiendo en las cargas vecinales á los J. de Farisa. 226.

R. 222-23 (1322—23).

809 Esencion de varios tributos á los J. de Lerida. 26.
810 Permiso para imponer sisas á los J. de Barbastro. 28.
811 Prorroga de esencion de peitas, questeas y otros derechos á los J. de Gerona y Besalu. 47.
812 Otra para imponer sisas á los J. de Calatayud. 51.
813 Permiso para imponer sisas á los J. de Oriola (esencion de monedage). 55 bis.
814 Condonacion de multa por falta del pago de sisas á varios J. de Lerida. 59, 63.
815 Modo de pagar las contribuciones los J. de Lerida. 63, 92.

816 Orden sobre pago de questea y otros derechos por los J. de Cervera. 103.
817 Ordenes para no molestar indebidamente á los J. de Aragon y Cataluña. 117.
818 Esencion de deudas y otros tributos á los J. de Zaragoza. 226.
819 Modo de pagar sus tributos los J. de Barcelona y aprobacion de la venta de Vitalic. 183, 196.
820 Anulacion del derecho de sisa que pagaban los J. de Zaragoza. 210.
821 Indulto de la confiscacion de bienes impuesta por el Arzobispo de Tarragona á los J. de Tarragona. 227.
822 Violario á favor de Dusay por los J. de Barcelona. 257.
823 Otro á Ballester y Vich. 266.
824 Revocacion del permiso para exigir una contribucion á los J. de Calatayud. 258.
825 Venta á Velaragut de 10 J. (10,000 sueldos) sobre el tributo de los J. de Barcelona. 271.
826 Permiso á Guillermo de Ataglesole para tener cierto número de casas de J. en Bellpuig. 275.
827 Asignacion de 10 J. (10,000 s.) para obras de las murallas sobre los Sarracenos y J. de Elche. 300.

R. 224-25 (1323—24).

828 Promesa de no conceder moratorias, etc., á los J. de Zaragoza. 76.
829 Otra para teñir algodon, lino y otras cosas á los J. de Zaragoza. 76.
830 Idem á los J. de Tortosa. 77.
831 Idem á los J. de Calatayud, Gerona, Villafranca, Teruel y otros. 77.
832 Otra de las penas por no haber satisfecho sus deudas á los J. de Lerida. 99.
833 Idem á los J. de Teruel. 85.
834 Esencion del subsidio para la conquista de Cerdeña á los J. de Tortosa. 117.
835 Aprobacion de las compras que hiciesen los Hospitalarios de los J. de Zaragosa. 172.
836 Otro al Maestre de la Orden de Calatrava para tener 30 familias de J. en Alcañiz. 237.
837 Ordenanzas para regimen de la aljama de los J. en Huesca. 280.
838 Remision por contratos ilícitos á los J. de Barcelona. 287.
839 Permiso para imponer sisas á los J. de Lerida. 288.

R. 226-27 (1324—25).

840 Interés que podian exigir en sus préstamos los J. de Calatayud. 52.
841 Permiso á Moncada, Sñr. de Aytona, para tener algunas casas de los J. de Aytona. 64.
842 Concesion de los privilegios de los J. de Lerida á los J. de Barcelona. 137.
843 Modo de pagar sus tributos á los J. de Farisa. 190.
844 Orden para rebajar la cuota de tributos á los J. de Calatayud. 197.
845 Permiso á Anglesola para tener en sus pueblos 30 casas de J. 213.
846 Promesa de no conceder moratorias á la aljama de J. de Zaragosa. 222, 245.
847 Remision de esceso de usuras á los J. de Daroca. 245.
848 Otra á los J. de Barcelona. 256.
849 Otra de las cantidades que debian los J. de Calatayud. 278.
850 Conocimiento de las causas de usuras entre los Cristianos y los J. de Teruel. 283.
851 Esencion de tributos á los pobladores de los arrabales de Valencia á los J. de Valencia. 290.

R. 228-29 (1325—27).

852 Remision de pena del 5.º de tributos y subsidios á los J. de Tortosa. 33.
853 Revocacion de los privilegios sobre pago de tributos á varios, á instancia de la Aljama de J. de Zaragosa. 35.
854 Orden para no prohibir cociesen pan sin levadura para el dia de Pascua á los J. de Lerida y Manresa. 37, 45.
855 Orden sobre el juramento para la observancia de la ordenancia de usuras por los J. de Zaragosa. 35.
856 Suspension de la publicacion de la ley sobre usuras, á ruego de los J. de Barcelona y Tarragona. 40.
857 Moratoria para pago de deudas á los J. de Gerona (por razon de un subsidio). 53.
858 Aprobacion del nombramiento de secretarios de la Aljama de J. de Barcelona. 70.
859 Proroga del privilegio para no conceder moratorias á los deudores de los J. de Borja. 108.
860 Remision de la pena por usuras á los J. de Valencia. 97.
861 Ordenaciones para gobierno y régimen en los contratos de los J. de Aragon, Cataluña y Valencia. 107-9.

E

862 Privilegio á Ribelles para tener diez casatas de J. en Astesa. 115.
863 Privilegio á Anglesola para tener en Anglesola y Valle de Lon 15 casas de J. 128.
864 Esencion de pagos á los J. de Prados. 159.
865 Remision de penas á los J. de Zaragosa. 160.
866 Privilegio sobre eleccion de adelantadores para la administracion de la aljama de J. de Barbastro. 177.
867 Nombramiento de un secretario en remplaco de otro defuncto para la aljama de J. de Barcelona. 193.
868 Proroga de la esencion de tributos y pechos á los J. de Monclus. 196.
869 Esencion del embargo de toneles de vino por deudas de tributos á los J. de Calatayud. 203.
870 Orden para señalar terreno para sepulturas de los J. de Burriana. 211.
871 Concesion sobre obligacion para pago de violario para la aljama de J. de Lerida, 237; y tarifa de los intereses, id.
872 Orden para seguir los juhicios por deudas á los J. de Calatayud (ante Juez cristiano). 238.
873 Remision de las penas impuestas por el Inquisidor (por haber circuncidado á dos christianos) á los J. de Catalayud. 239.
874 Orden sobre observar los privilegios sobre usuras y otras á los J. de Burriana. 248.
875 Revocacion de las franquicias concedidas por los secretarios y Aljama de de los J. de Zaragoza. 258.
876 Anulacion del privilegio sobre pago de tercio y quinto á los J. de Tortosa. 258.
877 Aprobacion de cierto arbitrio para pagar las contribuciones no perjudicando á los cristianos á la aljama de J. de Calatayud. 259.
878 Orden sobre eleccion de adelantadores para la aljama de los J. de Valencia. 274.
879 Orden sobre nombramiento de esno [?] y salario por las escrituras de los J. de Valencia. 274.
880 Ordenaciones ó tarifa para los dineros que para pago de tributo se impusieron á los J. de Valencia, sobre viveres, mercaderias, interés de moneda y demás. 283.
881 Revocacion de las franquicias de pago de tributo á varios J. de Valencia. 290.

R. 230 (1327).

882 Orden para cerrar las casas de posada de los J. de Zaragosa. 45.
883 Aprobacion de un capitulo sobre manifestacion de bienes en favor de los J. de Valencia. 52.

884 Otra sobre eleccion de oficiales de la aljama de los J. de Murviedro. 59.
885 Ordinaciones para pagar sus tributos Reales á favor de la aljama de los J. de Murviedro. 60.
886 Remision de escesos en su oficio á los secretarios de la aljama de los J. de Barcelona. 67.
887 Otra de todo tributo á los que pasasen á domiciliarse á Prades. Judios de las Montañas de Prades. 73.
888 Franquicia á los J. de Valencia que se domiciliasen en dominios de S. M. 74.
889 Confirmacion del privilegio para enagenar y empeñar sus bienes á los J. de Aragon. 97.
890 Esencion de embargos de las tiendas de paños de los J. de Zaragosa. 98.
891 Otra sobre la misma á los J. de Calatayud. 102.
892 Reforma de las ordinanzas para gobierno de la aljama de los J. de Barcelona. 106.

R. 383 (1319—20).

893 Privilegios y ordinaciones á favor de los J. de Alcolea. 40.

R. 386-87 (1322).

894 Ordinaciones sobre abrir sepulturas para los J. de Huesca. 226.

R. 393 (1326—27).

895 Ordinaciones para la aljama de los J. de Barcelona. 128.
896 Decreto sobre jurisdicion á favor de los J. de Calatayud. 137·

R. 382 (1314—15).

897 Ordinaciones y privilegios de los J. de Alcolea. 50.

R. 473 (1327—28).

898 Franquicia á las 6 casatas de J. de Prades, concedidas al Infante Ramon Berenguer. 26.
899 Concesion á Zacosta de 10 casatas de J. de Algerre. 97.
900 Permision para reedificar la Sinagoga á los J. de Villafranca. 111.

R. 474 (1327—28).

901 Franquicia á los J. del Vizcondado de Ager. 172.
902 Confirmacion de privilegios á los J. del Reyno de Valencia. 177
903 Confirmacion de privilegios á los J. de Huesca. 178.
904 Franquicia á la aljama de Alicante. 197.
905 Franquicia á los J. de Ruesca. 204.
906 „ „ Biel. 205.
907 Confirmacion de Privilegios á los J. de Unicastro. 227.
908 Concesion sobre pago de tributos á los J. de Farisa. 249.

909 Confirmacion de privilegios á los J. de Escea. 262.
910 ,,   ,,   ,, Borja. 283.

R. 475 (1328).

911 Confirmacion de privilegios y franquicias á los J. de Lerida y Tarraga. 110.
912 Confirmacion sobre conocimiento de causas comunales de los J. de Lerida. 111.
913 Señalamiento del parage en que debian habitar los J. de Cervera. 116-17.

R. 476 (1328).

914 Concesion á la Orden de Calatrava de 30 casatas de J. en Alcañiz. 131.
915 Confirmacion de privilegios y franquicias concedidas por Moncada á los J. de Fraga. 136.
916 Confirmacion de privilegios á los J. de Calatayud. 172.
917 ,,   ,,   ,, Daroca. 193.
918 ,,   ,,   ,, Tortosa. 199.
919 ,,   ,,   ,, Barcelona. 218.
920 Proteccion y licencia para predicar al Maestro Huesca y otros J. conversos. 223.
921 Promesa de no conceder moratorias en 5 años á los deudores de los J. de Barcelona. 230.
922 Renuncia por el Infante Don Ramon Berenguer de las seis casatas de J. de Pardes. 241.
923 Promesa de no conceder casatas de los J. de Barcelona. 241.
924 Revocacion de franquicias á instancia de la aljama de J. de Huesca. 251.
925 Fijacion del número de los administradores de la aljama de los J. de Huesca. 264.
926 Confirmacion de privilegios de Colector de la aljama de J. de Barcelona. 265.
927 Privilegio á ruego de Doña Francisca de Queralt á los J. de S. Coloma. 265.
928 Otra de los privilegios concedidos á los J. de Tarazona. 273.

R. 477 (1327—28).

929 Privilegio sobre subitaciacion de causas criminales á los J. de Gerona. 147.

R. 478 (1327—28).

930 Señalamiento de terreno para cementerio de los J. de Murviedro. 181.
931 Esencion de derechos por 4 años á los J. de Calatayud. 198.

932 Confirmacion de fueros y privilegios á los J. de Zaragoza. 209, 239.
933 Otra de privilegios á los J. de Valencia. 270.
934 Concesion de los privilegios de los de Valencia á los J. de Orihuela. 270.

R. 479 (1329).

935 Proroga del término para cobrar sus créditos á los J. de Montalban. 19.
936 Privilegio sobre la forma y lugar en que debian oir los sermones de los PP. menores los J. de Gerona. 53.
937 Permiso para no tener colecta en el Castillo nuevo casi arrinciado á los J. de Barcelona. 54.
938 Permiso para crear censales y violarios á los J. de Barbastro. 67.
939 Decreto sobre mutacion de local para los presos por falta de pago de tributos á los J. de Lerida. 77.
940 Prohibicion á los cristianos de comprar ni habitar las casas de los J. de Orihuela. 169.
941 Confirmacion de un privilegio sobre jurisdiccion á la aljama de los J. de Lerida. 169.
942 Confirmacion de franquicias á los J. vasallos de la Orden de S. Juan. 209.
943 Confirmacion de franquicias á los J. de Teruel. 222.
944 Declaracion sobre moratorias á favor de los J. de Borja. 284.

R. 480 (1329—30).

945 Promesa de no conceder moratorias á los deudores de los J. de Santa Coloma. 118.
946 Por falta de sucesion la ley Ebráica permitia tener mas de una esposa á los J. 125.

R. 481 (1329—30).

947 Salvo conducto á los sindicos de los J. de Huesca. 144.
948 Concesion sobre pagos á los J. de Huesca. 227.
949 Declaracion de no comprender un bando sobre préstamos á los J. de Santa Coloma. 148.
950 Franquicia á los J. de Fauste. 159.
951 Moratoria,   id.   id.   160.
952 Moratoria,   id.   Valencia. 159.
953   id.   id.   Jaen. 160.
954   id.   id.   Huesca. 160.
955   id.   id.   Borja. 160.
956 Franquicia temporal por el subsidio de 80 s. J. con que contribuian los J. de Valencia. 160.

957 Subsidio de 500 s. J. con que contribuyeron para la guerra contra Granada los J. de Reyno. 160.
958 Confirmacion del privilegio sobre eleccion de adelantadores y administradores de los J. de Barbastro. 163.
959 Moratorias por causa del subsidio que habian prestado las aljamas de J. de Zaragosa y otras. 168.
960 Orden para no vejar ni gravar á la aljama de J. de Cervera. 192, 204.
961 Orden para que solo el Bayle general conociere de las causas de los J. de Unicastro. 199.
962 Confirmacion del privilegio sobre las contribuciones y repartos de los J. 218.
963 Orden para observar cierta condicion en rason del subsidio á los J. de Zaragosa. 220.
964 Promesa de no conceder moratorias á los deudores de los J. de Reino. 222.
965 Otra á los J. de Urgel y Ayer. 248.
966 Franquicia por el adelante que hicieron para la conquista de Granada. 248.
967 Confirmacion á Constante del oficio de Juez de apelaciones de J. de Aragon. 249.
968 Remision de penas á la aljama de J. de Valencia. 277.
969 Remision por haber prestado dinero á interés contra ordenaciones Reales á los J. de Alcañiz y Alcolea. 253.
970 Permiso para imponer sisas á los J. de Monzon. 278.

R. 482 (1330—31).

971 Remision de la pena por usuras á los J. de Montalban. 17.
972 Proteccion y salvaguardia á los J. de Molina. 17.
973 Idem á los J. de Daroca y otros. 29, 37, 67, 87.
974 Privilegio sobre eleccion de administradores de la aljama de los J. de Barcelona. 30.
975 Privilegio para que no pudieren tener presos mas que dos años á los J. de Gerona. 31.
976 Concesion sobre reparto de la sisa á los J. de Teruel y otros. 32.
977 Referencia del subsidio de 500 s. J. para la guerra de Granada por los J. del Reyno. 35.
978 Permiso para tomar prestados á los J. de Zaragosa (para cubrir las cargas reales). 41.
979 Referencia de la orden para que regresaren á la ciudad los J. de Zaragosa. 47.
980 Aprobacion de la obligacion para seguridad del subsidio para la guerra de Granada por los J. de Gerona y Besalu. 98.

R. 483 (1330—31).

981 Sobreseimiento en las causas contra los J. del Reyno. 174.
982 Confirmacion de franquicias á los J. Barcelona. 211.
983 Privativa al monasterio de S. David de Barcelona y á Arnoldo Bernat del horrio [?] de los J. de Barcelona. 216.
984 Firma Real á la venta de dos violarios á Grau por los J. de Barcelona. 217.
985 Aprobacion de un violario que prestaban á Sarria los J. de Barcelona. 254.

R. 484 (1331—32).

986 Fijacion de término para reclamar sus créditos á los J. de Daroca. 17.
987 Promesa de no conceder moratorias á los deudores de los J. de Alcañiz. 20.
988 Confirmacion de franquicias y privilegios á los J. de Teruel. 22.
989 Orden para no compeler en juicio en dias festivos á los J. de Zaragoza. 25.
990 Aprobacion del nombramiento de administradores de la aljama de los J. de Barbastro. 42.
991 Confirmacion de un privilegio á los tendores J. de Zaragoza. 53.
992 Cita de la prohibicion de hacer préstamos á los vasallos de S. M. por los J. 64.
993 Franquicia de lerda y peage á los J. de Ruesta. 68.
994 Orden para observar los privilegios de los J. de Piera. 76.
995 Referencia del subsidio de 340 s. J. para la guerra de Granada por los J. de Aragon y Cataluña. 79.
996 Dicho subsidio ascendió á 390 s. J., incluyendo los J. de Valencia. 79.
997 Confirmacion del privilegio sobre pago de peytos y ecsacciones á los J. de Monellus. 82, 124.
998 Remision de peticiones, questiones y demandas á los J. de Teruel y otros. 84-5.
999 Privilegio sobre denuncias y querellas á favor de los J. de Zaragoza. 86.
1000 Promesa de no conceder moratorias á los deudores de los J. de Santa Coloma de Queral. 125.

R. 485 (1331—32).

1001 Confirmacion de las gracias concedidas por la reina á los J. de Tarrega. 145.
1002 Remision á los J. de Villafranca, Cervera y Caldes de Monbrey, de la colecta de los J. de Barcelona. 147.

1003 Privilegio á Rebilles para tener diez casatas de J. en Artesa. 185.
1004 Remision de ecsesos de los J. de Luna. 215.
1005 Idem, Lérida. 231.
1006 Permiso para sacar sus tiendas y obradores de la Juderia para poder vender á los J. de Zaragoza. 220.
1007 Eleccion de dos cristianos para administrar la aljama de los J. de Barbastro. 242.
1008 Declaracion de pertenecer á la colecta de la aljama de Lérida los J. de Tamaiste. 252.
1009 Venta de 1,500 J. anuales á Bastida por la aljama de los J. de Villafranca. 262.
1010 Proroga para imponer sisas á la aljama de J. de Valencia. 266.
1011 Rebaja de tributos por la pobreza á que estaba reducida la aljama de J. de Zaragoza. 269, 291-2.
1012 Remision de ecsesos á los J. de Borja. 279.
1013 Permision para sisar, id., id. 283.
1014 Aprobacion del convenio sobre contribuir Golluf con la aljama de J. de Zaragoza. 286.
1015 Providencias para que se conservasen en dominio de S. M. los J. 288, 290, 291, 292-3.
1016 Remision del pago de tercio á los J. de Lérida. 290.
1017 Privilegio para no compeler en justicia sin permision de S. M. á los J. de Gerona, 290 ; y Barcelona. 292.

R. 486 (1332—34).

1018 Orden al Veguer de Gerona para que no vejase á los J. 12.
1019 Otra para que observase la remision concedida á los J. de Barcelona. 17, 39.
1020 Referencia de la prohibicion de enagenar á cristianos los bienes de los J. 20.
1021 Privilegio de morar fuera de su calle á los J. de Cervera. 24.
1022 Absolucion y remision á los J. de Tarragona. 26.
1023 Pragmática sobre interés en los contratos de mutuo por los J. de Valencia. 29.
1024 Declaracion sobre las escrituras de contratos y otros oficios de la aljama de J. de Barcelona. 39.
1025 Concesion de privilegio y franquicia á los J. de Tamaiste. 51.
1026 Declaracion sobre préstamos y subsidio á favor de los J. de Barcelona. 92.
1027 Privilegio á Rocabule para tener en Peredala 15 casatas de J. 121.

R. 487 (1332—34).

1028 Permiso á la Reyna D.ª Leonor para tener 6 casatas de J. en Fraga. 132-3.
1029 Aprobacion de la venta de un censal á Agusta por los J. de Barcelona. 144.
1030 Remision á la aljama de los J. de Barcelona. 171.
1031 Promesa de no conceder moratorias á los deudores de los J. del Condado de Urgel. 175.
1032 Privilegio sobre eleccion de Rabino y Bedino á los J. de Umcastro. 189.
1033 Permiso á un converso para predicar y reducir á la fé católica á los J. 192.
1034 Aprobacion de una sentencia y ordenacion para requerir de la aljama de los J de Lérida. 195.
1035 Confirmacion de privilegios y franquicias á los J. de Calatayud. 201.
1036 Ordenaciones ó Estatutos de los J. del Reino para manifestacion de lo que poseian. 209, 212, 218, 222.
1037 Otra del privilegio de no proceder sin Real licencia contra los J. de Zaragoza. 229, 230, 231, 236, 262.
1038 Prohibicion de variar de domicilio sin permiso á los J. 247.
1039 Licencia para una cementerio para los J. de Liria. 249.
1040 Remision á las aljamas de Valencia y otras ciudades y villas. 251-3.
1041 Privilegio para proveer de camas para SS. MM. en su Palacio Real á los J. de Barcelona. 257.
1042 Habitaban en la Calle del Vent los J. de Cervera. 257.
1043 Absolucion y remision de ecsesos por el donativo para la guerra por los J. de Exea y otros. 258-9.
1044 Remision á un J. del bando prohibiendo variar de residencia á los J. 274.
1045 Remision civil y criminal á los J. de Umcastro. 283.

R. 488 (1334—35).

1046 Referencia de la concesion á la Reyna D.ª Leonora para tener seis casatas de J. en Fraga. 19.
1047 Privilegio sobre manifiestos á los J. de Teruel. 26.
1048 Firma Real á la venta de un censal á Bernat por varios J. de Barcelona. 38.
1049 Proteccion y salvaguardia á la familia y bienes de un J. de Ocea. 39.
1050 Promesa de no conceder moratorias á los deudores de los J. de Montalban. 40.

1051 Aprobacion del impuesto de sisas para pago de deudas y tributos á los J. de Lérida. 211.
1052 Concesion á Fozes de ciertos dineros en las carnicerias y escribanias de los J. de Alagon y Borja. 114.
1053 Proroga para el manifiesto de sus bienes á los J. de Villafranca y Cervera y otro. 50, 78.
1054 Proroga para el manifiesto de bienes á los J. de Barcelona. 66.
1055 Orden para observar sus privilegios y franquicias á los J. de Berga. 71.
1056 Firma Real á la venta de un censal á Dusay por los J. de Barcelona. 87.
1057 Revocacion de la orden para que manifestasen sus bienes los J. 94-7.
1058 Privilegio para elegir 20 gobernantes y secretarios de la aljama de los J. de Gerona. 101.
1059 Rebaja temporal de subsidio ó peyta á los J. de Zaragoza y otras gracias. 102-4.
1060 Remision de penas, multas, peticiones y demandas á los J. de Barcelona y otros. 102-4.

R. 489 (1334—35).

1061 Eleccion de administradores de la aljama de los J. de Tarragona. 105.
1062 Esencion de proveer de pan, camas y otros utensilios para la Casa Real á los J. de Lérida. 106.
1063 Promesa de no inquirir por usuras en 5 años contra los J. de Borja y Jaen y otros. 107, 125.
1064 Remision á los tributarios de la orden de S. Juan conocidos por los J. francos de Zaragoza. 122.
1065 Privilegio para conocimiento de las causas de los J. de Gerona por sus Jueces. 127.
1066 Otro sobre eleccion de administradores de la aljama de Zamarite. 130.
1067 Firma Real á la venta de un censal á Gruny por la aljama de J. de Barcelona. 138.
1068 Otra de unas ordinaciones de buena administracion á la aljama de J. de Lérida. 141.
1069 Aprobacion de la venta de unos censales á Bastida y Capellado por los J. de Barcelona. 149-50.
1070 Rebaja de un derecho á los J. de Gerona. 170.
1071 Aplicacion de tormento sin embargo de la remision y indulto á los J. del Reyno. 170.
1072 Proroga de una imposicion sobre el vino á los J. de Barcelona. 170.

1073 Permiso á Xaprut para arrendar sus bienes sin embargo de estar prohibido á los J. 171.
1074 Remision por ecsesos á los J. de Vich y de usuras. 171 bis.
1075 Franquicias á los J. que poblasen la Judería de Monclus invadida por los Pastorilles. 175.
1076 Incorporacion al Patrimonio Real de los bienes y familia de los bienes de Baro Judío. 188.
1077 Firma á la venta á Solcr de un censal por los J. de Barcelona. 198.
1078 Firma á la venta de su violario á Bastida por los J. de Barcelona. 201.
1079 Otra á la venta de Montjuich de un violario por los J. de Barcelona. 201.

R. 575 (1328—52).

1080 Esencion á Baro y Alacar, etc., medicos de Zaragoza, de llevar el signo de los J. 51, 113, 238, 242.
1081 Indulto por los escesos contra la autoridad Real cometidos por los J. de Alagon. 23.
1082 Indulto de los daños causados suponiendose Fisica á cierta Judía fisica. 63, 74.
1083 Remision de fraudes y monopolios á los J. de Exea. 80.
1084 Licencia para proveer de vino sin embargo de la prohibicion á los J. de Jaca. 103.
1085 Remision de parte de una multa á los J. de Daroca. 113.
1086 Otra por usuras á los J. de Alcolea. 189.
1087 Confirmacion al castan de Amporte de los privilegios de los J. de la Caballeria y de Abnalazar. 204-8.

R. 576 (1333—36).

1088 Esenciones de llevar el signo judáico á varios J. 2, 17, 39, 43, 171.
1089 Permiso de mudar de domicilio á unos J. 19, 39.
1090 Referencia de un subsidio por la aljama de J. de Zaragoza. 35.
1091 Asignacion á Bilois del derecho de cena que pagaban los J. de Daroca. 29.
1092 Aprobacion de violario creado para pagar el subsidio por los J. de Lérida. 39.
1093 Orden para observar los privilegios y gracias á los J. de Berga. 101.
1094 Concesion de privilegio á los J. de Villareal. 130.
1095 Conferencia al comendador de Montalban para tener en este lugar 10 casatas de J. 178, 211.
1096 Otra de una gracia sobre tributos á los J. de Zaragoza. 184.

1097 Otra á los J. de Alcañiz. 182·
1098 Aplicacion de los derechos del degolladero y escritura para la Escuela de los J. de Borja. 189.
1099 Rebaja de subsidio á los J. de Alagon. 203.
1100 Confirmacion del privilego sobre pago de tributos á los J. de Ruesca. 206.
1101 Licencia para contraer matrimonio con un pariente á una Judía. 219.

R. 858 (1336).

1102 Protection á varias familias de J. y á sus bienes. 28 bis.
1103 Prorroga de 5 años para no conceder moratorias á los deudores de los J. de Exea y confirmacion de privilegios. 56-7.
1104 Permiso para variar domicilio á Almorcat y hermanos, J. de Segorbe. 56.
1105 Vitalicio á Ayerbe de 1 s. J. sobre la aljama de J. de Zaragoza. 67.
1106 Prorroga de 5 años para no conceder moratorias á los deudores de los J. de Daroca. 72.
1107 Por usuras contra los J. de Lérida. No inquirir. 74.
1108 Confirmacion de franquicias y privilegios á Daroca. 72.
1109 Id., id., Lérida. 77.
1110 Permiso para continuar una casa para luir [?] censales y violarios á los J. de Lérida. 75.
1111 Remision de usura prohibida por ley que cita á los J. de Alcañiz á instancia del maestre de Calatrava. 79.
1112 Otra de la promesa... deudores Alcañiz. 80.
1113 Referencia del pregon prohibiendo residir en pueblos que no fueron de realengo á los J. 81.
1114 Otra para trasladarse á Segorbe á varios J. de Zaragoza. 81.
1115 Promesa... 5 años deudores Lérida, Zaragoza, Valencia. 83.
1116 Id. Teruel, Gerona, Barcelona. 86.
1117 Id. Tarragona. 105.
1118 Otra al Maestre de Calatrava de las 30 casatas de J. de Alcañiz. 86.
1119 Confirmacion de privilegios sobre pago de tributos á los J. de Fousa. 92.
1120 Otra de privilegios y franquicias, Tarragona. 105.
1121 Otra del concedido por Don Pedro Cornel á los J. de Biel. 106
1122 Aprobacion de las ordenancias de la cofradía de Zapateros (asistencia á la circoncision) J. de Zaragoza. 119.
1123 Declaracion de las camas que deben entregar para servicio de la Real Casa los J. de Zaragoza. 111.

1124 Confirmacion de privilegios á los J. de Barbastro. 111.
1125 Promesa de no inquirir en 5 años por usuras contra los J. de Zaragoza, Gerona y Barcelona. 112.
1126 Aprobacion del impuesto sobre los que mudasen de domicilio á favor de los J. de Murviedro. 116.
1127 Privilegio para imponer sisas para pagar tributos y confirmacion de privilegios Zaragoza. 116.
1128 Confirmacion de privilegios y franquicias J. de Calatayud. 122.
1129 Nota sobre pago de tributos por los J. de Alnuncia y otros con la aljama de Calatayud. 126.
1130 Franquicia para reparar la aljama de J. de Monclus, destruida por los Pastorilles (bandidos). 141.
1131 Confirmacion de privilegio, Monclus. 142.
1132 Promesa por 5 años, Monclus. 142.

R. 859 (1336).

1133 Aprobacion de unos violarios impuestos por los J. de Gerona para pagar subsidio y tributo. 152.
1134 Mandato para tener separados en las cárceles á los J. de Barcelona, para cortar los insultos, etc. 152.
1135 Confirmacion de privilegios y franquicias, Gerona. 153.
1136   Id.   id.   id.   Besalu. 158.
1137   Id.   id.   id.   Barcelona. 153.
1138 Remision de ecsesos, Gerona. 158.
1139 Privilegio sobre conocimiento de las causas civiles de los J. de Gerona. 159.
1140 Promesa, Monzon. 161.
1141 Otra para no separar ni dar ninguna cosa de la aljama de los J. de Barcelona. 162.
1142 Permiso para variar de domicilio sin embargo la prohibicion á los J. de Gerona. 162.
1143 Prorogacion de la gracia para no proceder por usuras contra los J. de Monzon. 163.
1144 Confirmacion á Anglesola para tener 30 casatas de los J. en Bellpuig. 165.
1145 Privilegio concediendo los de los J. de Barcelona á los J. de Santa Coloma. 166.
1146 Otra para celebrar contratos de mutuo á los J. de Bellpuig y S. Martin á instancia de Anglesola. 166.
1147 Esenciones de llevar el signo judáico á varios J. 174, 177.
1148 Promesa, Alcolea. 188.
1149 Promesa no imponer, &c. Alcolea. 188-9.
1150 Id., id., Biel. 201.

1151 Título de lugar teniente de Merino en la Judería de Zaragoza. 216.
1152 Comanda á Biorcas del Azoquí de los J. de Valencia. 237.

R. 860 (1336—37).

1153 Promesa, Játiva. 40.
1154 Confirmacion de los fueros, usos y costumbres de los J. de Játiva. 37.
1155 Promesa no inquirir, &c., Játiva. 40.
1156 Privilegio á la aldea de Calatayud para evitar las usuras de los J. de Calatayud. 89.
1157 Proroga para sisas, id. 130.
1158 Referencia de la revocacion de franquicias á instancia de la aljama de J. de Valencia. 151-2.

R. 861 (1336—37).

1159 Promesa, &c., moratorias, Valencia. 160.
1160 Permiso para imponerse sisas á los J. de Játiva (por su opbreza). 165.
1161 Id., id., Tarragona. 165.
1162 Id., id., Murviedro. 168.
1163 Rebaja temporal de sus tributos por causa de su miseria á los J. de Zaragoza. 170, 182, 244.
1164 Aprobacion de los privilegios generales á los J. de Burosana. 171.
1165 Prohibicion de vender en dias festivos á los J. de Lérida. 174.
1166 Permiso para vender carne sin ser degollada por el Rabino de los J. de Játiva. 181.
1167 Remision de ecsesos y perdon de multas á los J. de Teruel. 197.
1168 Otra para imponerse sisas á la aljama de Calatayud. 202.
1169 Confirmacion de fueros, franquicias y privilegios á los J. de Calatayud. 203, 205-7.
1170 Confirmacion del privilegio sobre la juramienta de los J. de Calatayud. 207.
1171 Promesa no inquirir, &c., Montalban. 207.
1172 Id., id., Calatayud. 209:
1173 Confirmacion de privilegios á ciertos J. de Barcelona. 217.
1174 Aprobacion de unas ordenaciones sobre sus impuestos por los J. de Huesca. 224.
1175 Licencia para casarse á la hija de un J. 225.
1176 Moratoria por seis meses á la aljama de los J. de Zaragoza. 241.

1177 Privilegio para reponer la copradia de Estudios de los J. de Zaragoza. 245.
1178 Orden para seguir los trámites ordinarios en las causas contra los J. de Borja. 246.
1179 Concesion de 10 dias de término para pago del 3.º como á los cristianos á los J. de Lérida. 247.
1180 Promesa de no inquirir, &c., Murviedro. 247.
1181 Id., &c., Murviedro, 247.
1182 Confirmacion de usos y costumbres, Murviedro. 247-8.
1183 Moratoria por 6 meses para pago de deudas á los J. de Lérida. 250.
1184 Ordenacion sobre impuestos á la carne, pan y vino que consumian los J. de Huesca. 251.
1185 Confirmacion de privilegio Huesca. 252.
1186 Revocacion de las concesiones para el cobro de peytas contra los J. de Uncastillo. 252.
1187 Esencion de embargos por deudas comunes á los tenderos, mercadores y boticarios de los J. de Barcelona. 254.
1188 Firma Real á la venta de un violario de 3 s. J. á Vrecite por los J. de Barcelona. 254.
1189 Confirmacion de privilegios, usos y consuetudines de los J. de Tárraga. 285.
1190 Orden de no compeler por peytas ó contribuciones á los J. de Gandia. 289.
1191 Promesa, &c., Tárraga. 286.
1192 Id., no inquirir, &c., id. 286.
1193 Confirmacion de la eleccion de 4 administradores de la aljama de los J. de Huesca. 292.
1194 Permiso para percibir en vendimia los créditos que tubiesen los J. de Manresa. 304.
1195 Franco Real á la sentencia sobre créditos entre Lerena y los J. de Huesca. 304.
1196 Permiso para imposiciones á fin de cubrir sus cargos á los J. de Barcelona. 311.
1197 Confirmacion al comendador mayor para tener 10 casatas de J. en Montalban. 318-9.
1198 Referencia del pregon para que se trasladasen á los respectivos pueblos los J. de Vealenga. 321.
1199 Sobreselimiento á la orden para trasladarse á los respectivos pueblos á los J. de Fraga. 321.

R. 862 (1337—38),

1200 Aplicacion en la reparacion de las murallas de la fiesta de 4 años de los J. de Cetina. 6.

1201 Pregon para que se trasladasen á sus respectivos pueblos los J. de Veslingo. 10, 20.
1202 Licencia para arreglar la colecta y reparto de tributos de los J. de Barcelona. 11.
1203 Remision por haber concurrido al mercado del Arbos á los J. de Villafranca. 11.
1204 Remision de parte de cena por quatro años á los J. de Alagon. 11.
1205 Otra de ecsesos, excepto el de sodomía, envenenamiento, etc., á la aljama y colecta de los J. de Barcelona. 12.
1206 Permiso para que prestasen dinero á la Universidad de Cufaria á los J. de Fraga. 16.
1207 Revocacion de la orden para trasladarse á los pueblos de su residencia á los J. de Gerona. 20.
1208 Orden para no aplicar el bando para la traslacion á los pueblos de Vealengo á los J. de la Lacuna. 29.
1209 Sobresehimiento á la orden para trasladar su domicilio á pueblos de Vealengo á los J. de Urgel y Ayer. 43.
1210 Rebaja temporal del derecho de cena á los J. de Tarazona. 44·
1211 Otra para los J. del Condado de Amparies. 48.
1212 Otra para los J. de Aytona á la instancia de Moncada. 50.
1213 Confirmacion al caston de Amposta de la donacion á los templarios de la familia de unos J. 58.
1214 Confirmacion de franquicia, de lerda, peage, portago usatico, etc., á los J. de Borja. 62.
1215 Permiso para vender 5 s. J. á violario para los J. de Barcelona, para acudir á sus apuros. 66.
1216 Asignacion á Luna de Haro de 3 s. J. sobre los créditos de los J. de Borja, para tener señalados á los del lugar de Castellar. 73.
1217 Reduccion á 5 s. J. de la questa que debian pagar los J. de Tárraga. 96.
1218 Asignacion á Gunea de 2 s. J. sobre la peita de los J. de Exea. 76.
1219 Autorisacion del nombramiento de 30 personas para fijar los impuestos de los J. de Barcelona. 97.
1220 Orden sobre eleccion de tres secretarios de la aljama de los J. de Valencia. 104.
1221 Confirmacion al Vizconde de Rocabesti del privilegio de peitar á solas sus J. de Perabada. 119.
1222 Confirmacion de privilegios, franquicias, usos, etc., á J. de Valencia. 125.
1223 Privilegio para que solo el Merino conociere en las causas de tributos de los Sarracenos y J. de Zaragoza. 130.

R. 863.

1224 Estatuto sobre pago de deudas é intereses por los Sarracenos á los J. de Zaragoza. 207.
1225 Permiso para imponer sisas á los J. de Alcañiz y otros. 222.
1226 Permiso para contraer segundas nupcias viviendo su primera mujer á cierto Judío. 222.
1227 Licencia á Besero para contraer segundas nupcias viviendo su primera mujer segun la ley de los J. 231.

BRITISH MUSEUM.

Add. 15,193.

1230 Papel politico, autor Mendo Foyos, em dous de Mayo, 1674, acerca do perdam geral que pertendiam a gente de nacam [os judeos]. (f. 1.)

1231 Proposta sobre o perdam geral ao Principe Regente D. Pedro, pello stado ecclesiastico 1674. (f. 8.)

1232 Outros papeis relativos aos christãos novos ou judeos convertidos e á Inquisição : anno de 1674.

1233 Cartas de varios Bispos ácerca dos christãos novos : anno de 1679. (f. 37.)

1234 Discurso sobre o perdão geral. (f. 86.) [All Portuguese.]

Add. 15,197.

1235 Tratados, feitos pelo Padre Antonio Vicira e outros ácerca dos christãos novos ou judeos convertidos relativos aos annos de 1671 a 1675. (ff. 1-175.) [Port.]
[Na *Bibl. Lusitana* i. p. 426. Mencionam-se estos tratados entre as obras manuscriptas do Padre Antonio Vieira.]

Add. 15,200.

1236 Parecer do Bispo de Elvas, D. Alexandre da Sylva, sobre os processos dos Judeos, que se mandaram pedir por dous breves de Roma : april de 1679. (f. 422.) [Port.]

1237 Outro Papel de mesmo Bispo sobre identico assumpto : datado de junho de 1679. (f. 432.) [Port.]

1238 Bulla do Papa Innocencio XI aos Inquisidores de Portugal relativo aos christãos novos e judeos : sem menção da data. (f. 438.) [Latin.]

Add. 28,462 No. 1.

1239 Tratado sobre la gente de la Nacion Hebrea de Portugal offrecido a los Prelados que concurrieron en el Convento de Thomar por los Doctores que à aquella junta fueron llamados. [Span.]

Add. 28,698 No. 6.

1240 Decree of Ferdinand and Isabella expelling the Jews from the Kingdom of Naples, Medina de Campo, 20 April, 1504. *Latin signed with seal.*

THE ESCURIAL.

A. iv. 20.

1241 Kimhi Rabbi David—Comentarios de los profetas Isaias-Jeremias y Malachias, traducidos del hebreo al castellano por el Dr. Benito Arias Moatano y escrito desde misma mano en Salamanca. Codice 4to pasta : en papel y de letra de fines del siglo xv. (f. 224.) N.B.—Es copia y no traducion.

B. iv. 21.

1242 Rabbi Don Santos de Carrion—Consejos y documentos en versos castellanos ; Danza general de la muerte escrita en versos castellanos de arte mayor al estilo de Juan de Mena. Codice 4to pasta negra : en papel los tres primeros tratados del siglo xv ; el 4° del xiv. (f. 195.)

G. iv. 18.

1243 Grammatica hebraica anonymi nitide optimeque scripta ad annum 1600. Codice en 8vo pergamino : en papel y de fines del siglo xvi. (f. 125.)

H. i. 1.

1244 Tratados varios de Astronomia... el ultimo : Libro del Estrumento de levantamento dicho en arabigo Atacir compuesto por Rab·Cag Toledano : copiado de un codice antiguo [de Alcala de Henares.] Codice en folio mayor pasta : en papel y de letra del siglo xvi. (f. 267.)

H. i. 19.

1245 Tratados de 360 piedras de sus colores, tamaños, eficacia, &c., escrito primero en Caldeo traducido al Arabe por Abolais y despues por mandado del Rey D. Alfonso X lo traduxeron al castellano Rab Jehuda Mosca y Garcia Perez. Adornado de pinturas del tiempo del mismo Rey. Codice en folio maximo pasta : en vitela con 119 folios y del siglo xiii.

I. iij. 32.

· 1246 Bohadilla y Mendoza (Excmo. Sr. Cardinal D. Francisco de...) Tizon de España. Codice en 4to en papel y de fines del siglo xvi. (f. 77.)

J. ii. 7.

1247 Haly Heben Ragel—Liber de juditiis astrologiœ quem Yhuda filius Museœ prœcepto D. Alfonsi transtulit in hispanicam ex arabico sermone, &c. Codice in folio pasta : en papel y de principio del siglo xiv. (172 f.)

J. iij. 30.

1248 David Camhi (Sabio Rabbi) Español—Libro de la glosa sobre Ysaias y Geremias, Egeas, Nahum y Abacuc ; anotaciones a los Salmos 13, 17, 19, 20, 31. Codice en 4º pergamino ; en papel y de letra del siglo xvi. (f. 200.)

Ij. k. 19.

1249 Raymundus *Pugio Fidei*. Qto, f. 84, two cols. 50 lines each, with initials and contents of chapters in red ink. But there do not seem to be any Hebrew quotations throughout the book. Ends : *explicit secunda pars Pugionis*. Liber autem iste scriptus est per manus Fr. Conradi Galli, ord. Præd., A.D. 1424. Codice en folio pergamino : en papel y del siglo xv. (84 f.)

M. ij. 28.

1250 Isaque—Tratado de fiebres, sus causas, remedios, clases, &c., sin principio ni fin. Codice en folio pergamino ; en papel y de mediados del siglo xv.

N. ij. 19.

1251 Abraham ha Ven-azera—Juicios de los estrellos o Astrologia judiciaria que compuso en 1148 en lengua lemosina.

S. ij. 17.

1252 Questiones adversus judeos, hereticos et ceteros infideles judaizantes collectas ex utroque Testamento. Est mutilus in principio et medio et fine : incipit a cap. seu questione xi et etiam in fine et duobres foliis ante dictum finem incipiunt sententiæ ex libris S.S. Patrum *De prœsdestinatione*. Codice en folio major pasta encarnada : en vitela con 86 f. y del siglo ix.

S. j. 10.

1253 Processus rerum et tractatuum et questiones 401 quæ in Conventu Hispaniæ in civitate Derdusem rabbinorum ex una parte et catholicorum ex altera fuerunt tractatæ ad convinciendos Judeos de Adventu Mesiæ. Est processus originalis scriptus anno D. 1413. Codice en folio maximo posta ; *en vitela* con 409 f. [de 2 cols. de 26 lineas] y del siglo xv. [N.B.—De Castro 214 b. seq. gives the Index, though he does not mention it.]

MADRID. — BIBLIOTECA NACIONAL.

AA. 105.

1260 Relacion de algunos reconciliados por la Inquisicion de Toledo año 1484.

Aa. 105. (Tr.)

1261 Las epistolas de Rabi Samuel de Israel a Rabi ysac doctor de la sinagoga en las quales claramente se declara ser cumplidas las propheçias del advenimi.º de Xro. y la perdicion y perpetuo destiero de los Judios por la muerte y passion q. dieron a nro. Redemptor. (ff. 5-24.)
[In 27 chaps. Pseud-epigraphic.]

Aa. 126.

1262 "Rab Chanin Euclides" Hebrew; Sp. script. of xiv cent. Euclid's Elements XV books translated from Arabic into Hebrew by Moses ibn Tibbon. (ff. 1-182.)
[Beautifully written—with initials in red and blue and figs. in red ink.]

1263 Menelaos Theodosius de Re spherica, translated by the same. (ff. 183-332.)
[25 lines to a pp. notes in another hand at side, 2 or 3 pp. cut. 25 × 16 cc.]

Dd. 57. (Transcript.)

1264 Relacion del estatuto de Toledo. Copia de la sentencia dada por el alyuntamiento de la Ciudad de Toledo año 1449 por la qual fueron privados de los officios publicos todos los conversos del linage de Judios. (f. 118^b-127^b.)
[A list given on f. 125 of fourteen persons thus deprived.]

Dd. 58. (Transcript.)

1265 Inmunidades, Constituciones, Rentas de la Iglesia de Toledo. Compositio inter Archiepiscopum et Judæos... Facta carta est apud Se copiam xv^0 die Junij Era MccIvij [1219.] (p. 119^b-122^a.)
[On tithes and offering granted to the Archbishop of Toledo by Innocent III. Every Jew above 20 to pay annually "sextam partem unius aurec." Six of the elders of the Aljama of Toledo and 2 of the

others to settle any dispute about age. This is only for "hereditatibus." If a Jew sells his to a Christian he no longer pays.] *Lat.*

Dd. 59. (Tr.)

1266 Cartas reales a la iglesia de Toledo. El Rey y la Reyna... porque hairan fecho merced a la Orden de Calatrava de la Sinagoga mayor que los Judios de esta ciudad ténian para que fuese yglesia de su Orden en equivalencia de la yglesia de sancta fe que agora tienen las moryas... Requests dean and chapter to inquire whether the said church did belong to the Order.—*Sp.* Fragment, no date or signatory. (pp. 87-88[b].)

Dd. 62. (Tr.)

1267 Estatuto de Toledo. Autores que han escrito contra los Judios.
[List of 58 authors who have written against the Jews, among them "Rabbi Samuel de Naunecos en su carta contra los J." "Jacobo de Valencia." (p. 52-53[b].)]

1268 A diatribe against the Jews by Porreño Salucio, including p. 57-8 a bull of Pius VI to the Benedictines of Spain on the Inquisition, dated 1560. (p. 54-58[a].)

Dd. 96. (Tr.)

1269 Privilegios reales. Bulla del sumo Pontifice Gregorio nono para que los Judios de España andubiesen con divisa y señal que los distinguesen de los Cristianos &c.ᵃ Año 1221. *Lat.* (Cordova doc. 21.º) (p. 27.)

1270 Bull of Innocent VI to same effect about Jews of Cordova. Año 1250. (p. 33.)
[Cathedral of Cordova Instrum. 6.º]

Dd. 97. (Tr.)

1271 Memorias de la Iglesia. Concilio de Zamorra contra los Judios año 1313. *Lat.* (f. 84-86.)

Dd. 105. (Tr.)

1272 Nota sacada de un exemplar manuscrito del scrutinium scripturanum de Paulo Burgerse en la qual se mencionan varios Católicos ilustres convertidos del Judaismo. (f. 147-8.)

Dd. 108.

[Full of matter relating to Jews. 32 × 22 cc. Averaging 35 lines to a page and 10 words to a line.]

Aljamas, Padrones, Arrendam. y otros papel. pertenec. á los Moros y Judios de Castilla.

1273 Bula de Honorio III para que el Arzobispo de Toledo obligue á los *Judios* á pagar el equivalente de los diezmos y oblaciones de las casas y posesiones que tubiesen de los Christianos en 18 de Marzo año 3.º que es el de 1219; folio 1.

1274 Un rescrito del mismo Papa con fecha de 20 de Marzo del propio año para que el Arzobispo de Toledo suspendiese la egecucion de lo mandado en el Concilio General sobre que los *Judios* llevasen distintivo por donde fuesen conocidos por tales ; ellos querian mas pasarse á los moros, que no llevarlo ; y como se despoblase el Reyno, á instancias del Rey, el Papa dejó al arbitrio, del Arzobispo la egecucion conciliar ; folio 2.

1275 Otro rescrito al mismo Arzobispo para que egecutando lo mandado en el Concilio hiciese que los Judios se distinguiesen y separasen de los Christianos ; folio 3.

1276 Concordia entre el Arzobispo D. Rodrigo y los *Judios* del Arzobispado, sobre décimas y oblaciones, confirmada por el Santo Rey D. Fernando en Segovia, año de 1219, segundo de su reinado ; folio 4.

1277 Bula de Inocencio IV para que se obligue a los *Judios* á pagar el equivalente de los diezmos y oblaciones al cabildo de Toledo por los años de 1250.

1278 Rescrito del Papa Gregorio IX dirigido á los obispos de España para que recogiesen todos los libros del *Talmud* que los Judios hubiesen introducido y retuviesen en estos Reynos : folio 9 ; y manda que los tales libros se depositen en poder de los frayles dominicos (ó fratres prædicatores) ó franciscanos.

1279 Mandato de D. Alonso X para que los *Judios* de la Aljama de Toledo pagasen luego al obispo de Cuenca ciertos maravedises que le debian ; folio 10.

1280 Arrendamiento de las rentas Reales que D. Sancho IV el Brabo hizo el año de 1287 en Burgos á favor de Abraham el Barchilon ; folio, 14.

1281 Padron de las *Aljamas* Judáicas de Castilla, año de 1290 y de lo que tributaban al Rey por Obispados y Merindades ; folio 18.

1282 Orden del Rey D. Sancho año de 1291 para que las *Aljamas* y *Juderias* del Arzobispado de Toledo pagasen al Arzobispo sus tributos sin escusa ; folios 35 y 36.

[And two others referred to].

1283 Requisitoria ó exhorto que el Arzobispo de Toledo D. Gonzalo espidió año de 1294 al Vicario ó Arcipreste de Madrid para que tanto á los *clérigos* como *coronados* del Partido,

vasallos del Arzobispo ó de la Iglesia obligase á pagar sus
deudas á los Judios para que estos pagasen sus tributos al
Rey ; folio 38.

1284 Copia de un proceso que ante el Alcalde de Toledo Domingo
Yanes se siguió año de 1297 entre dos vecinos sobre la
eviccion de una viña vendida. Parece que la eviccion ó
saneamiento se llamaba *maria daraque*, ó *martha daraque*, y
el saneador *otor* ; las pruebas son de instrumentos y de
testigos y es notable la forma procesal ; folio 40.

1285 Carta orden de D. Sancho en favor del Arzobispo de Toledo
D. Gonzalvo sobre la manera en que los Judios del Arzobispado debian pagar á la dignidad y al cabildo las deudas;
folio 51.

1286 Copia de un privilegio de D. Fernando IV en que concede al
Arzobispo de Toledo D. Gonzalvo durante su vida cien
maravedises anuales de los que al mismo Rey debian pagar
los moros de la *Aljama* de Alcalá ; año de 1305 ; estas
concesiones, como eran vitalicias, se confirmaba á cada
Arzobispo quando entraba en la dignidad, como se ve por
la noticia ; folio 52 v.

1287 Carta orden del mismo D. Fernando confirmatoria de la citada
de su Padre folio 51 en favor del Arzobispo y Cabildo de
Toledo ; folio 54.

1288 Carta de D. Alonso XI sobre la espera ó moratoria dada á los
Christianos por las deudas de los Judios y la inteligencia de
su ordenamiento sobre esto en Madrid año de 1341;
folio 56.

1289 Otra carta del mismo D. Alonso para que sin embargo de la
merced hecha á los *Judios* que sus heredades fuesen libres
en todo el Reyno, paguen los derechos debidos á los de
Toledo por las que los Judios tenian en término de Toledo,
y en Galvez, Torre de Estevan, Ambran, Parla, Torrejon
de Sansabastian Domingo y Polvoranca ; en el Real de la
cerca de sobre Algecira 29 de Marzo de 1343 ; folio 58.

1290 Carta de Suer Gomez Marques y D. Samuel Judio á Toledo,
en que avisan el concierto hecho entre los caballeros y
Judios de Toledo estantes en la Corte sobre la espera y
plazos para pagar las deudas á los Judios : en Villa-Real,
hoy Ciudad-Real año de 1347 ; folio 60.

1291 Sentencia en el pleyto que el monasterio de monjas de Santa
Úrsula de Toledo siguió contra la Aljama y Juderia de la
misma ciudad sobre las *almaguanas* de las carnicerias; año
de 1385 ; folio 63.

1292 Querella que la Aljama y Juderia de Sevilla en el año de 1388
dieron al Rey D. Juan el 1.º contra Ferrant Martines
Arcediano de Ecija y Canónigo de Sevilla sobre que
dicho Arcediano predicaba contra los Judios y les hacia

agravio en todos los pleytos conociendo de litigios entre los mismos Judios, castigándolos y deshonrándolos ; alegan estos dos Alvalaes de Henrique II y su hijo D. Juan que están copiados á la letra y citan varios agravios del Arcediano. Este se defiende muy bien, alega las maldades de los Judios, las irreverencias que hacian quando el Arcediano llevaba el Cuerpo de Dios á los enfermos y otras iniquidades que cometian en el Reyno, alzando las sinagogas y adornándolas mas de lo que permitia la Ley ; y en fin defiende su predicacion. Hay en este papel noticias curiosas y los *Alvalás* son bien de notar y como tales deben pronerse en cédulas para el Indice ; folio 64 y siguientes.

1293 Nombramiento de Rabino ó Juez que el Arzobispo D. Pedro hace en *su físico* Rabí Haym, para que en ausencia [in Sevilla] del Rabino Don Zulema Alfahar les haga justicia á todos los Judios del Arzobispado : 17 Mayo año de 1388; folio 75. [Amador de los Rios II. 577—8.]

1294 Este nombramiento fue confirmado por el Rey señalando el tiempo que habia de durar la Judicatura ; folio 76.

1295 Acta capitular del Cabildo de Sevilla sobre los excesos que alegaban los Judios del Arcediano de Ecija Ferrant Martines, resolucion del Cabildo de orden del Rey y respuesta del Arcediano ; folio 78.

1296 Acta de la sinagoga de Alcalá de Henares en que reciben por su Rabí ó Juez á Hahym nombrado por el Arzobispo de Toledo ; folio 90.

1297 Acta del Vicario eclesiástico de Ecija y su Cabildo en cumplimiento de una orden del Arzobispo de Toledo año de 1396 sobre haber mandado derribar una sinagoga de Judios ; folio 92. Dicen los clérigos que de la sentencia de escomunion intimada por el Arcediano *apelaron* para ante nuestro señor el *Papa*.

1298 Cuaderno de peticiones hechas sobre los Judios, Moros y sus usuras y deudas, hechas en las Cortes de Valladolid y respondidas en las de Madrid, año de 1405 ; folio 97.

1299 Declaracion del expresado ordenamiento año de 1406 ; fol. 104.

1300 Alvalá de Henrique III, año de 1407 echando una contribucion á los Judios de Toledo y en defecto del pago mandando vender públicamente á los mismos Judios y Judias ; folio 108.

1301 Constitucion de Benedicto XIII ó Pedro de Luna, año de 1424, prohibiendo el *Talmud* de los Judios, mandando á los diocesanos que los recojan y quemen ; señalando la divisa que los Judios y Judias deben llevar ; prohibiéndoles no solo toda judicatura sino cualquier oficio ó contrato con los christianos ; folio 109.

1302 Mandato ó exhorto del Vicario general del Arcediano de Toledo D. Tello de Buendia año de 1477, contra Mose de Molina, Judio de Toledo, para que luego sin mas dilacion pagase el valor [1,866 mrs] de frutos arrendados en Fuensalida el año antecedente de 1476, folio 119. El pago se habia de hacer al Br. Ferrand Sanchez Calderon, obrero de la Santa Iglesia y beneficiado de Fuensalida.

1303 Cédula de los Reyes Católicos para que los Judios liquiden recíprocamente sus deudas con intervencion de la Justicia Real y se les admitan en pago sus deudas y bienes de buena fé ; á 30 de Mayo de 1492, folio 126.

1304 Otro de los mismos Reyes para que los Judios no vendan y nadie compre las synagogas, casas, censos, posesiones y demas bienes comunes hasta nueva resolucion ; á 25 de Junio de 1492 ; folio 129.

1305 Apuntamientos originales del Padre Burriel sobre algunas escrituras antiguas donde se habla de *mariadarac* ; folio 140.

Dd. 111.

1306 Carta de los Judios de España a los de Constantinopla pidiendo les consejo de lo que harian quando les expiliese de España y repuesta de estos.

[Wrong reference in Gallardo, printed Dd. 111, p. 73, Ms. 153, but both wrong.]

Dd. 113.

1307 Concordia [? de los Judios] con el arzobispo Don Rodrigo sobre diezmos y oblaciones. (f. 201.)

[Not to be found : only in Gallardo's catalogue.]

Dd. 117.

PRIVILEGIOS REALES. (*Transcript.*)

1308 Notificacion que se hizo por Ferrant Jañes Pantoja al Dean y demas Jueces eclesiasticos de Toledo de tres Cartas de D. Fernando IV. en que les prohibe con grandes amenazas que no den cumplimiento á ciertos Breves Pontificios ganados por algunos para no pagar las usuras que devian á los Judios y la respuesta de los Jueces ; 26 Feb. de 1307. (f. 57-60.)

Dd. 118.

PRIVILEGIOS REALES. (*Tr.*)

1309 Description of 4 charters : (1) One of 1st Aug., Era 1367, quoting a charter of Sancho IV., dated 13th Jan., Era 1323, according to which there should "no haia en los lugare, del Arzobispo [de Toledo] mas entregadores de las deudas de los Judios sino los Alcaldes." The scribes sign in Arabic; (2) Another on same subject, 6th Feb., Era 1329; (3) Original charter of Sancho IV. on same subject, with seal; (4) Another of same tenor and author, dated 19th April, Era 1328; (5) Charter of the same commanding the same "a quales quier en defazer las·entregas entra Cristianos et Judios en las villas et logares del Arzobpdo de Toledo." Dated, Valladolid, 12th Feb., Era 1332; (6). Transcript of No. 5, made in Toledo, 1st Aug., Era 1367.

[No indication of place where MSS. are to be found, except a note " Vasallos Z. 8, 52 " in hand of Burriel.]

Dd. 119.

PRIVILEGIOS REALES. (*Tr.*)

1310 Confirmacion de Alonso XI de los privilegios de D. Sancho IV y D. Fern^{do} IV para que en los Lugares de la Iglesia de Toledo no hubiese ningun entregador de las deudas de los Judios sino los Alcaldes A. 1335. (p 49-50.^{b})

[The preceding charters are cited in full.]

Dd. 120.

PRIVILEGIOS REALES.

1311 Quaderno de peticiones de los Procuradores de las Cortes de Alcala de Henares fecho año 1348.

[No. 18, p. 8.^{a} protest against the land getting into possession of Jews; p. 31, sumptuary law about Jews riding.]

Dd. 121.

PRIVILEGIOS REALES. (*Tr.*)

1312 Instrumiento de arrendamiento de almoxareffargo. Dated, 27th Ap., Era 1390. (p. 100.)

[To Don Mayr Abenhamjas, Almoxariffa de Toledo and Don Yhuda Mohep—description of the instrument by Burriel.]

1313 Carta de Don Enrique II a Don Gomez Manrique Arzobispo de Toledo para que aya la meytad de los servicios...... y la cabeza de los Judios de la aljama de Alcalá que son ocho mill mrs...... Dada en Toledo 10 Mayo Era de 1202. (p. 190.)

[Only referred to by Burriel with the sign "Vassalos, Z. 8. 2. 15."]

Dd. 122.

1314 Privilegio de Henrique II concediendo al Arzopo de Toledo D. Gomez Manrique...... y los ocho mil marav. de la Cabeza de los Judios de Alcalá, A. 1373. (p. 162.)

1315 Clausula del testamento otorogado por D. Henrique II 29 Mayo de 1374 sobre fundacion de Capilla y 12 capellanias obligando para esto la renta de la Cabeza de los Judios de Toledo. (p. 186.)

1316 Carta contra las usuras de Moros y Judics. (p. 206.)
[Made at the Cortes of Burgos, 13th Oct. 1377. Not given in the MSS., only in index.]

Dd. 124.

Privilegios reales. (Tr.)

1317 Carta de Henrique III à los Lugares de Cala y Santo lalla para que dentro de cinco dias compareisesen ante el Arzobispo de Toledo a exponer los motivos que tuviesen para derribar las synagogas de los Judios A. 1395. (p. 196.)

1318 Carta de concejo de la Villa de Carmona al Rey contando el hecho de haber derribado la synagoga de los Judios. (p. 198.)
[21st March, ? 1395.]

DD. 125.

1319 Condiciones que los J. concedio Sixto V. (f. 47.)

1320 Cedula de D. Juan II para que ningun judio fuese arrendador ni de rentas Reales ni de particulares en todo el reino y otros ordenamientos del mismo acerca de ellos. (f. 72.)
[Not to be found, only in Gallardo's catalogue.]

Dd. 131.

Privilegios reales (Tr.)

1321 Cedula de Henrique IV á 9 de Febrero de 1460 para que no se permitiese á los Judios de Toledo juntarse á leer y hacer oracion en cierta casa de la Colacion de Santo Tomé. (p. 146.)
[Marked "Caj. G. leg. 6. No. 2": under a penalty of 10,000 ms.]

Dd. 132.

Privilegios reales (Tr.).

1322 Carta de R. Fernando IV para que se quiten los oficios publicos á los conversos A. 1468. (f. 7.)
[From the "Archivo secreto de la Ciudad de Toledo Caj. 1, leg. 1, No. 1."—Note of Burriel.]

Dd. 138.

1323 Constituciones contra los Judíos hechas en el concilio que celebro en Zamora año de 1383 D. Rodrigo arzobispo de Santiago... traducidas no mucho despues el castellano. (pp. 36-42.)

E. 271.

ORDENAMIENTOS.

1324 Ordenamiento de Don Juan 2° sobre Judios en Valladolid, año 1408. (ff. 1-3.)

G. 109.

SUCCESOS DE TOLEDO (Tr.).

1325 Como se movio la clerecia e comunidad de la çiudad de Toledo christianos viejos contra combersos e de lo que de allí salío. [A.D. 1477.] (At end 5 ff.)

H. 28.

1326 Tizon de España, p. 18 sig.
  [Also H. 40 p. 139 sig. suppl. Q. 244, attributed to D. Francisco de Mendoza y Bobadilla.]

K. 66.

LINAGES DE ESPAÑA.

1327 Discurso sobre la Nobleza de España. (ff. 1-63.)
  [In which is discussed whether it has been debased by the new Christians, and whether the latter are worthy of the honours they have gained.]

K. 97.

1328 Testamento de don Judah Judio. (ff. 97-8.)
  [Printed in Amador de los Rios, II, pp. 615—17, with some variations.]

L. 2.

ARISTOTELES, &c. (Originals).

1329 Jafuda [fill dem astruch bonsenyor] judeo de Barcelona. Dichos y sentencias de filosofos, sacados de libros arabes por orden de D. Jaime de Aragon y traducido en lemosin. (ff. 83-100.)
  [2 cols, each of 32 lines. Initials in red and blue, dated 1385.]

L. 74.

MESSA HALA (Original).

1340 Ali hijo de Aben Rajel. Libro cumplido de los juicios de las estrellas escrito en arabe por mandado de D. Alonso el

Sabio y traducido por Judas, hijo de Moisen Acohen, Alfaqui del Rey. (f. 236.)
[2 cols. of 41 lines each, writing of xiv. cent.]

L. 97.

ASTROLOGIA (*Originals*).

1341 Collection of astrological works, one of them said to be by Judah ben Moses [not clear which].

R. 29.

1342 Sentencia contra los judios que crucifiaron· al Niño de la Guardia, Año 1485. (p. 289.ª)

T. 284.

1343 Fragmento de una Crónica de España que desde el principio habla por extenso de los Judios de Toledo ; l. de sig. xiv.
[Wrong reference, only in Gallardo's catalogue.]

X. 135.

1344 Manual practico para la inteligencia y despacho de las causas que se tratan en la Inquisicion ; Discursos sobre los J. reconciliados que recogieron los huesos de los quemados en Granada à 30 de Mayo de 1672. Discurso sobre los que delatan a los mismos.

X. 186.

1346 F. Perez Bayer מקדש ישראל sen De Toletano Hebræorum templo (A.D. 1752). Ff. 32 + 2 copies of inscriptions inserted (besides others in text) and a beautiful elevation and plan of El Transitu and an exquisite drawing of the interior, the altar wall.
    Pt. II. contains the description of the synagogue in Latin, filling 47 4to pp., and including 48 inscriptions, most of one line, but four (inserted) of 6, 6 and 13 and 12 lines (last two in Lindo app.). In the Appendix in last folio another inscription, Gen. xvi. 28. A copy of the whole work was made by Sr. Ruiz, for the R. Acad. de Historia.

X. 240.

1347 Said to contain " Pharetra contra Judeos."

No. S. 281.

1348 Bula de Benedicto XIII contra los Judios ; 4to vitela del siglo xv.
[Not to be found, only given in Gallardo's catalogue.]

MADRID.—EL MUSEO.

1350 Francisco Rizzi.—An "Auto da fé" celebrated in the Plaza Mayor de Madrid in 1680 before Chas. II, his wife and his mother. The Grand Inquisitor is declaring sentences: victims in *sanbenitos* are being paraded, the scene is full of grandees acting as "familiars" of the Holy Office. In the foreground are alguacils waiting with asses to take the condemned to the place of execution at the Puerta de Fuencaral. (No. 1016.)

1351 Attributed to Berruguete (xv. cent.)—An "auto da fé" presided over by S. Domingo de Guzman seated on a throne with three judges on each side. Two heretics stripped are being burned on a scaffold: observe the curious iron pins which support the crutch of the victim. Two others in *sanbenitos* are awaiting their turn: the foremost of these has a marked Jewish type of face though his hair is dark brown. (No. 2148.)

MADRID.—REAL ACADEMIA DE LA HISTORIA.

1362-65 Fourteen deeds of sale at Toledo during the years A.M. 4993-5015 [A. D. 1233-1255.] Have been transcribed for publication by Don Fernandez y Gonzalez. *Arabic in Hebrew characters.*

MANRESA.

1366-71 Six volumes containing "Los Libros de los Judios" of Manresa, for description of which see Appendix. *Cf.* also *Revue des études juives*, t. vi., 267.

PAMPLONA.—ARCHIVO DE COMPTOS.

Cajon 1.

1380 Venta hecha por Doña Albira muger de Pedro Martinez de Almanza de una Algolicha en Zoqualaz à Don Juce hermano de Albonzal por 20 maravedis mercandantes A. D. 1042. (No. 8.)

1381 Copia en pergamino en un privilegio del Señor Rey Don Garcia Remirez llamado el Restaurador por el qual da y confirma á todos los Barones de Estella por los servicios que cada dia le hacian la poblacion llamada Algucene que fue de los J. y esta sobre la Iglesia del Santo Sepulcro para que para siempre sea entrada y salida de ellos y de sus Bestias. April 1135. (No. 20.)

1382 Los Moros Judios y Cristianos que poblasen en Peña tengan los fueros de los de Daroca. 1150. (No. 26.)

1383 Del Señor Rey D^n Sancho el Savio un Privilegio pro el que da à la Aljama de los J. de Tudela por razon que se mudaron al Castillo que les dona y conzede el fuero que se sigue. 1170. (No. 34.)

1384 Copia en pergamino del antezedente. (No. 35.)

1385 Del Señor Rey D^n Sancho el Savio un Privilegio por el que conzede á los J. de Funez por razon de que se mudaron al Castillo, las casas suias y que tenian en el Barrio... y confirma el Fuero de Nageræ. 1171. (No. 36.)

1386 Del mismo Señor Rey D^n Sancho el Fuerte un Privilegio por el que conzede á los J. de Tudela el fuero que tenian los J. de Nagera del qual fuero ellos tenian Cartas del Rey D^n Garcia, abuelo de dho Rey y de D^u Sancho su Padre. March 1211. (No. 84.)

1387 Rolle de los Censos o tributos que pagaban á su Magestad los J. de Tudela por las Casas, Viñas y E'redades que tenian en ella y en sus terminos. Feb. 1243. (No. 107.)
   ["...deben rendir cada año por Eredad de Albea 92 Cabrices de la mesura de Tudela &^{a}."]

Cajon 2.

1388 De la Santidad de Gregorio Papa Nono una Bula por la fue manda al Rey de Navarra compele a los J. a traher vestido distinto del de los cristianos como se havia establecido en el concilio general, lo qual no se observaba en el dho Reyno: 7 Id. Jun. 1227. (No. 12.)

1389 Composition partida por A B C hecha por Don Theobaldo primero de este nombre con los Jurados y con los buenos Homes et con el concello de Tudela. May 1237. (No. 32). [Among them "Dr. Elias David."]

1390 Sentencia sobre N.º 32...y que del paramiento que el Rey se clame que Christiano no hiciese Testimonio a Judio que sea disfeita...Sentencias tambien sobre Diezmos y Mezequeros sobre los Cabrones y Obejas del Judio que por pabor non osaba seer en la Caldeza, de la Judía que se hiba a Bañar a ebro...June 1237. (No. 38.)

Cajon 3.

1391 Escritura original partida por A B C por la qual Lope Ortiz da en Jueque a Bono hijo de Ibra'm Meminir Judio de Tudela una viña del Señor Rey en el termino de Albotes, linde por dos partes de viña de dicho Bono...dicho Bono le da en recompensa otra viña...linde por los dos partes de las viñas del Rey...fiador de Salvedad por parte de dho Lopez, Domingo de barbas blancas y por parte de dicho Judio, Bono Francho Pedajacio de Tudela. Aug. 1256. (No. 5.)
[Lope Ortiz fue Bayle de Tudela.]

1392 Otro omenage tambien original y con sello de cera hecho en Pamplona 1º Mayo 1276 por los Alcaídes y Jurados de la Aljama de los J. de Estella. (No. 86.)

Cajon 4.

1393 Copia de un Privilegio del Rey Dⁿ Garcia por el que confirma a todos los varones de Estella aquella poblacion que se llama Olgazena que fue de los J. April 1135. (No. 9.)

1394 Bula de Alejandro Papa 4 al Rey Dⁿ Theobaldo...le concede que pueda coger los vienes de los J. que constasen provenir de semejante meldad [usura] y que los restituia a aquellas personas a quienes les fueron sacados. 3 Ide Oct. 1255. (No. 18.)

1395 Escritura entre Dⁿ Felipe Rey de Francia y de Navarra y el Opispo y Cabildo de Pamplona se convenienen sobre la jurisdiccion de las quatro villas de Navarreria, Burgo de Sⁿ Saturnino, San Nicholas y Burgo de San Miguel y sobre los castillos de Monjardin de Oro Villemayor Azguita, Luguin, Urbiola y Adaneta...y todas las rentas que tenia [el Rey] en ellos de Judios, Sarracenos de Pedage, Caldearia, &c....Dec. 1290. (No. 79.)

1396 Escritura original por la que Per Estevan clerigo y racionero de Larraga recive de Maestre Pierres Sarrave y de Dⁿ

Martin Garcia, Recividores de las Rentas de Navarra y de Dⁿ Guillen Ysarn Merino del Rey en Tierras de Estella la escrivania de los J. de Larraga por quatro años y en cada uno de ellos por seis libras y cinco sueldos de buenos dineros Sanchetes. 22 Jan. 1291. (No. 81.)

1397 Escritura original por la que Juan Lanzon, Bayle de los J. y recevidor de las rentas del Rey en la villa de Estella, &c. 19 Oct. 1291. (No. 87.)
[Sells one of King's house, only title of Jewish interest.]

1398 Ordenanza y estatuto hecho por San Luis Rey de Francia para reprimir las Usuras. 1299 [? era]. (No. 119.)

1399 Otro mandamiento de dicho Rey Dⁿ Filipe del año 1300. Otro si dijo que mandava a todos los escrivanos que no hiciesen tales cartas del mismo año. (No. 119.)

Cajon 8.

1400 Rolde de las cuentas de los dineros que recivió Juan de Paris, Thesorero del Rey de Navarra en el año 1340. (No. 10.)
Pone despues el Titulo de los Juedios de ultrapuertas de Fractavin...y de las condenaciones echas por la muerte de J....en algunas plazas de los J. de Pamplona levantaron las Parides...por su gran pobreza...

1401 Otro Rolde de las cuentas de la Rezeta de dineros de las menudades y Baylios desde 1 Jan 1341 hasta 1 Jan 1842. ...Las calumnias asi de los christianos como de los Judíos ...De Jeneto Forreyllon y de su muger por que yendo a las Bodas a Villafranca vituperaron de palabra a Ibraym ...x sueldos: De Acaz hijo de Salomon por que antes de llebar a la Puerta de la Sinaoga a la Dueña hija de Salomon Barba Amplaon esposa la conocio carnalmente... 12 s 6 d. De Jacobo Carnicero por que por el Tributador de la Modalaphia que es el Guarda de las medidas y de los pesos falsos, fueron halladas en el de doze onzas de menor peso...60 s....composicion 6 s. (No. 22.)

Cajon 9.

1403 Copia authentica de la escritura echa por Pedro Paysera y Bartolomee el cuercero vecinos de Pamplona comisarios de Dⁿ Saladin Dangleura para edificar casas de morada para los J. de Pamplona de un casal y plaza que el Rey tenia en la Juderia de Pamplona el qua fice de Azac Almanguas a Azac Abdfaza fijo de Dⁿ Abran Abolbaza por onze libras y diez sueldos de sanchetes y con la obligacion de pagar el censo del Rey en cada un año. 6 May E 1314. (No. 8.)
[Copy made in 1340.]

1404 Escritura del mismo. se obliga a pagar Abran Jofe Judio de Estella diez libras de Sanchetes que le presto 21 Oct. 1341 A cuya continuacion hay otra por la qual el mismo se obliga a pagar a dho Judio veinte y cinco libras y nuebo sueldos y ocho dineros Forneses y Sanchetes. *Todas estas escrituras otorgadas entre Judios y Christianos tienen en el dorso escrito su contenido en letras ebreas.* (No. 40).

1405 Escritura original con sello de cera por la que D^n Sancho Sanchez de Medrano y Dª Maria Leviz su mujer se obligan a pagar a Judas hijo de D^n Ezmel de Ablitas, Judio de Tudela 450 rovos de grano que les dió a Pan : 19 Dec. 1341. (No. 36.)

1406 Escutura original...por la que Sancho Sanchez de Medrano da en Benificio cada año por todos los dias de su vida cien sueldos a Abran Jafe, Judio de Estella por los muchos buenos y agradables placeres y servicios que le havia hecho los quales sueldos le señala en los derechos que le pertenecian en la villa de Villatuerta. 19 Oct. 1343. (No. 38.)

1407 Escritura original por la que el mismo y su muger y Don Juan Puiz, de Arveyza, Alcalde mayor de la corte de Navarra otorgan que deven dar y pagar a D^n Ezmel de Abitas, Judio de Tudela, ciento y viente libras que de el recivieron a razon de cinco por seis. 19th Oct., 1341. (No. 39.)

1408 Libro de las condenaciones en el año 1341-2. (No. 47.)
 [En el año 1341 14 Enero fue condenado Juze J. de Tudela en diez libras de Sanchetes por que le fue provado que havia recibido y prestado dineros amas de cinco pro seis : fue condenado Juze J. morante en Tafalla por razon que había hecho una carta de logro de diez libras, se condeno a Azat J. de Pamplona a ser enforcado por una carta que rindio a la partida et fizo Alvara de paga que no hera a su nombre.]

1409 Agreement between King and archbishop as to goods of D^n Ezmel de Ablitas 19 June 1342.—Continuation of 8 June reporting to archbishop that 29,000 libras Forneses had been taken for the marriage of Queen of Navarre and that his goods including "Tazas de Arger, Copas, Picheces, Taylladores, Escudillas de Arsen, en Joyas en Platas de Oro, &c.," were his own property.—Continuation containing oath of Ezmel J. that he had not concealed nor had D^n Junes figo de D^n Ezmel. (No. 51.)
 [Interesting but long.]

1410 Poder a Pierre Medi para recebir todas las deudas y vouos que fueron de D^n Ezmel de Ablitas J. de Tudela y para executar las cartas de deudas y dineros de ellas. 20 Jul. 1342. (No. 54.)

1411 Escritura original por la que Inigo Lopez y Lope Lopez su hermano se obligan a pagar a Juze de Calahorra, J. de Estella 40 s. de Sanchetes y 4 Robos de Pan. 30 Nov. 1342. (No. 68.)

1412 De la dicha Señora Doña Juana otra cedula 29 Mar. 1343 manda la execucion contra los bienes de Ezmel de Ablitas por las deudas que tenia contra si y a favor de la Señoria. (No. 75.)

1413 Recivo dado por Guillen de Solerd Thesorero de Navarra de cierta suma de dinero por la distruccion de los J. y Juderia de Estella. 5 Dec. 1343. (No. 79.)

1414 De la Señora Reyna...que le sean rebatidos los gages y gastos al Maestro Pedro Andi de sus rezetas de los vienes de D^n Ezmel de Ablitas y de Ezmel de Ablitas el Mozo caveleros de dho don Ezmel. 7 Oct. 1344. (No. 88.)

1415 Sentencia sobre que Estevan de Bordel, Mercadero de Moslans havia citado en el Corte de Navarra en razon de una carta ebrayca de deudas que hera a su nombre en la qual heran obligados Ezmel y Judas Judios y Tudela al dho Mercadero en 275 libras por ventas de ciertos Paños. &c. &c. 21 Dic. 1344. (No. 89.)

1416 Mandato del Rey para meter a sus manos los vienes que fueron de D^n Ezmel de Oblitas... una carta del Rey de Aragon en que hera obligado a dho D^n Ezmel en 70,000 sueldos... 1345. (No. 54.)

1417 Poder del Rey de Aragon para recibir 15,000 libras que se le devian del Adole de la Reyna su muger de los quales quiere que se deduzgen 3,000 libras que devia a Ezmel de Ablitas. 4 Kal Sept. 1345. (No. 98.)

1417a El mismo. (No. 99.)

1418 Procesos contra diferentes personas el año 1346. El tercero contra Samuel Empempesat, J. (No. 109.)

Cajon 10.

1419 Rolde de las Cuentas de 1346. (No. 7.)
 [Uno de su titulo del subsidio hecho al Rey por las Aljamas de los J. y Sarracenos de Navarra por razon de la Guerra.]

Cajon 11.

1420 Escritura original por la que Rabi Geuda Orabuena Vitas Benjamin y toda la Aljama de los J. de Tudela plegados a voz de Pregonero a la puerta de la Sinagoga mayor confiesan dever al Rey del Tributo de la Pecha del año 1346 2000 libras sanchetes y otras 2000 del año de 1347

Pamplona.—Archivos de Comptos

y otras 2000 del de 48 y del año siguiente... que ellos se esforzasen a pagar hasta que el Rey fuese en la tierra lo que buenamente pudiesen. 23 Jan. 1350. [After the Black Death.] (No. 15.)

1421 Escritura para que Juan Lanzero Portero y Bayle de los J. de Estella da al censo perpetuo al Beneit Deudeain, Podador vezino de Estella, la casa que el Rey tenia, &c. (No. 55.) [Similar, Nos. 128, 130, 131-3, by the same Lanzero. Also 12 Nos. 25, 26, 29, 53, etc.]

1422 Del Rey Don Carlos Real Cedula comparecieron en su presencia...... y Ezchel de Ablitas, como cavezalero de D^n Esmel de Ablitas...... es a saber que por todas las deudas que debiese à D^n Esmel que pagando 1200 libras torneses fuesen quitos, &c. 1 Ap. 1351. (No. 59.)

Cajon 12.

1423 Mandamiento al Thesorero en el año 1353. (No. 22.) [Que señalase a Martin Ximenez de Teruel las mil libras que de el avia comprado en dineros de oro sobre la Aljama de los J. de Tudela.]

1424 Escritura in which appears that the Queen mother had taken of goods of Esmel de Ablitas 16,000 libras. (No. 46.)

1425 Mandamiento del Theniente de Gobernador para que los Justicias dejasen entrar morar y andar por todo el Reino a Samuel Alborge J. que se havia ausentado de el por que le havian acusado que havia erido a otro Judio. 23 Jul. 1354. (No. 88.)

1426 Mandamiento del Señor Infante Don Luis sobre la paga y vienes de Ezmel de Ablitas. 13 Sept. 1356. (No. 156.)

1127 Escritura de obligacion a Juze Esquerra J. de Estella de 19 libras de carlines blancas que les havia dado para la fiesta de Pasqua de Quaresma y que no pagando al dho tiempo ganase a razon de cinco pro seis. 3 Nov. 1356. (No. 169.)

Cajon 13.

1428 Venta de una viña en Estella por Acat oficial y Yuza embolat y Levi Jurado de la alj. de los J. de Estella a Dn Lucas Lefebre, Abad de Arroniz por £15 de carlines blancas. 13 Mar. 1358. (No. 72).

1429 Una cedula del Infante Don Luis al Bayle de Tudela. (No. 144.) [Instructing him as to certain regulations as to fines of Jews and Jewesses trespassing against the law of the Jews.]

Cajon 14.

1430 Cedula del Infante D.ⁿ Luis manda pague a Belenguer crozat Theniente logar de Bayle de los J. de Pamplona las partidas que el havia pagado por 400 cargas de leña a doze dineros la carga que valen £20. 12 Jan. 1360.
... Tambien manda a Juan de San Martin, Bayle de los J. de Tudela, * que pague X un Rozin gris que compro de el... 3 Feb. 1360.
... Recepta a Juan Lanzon, Bayle de los J. de Estella de £200 carlines... 17 Feb. 1360. (No. 33).

1431 Taxo de Castos del año 1360.
Que Juan Monrenable, frutero del Infante, recivio de Inigo de Larragoz cosedor de la Pecha de los J. de Tudela dos arrovas y cinco Libras de Igos y dos Arrovas y quatro Libras de Pasas y dos Quartales Abellanas que todo importo 42 s. y 6 d. (No. 81.)

Cajon 15.

1432 Cedula del Rey por la que haze saver a Miguel Martinez de Veana que los Abades de Fiscan y de Falces tomaron en Viana de ciertos hombres de aquella villa quatrocientos florines y doscientos de los J. de la Aljama de ella y le manda que de al obispo de Calahorra su consejero dhos seiscentos florines. 1 Dec. 1362. (No. 83). Cuya cantidad recivio dho obispo como consta de la carta de pago dada en Viana. (Cajon 15, No. 85.)

Cajon 17.

1433 Cedula del Rey: manda al Thesorero de a Salomon de Ablitas J. de Tudela administrador de los vienes de su consejero el Abad de Fiscal novezientos florines por las expensas que dho Abad hizo... 6 Dec. 1363. (No. 72.)

Cajon 19.

1434 Quaderno de las cuentas de la imposition del mes de Mayo del año 1366 tocante a Pamplona.
... Y de los emolumentos de la Juderia... (No. 30.)

Cajon 20.

1435 Mandamiento del Thesorero a Pere Andreo de Gaxcafuer Guarda del Peage de Sanguesa para que rinda dho Peage el qual en todos los demas del Reyno havian tributado los

---

* He was also Bayle de Tudela. (Cajon 14, No. 12.)

J. para en tres años por cierta quantia de dineros cada ayno y asi mismo para que rindiese a dhos Tribudadores el Libro y formas que al dho Peage pertenecia. 1 Jan. 1365.

A cuya continuacion un recivo por Abran Jafe, J. de Estella a Pedro Andreo de todo lo que havia rendido el Peage. 22 Jan. 1365.

Y antes un otro mandamiento del Thesorero para que el dho Pedro bolbiese a tomar dho Peage por quanto los J. havian dado (mal recaudo). (No. 11.)

1436 Cedula del Rey a Guillen de Mintauz y su muger; les da ciertas casas en la Juderia de Tudela y ciertas vinas, &c los quales dhos vienes fueron de los J. que moraban en Aragon. 2 March, 1365. (No. 28).

Cajon 21.

1437 Por la sexta confiesa el Rey haver recibido de Salomon de Ablitas J. de Tudela 170 florines de oro que dio por un Rozin para darle a Moino Davencourt. 30 Nov. 1366. (No. 71.)

1438 Cedula del Rey: manda al Thesorero que pague a Juze Alborque J. que el havia dado por un Mantel y por unos codos de Paño setenta y tres florines. 23 Jun. 1366. (No. 85.)

Cajon 22.

1439 Venta del Rey por la gran necesidad de dineros que tenia por causa de la guerra de Francia a Salomon de Ablitas de dos Landos en carrera Fonteyllas por precio de £22·10·0 de carlines prietos. 8 Jan. 1367. (No. 3.)

1440 Venta del Rey por los mismos motivos a Juze Ravi J. de unas casas en la villa de Tudela por £9·7·6· 8 Jan. 1367. (No. 5.)

1441 Cedula del Rey: manda al Thesorero pague a Abramot J. por las Fondiduras de veinte codos de Paño &c por el fechos para nuestros amados Lanzelos et Charles Sobrinos nuestros £8·10·0. 25 May 1367. (No. 13.)

1442 Escritura para que Pere Ybañes carnicero de Monrreal otorga que deve a Juze encave J. de Pamplona catorce libras las que se obliga a pagar para la mitad del mes de Agosto y que no pagando para aquel tiempo de cinco sueldos por cada dia para la señoria mayor de Navarra por que obligue a cumplir dha escritura. 12 Oct. 1361 *sic* [? 7.] (No. 62.)

Cajon 23.

1443 Escritura por la que Ponz de Eslava Recevidor de la Ribera da à tributo a Jento Gamiz la Fasureria de los Moros y Judios de la villa de Tudela por 4 años por venta en el uno de siete libras carlines y en los otros de veinte y una. 5 Sept. 1368. (No. 54.)

Cajon 24.

1444 Libro de la imposicion del año 1371.
...Yba despues poniendo lo que pagaron los arrendatores por los Barrios de Pamplona... (No. 26.)

Cajon 25.

1445 Copia de una cedula de la Señora Reyna Doña Juana por la que á suplica del Prior de Roncesvalles perdona a Enecot de Villava, mercero la calumnia y homicidio en que havia incurrido por erir con un Focho en la caveza a un Judio de Pamplona y haverle sacado sangre. 1! Feb.1363.(No. 5)
[Copy made 20th.]

4446 Venta del Rey Don Carlos a Azan del Gabay y a Mira Eredera de Ravi Azach del censo de 15 sueldos que tenia sobre la viña llamada de Alcolea en los terminos de Tudela por precio de £28·2·2. 1367. (No. 83.)

Cajon 26.

1447 Cedula de Reyna D.ª Juana por la que quiere que todos los J. de Calahorra y del Reino de Castilla que heran benidos ó en adelan biniesen a morar en su Reyno que no sean agraviados ni Tacxados y que paguen cada uno por cavezaje y brazage uno con otro dos florines por año en los dos años primeros siguientes y que los ricos releven a los Pobres y que pagando los dos florines no sean tenidos a pagar ni contribuir con las Aljamas del Reyno en fechas ni en cavezajes ni en brazages ni en otras hechas ni tacxas pero que paguen la cisa del vino y de carne asi como los otros Judios del Reyno y los reciva vajo de su proteccion y quiere que no se les pueda demandar ni acusar de haver incurrido en excumunion ni Aztama. 30 Mar. 1370. (No. 12.)

1448 Cedula de la Reyna a las gentes de sus comptos que a Maestro Juan Pasquier le revatan por manera de sustiencia la suma de treinta y dos libras y veinte y un dinero en que los vienes de D.ⁿ Esmel de Ablitas y de otros J. havian sido condenados por corte. 2 Feb. 1371. Y que revatan la suma de £10·12·0 por causa de la gracia que ella havia hecho a Samuel Padre de Judas de que pagando veinte florines fuesen quitos de cierta condenacion. (No. 57.)

1449 Cedula de la Reyna condona a Simuel J. y a su muger los cien sueldos en que havian sido condenados por sentencia. 6 Mar. 1371. (No. 65.)

Cajon 27.

1450 Cedula del Rey : manda a Gilet de Quesuel de a Saul el Judio la suma de quinze francos de oro de que le havia hecho gracia por una vez por cierto servicio que le havia hecho. 3 May 1372. (No. 21.)

Cajon 28.

1451 Escritura para que Dⁿ Juan Martinez de Medrano confiese haver recevido £47 de dineros Sanchetes de Dⁿ Ezmel da Ablitas los que se obliga a pagarle al tercer dia de la fiesta de Navidad y para ello renuncia su fuero y el su Alcalda. 17 Mar. 1335. [E 1373.] (No. 5.)

Cajon 30.

1452 Cedula del Rey al Thesorero, Coscedores, y Recevidores de las Pechas de las Aljamas de los J. que pagando estas lo que prescrive en dha Real cedula, no les obligasen a pagar mas por Censos, Lezta Fiendas, fornos, Carniceria, Alcaceria, letras de Porteria ni por otras cosas y lo que devia de pagar la Aljama de Tudela en cada un mes heran tres cientos veinte y un florines siete sueldos dos dineros à diez y seis sueldos y seis dineros por florin que montaban por año tres mil trescientas ochenta y dos Libras tres sueldos y dos dineros y la Aljama de Pamplona con sus pertenencias por mes 261 f. 14s. 11d.=por año £2592 17· 6. y la Aljama de Estella por mes 119 f. 0s. 9d. 13 Nov. 1375. (No. 29.)

Cajon 31.

1453 Dos Cartas de pago por Garcia de Nas Sargen...y este de los Dineros en que havian sido condenados el Alcalde, Jurados y Concejo de la villa de Estella por haber destuido la Juderia de aquella villa. 4 Aug. 1342. (No. 35.)

1454 De Rey Davagon a su muger de la villa de villareal con sus... Judíos. 5 Id. Nov. 1344. (No. 45.)

1455 Debitorio de Martin Lopiz y su muger a Azach Abolfada J. 13 Libras. 1354. (No. 77.)

Cajon 36.

1456 Cedula del Rey ; manda a Juan Jemeniz Bayle de los J. de Estella que de los dineros de la Pecha de los J. pague a Martin de Aybar £30. 5 Dec. 1378. (No. 46.)

Cajon 37.

1457 Libro de Compto de los comisarios diputados a recibir cierta Ayuda que pagasen para el fortificamento de la Juderia de Monreal. Es a sabir clerigos fidalgos et labradores de los vailles de Val de Elorz &c et la villa de Monreal que pagasen seis dineros por semana cada fuego. Et los Judios de la villa de Monreal por doze fuegos por cada fuego por semana doze dineros. Por ocho menses comenzando 1 June 1380 et finidos Jan. 31—12 May 1380. (No. 19.)

1458 Quaderno del año 1380 del compto de Ramon de Zareguiegui Recevedor de las mernidad de Estella y de Judas Lebi comisarios diputados a rescevir los cinquen sueldos por Libra de todas las eredades que por Judios han sido vendidas ó empeynadas á christianos en la dicha Merntridad de cinquenta aynos aqua, por quanto de luengos tiempos aqua fue ordenado, vedado, et defendido que ningunos christianos ni Moros non fuesen osados de comprar ni tomar empeynos nin por donacion nin aillenamiento ninguno heredades algunas de Judios sin licencia del Rey. Aug. 1380. [No. 27.]

1459 Libro :...á Ramon de Zanguequi, Recebidor de Estella et Samuel Amariellio, Judio de Tudela...de largos tiempos estaba prohibido que ningunos Christianos ni Moros fuesen osados de comprar ni tomar en prendas heredades de los Judios sin su licencia y que contraviniendo a su ordenanza havian adquirido y comprado en daño y perjuicio de su Patrimonio muchas y dobladas de las Heredades faciendo algunos contratos fraudulosos por manera de empenamientos de cient et un ayno et que por esta razon se havian ausentado los J. de su Reyno y las Pechas se havian menoscavado y de cada dia se perdian por lo que les bayan â la villa de Estella y a los Lugares de su merindad y sepan quales y quantas eredades heran las que havian comprado los Christianos y Moros a los Judios. 3 Feb. 1380. En virtud de la qual comicion hicieron la Pesquisa en la que se expresan los nombres de los Judios que vendieron y de los Christianos y Moros que las compraron. (No. 28.)

Cajon 40.-

1460 Cedula del Rey : da a Jaquef de Fronchet el ameradin de la villa de Sanguesa con el Bailio de los J. con todos los provechos y emolumientos que podian valer cada año veinte y ocho libras de las quales tenia de dom Pedro Miguel de Aynues diez libras. 10 July 1379. (No. 7.)

1461 Cedula del Rey : hace gracia a Martin Sanchez vecino de San Vincente de los veinte y cinco florines que algunos [? Judios] vezinos de aquella villa prestaron al consejo de ella y que por haverse pasado a Castilla dhos Judios se havia aplicado la dha cantidad al Rey. 21 July 1379. (No. 12.)

Cajon 42.

1462 Cedula del Rey : manda a Sento Falaguera y a Jento de Berquiz, Judios de Olet y cosedores de la Pecha de Val de funes que cosan £110 6. que les devia los Judios de dha Aljama de Val de funes y que se las den a Rau Lonele. 8 May 1380. (No. 37.)

1463 Cedula del Rey : manda a Sancho de Mayer de £42 carlines prietos a Judas Lebi para hacer los Pontones de los Puertos de Azagra y Sartaguda. 22 Oct. 1380. (No. 65.)

1464 Cedula del Rey : manda a Sancho de Mayer que los trescientos marcos que havia recevido de las Aljamas de los J. de su Reyno se los diese al monedero para que los trabajase, y pagar con ellos al Vizconde de Castellon. Tiene adsunta la cuenta de lo que havian pagado dhos Judios y de lo que devian. 8 Dec 1380. (No. 76.)

1465 Cedula del Rey : quiere que su secretario Mosen Pierre Godeyle Abad de Monreal tome el tributo de once cayces y dos Robos de la Rueda y heredades que se dicen las Piezas del Rey y los heredamientos de los J. de dha villa de Monreal las quales le havia dado por toda su vida. 17 Dec 1380. (No. 78.)

Cajon 43.

1466 Cedula del Rey : manda a Esmel J. de Olit y sus compañeros Tributadores de las sacas Peages y de la Imposicion de la carne muerta y viba que se bendiese en el Reyno paguen al Sargen de Arruas £80. 29 Jan 1381. (No. 7.)

1467 Cedula del Rey a las gentes de sus comptos revatan a Sancho de Mayer las partidas que havia dado de su orden a… y a Bona Foz el Toben Judio Zuglar y a Mosen Pierres Garsel por el servicio que havemos fecho facer en santa Maria de Pamplona por lalma del Vizconde de Castelbon. 9 April 1381. (No. 26.)

1468 Cedula del Rey : reconoce haver recevido de Guillen de Agreda y Simuel Amarillo comisarios para recevir los cinquen sueldos por Libra de las heredades que los J. y moros de la dha villa y merindad vendiesen a los cristianos, £800. 5 July 1381. (No. 40.)

1469 Cedula del Rey : dice que ablando con Sancho de Mayer que como Saul de Medelin J. de Laguardia y Judas Embolat J. de los Arcos hubiesen acusados que ellos seyendo ordenadores de la Pecha de los J. de Laguardia, Viana, y de los Arcos haver tacxado y puesto cierta suma sobre los dictos J. ultra de lo contenido en las ordenanzas del Rey y por eso nos los hubiesemos fecho prender y poner en Prision en Pamplona y que despues se havian compuesto con el en el dho Saul le pagase cien libras y Judas Embolat £400 y le manda que de las dhas £400 a su escudero Ran Longle para comprar de vestir a su muger. 23 Sept 1381. (No. 62.)

Cajon 44.

1470 Manda a Sancho de Mayer pague a Juda Lebi J. de Estella £50 que le havia dado por razon de algunos gastos que el havia hecho yendo de su orden a muchos lugares por sus negocios. 1 Dec. 1381. (No. 1.)

1471 Manda a Sancho de Mayer que de los sesenta florines de la condenacion de Acoz Medelin J. de Viana por cierta acusacion hecha contra el à Judas Levi, J. de Estella los quales le devia pagar por dho Rey ó Miguel Martinez, vezino de Viana. *Tiene carta de pago firmada de mano de Judas Levi en Letra ebrea.* (No. 75.)

1472 Cedulas del Rey (6) revatan a Esmel Cuendani J. de Olit las partidas que havia dada a Moses Gilles de Quisnel a los dineros por 4 faxas de Plata que pesaban quatro marcos. 14 Dec. 1381.

(8) Confiesa haver recivido del Recevidor de Sanguesa... y de la Pecha de los J. del Reyno £1600. 22 Dec. 1381.

(9) Confiesa haver recivido de Sancho de Mayer de la Pecha que devian todos los J. al termino de San Miguel £1500. Ib. (No. 19.)

1473 A los gentes de sus comptos revatan a Sancho de Mayer las cantidades que havia dado a Zimuel Amariello por doze Panes de Zugre pesantes noventa y siete libras y media à precio de quatro sueldos y quatro dineros Jaqueses y por tres Libras de Jengibre Sarriol a siete sueldos y seis dineros Jaqueses y por tres Libras de canera à cinco sueldos y seis dineros Jaqueses. 27 Dec. 1381. (No. 21.)

1474 Obligacion por Martin periz Alcalde de Viana de pagar £400 por razon de que el Rey teniendo misericordia de ellos que solo pagasen dha cantidad por razon de cinquen sueldo por libra que pedia por las ventas que los J. et moros havian hecho a los Christianos. 1381. (No. 25.)

1475 Cinco cedulas del Rey a Judas Levi Guarda de la Recepta de la Merindad de Estella. 6-8 Feb. 1382. (No. 36.)

1476 Semejante a Judas Levi. 12 Feb. 1381 (*sic*.) (No. 37.)
1477 Revatan a Judas Levi cien Libras en recompensacion de las grandes espensas que el le havia hecho en venir à el Rey muchas vezes. 5 Mar. 1382. (No. 40.)
1478 Revatan a Judas Levi £200 que le havia dado. 4 Jan. 1383. (No. 2.)
[And many others in later years.]

Cajon 46.

1479 Quaderno de compto de Guillen de Agrela, Recevidor de Tudela, Judas Levi y Simuel Amariello comisarios ordenados por el Rey a recevir los cinquen sueldo por libra de Todas las eredades que los J. y Moros han bendido et asi bien Moros han comprado de Judio despues de la gran mortaldad—Y de las parti'las de las expensas hechas por el Rey por causa de la comision a Estella—y de la expensa a saber és en facer primeramente a todos los Notarios J. et moros sacar de sus registros las notas de las bendiciones... et en facer la dicta cuyllida los dictos comisarios continuaron bien por el tiempo de dos meses &c. 1381. (No. 1.)

Cajon 47.

1480 Escritura con sello por la que Judas Levi Recevidor de la Merindad de las Tierras de Estella da en censo perpetuo a Juze Lebi, Abran Medelin, Semuel Alfaquin, J. Jurados de la Aljama de los J. de Estella el Molino llamado de la Tintura que tenia el Rey en dha Villa... al pie esta la confirmacion del Rey. 8 Feb. 1382. (No. 8.)
1481 Cedulas del Rey... y de una condenacion en que Vitas frances J. de Tudela fue condenado por que contra nuestro vedamiento sacaba fuera el Villon de nuestra Tierra del Concejo de Viana sobre la ayuda de las £600. 4 March 1380. (No. 24.)
1482 Manda a Samuel Amarillo J. de Tudela, Bernar Eforzin, mercador y a los otros sus companeros Tributadores de la imposicion de las Bestias y de la Sal del Reyno, &c. 1 Aug. 1383. (No. 51.)
1483 Manda a los oydores de sus comptos revatan a Judas Levi doscientas Libras que havia dado a Charlot de Beaumont y al Procurador del Rey para hir en mensageria a la villa de Bayona a donde el los havia embiado las quales doscientas Libras fueron combiadas a florines por que nuestra moneda no vale tanto en la dha villa de Bayona et costaron las dictas doscientas Libras de Acat Medelei, J. de Estella veinte sueldos por las cambiar a florines, monta toda doscientas y Vna Libra. 2 Sept. 1383. (No. 60.)

1485 (1) Manda a Acat Medelin pague a Remonet £50. 16 Sept. 1383.

(3) Manda a Judas Levi de a su Sargen sobre aquello que le podia ser devido de los Gages de su Maza £50.

(7) Da a Juze Heudi J. el qual havia devido en Mensageria a dho Rey y le havia buelto à canbiar con la repuesta veinte florines de oro a veinte y siete sueldos pieza. 21 Sept. 1383. (No. 66.)

Cujon 48.

1486 Manda a los oydores de sus comptos pasen en cuenta a Judas Levi diez y siete Libras y diez y siete sueldos y cinco cayces y tres Robos de cevada que havia dada de su orden a Fr. Pedro Sonaese. 22 March 1384. (No. 30.)

1487 Consta lo que havia valido el cinquen sueldo por Libra de todas las Heredades vendidas por los J. y moros a los cristianos y por los J. a los Moros despues de la gran mortalidad en las villas y lugares de Tudela, Cortes, Buynuel, Ablitas, Fontellas, Montagut, Coseante, Cintmenigo, Corella, Fustinana, y Cavaniellas y el Producto de dho cinquen sueldo ascendio a 2221 Libras y 4 dineros. 10 May 1384. (No. 51.)

1488 Revatan a Judas Levi 800 florines ... y por que despues el oro es puyado dho Judas Levi havia comprado para pagar dho emprestano 350 florines a 29 sueldos y en Pamplona 450 a 30 sueldos pieza y asi los 800 florines que quando fueron recevidos de dho camarero balian a 27 sueldos importaban despues 1182 Libras y 10 sueldos a ciento y dos Libras mas que al tiempo que se recivieron. 15 Jul. 1384. (No. 68.)

1489 Hace gracia por una vez a Abran Ebenayon J. de Viana que pocos dias ha es venido de Portugal de 20 Libras. 18 Aug. 1384. (No. 76.)

1490 Manda a Judas Levi pague (1) £50 carlines (2) £10 carlines (3) £40 (6) Componga antes de la Imbernada el Palacio de avajo de Estella en la Rua de Santa Maria el qual estava para caer. 30-31 Aug. 1384. (No. 79.)

1491 Y la recepta de dineros de las ventas de la navarreria y Juderia [? de Pamplona] £389. 12. 5. 12 Nov. 1384. (No. 100.)

1492 Mentions " Sancho Garcia de Artasco y Esmel Ebendavit Tributadores de los ervagoz de todo el Reino." 29 Dec. 1384. (No. 112.)

Cajon 49.

1493 Cedula del Rey por la que da à Abran Medelin Judio de Viana la suma de 12 Libras à contemplacion de su fiel Alferez Charlot de Beaumont. 7 July 1385. (No. 49.)

1494 Cedula del Rey por la que como en los años de 83 y 84 postrimeramente pasados hubiese ordinado et compuesto que todas las Aljamas de los Judios le hubiesen de dar y pagar de Pecha inclusas forrerias, Letra de Porteros, Censes, Fiendas de Argenteros, Alcacias Leztas y otros qualesquiere emolumentos y rentas exeptada la Peyta llamada Pimenta que los J. de dho Reyno le pagaban la qual estaba asignada a Mosen Peres de Lasagua por 12000 Libras por año y de dhos censos, carnicerias y Leztas, y otras rentas pertenecian pagar a los de la Aljama de los J. de Pamplona de que hera recevidor Garcia Lopez de Lizasoain montaba por año 101 Libras 11 sueldos y 8 dineros de Carlines blancos las quales eran inclusas en las dhas 12000 Libras de Pecha que las dhas Aljamas compusieron por cada ayno. Por tanto manda a los oydores de comptos revatan a dho Recevidor dhos £101·11·8 obselo, aunqne no parezcan otras Letras de composiciones. 26 June 1385. (No. 55.)

1495 Revatan a Michelet de Mares las partidas que havia dado à... Juze Orabuena Medico Judio por su Salario de las Medicinas que fizo a D.ⁿ Fr. Simeno de Yguzquiza en su enferdad. 8 Aug 1385. (No. 65.)

1496 Hace gracia a Jaquet de Fronchoy su valet de cambra y admirat de la villa de Sangüesa para ayuda de vestirse de las veinte y dos Libras que le devian los J. de aquella villa à causa de ciertas reparaciones que Sancho Garcia de Artaexo havia hecho en la meatad de la casa dò los dictos J. faxen su oracion, en la qual dho Recevidor solia tener el Pan de Rey y quando este estubo en Sanguesa se la otorgo à los Judios por facer mayor el ampliar lur dicta casa de Oracion por quanto hera estrecha et chiquoa, eillos pagando 22 Libras y 12 sueldos. 6 Nov 1385. (No. 75.)

1497 Manda revatan a Ezmel de Emendavi J. de Olit las candidades que havia dado a Juan Amanrri por seis Tazas de plata. 20 Nov 1385. (No. 77.)

1498 Rebatan a Acaz Medellin &c las partidas que havian dado a Juan de Limojes por un Paño de Lana Ingles el qual le embio el Rey a la muger de Judas Benemil el qual dho Judas le habia embrado ciertos paños de cuero hechos a la Morisca y por desempeñar ò delibrar un Payno doro Imperial que tenia Acaz Medelin del Señor de Castelnau. 25 Dec [?1385.] (No. 83.)

Cajon 51.

1499 Razon de los Tributos ō Arrendamientos de los Baylios y otras rentas hechos por Judas Levi en el año de 87. (No. 17.)

Cajon 52.

1500 Manda el Rey Carlos III al Recevidor de Tudela Guillen de Agreda que deje gozar a los J. de Tudela de la gracia que les havia hecho de las £431·6·3 que le devian de Pecha por quanto se la havia perdonado en atencion a su gran Pobredad y miseria quanto les combenia pagar la dha suma a la fuerte moneda y por que de quincientos Pecheros que solian ser en el tiempo pasado a penas seran doscientos. 12 Feb 1386. (No. 10.)

1501 Manda a los ordenadores y coscedores de la Pecha de los J. de todas las Aljamas del Reyno que de las quatro mil Libras que devian le entreguen tres mil a Monsen Giles Abad de San Martin. 18 Feb. 1386. (No. 11.)

1502 Cedula por la que enfranqueze de todas Pechas a Iuze Zayel Judio de Zaragoza, Guarda de su leon Marzol, y de las seis csyces de Trigo para provision de su casa y tres quartos de florin por dia de gages y pension mientras estubiere en su servicio proveyendo dho Juze de carne al Leon que hacian por año que contiene trescientos y sesenta y quatro dias noventa y siete florines los quales dho salario y gages le havia asignado su Padre y dho Rey los confirma. 26 Feb 1386. (No. 16.)

1503 (II) Manda a Juan Rojo que pague a Amarieillo J. de Tudela las cantidades que havia dado por 4 Panes de Azucar Damasquin 40 lb. de Gengibre Sarriol; 28 lb. canela à 3 s 6 d; 6 lb. Zafran à 31 s la Libra, 6 lb. clavos de Girofle a 17 s. 6 d libra, 4 lb. Nuez Nozcada a 12 s. 2 lb. Flor de matis à 26 s. 1b, 2 lb de Preve luengo à 11 s. 1b; 2 lb Garnigal a 27 s; 30 lb Datiles a 8 d; 30 lb Piniones a 10 d; 3 Robos de figos a 4 s; 3 Robos de Pasas a 4 s: 3 Robos de Roz a 8 s &c Tiene carta de Pago (N) Perdona a ios J. de Pamplona la quarta parte de los dos Quarteres que montaban £472·10. 15 Mar. 1386. (No. 25.)

1504 Manda a Garcia Lopiz pague a Juze Zazel J. de Zaragoza y Guarda de su Leon Marzot lo que se le devia de sus gages. Tiene quatro cartas de pago. 6 April 1386. (No. 34.)

1505 Manda paque veinte y cinco Libras el gros en quatro sueldos à Ezmel Emendino J. de Olit por diez codos de Paño que dho Señor dio al cambrero del Cardenal de Aragon. 7 July 1386. (No. 51.)

Cajon 53.

1506 (1) Manda a Judas Levi Recevidor de Estella pague a Amaneillo J. de Tudela y factor de Berenguer de Cortillas Mercadero de Zaragoza £267·11·4 moneda feble que se les devia por Paños de oro, de seda, Peletarias, especias, ceras Bajieillas de plata expensas de viage &c. Tiene adjunto un Rolde que empieza : Esta es la Pellilena que Bilenguer de Cortillas ha relebrado a Samuel Amanillio por haber al Seynor Rey à Navarra delibrado por el dicto Samuel en la Puent de la Reyna a Michelet de Mares 2 En 85 pora la Seynora Infanta D.ª Juana. Primo 9474 piezas de Bayres à 11 florines el ciento : Item mas 1996 Bayres apurados — 10 fl. el ciento = Item 3000 piezas de gros Bair et Gris sin ser cosidos à 11 fl. &c. 14 Sept. 1386.

(2) Manda a los oydores pasen en cuenta a los impositores las partidas que havian dado a Simuel Amanillo y a Belenguer Cortillas. Tiene adjunto un Rolde que empieza.—Estas son las partidas devidas a Belenguer de Cortillas mercadero de Zaragoza las quales trago en dibersas partidas Amanillo J. al Señor Rey en Navarra de las quales partidas ha siedo fecho compto con el dicto Amanillo en la Puente de la Reyna. 14 Sept. 1386. (No. 4.)

1507 Manda a Judas Levi pague a Acaz Medellin sesenta Libras diez sueldos por una Mula tomada de él. 28 Sept. 1386. (No. 12.)

[53 No. 14, payment of £72 for a mule to Ezmel Evendani.]

Cajon 54.

1509 (4) Quita y perdona a Jento Cami J. de Pamplona £56 gros en quatro sueldos que le devia de Tributo de la Imposicion de los articulos del Ganado vibo de comer el del Bestiar de migla redonda y de los Paynos de color &c. 14 Jan 1387. (No. 8.)

1510 Manda a Juan Rojo pague 300 florines a Huelevin escudero que le devia por un cavallo corredor tomado de el y dado a Senor de Lucxa : antes de ella una carta' a Samuel Amancillo para que pagase la parte que espresa a dho Huelevin y otra carta del dho Juan a Acoz Medellin y sus companeros Tributadores de la Imposicion de la Tabla de Estella la mitad del Importe del dho caballo. Y continuacion de dha carta esta la Tasacion del escudero de la escuderia del Rey. 28 April 1387. (No. 40.)

1511 Mandamiento de Garcia Lopiz de Roncesvalles a Salomon Baco Judio Colector de la Imposicion de la Merindad de Tudela para que pague a Maestro Martin de San Martin las cantidades que expresa por meses para combertir y destribuir en la paga de los gages de los gentes de su casa. Y a continuacion hay otro del mismo para que dho Salomon de a Garcia de Peralta clerigo de la escuderia para convertir en la espensa ordinaria de la casa del Rey en los meses de Julio y Agosto £169. Estos dos mandamientos pertenecen al año 1423. [Similar to last in 54, No. 80.] (No. 68.)·

Cajon 55.

1512 Revatan a Acac Alborge y Jacob Cortes J. de Pamplona ordenadores de la Aljama de los J. de Pamplona quarenta y cinco florines y medio que havian dado a Juze Zayet, guarda del Leon Marzet. 18 Sept 1387. (No. 27.)

1513 Real Cedula por la que oyda la buena fama y suficiencia de Maestre Juze orabuena físico J. de Estella y por algunos servicios que le havia hecho queriendole hacer merced y por que mejor pueda mantener su estado le da cinguenta Libras de Gages y pension en cada un año. 26 Sept. 1387. (No. 61.)

[56 No. 22, gives Maestre Peres à Fonellas Medico 1,000 florines pension.]

Cajon 56.

1514 (7) Manda le pasen en cuenta quarenta florines que avia dado al Alferez para desempeñar una alaja de plata que tenia empeñada en Acaz Alborge Judio. 26 Oct 1387. (No. 32.)

1515 Manda a Juan Rojo pague £660 a Samuel Amanillo por las cosas espresadas en el Rolde antes de dha cedula; algunas son tres puños llanos de Damas dados a Reyna por pieza 42 fl: Tafetan verde 18 fl: 14 onzas de Trenas de oro de Grecia: un Damasquin prieto: una copa y un Pichez dorado el esmaltado que pesa nueve marcos a veinte fl: el marco la qual copa el Pechez el Rey dio a Pere Arnaut de Garro el a su muger à lu Boda. 4 Nov 1387. (No. 41.)

1516 (1) Perdona a Abran Medelin J. de Estella cinquenta Libras que le devia del tributo de la Imposicion de la villa de Laguardia y del articulo de los Orzeros de la dha villa. 14 Nov 1387.

(5) Revatan a Mechelet de Mares £246· 11· 9 que avia dado a Moslet Judio costurero por la echura de seis pares de calzas y de seis pares de mangas para sus donceles; item por la fayson &c. 15 Nov 1387. (No. 47.)

1517 Manda a Garcia Lopez de £1850 a Ezmel Ebendavit J. de Olit, procurador de Juan de Bearn, capitan de Lorda en satisfaccion de las rentas de Pan y dineros de la villa de Caparroso las quales tenia empeñadas dho capitan del Rey su Padre. 20 Nov 1387. (No. 50.)

1518 Cedula del Rey por la que queriendo ampliar en onor y provecho a Jaquenin Loys, criado de camara, le hace Bayle de la Aljama de los J. de Pamplona con la guarda de Maria Delgada y con todas sus pertenencias a tener usar y esercir el dicho oficio y Baylio de Guarda a los gages, provechos y emolumentos usados. 6 Dec 1387. (No. 62.)

1519 Una cedula por la que como el Rey su Padre hubiese hecho a Samuel Alfaqui J. de Pamplona a instancia de Mosen Thomas Trivet Cavallero de Anglaterra por los buenos servicios que le havia hecho de su oficio de Zirugano especialmente en la curacion de dho Thomas le da unas casas en la Juderia de Pamplona linde con la plata y carrera dò matan la carne los J. de las quales havia hecho antes Donacion a Bonafos y á Sento su fijo Judios Zuglares. Vista dha Donacion que fue hecha en Tudela a 24 Abril 1379 la apruebo a 6 Diz. 1389. *Tiene carta de payo firmada en ebreo.* (No. 63.)

1520 Da à Mateo Periz el Almirado de la villa de Sangueza con el Vaylio de los Judios de dho Lugar. 6 Diz. 1387. (No. 67.)

Cajon 57.

1521 Manda al Thesorero deje gozar á su físico Juze Horabuena de la renta de la Tintura y enmiendas del mercado de Estella las quales le envia dado en paga de la pension de £50. 3 Feb 1388. No. 8.)
[Similar 57 No. 60, 16 April 1388.]

1522 Asignacion a la Reyna cada un año toda su vida : sobre la Pecha de los Judios seis mil : &c. 1 May 1388. (No. 40).

1523 (2) Manda al Thesorero asigne a Ezmel Evendavit Procurador del Capitan de Lorda 1200 fl. por los que avia comprado todas las rentas que dho Capitan tenia en el lugar de Caporroso, sobre el Tributo de su Patrimonio Real.

(5) Como buen Rey y Principe queriendo relevar a Ezmel Ebendavit Acaz Medellin &c Tributadores de las Sacas, Peages, e Imposicion del Reyno quienes se havian quejado que tanto por el pasage de las Gentes de Armas que son pasadas de Francia en Castilla en ayuda et socorro del Rey de Castiella contra el Duc de Lencastre et por causa de su retorno enta francia, como por libertad que otorgo a todos los estraños que trajesen Trigo a vender a su Reyno

ellos avian perdido grosament en la dha Imposicion y queriendo asi mismo usar mas de gracia que de rigor et por que segun los tratos fechos entre el y ellos en algunas cosas era tenido de lo acer les perdona £600 por las Merindades de Estella y Tudela y £150 por Pamplona. 24 May 1388. (No. 48.)

1524 (5) Manda pague a Jacob Judio quatro Tuones que havia hecho para sus Donceles y uno para Julian. 15 Oct 1388. (No. 85.)

1525 Una cedula que parece ser confirmacion de las ordenanzas de como havian de pagar la Pecha las cinco Aljamas de los J. del Reyno. Esta muy maltratado y podrida del Agua y Polvo. (No. 108.)

Cajon 58.

1526 Comete la cobranza de los mil florines que las Aljamas de los J. le havian otorgado para su coronacionto y la Tasacion ō repartimiento de lo que correspondia pagar a la Aljama de Tudela que era £427. 12 a Juan Casitat y a Achaz Benjamin Judio de dha Aljama. 10 Jun 1389. (No. 73.)

Cajon 59.

1527 (3) Manda reciva en cuenta a los tributadores por los Solos, donos, y Ervazgo de Almadraza 411 fl. quales havia dado de dono a... despues que los havia arrendado o dado a Tributo a Ezmel Ebendavit y à otros.

(4) Pague £10 a Nicos Judio costurero de Pamplona por fayzones de Ropas que eill fazo para la Madre Capeillan, Donceillas, Nodriza y Nodrizon de nuestro fijo Bastart Laneilot para la fiesta de la navidad es a saber por un Manto et Cotardia et Mangas &c et por tres opas botonadas delant &c et por un Manto garnacha botonada delant con botones anchos labrados de seda &c. 2 Jan 1390. (No. 1.)

1528 (1) Pague a Juza Orabuena 90 fl. por una mula castaña. 26 Jan 1390.
[Similar 61 No. 4, 1491.]
(2) à Jeuto Baza 80 fl. por una mula. 27 Jan 1390. (No. 4.)
[Similarly from Acaz Medellin, 61 No. 31, &c.]

1529 Da a Juze Orabuena su Medico el emolumento de la Lezta que le devian los J. de Estella de la carniceria que podia valer doze Libras, sin embargo que tenia la Tintura y enmiendas y otros bien fechos. 21 Feb 1390. (No. 13.)

1530 Donacion a Juan de Bearn, capitan de Lorda todos los derechos de la Villa de Caparroso, excepto la Pecha de los J. 7 June 1390. (No. 31.)

1531 Perdona mil libras a Samuel Amanillo y sus companeros Tributadores de las sacas y Peages del Reyno de £64,000 en que las avian arrentado. 8 June 1390. (No. 32.)

Cajon 61.

1532 Escritura por la que Nazan del Gabay J. de Tudela y Judas Levi J. de Estella, Tributadores de toda la imposicion de las sacas y peages de todo el Reyno dan a Tributo ō en Arriendo por un año a Acaz Alfuqui, Judas Adida y Jento Enbolat Judios de Tafalla la imposicion de pertenecia a las villas y Lugares de Valdosba con sus pertenencias y fundamente la imposicion de la venta de las heredades y ervazgos por £23 de renta en cada un mes. 28 March 1391. (No. 26.)

1533 Manda a los oydores despues de decirles que el Thesorero havia hecho pregonar con gran diligencia si alguno queria tributar la imposicion [de] sacas y peages de todo el Reyno y que se las arrendo a Anazas del Gavay, Juze orabuena, Judas Levi y a otros como a mas dantes por precio de £72,000 y que despues dho Rey ordeno que los Articulos del Reyno fuesen tribudados por menudo, y que se alle que las sacas y Peages è imposicion de erbazgos eredad y Terro contadas en 12,000 Libras no importaban sino 58,000 por lo qual le benia gran daño y les havia requirido a dhos Tributadores las tubiesen en las £72,000 pero pues los Tributos eran fechos que les respondiesen de las 58,000 y que despues ordeno en que manera las pagesen y que no havian cumplido ; por lo qual tomo a su mano dha Imposicion y que despues de diferentes demandas les avia revajado £2000 las quales quiere que le revatan al Thesorero. 1 April 1391. (No. 29.)

1534 Un Poder por Mosein Amalt de Fardaz a Simuel Amaneillo para recevir todas rentas que el Rey tenia sobre la Aljama de los Moros de Tudela las quales dho Rey havia dado para su vido al dho Amalt. 1391. (No. 54.)

1535 Da a su Abogado Matheo Peniz las £100 de pena en que havian incurrido Elvira Garcia muger de Martin Fernandez, Juan Garcia y otros por razon de una carta de obliganza que Juan Garcia Padre de los dhos eran obligados a Judas Levi en cierta suma de dineros. 28 July 1391. (No. 57.)

1536 Una cedula por la que obiendo en memoria algunos servicios que le havia hecho Judas Levi y contemplando su miseria le da por año 60 fl. en la Thesoreria por el tiempo de su voluntad. 9 Aug 1391. Tiene carta de pago. (No 65.)

1537 Perdona a Juanico y Elvira Garcia las cien libras en que sido condenados por Guillen de Roses a causa de la obligacion que havian hecho a Judas Levi de pagarle £200 a cierto tiempo so pena de doblo y por no haverlas pagado fueron condonados a mas de principal en £200 de pena la mitad para Judas y la otra mitad para el Rey. Antes otro papel que dice que por los del consejo fue confirmada una sentencia dada por via de comision por Guillen de Roses por la qual havian sido condenados los suso dhos à pagar lo que queda relacionado. 21 Aug 1391. (No. 67.)

Cajon 62.

1538 Da de dono por una vez por amor de Dios a Saul Darnedo Judio Dolit y a Juana la Siviliana doze libras. 17 Nov 1391. (No. 4.)

Cajon 63.

1539 Pague a Michelet de Mares las partidas de las especias que hizo hacer para la fiesta del Nadal y de las espensas del Vestir dos conversos que fueron Judios Bauptizados en Olit a Nadal de que nos funios Padrino y de la Ropa del Rey de la fava. 16 Jan 1392. (No. 4.)

1540 Receva en cuenta a Ezmel Bendavit 30 fl. de los 68¼ fl en que havia sido condenado por cierto Pleyto y Demanda. 1 Feb 1392. (No. 8.)

1541 Da en arriendo por un año a Guillen de Roses, Judas Abinbeniz Judas Levi, Juze orabuena y a otros Judios las sacas y Peages é imposicion de todo el Reyno con el Tributo de la imposicion de la Leña que se pagara en Pamplona las ferias de Roncesvalles y los tres dias de franquesa que los de Tudela han de saca y Peage que son los postremeros tres dias de la feria de la dha ciudad por precio y quantia de £60,000 pagaderas en doze meses. 24 Mar. 1392. (No. 18.)

1542 Revatan a Juze Orabuena &c Tributadores, 40 fl que havian dado a Cordi de Viliers y a Vincent sus escuderos la qual suma dio dho Rey para desempeñar las Ropas que havian empeñado en Tudela. 8 May 1392. (No. 36.)

1543 Da a Juze orabuena su medico ciento y cinquenta Libras su vida durante las cien sobre los emolumentos de las casas de Alcaceria de la Juderia de Pamplona y Tiendas de Argenteria ...... y anula la Donacion que antes le tenia hecha. 20 July 1392. (No. 57.)

1544 Revatan al Thes.º £2119 1500 fl. de la composicion hecha por dho Rey con Juniz J. de Boria por la falsa moneda que el trajo a la fiesta de Pamplona a veinti y seis sueldos y lo demas de lo que recivio de Semuel Amarillo por una carta en que fue obligado a Acaz Medillen y no haver cumplido al plazo. 28 Aug 1392. (No. 65.)

Cajon 66.

1545 Quaderno de las partidas rendidas por Nazan de Gabay, J. de Tudela. Tributador de la Inquisicion del Articulo del Almudi en el año de 92 por las quales parece el Pan que los estraños del Reyno havian vendido en dho Almudi de Tudela desde dho año hasta el de 93. (No. 22.)

Cajon 67.

1546 Carta de pago dado por Juze Alborge fijo de Dolza y signada de Juan Martinez, Clerigo de 16 fl. que se devian por un Rozin. 19 Sept. 1392. (No. 4.)

1547 Donacion a Juze Orabuena su medico p.ª toda su vida £15 sobre la Lezta de la carne de los carniceros de la Juderia de Pamplona y de la carne que los J. compran en los dias de Lunes, Martes, y Miercoles con los Loqueros de los Zapateros que labran en Torn de la Alcazeria. 4 Nov. 1392. (No. 22.)

1548 Quiero que Nazan de Gavay J. de Tudela quien por aber arrentado los Paxtos y ervazgos de los sotos clamados de las Onores de fortesas, Item de las Requejas y de las cavezada de Muriello. Item del soto de D.ⁿ Pedro Barilas y del soto de Puyllera con sus abentadores y con sus dercebos por cinco años por precio de 200 fl. en todos ellos y hacer dador el Rey a Tributo dhos embargos a otros compuso con el que ultra de los 200 fl. pagase otro cien que dio al Senor de Ruazan para pagar un Rozin y el dho Nazan, de lo que le faltava quiere que se goze de los dhos ezbazgos por seis años cumplidos. 26 Nov. 1392. (No. 25.)

1549 Pague las partidas que espresa por las vestias tomadas por su escudero de escuderia de Juze Orabuena un Rozinet y otro Rozin gris del mismo y tres mulaz grisas de Judas Levi y un Rosin gris de Samuel Amarillo. Y al dorso las cartas de pago algunas *en Letra Vilingue Española y Morisca.* 1 Dez. 1392. (No. 30.)

1550 Una cedula por la que como los J. le huviesen otorgado seis mil Libras para su yda a Francia las quales con la Pecha montaban trece mil, en atencion a que dha suma era gruesa y los J. eran engastados y Pobres por las grandes cantidades que havian pagado en los tiempos pasados, comete a

Juze Orabuena et Nazan de Gavay la facultad de poder acordar con los Mesageros de las Aljamas el modo de como se podrian repartir y en caso que no se concordasen hagan ellos la reparticion y combien a las Aljamas la porcion de lo que cada una devia pagar y quiere que los J. y Judias foranos paguen en dha Ayuda como los J. del Reyno y anula los Privilegios que tengan para no pagar. 1392. (No. 40.)

Cajon 69.

1551 (7) Manda al Thes.º que sin embargo que el dono que de el tenia Juze Orabuena por el qual havia anulado los otros Donos anteriores no haga mencion de el vedinage de los J. de Estella, que se goze de el. 24 Jan. 1392 [? 3]. (No. 7.)

1552 Remite a los J. de Tudela la renta de la Alcaceria ó casa que estaba situada á la entrada de la Juderia del Castillo delant la puerta principal por donde entran al presente las gentes al dho castillo, de la qual tenia antes el Rey de renta £257.11... Y ademas de perdonarles la cayda ó debengada se la perdona por veinte años siguientes. 31 Jan. 1393. (No. 8.)

1553 (1) Juan de Ataondo da en nombre del Rey à censo perpetuo a Salamon franco J. de Pamplona unas plazas en la Juderia en el Varrio de suso Thenientes al Portal del Rio en las quales plazas solia ser el Horno y el Pasage del Bayno Thenientes de partes de atras y de costado con el muro y torre de la villa por precio de trece sueldos de censo perpetuo en cada un año. 28 June 1388. (No. 14.)

Cajon 70.

1554 (3) Perdona £600 a Judas Levi y Simuel Amanillo Tributadores mayores de la imposicion en atencion a las gracias y remissiones que el havia hecho tanto en pasage de Vestias como de oro Plata y otras muchas cosas a muchas Personas que devian pagar la imposicion. 10 May 1394. (No. 15).

Cajon 71.

1555 (12) Perdona a Ezmel Evendavit el resto de lo que devia del Tributo de la imposicion de todo el Reyno. 31 Jan. 1396.
(13) Perdona a Lope Lopiz &c y a otros cristianos y Judios Tributadores de la imposicion general £4000 ultra de la gracia antes les avia echo en atencion à lo que havian perdido en dho Tributo tanto por el pasage del Conde de Frix como por las remissiones que havia hecho a diferentes personas. 31 Jan. 1396. (No. 8.)

1556 Revatan a Michelet de Mares las partidas a la venida del Patriarcho en el mes de Mayo... a Jenon Judio y sus companeros costureros por tres dias por adobar las cortinas de cendal a cada uno 3s. 22 Feb. 1396. (No. 22.)

Cajon 74.

1557 Ordenanzas de los J. de las cinco Aljamas del Reyno confirmadas por el Rey D.ⁿ Carlos. No consta el año por estar muy maltratado. (No. 19).

Cajon 76.

1558 Revatan las cantidades... para yr a Aragon por unos Judios que estaban alli presos...... 1398. (No. 46).

Cajon 77.

1559 (1) Manda a Juan Cantat de £75 a Peso Sanchez y a Juze falaquera J. Regidores y Ministradores de la obra de la Juderia de Tudela. Al pie carta de pago por dhos Regidores. 5 May 1399.

(6) Revatan a D.ⁿ Simuel Bienomist las cantidades que havia dado a dos Inglares de cuerda que trajo Mosen Remon de Zaragoza a Tudela. 12 May 1399. (No. 16.)

1560 Revatan a Abrahan Ensoe J. de Estella las partidas que havia dado a Juanero Palmez por quatro paños doro por facer Ropas a las Infantas. 4 July 1399. (No. 21.)

1560a Revatan a Juze Orabuena... por diferentes codos de paño que havia dado al clerigo de su capilla. 16 Aug. 1399. (No. 32.)

1560b Pague a Bobieilla Judia por una onza de seda cruda puesta en las mangas de seda para la Reina. 18 Oct. 1399. (No. 41.)

1561 Escritura de Arriendo hecha a 19 Oct. 1399 por Juan Cositat Thesorero de Navarra a Abran Emxcep J. de Estella de toda la Imposicion, sacos y Peages del Reyno por un año y por precio de cinquenta mil Libras fuertes. [Cf. 74 No. 21 (9).] (No. 42.)

Cajon 85.

1562 No obliguen a pagar a Juce orabuena por las doze cargas de paños que havia comprado para socorrer las necesidades del Rey y havian sido vendido incontinenti mas que la que monto la verdicion de dhos Paños que era 1544 florines y medio y cinco sueldos. Costaron por todo 1670 fl. y medio perdiendo en ellos 126 fl. tres quartos y 20 d. 21 Jan. 1400. (No. 5.)

(9) Juze orabuena da a Sanchez Ditarvi ocho codos de Paño 24 June 1400. (No. 34.)
[Others similar 85 No. 42, 64.]

1563 (5) Manda a Juan Casitat satesfaga a Achazh Alborge J. de Pamplona 345 fl. que le havia emprestado. Tiene carta de pago al dorso. 3 July 1400. (No. 37.)

(6, 7) El mismo por 345 fl. [? three forms.]

1564 Revatan a Abran Enfiret que el dicto Abran delibro a Ogenot de Lerga para hacer un chico dinero por juar a la Taldeta en nuestra camara un ducato de oro que vale 40 s. 17 Oct. 1400. (No. 55.)

Obligacion hecha por Abrahan Enxoe y Ezmel Ebendavit de pagar a Mono de Casini la cantidad de florines que el Rey le devia. 29 Oct. 1400. (No. 58.)

1565 Revatan a Abrahan Ensoess 38 codos de paño de Londres comprados de el para vestir las Amas y dos Donceles del Infant su hijo. 3 Nov. 1400. (No. 59.)

1566 No se ve mas que las partidas de las especias de cambra que Jacob Albedana J. de Olit a compradas et fechas facher et trahidas en Olit delibradas por eill a la cambra del Rey Empieza : Primo 34 lb. danis confit en seis manzapanes = Item 21 lb. Jengibrada en dos manzapanes = 23 lb. Pensonal en siete manz.^{s} c. Feb. 1400. (No. 65.)

Por la que como hubiese enfranquezido a Dn Simuel Bienbenista J. de Tudela quando vino a su Reyno de la contribucion con los Aljamas en Pechas y en otras qualquiera Ayudas y hubiese entendido que algunos J. de dha Aljama mobidos de envidia le hacian algunos displaceres y inducian indirectamente y con gran cautela a otros a su mala intencion de modo que dho Dn Simuel allaba poco amor y placer entre ellos, considerando sus buenos servicios y queriendo que vibiese en paz con la dha Aljama remite a esta de la Pecha ordinaria que le devia en cada un año la parte y porcion que Dn Simuel hijos y hijas podrian deverle si la dha gracia no hubiesen 40 fl. 2 Mar. 1397. dada en Paris.

Cajon 86.

1567 (2) Revatan a Juze orabuena los vientres de esquiroles de Castilla y de Navarra y de Alemania que havia dado para forraduras de los vestidos de la Reyna y Infanta. 1 Jan. 1401. (No. 1.)

Revatan a ciertos J. por el logro de 700 fl. por el termino de 4 meses que fueron maillevados de eillos para pagar a las gentes de su Casa 70 fl. 24 Feb. 1401. (No. 10.)

1568 (4) Pague a Nazan del Gabay £65·4 que el Rey le devia por 28 cayces de cevada y 41 cayces de Abena que havia comprada de el. Tiene carta de pago al dorso. 16 Mar. 1401.

(6) Dejen a D.ⁿ Juze orabuena Rabi mayor de los J. entregase de la Pecha del Quarter primero de Julio por quitar la obligacion a Jacob Cortes de £76 por 450 Beyres nuevos en Voras que nos por la gran necessidad de Peylleteria que ahora abemos por la yda en Castieilla de la Reyna nos havemos fecho comprar por nuestro amado conseillero D.ⁿ Juze orabuena. Al dorso carta de pago por Jacob. 19 March 1401. (No. 19.)

1569 (7) Haviendo en memoria algunos servicios que la Aljama de los J. de Tudela le havia hecho y considerando las grandes cargas que sostenian y mayormente por que era certificado que la sinagoga mayor de la dha Aljama es derribada por tal que mejor se eforzen a reparar lur dicta sinagoga le remete lo que le devian de la Pecha ordinaria del Termino de Navidad y del de San Juan £120. 13 May 1401. (No. 24.)

1570 (8) Revatan a Juze Orabuena las cantidades que havia dado a.... y al Maestre Azday por hacer sus expensas a venir de Zaragoza on Pamplona ... 13 May 1401.

(11) Revatan a Juze orabuena su medico las cantidades que havia dado a.... y al Maestre Astrug Rabi de la Aljama de Tudela. 13 May 1401. (No. 24.)

1571 (7) Pague a Zazon Ederi J. de Pamplona 25 fl. por un Rozin. 18 May 1401. (No. 25.)

Obiendo en memoria los buenos servicios que su fisico Juze orabuena J. Rab mayor de los J. de su Reyno le havia hecho en dibersas maneras queriendole remunerar en bien et dar galardon seynalado a perpetua memoria le da unas casas de su Real Patrimonio que tenia en la Juderia de Monreal con su corral &c... pagandole cinco sueldos a perpetuo en cada un año. 17 June 1401. (No 30.)

1572 (16) De a Abran ensoep J. servidor de la Reyna £214 por cada mes que havia ordenado tomase por sus gentes de Castiella ultra la ordenanza de su cambra y de la su cambra a los dineros. 13 Sept. 1401. (No. 45.)

Revatan a Abrahan Ensoep J. Tributador de la imposicion las cantidades havia sacado a Mallenta de cierta personas de fuera del Reyno. 2000 fl &c. 16 Sept. 1401. (No. 47.)

1573 Mandamento de Juze Orabuena Rab de las Aljamas de los J. de Navarra puesto por el Rey para recibir la Pecha para que a los ordenadores de la Aljama de Pamplona D.ⁿ Jacob Cortez les obligase a pagar a Miguel le Cella y a su compañia [de Anglaterra] 370 fl. que se les devian de Paños tomados en sus Tiendas vendiendo y espleytando sus Vienes y si menester sera por Prision de Personas no dandolis Adeamiento alguno como Pecha ordinaria del dicto Seynor. Nov. 1401. (No. 68.)

Cajon 87.

1574 Revatau a Abraham Enxo=p Recevedor de Estella 40 fl. que hava dado a Maestre Azday Rab de los J. de Zaragoza por yr a Sanguesa, a Egea y a ciertos otros lugares a donde dho Rey le avia embiado por ciertos negocios que a su servicio cumplian. 16 Mar. 1402. (No. 16.)

1575 Pague £215 que se devian a Rabi Salomon Orabuena por treinta y tres fustas de Pino de Castiella y por viente y dos fustas y media para las obras de Cortes. 14 April 1402. (No. 20.)

1576 (4) Tenga por quitos a los Tributadores... Acap Alquexi J. de Sanguesa que tributo la imposicion de los articulos del Pan en grano, Caza et Pollailla, Jacob de Thorres J. que tributo de la imposicion del articulo de la carne viba y muerta &c. 23 May 1402. (No. 25.)

1577 Carta de pago dada por Andulla Granada y por otros Moros de la moreria de Tudela a favor de D Simuel Bienbenist y de otros J. de Tudela de 912 florines de cierta fiaduria que los sobre dictos Moros eran fiadores a otros del Lugar de Borja por mandamiento de Juan Caritat. 23 June 1402. (No. 30.)

1578 Esquardando la gran disminucion del Pueblo de las Aljamas de los J. de su Reyno y teniendo compasion de su pobreza ordena que por toda Pecha ordinaria, forrerias, ordenanzas, Letras de Porteros, encenses, Alquecerias, todos los J. que moraban ō benian a morar y estar en su Reyno durante el Termino de diez años pagasen todos fundamente en cada uno de los dhos años siete mil Libras. 27 Aug 1402. (No. 38.)

1579 Escritura por la que Guillen de Agreda da en arrendamiento el peage de la villa de Tudela De Nezbas Sancullos Lienzos, Ollas, Muelas, Lecta de Guevas à Acaz J. de Tudela por 4 años y por £18. 10 encadauno. 7 Feb E 1412. (No. 83.)

Cajon 89.

1580 Hace la reparticion de lo que devian pagar las Aljamas de los J. y a la de Tudela la correspondia la paga de £3762. 10 y à la de Leria la de £1725 a la de Pamplona a £3762 10 0, a la de Funes lo que expresa. Esta cedula no corresponde a este año [1403] por que el secretario era Pierres Magdaliñe. (No. 2.)

1581 Manda a la Aljama de los J. de Peralta que de los tres quarteres pagasen lo que devian a Juze orabuena y no a los de Peralta sin embargo que antes hubiese mandado darlos a los de dha villa para a lobo de la Puente. 26 Nov. 1403. (No. 15.)

Cajon 91.

1582 (4) Carta de pago da la por Ezmel de Huerta hijo de Mair de Huerta J. de Tudela. 12 Diz. 1404. (No. 47.)

Cajon 92.

1583 Poder dado por el maestre Pedro de Abila cerujeano de Rey de Castilla a D.ⁿ Levi Arrobas hijo de D.ⁿ Mose Judio Vezino de Avila para cobrar 900 fl. que el Rey de Navarra le hacia mandado dar por su servicio. (No. 17.)
    [Attached to a document with which it has nothing to do. Qy., a bill of exchange?]
    Throughout these entries are instructions to pay various few sums they have paid for the king or credit them [revatan].

Cajon 93.

1584 (2) No pida £50 a Juze evendavit J. de Pamplona Retributador de Abran Ebendavit et Acaz Orabuena Tributadores de la imposicion de la Merindad de las Montañas por lo relativo a los Articulos de la Carniceria y del vino por quanto se las havia perdonado en atencion a su gran pobredad. 24 Nov 1404. (No. 34.)

Cajon 94.

1585 Carta de pago dada por Abran Orabuena, Mose Orabuena, Acaz Benjamin, Acaz el Malac, Juze Avendavit, Abran Guluf, Jento Asce, y otros J. de Tudela de 40 fl. 1 Jan 1407. (No. 1.)

1586 Pague a Nazar del Gabay £84 por una mula negra. 24 Mar. 1407. No. 3.)
    [Similar entries in previous years.]

1587 Manda al Thesorero que pagando su medico Juze Orabuena el Tercio de las enmiendas y vendenage que le correspondia no le obligase a pagar mas: dho medico tenia de dono la Tintura y enmiendas de Estella estimadas en £55 y la Leyta y vendenage de los J. de dha villa estimadas en £12 et que dho medico de su proprio movimiento dejo al Rey la

Tintura y Lezta reteniendo las enmiendas y Vendenage y que el Thes.º le obligaba a pagar el Tercio a respecto de £35 siendo asi que no valian tanto. 1 May 1407. (No. 22.)

[Other transactions of Juze 94, No. 42 (6), containing several papers.]

1588 Donacion a Juan Guarcia de todos los vienes que fueron de Pero Ruiz los que le havian sido confiscado por haver muerto a Barcelay Judio de Falces estando en Salvaguardia del Rey. 20 Aug. 1407. (No. 54.)

Cajon 95.

1589 Remito a Juan Garcia la mitad de la condenacion que era cien florines dha mitad en que havia sido condenado por la corte por que toneo y encarto en su casa a Juze Ahaen J. de Pamplona y lo tubo preso y lo quiso ranzonar. 16 Feb. 1408. (No. 14.)

1590 Acaz Orabuena y Judas Orabuena=Tributadores de las sacas y Peages. (No. 15.)

1591 Rebatan a Juse Orabuena &c. 21 Feb. 1408. (No. 15.)

1592 Da licencia a Juze Orabuena su medico que devia yr con el prontamente a las partidas de Francia para que nombre Personas que en su ausencia cobren sus ventas quien en vertud de ella nombro su Procurador para ello y para todos sus Pleytos a su hijo Judas. Tiene una carta de pago por este. 4 May 1408. (No. 45.)

1593 Revatan a Mosen Medellin y Nazar Medellin J. de Estella Tributadores de sacas y Peages &c. 4 Aug. 1408. (No. 96.)

1594 Carta de pago de Abran Azen Guarda del Leon=de Maestre Azaq Bonbet fisico y otros J. 1408. (No. 4.)

Cajon 96.

1595 Carta de pago de Juan Lopiz, Justicia de Tudela de los emolumentos de la Tapirería de los J. y Moros 1409. (No. 37.)

1596 La Senora Infanta D.ª Juana informada de la desegecion del Maestre Sallaman Gateymos fisego ó medico y de las buenas curas y practica de medicina que havia hecho le nombra por su medico a los Onores a fisego suyo y le da 300 fl. en cada un año para mantamiento de su estado durante la voluntad del Rey. 1 Feb 1409. (No. 3.)

Cajon 98.

1597 Informado de que havian sido tomados a Maillenta de cierto Judios ó Moros de Borja del Reyno de Aragon de su orden por los Moros de Tudela 400 fl. de oro y 64 fl. por el logro de seis meses manda al Thes.º pague 50 fl. a Samuel Bienvonist que havia dado a dhos Moros. 13 May 1411. (No. 44.)

1598 Revatan al Thes.º lo que havia dado a Acaz Evendavit J. de Olit por Paños gruesos de Aragon. June 1411. (No. 49.)

Cajon 99.

1599 (4) Revata a Juce Orabuena 100 fr. por una mula tomada de el en Paris y dada por dho Rey al chancellor del duc de Bretayna y 50 fl. que Judas Orabuena dio al Rey en Barcelona &c 11 Aug 1411.

(3) Tomado el Pleyto de Pere Alaman con Jacob Abeldano a causa de cierto compto de cierta imposicion por la qual havia sido Preso dho Abeldano les oygan sus razones y hagan cumplemiento de Justicia. 10 Aug 1411. (No. 9.)

Cajon 100.

1600 (1) Pague a Saul Levi lo que se devia y a su compania por 7 codos de paños blan de Bristo para hacer opas capenot y calzas. 2 Jan 1412. [Vide also (4).] (No. 7.)

1601 (11) Mandamiento del Thes.º a Juze Orabuena para que pague a D.ª Juana Primogenita las £4000 de su pension. 8 Feb 1412. (No. 36.)

1602 (5) Revata a la Aljama de J. de Monreal £40 de la Pecha de aquel año. 15 Feb. 1412. (No. 40.)

1603 (1) Revatan al Thes.º once escudos que le havia dado en sus manos de la confiscacion de ciertos J. de Monreal. 7 March 1412. (No. 48.)

1604 (2) Da 18 escudos à 47 s. a su medico D.ⁿ Juzaf. 10 May 1412.

(3) Certifica haver recivido de Abran Azaya y su muger, vezinos de Estella, £40 que devian a Abran Euxoep. 10 May 1412. (No. 79.)

1605 Esquardando los agradables servicios que le havia hecho Judas orabuena lugar Theniente do Rau de los J. del Reyno y que le convenia a su servicio sequescer todos los dias su corte le da £200 en cada un año sobre la Pecha de los J. 1 July 1412. (No. 97.)

1606 Donacion a Iglesia Cathedral de Pamplona por 10 años £1,000 carlines sobre la Pecha de los J. de Pamplona Sanquesa Monreal y Puente de la Reyna. 1 July 1412. (No. 98.)

1607 Donacion a Azi Buena Judia de Pamplona y a Simuel y Jento sus hijos una casa en la Alcaceria de la Juderia de P. linda de casas de la Alcaceria y en la carrera publica Rua de la Alcaceria. 24 July 1412. (No. 108.)

Cajon 101.

1608 Retavan a su medico Juze orabuena 70 fl. que le havia dado. Antes la razon de las Medicinas que se devian hacer para la Infanta D.ª Isabel y la carta de pago por el Boticario. 15 Sept 1412. (No. 18.)

1609 Remite a las Aljamas de los J. que estaban muy demenudas £1000 de las seite mil que le devian pagar de Pecha ordinaria. 16 Sept 1412. (No. 36.)

1610 (8) Da a Sorbeillida Judia hija de Juze orabuena su medico y muger de Abran Euxoep £50. 26 Nov 1412. (No. 37.)

Cajon 102.

1611 (3) Quiere que el Maestre Aron Judio tenga para mantene-miento de su estado 9 fl. por cada mes durate su Voluntad en atencion a las buenas curas y practicas que havia hecho y por que tubiese con que mantenerse y ser bien servido en adelante Tiene ocho cartas de pago. 4 Mar. 1413. (No. 21.)

1612 (2) Revatan por un mesagero embiado por los Alcaldes de corte de Sanquesa a Olit sobre el hecho de ciertos Judios. 12 March 1413. (No. 25.)

1613 (7) Da a Simuel Alfaque J. de Estella £100 pagadas en 4 años. 2 April 1413. (No. 32.)

1614 (1) Da a Juze Orabuena 100 fl. por sus buenos servicios. 7 April 1413.

(3) Pagan al Thes.º lo que le devia Sento Saprut J. de Estella que fue Justicindo y muerto por condenacion de la Corte por los grandes ecsesos que el en su vida cometio y hizo y sus vienes confiscados al Rey. ibid.

(4) Revatan a Judas orabuena 25 escudos que pago de usura por un año por 150 escudos que maillevo de su orden. 8 April 1413.

(5) Revatan al Thes.º lo que le devia Abraham Bon Ysach J. de Estella que fue condenado a muerte por sus ecsesos y sus vienes aplicados al Rey. 8 April 1413. (No. 34.)

1615 (3) Revatan al Thes.º las partidas de deudas de dho Rey y que Abraham Euxoep devia a dho Thes.º las quales se allan espresadas en dha cedula. Antes una Declaracion de Jento Ravi David Juez advitro sobre los devates que los Tributadores de la Imposicion tenian entre si. 30 Ap. 1413. (No. 43.)

1616 Informado de la suficencia de Abran Cominto J. page de la Reyna le retiene en su fisigo a gages de £100. Tiene dos cartas de pago. 1 June 1413. (No. 65.)

Cajon 103.

1617 Pague al Maestre Abrahan Comineto su medico lo que se le devia de su viage a Bearn de Verr la Infanta D.ª Juana su hija promogenita a qui Dios perdone et partio desta villa de Olit por yr en el dho viage 7 Julio et estudo en el dho viage ata 30 de dho mes inclusive en que hay 24 dias. 13 Aug 1413. (No. 17.)

Cajon 113.

1618 Letras de Ochoa Sanchiz y Jento de Ravidavid, J. de Pamplona Tributadores con otros de sacos y Peage de todo el Reyno : havian tributado la imposicion de heredades freira ervazgos y Primicias de Estella....a Acach Parego y Judas Macarol : mandan que a los dhos J. obediscan por tales Tributadores. 14 Ap. 1414. (No. 28.)

1619 (2) Pague a Nazan Carmel J. de Estella un Rozin Roan. A su continuacion el gasto de las hechuras de vestidos para los cambarlenes y Douceles. 2 May 1814.

(3) Perdona a Abran Emperat retributador de Lerin £80. 7 May 1414.

(7) Certificado de la gran perdida que Salomon Baco, J. de Tudela havia tenido en el retributo de las eredades, ervagos, fusta, ferrerias, y carniceria de los J. de Tudela le perdona £189. ibid. (No. 32.)

1620 (1) Pague Salomon Bacon 30 fl por una mula grisa. 8 May 1414.

[Many similar preceding this.]

(3) Perdona a Salomon Algondis retributador de Peralta certificado de su gran perdida £53. ibid.

(4) Do. a Nazan Medelin Retributador de la carniceria de Estella £200. ibid.

(6) Do. a Juze ofizial retributador del Ganado vino y del Olmundi de Tudela £170. ibid.

(7) Perdona al carnicero de Pamplona retributador de la carniceria de la Juderia de dha villa £100. ibid.

(8) Perdona a Mois retributador de Larraga Berbizana &c £500. ibid.

(9) A Juze Benosiello retributador de Viana £200.

(10) A Abran Levi retributador de Sesma y Mendovia £40.

(12) À Jacob de Villafranca £100.

(13) A Salomon retributador de la Leña Carpenteria, Pau, Coeles y otror articulos de Estella £65.

(14) À Ezamel Retributador de las ferias de Tudela £15·14. (No. 33.)

1621 (1) Perdona a Juze retributador de los Paños de Pamplona por la gran perdida que havia tenido £300. 8 May 1414.

(4) A Abrahan retributador de la carniceria de Tudela £60. ibid.

(8) Havian compuesto con Juze Medellin retributador del Pan que entrase a venderse en la villa de Estella... por razon que en el año pasado havia muy gran falta de Pan... no huviera enfranquezido a todos los que trajesen a vender Trigo y cevada a dha villa de toda la imposicion se revatiesen £770·10·0. ibid.

(11) Revata a Judas Baco retributador del Pan en la villa de los Arcos £268·19. (No. 34.)

1622 (5) Perdona a Acaz retributador de la Bureilleria de Estella £40. 10 May 1414. (No. 35.)

1623 (1) Revatan al Recevidor general lo que havia dado a Saul Acaya J. de Pamplona por un collar de plata. 12 Sept. 1414. (No. 63.)

1624 (4) Pague 45 fl a Abran de Larranza J. de Pamplona por una mula. 18 Sept. 1414.

(6) Pague 75 fl a Alazar J. de Pamplona por un Rozin. (No. 65.)

1625 (1) Pague 90 fl. a Maestro Alvacoz por una Mula. 25 Sept. 1414. (No. 72.)

Cajon 117.

1626 (1) Ordena que el Maestro Samuel de Granada que havia venido de su Reyno de Tierras estrañas por algunas cosas que le havia mandado tenga para su mantenimiento 5 fl. en cada mes. 4. Jan. 1418. (No. 3.)

Cajon 118.

1627 (6) Pague 45 fl. de Aragon a 30 s. a Juze Tulli, J. de Tudela por un Rozin rucio pomelado. 15 Diz. 1412. (No. 42.)

1628 (1) Revatan 300 fl. de los 900 en que havia sido condenado Juze Alfaqui J. de Pamplona por ciertos delitos y ecsesos 1 Sept. 1420. (No. 83.)

Cajon 119.

1629 (4) Salomon Baco tome de lo que le deveria a causa de los Tributos del Almundi y carneceria de Tudela lo que le havia prestado y de lo que le devia a dho Salomon de un Rozin. 30 Aug. 1421. (No. 53.)
    [(1) todo el pan que se vendiese en el Almudi de Tudela fuese libre de pagar imposicion en los meses de Abril, Mayo y Junio por la gran carestia de pan.... descargue al Tributador £141 · 13.]

Cajon 120.

1630 Quadernos de 1422 de medicinas para el Rey y para la Dama del Rey Luciana y para otros. (No. 20.)
    [May have reference to the Jewish physicians.]
1631 Conto de Salomon Baco J. de Tudela y Colector de la imposicion de la dha ciudad y de la merindad de la Ribera en el año de 1423. (No. 26.)

Cajon 125.

1632 Como hubiese ordenado que Guillemen de Ceres tubiese £100 en cada año sobre la casa de Alcaceria de las Tiendas...... de los Argenteros y de las Plazas de los nacendores y sobre los censos de los J. de Pamplona y despues hubiese tomado en su mano dha Pecha y renta 37 cayces; tome £50 en cada un año durante su vida sobre los dhos tributos y censos de la Juderia de dha Ciudad. 20 June 1424. (No. 29.)

Cajon 126.

1633 (2) Hace gracia a Nazan Cerruch J. de Estella por dos años las emiendas del Mercado de dha villa. 21 Aug. 1427. (No. 18.)

1634 (1) Perdona a la Aljama de los J. de Viana en atencion a su pobre faculdad £100 de la pecha ordinaria en cada un año por tiempo de su Voluntad. 16 Aug. 1427. (No. 57.)
    [Copied 11 June 1428.]

Cajon 132.

1635 Pedro Martinez da a censo perpetuo a Açach Zarazaniel y à Mosen Zarazaniel su hijo, vecino de Tudela, una tabla de viña por 72 s. de censo perpetuo en cada un año. 26 Feb. 1432. (No. 10.)

Cajon 134.

1636 (1) Arrendamiento hecho por cierto J. de Pamplona de los sacos y peages. 1432. (No. 7.)

Cajon 135.

1637 (1) Revatan al Procurador fiscal 70 fl. que havia recivido de Simuel Levi J. 2 May 1433. (No. 9.)

1638 Enfranquese del censo de 21 s. que debia la casa que compro Gento de Rabid J. de Pamplona en la Judera de dha ciudad de Maestro Jacob Aboazar fisigo situada en el Barrio de la sinagoga mayor linde con el muro ò cerca de la ciudad y de casas que los J. que espresa. 19 May 1433. (No. 22.)

1639 (1) Pague £198 a Rabica Judio [sic] de Tudela por los paños que habia hecho comprar de el para vestir algunas personas de nuestra casa…1° de Ypu por una Mantelina 60 s. 2° una pieza de panio de verde de Vristol. 4.° media pieza paño Tarazona £12 &c. 19 May 1433. No. 23.)

1640 (3) Pague a Gento Mainos J. de Estella £50·8· que havia dado por una pieza de trecenil vermejo y por otra cardera y por otra tela Ypuzcoana. 7 July 1433. (No. 29.)

(5) Pague al mismo 425 fl à 30 s. por 8½ piezas de paño de Aragon y 13 piezas y 24 codos de paños de Tudela. *ibid.*

1641 (5) De a Gentos de Rabi David 100 fl. a 36 s. que le habia dado a la Reyna. 12 Aug. 1433. (No. 33.)

1642 (7) Pague a Gento Mainos £233 que le havia dado para el viage de Zaragoza. 23 Sept. 1433. (No. 35.)

1643 Revatan la cantidad dada a Maestre Jaco Aboazar fisico para que se dispuese a ir con la reina en el dho Pelerinage. 27 Sept. 1433. (No. 36.)

1644 (1) Pague a Gento Maincos J. de Estella una pieza de Rosel y 22 codos de paño.

(6) Pague a Gento de Rabi David £50.

(7) Al mismo £100 que le havia prestado para sus necessidades.

(8) Pague a Yuda Veredebut Mercadero J. de Peralta 200 fl. a 37 s. que le havia prestado. Oct. 1433. (No. 38.)

1645 (5) Pague. £366·4. a Gento Mainos J. de Estella que le havia prestado. 10 Nov. 1433. (No. 41.)

Cajon 137.

1646 Como por parte de la Aljama de los J. de Tudela le hubiese sido dado a entender que eran grandemente disminuidos y muy pobres de modo que no pudian pagar las cargas les perdona por que los que eran ausentados a vivir a su Regno £342 de la pecha ordinaria. Se puede ver en ella como por no poder pagar la pecha hechaban en cada libra de carne siete cornados y otras cargas de cabezages y las grandes cantidades con que contribuian al Rey. 21 Jan. 1435. (No. 3).

1647 (1) Pague a Gento Rabi Dabid £78 que havia dada a la Reina.

(8) Al mismo £218.12 que le debia por una pieza de paño verin celeste y 16 codos de paño verde de Vristol y 22½ codos de paño de pamias y otros paños y mas £30 que le habia dado para pagar 3 Almadraques y una Caza de Almadrach para la Yglesia de Santa Brigida para los Monges. 26 Jan. 1435. [similar 137 No. 26. (2).] (No. 4.)

1648 (9) Da cuenta à Jacob y à Nazar tributadores de la imposicion. April 1435. (No. 11.)

Cajon 139.

1649 A Abraham Carfati Judio Texedor por su trabajo y afam de Tejer 76 codos de tela destopazo que Nos la dha Reina le ficiemos texer para nuestro servicio. June 1436. (No. 17.)

Cajon 144.

1650 (1) Pague Gehuda Almidi J. de Peralta por 12 docenas de tramas compradas de el para ciertos cuxines. 27 May 1440. (No. 15.)

1651 (1) Pague á Ynce Alfaqui J. de Pamplona £157.10 por razon que havia enfranquecido de la imposicion a los de Lugar de Goerneta. 12 June 1440. (No. 17.)

1652 Da a censo perpetuo a Gento Iamiz y á su muger, J. de Corella un Solar de Casa que el Rey tenia en dha villa por cinco sueldos en cada un año. (No. 35.)

1653 Manda a Oidores les remitan el Pleito que antes ellos se seguia entre el Alcait del Castillo de Tafalla y un Judeo por cierta asignacion. 1440. (No. 41.)

Cajon 145.

1654 (6) Vn dono a Gento Manios J. 8 Jun. 1442. (No. 49.)

Cajon 146.

1655 (5) Pague a Simuel Lebi, J. de Pamplona 20 fl. a 30 s. por un rocin de pelo negro y por 12 codos de paño negro de Tudela y 12 codos de roset plano de Tudela comprados de dho J. por delibrar a Fr. Christofolo Abrahe Capellan de las Judias y de la Orden de San Anton del Desierto de Jerusalem. 7 Jun. 1434. (No. 12.)

1656 Pague a Gento Manios £30 y 10 fl. 22 Jun. 1434. (No. 15.)

1657 (8) En consideracion de los buenos servicios que Maestre Vidal Cerujico J. de Olit le havia hecho le da £50 por sus travajos. 14 Sept. 1434. (No. 28.)

1658 Como la Aljama de los J. de Tudela le debiesen anualmente £257 11 s. carlines blancos por los censos et Laqueros de Alcaceria, Corretunas, Carnicerias, Tiendas Dargenteros, Zapateros, Loqueros Acenses de las casas de dentro y de fuera de los muros de la dha Juderia y la Reina su Madre hubiese mandado derribar la dha Alcaceria, Casas, Tiendas y Carcenerias y la materia, fusta y piedra de aquellos que se pusiese en la reparacion del Castillo de dha Ciudad. Por lo que viendo dho Rey D.n Carlos que la dha Aljama no pudia pagar dichos censos y Loquero por razon que dha Alqueceria era derribada les hizo remission de dhas £257. 11 s.

    Dada en Olit a 24 Nov. 1434 por la que confirma otra del Rey D.n Carlos dada en Estella a 20 Jun 1416. (No. 40.)

Cajon 151.

1659 (7) Informado del daño y menescabo que Esmel Falaquera J. de Tudela Tributador de la imposicion de Articulos de Zupateria, fuste et Ferreria que el ha tenido en los años de 42 y 43 havia recivido tanto a causa de la guerra de entre Tudela Corella y Alfaxo que en los dhos años ha continuado que curambres algunos no han sido fechos como por las gracias que Nos ficiemos a los Curaceros que vinieron a la dha Ciudad... Oviendo pietad de el le perdona £225. 26 Jan. 1444. (No. 1.)

Cajon 154.

1660 Que Juze Alfeda J. de Monreal sea descargado del tributo de la imposicion de la Villa de Sanguesa de £80 por quanto se havia convenido que si nos fuesemos a dha villa y si franco alguno yba en nuestra compañia que aquellos tales francos no obiesen a pagar de las franquezas en perjuicio de su arrendamiento. 16 Mar. 1446. (No. 5.)

1661 Sobresien en la execucion de Martin Martinez hasta la venida de Pere de Jaqua a instancia de Jento Rabi Dabid por quanto decia que el dhos Martin y Pere le devian ciertas sumas de dineros. 30. Mar. 1446. (No. 6.)

Cajon 155.

1662 Perdona a Achaz Orabuena J. de Tudela del tributo de las Mesuras del Almudi de dha Ciudad £100 por causa de lo que havia perdido por la guerra. 3 Jan. 1450. (No. 21.)

Cajon 156.

1663 Donacion a Carlos Dagramont del P revostado de Tafalla y del Bailio de los J. de dha Villa. 10 April 1451. (No. 24.)

1664 Manda oydores iniban a Pedro de Gazaiva Portero haga execuciones en la Aljama de los J. de Pamplona por quanto dha Aljama se lo havia quesado que les hacia muchas vejaciones en las execuciones y que se excedia en los limites de su oficio vituperandolo &c. 19 Jun. 1451. (No. 31.)

Cajon 157.

1665 Arriendo de la imposicion del Articulo de Erbagos y Eredades de la Ciudad de Tudela... a Aimi Judio por un año. 15 April 1454. Y mandan que durante aquel año... paguen a dho Ani el drcho de dicha imposicion. (No. 21.)

Cajon 158.

1666 (3) Hace gracia al Conde de Castro de la pecha de los Cristianos y J. de Cascante. June 1457. (No. 9).

1667 Pague a Abran de Larrabiza J. de Tudela lo que se le debia por lo que el dho Rey fue tomado de el en Octubre 1451 para el enterrorio del Camarero mayor de sus Armas que fue 20 codos de Champaina cara la Mortalla de dho Mosen. 1 Abril 1460. (No. 35.)

1668 Diferentes mandamientos del Thesorero para que Juze Rabi y sus compañeros diesen a los oydores de comptos 500 fl. Mar. 1461. (No. 52.)

1669 (1-2) Manda a Yuce de Rabi Dabid, clerigo de la Thesoreria y Colector General de la imposicion de Alcabalas de todo el Reyno pague a...

(3) Recibo en cuenta a Leon Frances J. de Sanguesa Imposedor lo que havia dado por 200 carapitos de vino. Antes una certificacion de Martin Duriz de lo que havia asegurado Leon Frances Ymposedor de Sanguesa... que fue 200 carapitos de vino a razon de 8 sueldos. May 1461. (No. 56.)

1670 Tome en quenta a Tortos J. los 30 fl. que Gento Bencida J. de Tudela le debia del empeñamiento que habia hecho quando tubo la guardia del Omenage de dha Ciudad quien a sus proprias expensas le habia guardado y por dar buena cuenta de ella habia gastado toda su acienda empeñando sus bienes y unas Casas en poder Dusiea a Tortos J. en aquella ciudad en 30 florines. 25 Nov. 1461. (No. 65.)

Cajon 159.

1671 (3) Pague £90 tomadas de Salomon Malat J. de Tudela para la reparacion de los muros de la Juderia de dha Ciudad. Tiene carta de pago. 20 Abril 1462. (No. 19.)

Cajon 160.

1672 Manda a oydores que con toda solicitud entiendan en facer tornar à vivir y avitar dentro del Portal de la Juderia de Pamplona à todos los J. que viven fuera daquel enta la Calle clamada del Alferia a penandolos y costrinendolos a fin que la Judeiia no sea dirruida antes se haya conserbar segun cumple al servicio del Rey. Y que les hagan reparar las casas que eran del Real Patrimonio. 9 May 1469. [two copies.] No. 58.

Cajon 162.

1673 Al pie las confirmaciones de Doña Leonor a 21 Oct. 1474 quien le otorga de nuebo la motalafia de los Judios y el tributo de la escrivania de estos Moros, y la de Don Pedro Cardinal de 29 Aug. 1480. (No. 51.)

Cajon 164.

1674 Ordenanza de 1482 para que los J. no salgan los dias de fiesta de sus Judcriales ni handen por las calles entre los Christianos hasta que todo el oficio séa hecho escepto los Medicos y Zerujanos para visisar los enfermos. (No. 28.)

Cajon 165.

1675 Aprueba todos los Privilegios y franquezas que los Reies sus antepasados habian concedido a la villa de Corella de los quales habian gozado y no de los que no habian tenido uso y que los J. vivan en el Barrio llamado parte casa &c. 6 May 1488. (No 19.)

Cajon 166.

1676 Da a censo perpetuo al Abad de Leiarcul una casseta con su entrada en el Barrio nuebo [de Pamplona] que por tiempo solio ser Juderia por 10 sueldos en cada un año. Nov. 1498. (No. 63.)

1677 Compto del año 1498 del los censos de la villa de Corella y de los Censos nuebos que son despues de la concesion de los J. (No. 65.)

Cajon 172.

1678 (2) Libranza de Dineros fecho por Juze de Rabi Dabid en nombre del Thesorero en Correos y mandaderos. 1462. (No. 6.)

Cajon 175.

1679 Vn Libro de cartas y escrituras tocante a la Pecha de los J. del Reyno del año de 1421 y de otros años Ytem de la reparticion de la pecha de los J. del Reyno de los años de 1423 y 1424. (No. 5.)

Cajon 190.

1680 Por consideracion de los grandes afanes y Travajos que Gento de Rabi y Dabid havia pasado por su servicio le da en cada un año 40 fl. 2 Nov. 1435. (No. 32.)

SIMANCAS.

Estado Castilla.

1681 Carta autografa del Infanto D. Fernando a su hermano el Rey de Castilla D. Enrique III suplicando que los Jueces que entendian en el Pleito de los Judios no dilatasen en sentencia por mas tiempo que el señalado. Sin fecha. [Leg. 1.º 1.º 70.]

1682 Copia de una provision en latin de los Reyes católicos asegurando de Real fe a Juan Vidal, vecino de Mallorca, y su muger e hijo Antonio Vidal que habian sido procesados por los inquisidores de dha ciudad por el crimen de Iresequia y apostazias de la qual habia sido absuelto por el Papa. *Sin fecha.* [Leg. 1.º f. 105.]

1683 15 Mar. 1510. Cedula original del Rey catolico al Obispo de Lugo sobre la enseñanza de los christianos nuevos. [Leg. 1.º f. 209.]

1684 Carta autografa del licenciado de Chuba al Condestable de Castilla diciendole se haria lo que mandaba, y dandole parte de que los de Valmaseda depues de lo de los Judios y desvarios contra la carta de su Alteza quisieron reunirse con los de Bermao y que no habiendolo conseguindo que se rindieron a el pediendole mesericordia &c. Bilbao Ap. 24. [Leg. 2.º f. 54.]

1685 Relacion de las cosas que ocurren y que se hacen saber al Rey relativas a la Audiencia de Granada y a los nuevos christianos que ha habia en este reino de Granada p.ª que las mandase poveer. [Leg. 2 f. 204.]

1686 Relacion de las cosas que pedia el Alcalde del Peñon de Velez y de los Judios que con él trataban, sin duda para entregar dicho Peñon anno que no se espresa. [Leg. 2.º f. 338.]

Estado España.

Series No. 2.—Secretario de Estado. Del Tiempo de los Reyes Catolicos.

1687 Judeos de Avila. Nota sobre la conversion. (No. 1.²º)

1688 Un macito de papeles tocantes a Moros y Judios. (No. 1.²º)

1689 Provision sobre la expulsion de los Judios de Castilla año 1492. (No. 1.²º)

1690 5 canones sobre la expulsion de Moriscos y Judios y persecutiones contra los nuevamente convertidos. 1598. [? 1598-1603.] (No. 2636.)
1691 Sobre expulsion de Moriscos y Judios del Reyno de Aragon y Valencia. (No. 2638.)
1692 Expulsion de los Judios de Oran A.D. 1669. (No. 2688.)
1693 Otra sobre la expulsion de los Judios de Oran A.D. 1669. (No. 2689.)

INQUISICION.

1694 Copia simple de la provission de los Reyes Católicos para que salgan los Judios de Castilla. Año de 1492. [Legajo unico.]
[Copiado para los Senores Barauda y Salvú 25 Mar. 1846.]
1695 Relacion de unos Inquisidores de Cordoba de varios Judaismos que se cometian alli, año 1503. (No. 1.²º)

SUPPLEMENT.

BARCELONA.

Further selections from the Registers.

1701 Absolucion de la aljama de los J. de Barcelona (R°. 1906 f. 131 [1393-4 A.D.]).

1702 Licencia al Monasterio de S. Victorian para tener 30 casatas de los J. de Barcelona (R. 1687 f. 3. [1383-4]).

1703 Donacion al Infante D. Martin de 40 casatas de los J. de Barcelona (R. 1681 f. 142 [1373-7]).

1704 Prov. gen. de Valencia, podia conocer de las causas de los J. de Concentania (R. 2047 f. 1. [1400-3]).

1705 Donacion á Belleron de 4 casatas de J. en Ricep (R. 1893 f. 89 [1387-8]).

1706 Item á Lope de Sese de 20 (R. 1894 f. 65 [1388-9]).

1707 Item á Bonestro de 10 (R. 1897 f. 212 [1389-90]).

1708 Item á Lehori de 50 en Mora (R. 1900 f. 58 [1391-2]).

1709 Item á Vitialere de dos sinagogas en Valencia (R. 1902 f. 83 [1391-2]).

1710 Item á hermitanos de Monte de Pacht de la sinagoga de Villafranca (R. 1904 f. 100 [1392-3]).

1711 Item á Garcias de 10 en Formaguera (R. 1906 ff. 114, 119 [1393-4]).

1712 Concesion á Escader de la Tapureria de tres J. de Zaragoza (R. 1693 f. 67 [1364-74]).

1713 Sentencia á favor de primogenito sobre la question de los J. de Alcañiz (R. 1786 f. 120 [1382-7]).

1714 Convencion sobre mutacion de local de residencia entre la villa y los J. de Cervera (R. 1788 f. 181 [1366-70]).

1715 Decretum conversorum ad fidem catolicam (R. 1903 f. 114 [1392-3]).

1716 Confirmacion á Jucef Avencafay J. de Xativa (1844 f. 166 [1388-9]).

1717 Donacion á Queralt de 5 casatas de J. de Cervera (R. 1892 f. 124 [1387-8]).

1718 Item á Ladron de 50 en Monzanera y Xulve (R. 1893 f. 208 [1387-8]).
1719 Item á Castillo de 10 (R. 1897 f. 129 [1389-90]).
1720 Item á Monasterio de Santa Cruce de 10 en Fores ó en Conesa (1899 f. 71 [1390-1]).
1721 Item á Obzena de Berga sinagoga menor de Barcelona (R. 1902 f. 71, 80 [1392-3]).
1722 Item á Cardona de sinagoga mayor (*ibid* f. 72).
1723 Venta á Vallerida de 8 carnicerias de la Juderia de Valencia (R. 1906 f. 109 [1393-4]).
1724 Pragmatica prohibiendo la traslacion de domicilio á los Sarracenos y los J. conversos (R. 1927 f. 89 [1393-4]).
1725 Pro Acach golluf neoffito alias Joanne Sancey de Calataniebo (R. 1815 f. 136).
1726 Protectio aljameorum Judeorum Barchelonæ et totius Cathaloniæ principatus (R. 1903 f. 91 [1391-2]).
1727 Protectio Judeorum civitatis Valenciæ (1904 f. 231 [1391-2]).
1728 Assignacio aljamæ Judeorum Valencie noviter constituente (R. 1905 ff. 89, 91, 92 [1393]).
1729 Abolicio aljamæ Judeorum civitatis Barcelonæ et creatio novæ aljamæ (R. 1906 ff. 131-3 [1393-4]).
1730 Confirmacio Azday Cresquez J. Aljamæ civitatis Cæsar Augusti (*ibid.* f. 147).
1731 Pro aljama Cæsaraugusti (*ibid* f. 162).
1732 Franquesas Todros Ab-ndabuit J. Turolij (R. 1908 f. 140 [1394-5]).
1733 Declaracio Samuelis Abenduit, Samuelis Juce et Todros Abenduit Judeorum (R. 1909 f. 195 [1394-5]).
1734 Commissio ad apprehendenda bona Judæorum expulsorum R. 3552 f. 160 [1493-6]).
1735 Concessio conversorum civitatis Orioli (3649 f. 53 [1491-3]).

DOCUMENTOS.*

I.—(101.)

*Barc.*ª *N.*° 78.

In nomine Domini: Ego Joseph Ebreo venditor sum tibi Andrea Sutor tue qui uxori Eliardis nomine: Manifestum est enim quia per hanc scripturam istius mee venditionis sic vendo vobis vineas meas proprias quas abeo in territorio civitatis Barchinone in termino de Marrunono; advenerunt nobis prefatas vineas simul cum ipsa Terra in qua sunt fundatas per comparationem sive per aliis quibuslibet modis: affrontat numque a parte Orientis in Torrente a Meridie in Vineas Salomonis Ebrei cognominis Finos: ab Occiduo in Vineas Gulielmi Petri et in Eremo qui fuit Dursudi Blandrici que est condam: a circio in Vineas Sancti Petri cenobii Puellarum urbis prefate. Quantum iste affrontaciones includunt et isti termini ambiunt sic vendo vobis et de meo jure in vestrum trado Dominium hac potestatem in omni integritate simul cum exiis vel regressiis ejus ad vestrum plenissimum propium ut faciatis ex inde quedquid volueritis facere ex prefatas vineas et Terra in qua sunt fundatas. Accepi namque a vobis de vestro abere propter predictam venditionem quinquaginta segs solidos de bona plata atque recipiente quos vos comptores mihi dedistis et Ego venditor manibus meis recipi est manifestum. Quod si ego venditor aut aliquis homo utriusque sexus contra hanc venditionem venero aut venerit pro insumpendum vel infringendum nihil valeant nec valeat, sit componat aut componat vobis prefata omnia in duplo cum omni sua meliorationem et in super hoc maneat firmum omne per evum. Actum est hoc III Kalendas Junio ano xxxij° Regni Regis Philipi.

יודעים אנו חתומי מטה עדות ברורא שאמר לנו מר יוסף בר נחום(?) חתן
הוו עלי וקנו ממני וכתבו וחתמו עלי בכל לשן של | זכות ותנו לילדיו ועד
רוב אמררה יוחשין אלי ארדה להיות מירם לזכות שאמת שקבלתי מידם
ששה וחמשים דינ כסף צרוף ומכרתי לו בהם כל חלק וזכות | שיש לי בארון
דראים שהם במרצצות שקניתי מן יוד דשימר מאיר בר דוד ונבולין הם

---

* Revised from transcripts only.

K

רחוב למעלה בכתובת שלהם ומה שהיה בפנינו כתבנו וחתמנו בחותחיינו |
שנת הקֹעֹ ליצירה וינוט בידם לראיה ולעדות ראובן בר גרשום נֹגֹ יוסף בן
ראובן :

Signum Guliermi Levite
qui et caput scole qui hec scripsi cum litteris supra possitis in
linea V sub die et anno quo supra.

II.—(214.)

Registro No. 12. *Fol.* 50 *v.^{to} Año* 1262.

Jacobus etc.[a] Fidelibus suis vniuersis Vicariis baiulis Curiis
et eius subditis vniuersis ad quos presentes peruenerint salutem
et gratiam. Noueritis Nos usque ad festum proxime uenturum Paschalis Domini prolongasse Abrafim filium Maymoni
de Fez ab omnibus debitis et comandis quibus soluere tenetur
creditoribus suis in hunc modum quod si cum dictis creditoribus suis poterit componere possit in terra nostra habitare
salue pariter et secure cum omnibus bonis suis alioquin ex
tunc possit recedere ad quascumque partes uoluerit. Quare
mandamus uobis quatenus super hoc sibi nullum impedimentum faciatis nec fieri ab aliquo permitatis. Datum in Montepesulano. III.° nonas Martii anno Domini M.°CC.°LX
secundo.

III.—(215.)

Registro No. 12. *Fol.* 50 *v. Año* 1262.

Recognoscimus et confitemur debere uobis Salomoni Adret
judeo Barchinone mille solidos darchinonenses qui remanent
uobis ad soluendum de mille DC. et. XVI. solidis barchinonensibus quos uobis et Benedicto judeo Gerunde debebamus cum
albarano nostro quem a uobis recuperauimus et habuimus quos
mille solidos barchinonenses assignamus uobis habendos et
percipiendos in tributo quod judei Gerunde nobis dare tenentur in primo uenturo festo Sancti Johannis babtiste. Mandantes dictis judeis quod de dicto tributo nobis donent et
soluant denarios supradictos. Datum in Montepesulano IIII.°
nonas Martii anno Domini M.°CC.°LX.° secundo.

IV.—(289.)

Registro No. 13. *Fol.* 178 *v.^{to} Año* 1264.

Per Nos et nostros absoluimus remittimus et diffinimus tibi
Astrugo de Porta judeo Villefranche Penitensis et tuis imperpetuum omnem petitionem questionem et demandam et omnem

penam quam in bonis tuis infligere uel imponere possemus ocasione cuiusdam uerbi quod ut dicitur dixisti disputando in uituperium Jhesu Xi cum tercia parte uidelicet dictorum bonorum tuorum quam nobis ratione predicta retinemus ita quod solutis primo debitis que debebas die qua uerbum illud dixisti et deductis inde primo similiter dotibus et sponsaliciis uxoris tue et uxorum filiarum tuorum et etiam filie tue de residuo omnium bonorum predictorum mobilium et immobilium terciam partem habeamus, de aliis uero duabus partibus predictorum quas tibi dimitimus amore Benuenist de Porta fratris tui et filiorum tuorum volumus quod possitis facere tuas proprias uoluntates prout melius dici et intelligi potest ad tuum et tuorum bonum et sincerum intellectum. Remitimus etiam exilium tue persone sine aliqua pena criminali prout nostre placuerit uoluntati. Datum in Calatayubo. IIII.° Kalendas junii anno Domini M.°CC.°LX.° quarto.

V.—(500.)

Reg. 18. *f.* 63^b.

Ja. d. gra. &c. Fidelibus suis aljama Jud.^m Calatayub galē y gram. mandamus vob. quat. visis presentibus mitatis ad nos quatuor Judeos pro tota aljama vestra qui possint loco urj nbcum compre. super petient. qua. vob. y aliis Judiis regni daragon facimus talr. faciendo q. sint ntrum. hinc ad   dies in mense aug. et hoc not. mutetis nec differatis. Dat. in Almoda Kal. Sept. año dni m.cc. septuag^{mo} p'mo.

x Calatayu	iiij	Tertusa	iiij
x Daroche	iiij	x Vlut	iiij
x Ferol	iij	x Xatiua	ij
x Taragona	iiij	Murviedro	j
x Burgos	iij		
x Alajon	iij		
x Exea	iiij		
x Uncastell	iij		
x Lune	ij		
x Tahust	ij		
x Jacca	iiij		
x Barbastre	iiij		
x Munclos	ij		
x Rorta	ij		
Montço	iiij		

VI.—(500A.)

Reg. 18. *ff.* 64 *and* 64^b.

Ista e tallia dr. qs. m̃ judei donac. dno. regi ĩ auxilia viatici de Lucduno.

Jud'i	Cesaug	vi mill dccc. lxxx. i. sol iiij d
Jud'i	Oscc	iij mill ccc lxxxvij s. minus ij d
„	Calat.	iiij mill cclxxxviij sol iiij d
„	Daroce	m̃ ccccli sol vj d
„	Turolij	dcccclxviij sol minus iiij d
„	Barbast'	ij mill ccix sol min' ij d
„	Jacit'	dccclx viij sol min' iiij d
Jud'i de Luna		cxciiij sol min' iiij d
„	„ Rosta	cxc iiij sol min' iiij dr
„	„ Exca	m̃ ccccli sol vi d
„	„ Taust	ccxc sol vi d
	Borgia	ccxc sol vi d
	Teragon	d lxxxi sol
	Aragon	dcc lxxv sol min' iiij dr
	Monclus	ccc lxxx vij sol min' iiij dr
	Unicast'	dc lxx viij sol min' ij dr
§		xxv mill sol
Jud'i	Barch	x mill dc xx v sol
„	G'unde y Bisuldunj	vij mill dc xxv sol—collegit p. [d. franciach.
„	Ppinial	ij mill dc sol nlls collegit qz [obliga'unt It. bartolomeo d [porta.
„	Ilerd	m. d. l. sol
„	Macone	ij mill sol.—collegit p. d' fran-
„	Montple.	dc sol [ciach
§		xx. v. mill. sol.
Jud'i	Valnt	m. d. sol It. collegit en vicinos
„	Xat.	cc sol
„	Murviedro	cl sol
„	Algecire	l sol
„	Gandi	cc sol
§		ij mill c sol

Los quals dr damondits diu Rauit' en Roch a per ma de'ri p. Roaz et dn Francesch y d^en ser pagat d' — xx vj c lxxx sol y ix dr. aixi cum es ia escrit en aqst tepbr^eu y au alvara. It. den ne pagan au brthomeu ça Porta viij mill dccc xx sol. B'lr glj ha alvara Del Senyör Rey ço es saber— vj mill sol que presta al uestr y m ccc xx sol la quitacio y m. d. sol p. lo violari dels cc sol. que recte al Senyor Rey

E es saber que en barthomeo Pren — ij mill dc sol els jud'i d' Perpignan y v mill sol els jud'i d' barch. y Roncanent diu pagar en Rocha y cobrar lalvara.

VII.—(501, 502.)

R. 18. f. 81.ª 82.

Aljama judeorum valentiæ	ij mil [sol regal.	dimisit. D. sol y residuos debet collegere Nicholas de Valvert.
Aljama jud^m. muscocteris	dc. sol [regal.	dimisit d. sol.
Aljama jud^m. algezire	d sol. *	
„ „ Gandie	dccc sol	collegit eos Raymundus de Camarasa pro Jahudano * dimisit ccc sol.
„ „ xative	mill sol	
It d judeis dhurj	ccc ⚔	colegit eos p Acyna pro do Jahudan
It a Judeis uncastel	m ⚔	
It a Judeys Taust	dc ⚔	
It.—Judi—mazaici—	v mill sol. regal. y debet cas habeas Jahudanus—set ipsas collegit Ruieus Egidij.	

82ª

(Istos denarios collegit Johs. de sumario a judis infra notatis)

Turol	iij mill sol.	dimyssit eos
Leria	ccc sol.	
Saragoça	ix mill sol.	
Alago	mill d. sol.	Johs. de guermano
Calatayu	viij mill. sol.	
Taragona	iii mill sol.	dimisit eis m.s.
Daroca	v mill d. sol.	dimisit eis d.s.
Rosta	d sol	Castellanos
Jacca	ij mill. d. sol	dimissit eis d. s.

[de Sixena Istos denarios jud^m. collegit michl	Postea mandavit dns Rex qd. s. d. na mota quda cong'retdenariosjud^m.Ilrd. It. Jud. barbast—iiij mil sol dimisit eis. d. s. michl. de Sixena It. matelus—dccc. sol dimisit eis. ccc. sol.
Aliama judom. Ilrd—qnq mill sol [d. sol Aliama jud^m. Osce—quatuor mil y	

Tahust		dc. sol.
Exea	iiij mil sol.	Egidio d alca ad opus operis dominum de Exea dmi. regis. dimissit eis. d. s.
Lerna	ccc sol	
Uncastielho	m sol.	Aljama jud^m. Perpy. xv mil sol barch.
* Osca iiij mill d. sol.		Aljama jud^m. Gerund y bysuldra — [xx mill sol
* barbastro iiij mill		
* enacely dccc sol.		Aljama jud^m. Barch.—xl mill. sol p. d.
* Te... v mil sol.		[Enero.

(right margin: G. de Enuaea)

Et in collecta pp'iniani G'erund y Visaldain assygnavit dns. rex Bernardo Calderon mill dc xx y. vj. sol jac. y L y v. mar. jac. y cccc y x sol regal. cñ albarano &^c.

* These lines are marked through in the original.

VIII.—(504.)

Reg. 18. *f.* 96.

Primerament de la moneda y daltre loc.	xl mil. sol.
It. de Valncia	xxx „ „
It. dels júeus	ij mil y d „
It. Den bn catala...	ii „ „
Primerament de barchelona	c „ „
It. de leyda	c „ „
It. dels vilers darago	c „ „
It. dels vilers de Cataluȳa	c ,. „
It. del vilers de teres deValnt	c „ „
It. del jueus darago y de cataluȳa ...	c „ „
It. zo que uenra de tuniz	cc „ „
It. levat na el Rey en joyes	c „ „
It. deles reendes del Rey	c „ „
It. dels clergues	c „ „
It. de Pr'estet	c „ „

IX.—(1730.)

AZDAY CRESQUES.

Nos Johannes visa quadam littera Illustris Zolandis Reginæ Aragonum consortis nostre carissime suo sigillo in dorso sigillata hujusmodi serici. Nos Zolans Dei gratia Regina Aragonum Valentiæ Majoricarum Sardinie et Corsice Comitissaque Barchinonensis Rossilionis et Ceritaniæ. Quia tu magister Azday evesques, judeus Aljame civitatis Cerasangastane es ut in dicta informatione percipimus unus ex manumissoribus et executoribus ultimi testamenti seu ultime voluntatis Vitalis Azday quondam judei civitatis Gerunde avunculi tui et propter decessum consociorum tuorum in officio manumissoris dicti deffectu electorum qui manumissores tui qui omnes ab hoc seculo transmigrarunt omnia bona dicti testatoris regiminis dependuntur et sunt jam pantominus ad finalem destructionem deducta. Idcirco ad hoc debite providere volentes ne bona ipsa defuncti administratoris valeant deperire ad supplicationem humilem per partem aliquorum defuncto jamdicto conjunctorum in linea parenteli super his nobis factam et quia de hiis et de majoribus etiam de te bene potest confidi tibi in majorem corroborationem potestatis predicte a testatore predicto tibi collate tenore presentium concedimus ac plenam licentiam impertimus quod absque alicujus metu vel pene incursu possis tu solus et tibi liceat per te solum modo vel tuum legitimum procuratorem constitutum vel substitutum et alisque aliquo alio in dicto manumissore officio consotio tuo ultimam voluntatem jam dicto testatoris eccipi et complere redditusque quoslibet et alia bona omnia dicti defuncti petere recipere et habere ac regere gubernare et etiam administrare illaque si tibi visum fuerit vendere et alienare in encanto vel sine ad in perpetuum vel ad tempus et intercetera possit per te solum modo vel per tuum procuratorem vendere et alienare per puro libero et francho alodio in encanto vel sine encanto et cum subastatione cursitoris vel sine ad in perpetuum vel ad tempus et per illis preciis et pertinentie et pecunie quantitatibus et illis personis et sub illis viis modis et formis quibus tibi videbitur census et directa dominia infrascripta que fuerunt dicti defuncti et que ipse dimisit per elemosina danda pauperibus judeis videlicet directum et alodialem dominium duorum hospitiorum contiguorum que heredes Michaelis Martini quondam draparii Gerunde habet tenet et possidet in civitate Gerunde in carrario vocato de ballistariis sive de fabriciis prope podiatam ecclesie sancti Felicis Gerunde, et novem solidos baritim de ternas annuales et censuales fiendos et prestandos annuatim in festo pasce dñi et quandorumque aliud jus, quem et quandopridem quondam Vitalis Azday habebat in et super ipsis hospitiis. Item directum et alodialem dominium et censum septem solidorum annualium in festo pasce domini annuatim fiendum et prestandum et quodcumque aliud jus que omnia dictus defunctus habebat in et super quodam hospitio quod Bernardus piyany notator et civis Ge-

runde ibidem habet et tenet quod hospitium fuit Alatre Oliva
quodam successorem directum et alodialem dominium et
censum quinque solidorum annualium et vendalium et perpe-
tualium et quodcumque aliud jus que omnia dicturum
quondam judeus habebat et percipiebat in et super quodam
hospitio quod heres den Batist quondam habitatoris Gerunde
habet ibidem. Item divertum et alodiale dominium et censum
decem solidorum annualium et vendalium et quodcumque
aliud jus, que omnia dictus Vitalis Azday habebat et percipiebat in et super quodam hospitio quod heres Jacobi de Me-
diavilla quondam civis Gerunde ibidem habebat. Item directum et alodiale dominium et censum sex solidorum et sex denariorum annualium et quodcumque aliud jus que omnia dictus
judeus defunctus habebat et percipiebat in et super quodam
hospitio quod Guillelmus Baniels olim notarius Gerunde ibidem habet et tenet, quod hospitium fuit Guillelmus Betoniis
quondam. Item directum et alodiale dominium et censum
sex solidorum et sex denariorum annualium et quodcumque
aliud jus, que omnia dictus judeus defunctus habebat et percipiebat in et super quodam hospitio quod heredes Petri
Solanes quondam ibidem habebat et tenebat. Item directum
et alodiale dominium et censum sex decim denariorum annualium et quodcumque aliud jus que omnia dictus quondam
judeus habebat et percibiebat in et super quodam hospitio
quod heres Berengarii de Casis novis quondam civis Gerunde
ibidem habet et tenet. Et pretiam seu pretia inde haben-
dum seu habenda percipere exigere valeas. Et illud et illa
distribuere et comitere prout tibi videbit faciendum super
quorum distributione volumus tibi tradi tui simplici arbitrio et
sine testibus et alia probatione et instrumentum vel instru-
menta venditionum et alienationum at apoca pretii seu pre-
tiorum et aliorum quorumcumque contractum facere et fir-
mare cum omnibus cursibus clausulis et cautelis necessariis
et oportunis. Et omnia alia facere et liberaliter exercere que
et prout omnes et consorcii seu manumissores tui una tecum
facere possent predicta tibi concedimus tibi sine aliquis juris
prejudicio alieni. Nos enim nunc ut tunc ex nunc et ex
tunc quascumque venditiones et alienationes et distribu-
ciones quaslibet per te de predictis fiendas et quantusque in
et super predictis egistis et fecistis laudamus approbamus rati-
ficamus corroboramus ac et confirmamus et illis et illud valere
volumus et tenere ac obtinere roborus firmitatem. Impenden-
tes in et super premissis et quolibet premissorum autori-
tatem nostram pariter et decretum et supplentes ex nostre
plenitudine potestatis omnem diffectum si quis forsan presint

Documentos.

in premisis. Mandantes per hanc eandem Gubernatori Cathalonie Vicario et Capitulo civitatis Gerunde et aliis officialibus nostris ad quos spectet eorumque locatenentibus, quantum per presentem vestram concessionem teneant firmiter et observent, tenere et observari faciant et non contraveniant nec alique contravenire permittant aliqua ratione. In cujus rei testimonium hanc fieri et sigillo nostro jussimus conmuniri. Dat. Dertuse XV° die Novembris anno á nativitate Dñi Milmo. trecentessimo nonagessimo tertio. Vm. de Sante. Ideo prein sertam litteram et omnia in eo contenta, laudamus approbamus ratifficamus ac etiam confirmamus eaque valere volumus et tenere. Mandantes per hanc Gubernatori Cathaloniæ, Vicario et Bajulo civitates Gerunde et aliis officialibus nostris ad quos prestet, eorumque locumtenentibus quantum nostram per presentem laudationem approbationem ratifficationem et confirmationem teneant firmiter et observent, tenerique et observari faciant et non contraveniant nec aliquem contravenire permittant aliqua ratione seu causa. In cujus rei testimonium hanc fieri et sigillo nostro jussimus conmuniri. Dat Dertuse quinta die Decembris anno á nat. Dñi Mill.°CCC.° XC.° tercio.   Franc Pollitis ex.

Arch. de la Corona de Aragon.
Reg.° 1906, fol. 147 t.°

X.

Barc. Archivo municipal. Rubrica de Ordinaciones desdel Any MCCLXXXX *fins. Lo any* MCCCCLXXIJ. *f.* CCIV-CCIJ.

DE JUHEUS.

Li' int, ajccxcij. f. cxxxviij.

Que negu Juheu no gos anar per Ciutat d nit o d die mens d capa Juhega vestid sorsban d' c sueldos e si pagar no pot sier ocobat.

Li' int' mccj. f. xcj.

It. que tot Juhen sehaie amagor o agenollar tota vegads q. encontrera algu Combregar e q haie aportar per vila capa vestida exeptar tot Juheu pobr.° lo qual haie portar capero vestid groch sens capa.

Li' int' mcccvj. f. xiij.

Mes q.ᵉ quescun Juheu haie portar capa Juhiga e los besteys o aq^{lls} q.ᵉ no poden hans q porten caperons vestids blau, sturs o negres ab longa cugullo e q.ᵉ algu q.ᵉ sea stat Juheu no gos participar ab Juhes sino los saich excepta en sermons q puxen entra en lo call.

Li' int' mcccxij. *f.* xiiij.

Foren fets apres semblans ordinacions dhs de sus coma par enaltr'.

Li' int' mcccxx. *f.* xj.

Que alguna hembre xriana no gos entrar en call ne en casa d' Juheus, ne Juheu ne Juya gosassen a crillir alguna xriana sors ban d' c. s.

Li' int' mcccxxj. *f.* xxiiij.

Altres semblants ordinacions foren apres fetes de les dessus sobre los Juheus con a par en altre.

Li' int' mcccxxvj. *f.* xxxiij.

Item sobre le dit fet de les dits Juheus e lorde lluer com' dit es.

Li' int' mcccxxvij. *f.* xxvij.

E mes que algun Juheu no gos fer fegna endies de festx.

Li' int' mccclxx *n.°* lxxx, xcjj.

Mes que algu no gos logar casa attroch taula o altres pate a Juheus.

Li' int' mcccxc *n.°* xlvij.

Que Juheu algu no vage en habit d' xria e que algu nol gos accillir en casa aus lohaie adenunciar al vaguer.

Li' int' mccc. *n.°* xij.

Notifficacio del privelegi obtengit per la ciutat de no haver hi call or Judaria ni habitar Juheus en aquella ab lis penes &c com a par.

Li' int' mccclxxij *n.°* clxiij.

Que tots Juheus moros e altres infels se haien a genollar com lo semy de los hozes per lenar deu sonra e que Juheus no habiten ne vagen per ciutat sino segons es disxosat per lo previlegi.

Li' int' mxcij. *n.°* xxij.

Item que alguna xriana no gos alletar algu infant de Juheu ne janre dius lo call ne en casa de Juheu sots ban de scobar.

Li' int' mcccclxxij. *n.°* clxxxiij.

Crida ab que font notifficat que Juheus no poden habitar en la ciutat sino per ciers dies [15] e com han anar assemyalats juxta lo privilegi de la dita ciutat.

XI.—(1240.)

BRITISH MUSEUM.

(*Add.* 28,698, *fol.* 8.)

Nos Ferdinandus et Elisabeth dei gratia Rex et Regina Castelle Legionis Aragonum Sicilie citra et ultra farum Hierusalem Granate Toleti Valencie Gallecie Maioricarum Hispalis Sardinie Cordube Corsice Murcie Cennis Algarbij Algezire Gibraltaris et Jnsularum Canarie, Comes et Comitissa Barchinone Dominj vizcaje et Moline Duces Athenarum et Neopatrie Comes et Comitissa Rossilionis et Ceritanie Marchiones Oristanni et Sociani. Quantam Christiano generi iacturam et quot detrimenta afferat conuersatio Judeorum: nemine sane mentis latere potest et nos in Regnis terris et prouincijs n̄ris hactenus experiencia didissimus quandoquidem nunq̃ ipsi perfidi Judei temptare desistunt corda fidelium illorum scilz quos sciunt auideis seu Judeorum genere originem traxisse ad suos ritus traducere qd. sepenumere ipsos ad effectum nouimus perduxisse et ut facilius illos seducant ad suum perfidissimum errorem ritus et cerimonias docent: utqs Judaycas festiuitates celebrare discant eosdem donis et alijs persuasionibus alliciunt illos secrete ad sinagogas adducendo ut perfidos Judeorum videant cetus et conuentus atque alias cerimonias dictant tantumque cotidie adhec perpetianda ipsorum rabies Inualescit ut nulli remedio locus relinquatur quibus sic stantibus christiani principes obnoxij sunt Judeos ipsos a suis Regnis et terris expellere atque eicere maxime cum etiam exploratum sit ipsos Judeos nunq̃ cessare alijs christianis quos a suis consilijs alienos ceruunt veluti sanguine suggentem voracibus usuris patrimonia exaurire atque tandem eos ad Jnopiam redigere omnia turbantes comercia: et quasi contractu quodam que purissima existerent fedantes necnon alios Judeos apud Infideles degentes de rebus provinciarum christianorum certiores facere non verentur In damnum christiani status ut perfidissimj exploratores et veri christianorum ostes quos in terris christianorum enutriri aut comorari ultra eam que ex eorum conuersatione contrahitur dei offensam nichil aliud est quam aspides et veneno infectos serpentes Infimi educare: quibus de causis et alijs quam plurimis superioribus annis quod non sine summi dei Inspiratione qui regum et principum corda mouet ad ea que rei publice christiane conducunt factum Regnis istimamus nostro perpetuo edicto Jussimus ab omnibus filijterris et provincijs nostris Judeos ipsos una cum eorum uxoribus filiis et filiabus expelli quod nonmodo In maximum omnipotentis Dei servicium cui omnia debentur redundaret sed vi experti sumus et quotidie magis proprijs occulis intuemur In maximam respublice nostrorum Regnorum cessit vtilitatem. Cum itaq. certo Scimus et nris. ut ita dixerimus manibus tetigerimus In nro Sicilie citra farum Regno qd. nunc dei benignitate recuperauimus perfidissimos Judeos omnia superius enarrata quotodie perpetrare: et alia non minora cotinue moliri In maximam dei offensam et rei publice predicti Regni detrimentum: eas ob res et alijs etiam dignis respectibus moti hac nostra perpetua lege Imperpetuum valitura motu proprio et de nostra certa scienta statuimus precipumus Jubemus et mandamus ut a die publicacionis presentum ad sex menses continue computandos omnes Judei tam masculinij quam femininij sexus cuiuscunq. etatis existant sive sint originarij vel exteri seu cuiuscunque nacionis sunt qui In Regno nro. Sicilie existant aut comorentur eorumq. famuli et famule si Judei sint exeant a dicto nostro Sicilie citra farum Regno Itaque amplius In eo neque comorari neq reuertere neque per transitum neque alias In illo parte aliquo possint In ibi declinare Intrare aut moram trahere: et si post predictam diem Judei vel Judee vel eorum aliquis cuiuscumq etatis fuerit vel nacionis In dicto nro. Sicilie citra farum Regno aut per transitum aut quomodocumque inventus fuerit absque aliqua mora morte moriatur omniaq. illius bona ilico ipso facto fisco nostro applicentur. Ceterum ut hec nostra constitucio omnimodo ad effectum perducatur et perpetuo obseruetur statuimus et ordinamus atque sanctimus ut de cetero nullus Inpredicto nro Sicilie citra farum Regno cuiuscumq status pre heminencia dignitatis aut gradus existat audeat Judeum aut Judeos vel Judeam aut Judeos aliquos cuiuscumq etatis condicionis aut nacionis sint receptare tenere In suis domibus aut terris aut villis aut castris aut casalibus: et si quispiam contrafacere Inventus fuerit ilico omnia bona amittat que fisco nostro ipso facto applicentur. Mandantes per hanc eandem Illustri spectabilibus magnificio dilectisque consiliarijs et fidelibus nostris Locumtenenti generalissimo In eodem Sicilie citra farum Regno Sacroque nostro consilio et ejus presidenti magno quoque camerario Legate et prothonotario necnon et magistro Justiciario presidentibus quoque et racionalibus nostre camere sumarie ceterisque alijs officialibus nostris tam maioribus quam minoribus quoius nomine nuncupentur ac officio titulo potestate preheminencia et jurisdictione fungentibus In eodem Regno constitutis et constituendis dictorumque officialium Locumtenetibus seu officia ipsa regentibus ad quos spectet presentesque et seu copia carundem per venerint seu fuerint quomodolibet presentate sub nostre gracie et amoris obtentu penaque unciarum auri mille monete istius nostri Regni ultra penam predictam nostris Inferendariis erarijs quarum presentem nostram legem et sanctionem ac omnia et singula de super contenta ad unguem teneant et Inuiolabiliter obseruet faciantque per quos deceat obseruari Et caueant diligenter acoat...... preragendo predicta ratione sine causa si graciam nostram caram habent Iramq. et Indignacionem nostras ac penas predictas cupiunt euitare. Volumus Insupere et expresse mandamus quod presens nostra prachmatica publicetur per universas cuntates villas et casalia eiusdem Regni adeo ut ab Incolis et habitatoribus ac declinantibus In eisdem minime valeat ignorancia allegari. In cuius rei testimonium presente fieri iussimus nostro minori Sicilie citra farum Regni Sigillo cum maius nondum fabricatum sit atergo munits Datus In oppido metine del campo vicesimo die mensis Aprilis Septimo Judicionis Anno A natiuitete dominj Millesimo Quingentesimo quarto.

 Yo el Rey   Yo la Reyna
 \/ Malteritq ℞
Amatus p locuts   (Domini Rex et Regina mandarunt)
pthonots   (michi Michaeli perez dalmata)
           Surnaata cupatu p locu
             ts in cam

In partin. p° S
ff vc. j S
Endorsed :—Expulsio Dos Judios. With seal.

XII.—(1281.)

ALJAMAS.

Padron de las Aljamas de los Judios. de Castilla y de lo que tributaron.

¶ Esta es la particion de las aljamas de los Judios que se fiso en Huefte por mandado del Rey en el mes de Setiembre Era de Mill et ccc et xxviij años.

¶ La frontera çient et un mill et ochocientos y noventa et ocho mrs. Et con el abenencia de sus mensajeros acordaron que le partan Don Jacob Yahiva. Et de Hiebla et de Xeres Don Çag aben açot. Et de Cordova Don Abraham aben far. Et de Jahen aquel que los exogieren los mensajeros del obispado. Et an lo departir en esta guysa que non menguen ninguna cosa al Rey et sinon se abenieron estos quatro que vayan á Don Danî abudarban viejo del Aljama de los Judios de Toledo que los parta entrellos.

¶ En el Reyno de Leon doscientos et dies ocho mill et tresientos mrs con abenencia que fisieron con las otras aljamas et que lo partan ellos de guysa que non mengue ninguna cosa al Rey desta quantia.

[Then follows A. de los Rios II., 53-57, in this form.]
¶ Trasierra.
¶ Villa real xxvj mill ccclxxxvj mr etc., etc., etc. [*without* the "servicio"], the Bishoprics being in the order Trasierra, Cuenca, Plasencia, Segovia, Avila, Osma, Siguenza, Palencia, Burgos, Calahorra, after which were:

¶ El Reyno de Murçia xxij mill cccc xiij mr.

¶ Et el serviçio quel pechemos este año como se pecho ant año. Et nos los que ponemos nuestros nombres en fin destre quaderno posimos nuestros nombres con abenimiento de los xxij omes que escoiò el obispo.

¶ Desta guisa son parados, etc., as in A. de los Rios II. 531-552.

There is a note in Burriel's hand to the date Era 1329, which reads in original mill y cc xxix : " Hay yerro al paracer en el quaderno original, debiendo decir Era 1329 en lugar de Era 1229. Bien es verdad, que en la Cabeza se dice hacerse la Particion en Sept^e de la Era 1328 y aquì se cita como yà empezada la Era 1329. Decir q^e se cita el ordenamiento hecho Era 1229 que son 99 a^{os} antes de este no parece admissible. De qualquier modo hace difficultad."

At end :—

(*Seemingly copied from original, which was then itself a copy.*)

¶ Concluye aqui un quaderno en papel muy moreno del mismo tiempo que se expressa en el principio es a saber de la Era de 1328 años o de quel siglo. Pudo tener mas hojas que las 20 utiles que oy conserva.

¶ Es de notar que al principio de la buelta de la tercera hoja se cita el ordenamiento de *Toledo por un año que començo por el febrero de la Era de* mill y cc y xxix, y equivocacion pues empeçar en MCCCXXIX.

XIII.—(1291.)

Mad. B.M., Dd. 108, *f.* 63. [A. 4.ª 1.º 11.º]

In dei nomine amen Sepan quantos esta carta de sentençia vieren como en presencia de mi el notario et de los testigos escriptos para esto llamados especialmente rrogados en

Toledo en la Eglesia Cathedral Jueves 23 dias del mes de Março del año del Nascimiento del N. S. J. Christo de 1385 años el sabio varon pedro gonçalez bachiller en decretos Canonigo de Segovia et vacionero en la Eglesia de Toledo Juez de los pleytos de la corte del muchos onrrado en en Xxto. Padre e Señor Don Pedro por la gracia de Dios Arcobispo de Toledo primado de las Españas Chanciller de Castilla dado por el onrrado sabio Varon don Juan Serrano prior de Sancta Maria de Guadalupe vicario general en lo espiritual y en lo temporal en todo el arçobispado por el dicho Señor seyendo juzgando los pleytos nicholas guerrero vacionero en la dicha Eglesia de Toledo procurador de Cabildo de la dha Eglesia et de la priora et monjas del monesterio de Sancta Urssula de la una parte demandante—el don Jacob Gayade Judio procurador de la otra parte defendiente parescio en juycio ante el dicho Pedro Gonçalez Juez sobredicho et pidieronle que si avia visto el proceso de pleyto que era entre el dicho Cabildo et prior y monjas del dicho monesterio et la dicha aljama sobre las *almaguanas* que se cojen de la carne que se mata en la dicha juderia de Toledo, que dice el derecho de fferrand gomez que diese sentencia en el pues avia assignado plaso para la dar oy Jueves. Et el dicho Juez dixo que visto lo avia e luego à presencia de amas las dichas partes et rrejo en escriptos esta sentencia que se sigue. Xri nomine invocato yo el dicho pedro gonsalez &c. Halla que la Juderia no probó y el Cabildo, y monesterio probo su derecho con testigos los mas Judios y asi los condeno en costas y manda que paguen las *almaguanas* asi de las carnicerias como de los carneros careriegos &c Siguen firmas de los notarios &c

(Parchment rather illegible, with a seal: + Si[yıllum curi]e Dni Archiep[iscopi Tole]tani.—Note of Burriel.)

XIV.—(1294.)

Madrid, Bibl. nac., Dd. 108, p. 76. [A. 4.º 1.º 5.º 14 Dic. 1389.]

Nos el Rey de Castilla, de Leon y de Portogal fasemos saver al Aljama de los Judios de la Cibdad de Toledo et á todas las Aljamas de los Judios del su Arzpado et de su comarca et a los adelantad[ores] et viejos de las dhas Aljamas et a qualquier o qualesquier de vos que este nro Alvala vieredes que es nra mercet et tenemos por bien que Rabì *hayon* el levi fisico de Don Pedro Arzpo de Toledo que sea vro rrab de la dha comarca desde el dia primero de enero que viene et que serà en el año del nacimiento de nro Señor Jesu christo de mill et trescientos et noventa años dende fasta un año primero siguiente. Por que vos mandamos a vos las dichas Aljamas et a cada uno de vos que ayades por vro Rab al dho Rabì haym en toda esa dha comarca et usedes con el en el dho oficio el dho año bien et complidamente segund que usabades con los otros Rabes en 'sa comarca en los tpos pasados et sobresto mandamos a nro Chanceller et scrivanos et notarios et a los que estan a la tabla de nres sellos que den et libren et scellen las cartas et privilegios que al dho Rabi haim ficiese monstrar sobre esta rason Et los unos et los otros non fagades ende al sopena de la nra mercet et de diez mill mrs á cada uno para la nra Camara. fho catorce dias de Diciembre año del nascimiento de nro salvador Jesu Christo de mil et trescientos et ochenta et nueve años. Yo Johan martines la fiz escrivia por mandado de nro Señor el Rey.

Nos el Rey.

[At back three figures and rubrics confused.—Note of Burriel.]

XV.—(1296.)

Madrid, Biblioteca Nacional, Dd. 108, *p.* 90-1.

A. 4. *S.* 9. *Aljama y Juderia.* 7 *Agosto de* 1395.

En Alcalá de henares sábado siete dias del mes de Agosto año del Nasimiento del nuestro Salvador Jesuchristo de mil et tresientos et noventa et cinco años. Este dia dentro de la Sinoga mayor de los Judios desta dicha villa estando y Judios en la dicha Sinoga en oracion larga gent de los Judios de la dicha villa en presencia de mi el Notario público et testigos yuso escriptos que á esto fueron presentes llamados et rogados paresso y en la dicha Sinoga Maestro Pedro Físico de nuestro Sennor Don Pedro Arzobispo de Toledo et mostró et fiso ler por mi el dicho notario en presencia de los dichos Judios que estaban en la dicha Sinoga una Carta del dicho Señor Arzobispo escripta en papel et firmada de su nombre et seellada con su sello Pontifical en las espaldas segund que por ella paresia el tenor de la qual es este que se sigue=Don Pedro por la gracia de Dios Arzobispo de Toledo primado de las Españas Chanceller moyor de Castiella, confiando de la bondat et buena disposicion de vos Maestro Pedro nuestro físico et por vos facer bien et merced porque entendemos que sedes tal que nos daredes buena quenta et recabdo de lo que vos en-

comendaremos, fasemos vos nuestro Alcatt, et Juez mayor de
todas las nuestras Aljamas de los Judios de todas las nuestras
villas et lugares del nuestro Arzobispado para que por nos
conoscades, oyades, libredes, determinedes todos pleitos, demandas et questiones et debates que agora son et de aquí
adelante esperan ser en qualquier manera sobre qualesquier de
los dichos nuestros Judios sobre qualesquier cosas que sean,
asi mayores como menores, como en otra manera qualquier, et
los libredes et determinedes de la manera que fallaredes por
Ley et costumbre et usos de los dichos Judios asi por sentencia ó sentencias interlocutorias, como difinitivas como en qualquier otra manera que deban ser libradas et levedes á debida
execucion la sentencia ó sentencias que entre los dichos nuestros Judios dieredes, et otrosi para que por nos oyades todas
las apellaciones que qualquier ó qualesquier de los dichos
nuestros Judios interpusieren de qualesquier otros sus Jueces
Judios en qualquier manera, et les libredes et determinedes
en la manera que fallaredes por derecho segund Ley et costumbre et uso de los dichos Judios, et para que usedes de la
nuestra Juridicion entre los dichos nuestros Judios asi man-
dándoles por vuestras cartas como levando todas vuestras sentencias á execucion cada que lo devades faser de justicia et
derecho, et para faser todo lo que dicho es et cada cosa dello
et todo lo que en ello et cerca dello nos fariamos damos vos
todo nuestro poder complido et cometemosvos en esto toda la
nuestra Juridicion, et por esta nuestra carta, ó por el traslado
della signado de escribano público, mandamos á todas las
dichas nuestras Aljamas de los dichos nuestros Judios de las
dichas nuestras villas et lugares del dicho nuestro Arzobispado,
et á los sus Jueses que agora son et seran de aqui adelante, et
á todos los Judios de las dichas nuestras Aljamas, et á cada
uno dellos, que vosobedezcan, et ayan, et reciban por su Alcatt
et Jues mayor por nos et usen connusco en el dicho oficio tan
bien et tan complidamente como fasta aqui usaron con vos en
los tiempos pasados seyendo por nos su Juez mayor, et que
vayan á vuestras citaciones et llamamientos cada que los man-
daredes llamar so las penas que pusieredes, et que ninguno nin
alguno dellos non sean osados de apelar ant otro Jues alguno
que sea salvo ant vos el dicho Maestro Pedro, nin de ganar
carta nin cartas algunas de otro Jues ó Jueses algunos salvo
de vos el dicho Maestro Pedro nuestro Alcatt el Jues mayor
de los dichos nuestros Judios, et es nuestra merced que si
apellacion ó apellaciones fisieren ellos ó qualquier dellos por
ante otro Jues ó Jueses que non valan et la conoscencia et de-
terminacion que sobre ello el tal Jues ó Jueses fisieren que sea

ninguna. Et por esta nuestra carta mandamos á todos los Alcalles, Alguasiles, Justicias de las dichas nuestras dichas villas et lugares del dicho nuestro Arzobispado et á qualquier dellos que vean los mandamientos que fisieredes et las sentencias que vos dieredes entre los dichos Judios, si menester fuere que vos ayuden á vos levar á execucion porque se cumpla lo por vos sentenciado et mandado et fagan por ellas asi como si las nos mesmo diesemos et librásemos, et los unos nin los otros non fagades ende al por alguna manera so pena de la nuestra merced et de seis mill maravedis á cada uno quel contrario fisiere para la nuestra Cámara. Et desto vos mandamos dar esta nuestra Carta firmada de nuestro nombre et sellada de nuestro sello pontifical. Dada en la nuestra villa Franca de la Puente dose dias de Mayo año del Nasimiento del nuestro Salvador Jesuchristo de mil et tresientos et noventa et cinco años = Petrus Archiepiscopus Toletanus. La qual dicha carta mostrada por el dicho Maestro Pedro et leida por mi el dicho Notario luego el dicho Maestro Pdro dixo que requeria et requirió á los dichos omes buenos Judios que y estaban presentes que guardasen et cumpliesen la dicha Carta del dicho Señor Arzobispo en todo segund que en ella se contenia et en cumpliendola que lo oviesen et recibiesen por su Alcatt, et Jues mayor segund quel dicho señor por la dicha su carta selo embiaba mandar, et luego estando y presente Don Abrahem Aben xūxe vesino de esta dicha villa dixo que disia por si et en nombre del Aljama de los dichos judios que obedesian la dicha carta del dicho señor Arzobispo con la mayor reverencia que debia asi como carta de su Señor al qual Dios mantenga por muchos tiempos et buenos amen, pero dixo que por quanto la dicha carta paresia ser agraviada en algunas cosas, que él por si et en nombre de la dicha Aljama entendía desir et declarar ant la merced del dicho Señor que por end que él que queria requirir la merced del dicho Señor, et por él requerida que lo que la su merced mandase que él por si y en nombre de la dicha Aljama que estaba presto para lo cumplir. Et otro si ciertos omes de los dichos Judios que estaban en la dicha Sinoga dixeron que se afirmaban en lo quel dicho Don Abrahem desia, los quales son estos que se siguen: Don Abrahem Aben Tupel el mayor: Don Todrós Abenamjás, Don Abrahem Talay, D. Juçaf Aben Alfaha, D. Mose Aben tupel, D. Gardo, D. Jacob Francés, D. Jacob Aben Sara, D. Juçaf absaradiel, D. Menahen Bonavia, D. Yhuda Alpullat, D. Ximon Carniceros, D. Abrahen Arevalo, D. Çag el Madridano, D. Xaym Arcala, D. Yuzaf Buchón

dios que estaban presentes en la dicha Sinoga dixeron á grandes voces que obedesian la dicha carta del dicho Señor Arzobispo con la mayor reverencia que debian como carta de su Señor, al qual Dios mantenga muchos tiempos et buenos, amen; et que estaban prestos para la complir en todo segund que se en ella contenia, et en compliéndola que resibian por su Alcatt et Jues mayor al dicho Maestro Pedro segund quel dicho Señor manda et luego que salliendo de la dicha Sinoga el dicho Maestro Pedro et todos los dichos Judios dando muy grandes voces unos con otros, pidió á mi el dicho Notario el dicho D. Abrahem que escribiese los nombres de todos aquellos q Abraheim tiesen et se afirmasen en la respuesta quel dicho D.sintian en diera, et otrosi los nombres de aquellos que no consintian en la dicha respueta ó non et desto todo y como pasó et el dicho Maestro Pedro pidió á mi el dicho notario que se lo diese por testimonio signado con mi signo para guarda de su derecho, et yo dil ende este que fue fecho en la dicha villa dia et mes et año suso dichos. Testigos Ferrand martines de Villareal et ferrand martines de Orduña, et Alfonso ferrandes de Villareal, escuderos del dicho Señor. Va escripto entre renglones ó dis *ment* vala, et non le empezca. Et yo Johan Rodrigues de Palencia notario público por abtoridat arzobispal en todo el arzobispado et provincia et diocesi de Toledo por merced de mi Señor D. Pedro Arzobispde de Toledo, que á todo lo sobredicho fui presente con los dichos testigos et á pedimiento del dicho Maestro Pedro este testimonio fis escribir et so ende testigo, et fis aqui este mio signo en testimonio. Va escripto entre renglones, ó dis *grand* non le empesca. Juan Rodrigues. Notario.

Es un pliego de papel. Original, letra redonda, menuda tendida.

XVI.—(1304.)

Dd. 108, *p.* 129.

Dⁿ Fernando et Doña Ysabel por la gracia de Dios Rey et Reyna de Castilla de Leon, de Aragon, de Secilia, de Granada, de Toledo, de Valencia, de Gallisia, de Mallorca, de Sevilla, de Cardena et de Cordova, de Corcega, de Murcia de Jahen, de los Alvarbes, de Algesira, de Gibraltar, de las Yslas de Canaria, conde et condesa de Barcelona, et señores de Viscaya, et de Molina, Duques de Alteoras et de Niopura, Conde de Roysellon et de Cerdania, Marqueses de Oristan et de Gocsiano.

A los del nuestro consejo et oydores de la nuestra Alodiencia, Alcaldes et otras Justicias quales quier de la nuestra Casa et Corte et Chancilleria et á los Concejos, Corrigedores, Alcaldes, Alguaciles, Cavalleros, Escuderos oficiales et omes buenos de todas las Ciudades e Villas e Lugares de la nuestros Regnos e senorios e á otras qualesquier personas a quien lo de yuso en esta nuestra Carta continedo atañe o atañer puede en qualquier manera et a cada uno de vos a quien fuese mostrada o su traslado signado de escrivano publico salud e gracia. Bien sabeis como nos por algunas pistas cabsas que a ello nos movieron cumplideras oi servicio de Dios è vuestro, è bien è pro comun de nuestros Reynos et de nuestros Subditos è Naturales dellos avemos mandado por nuestras Cartas que los Judios moradores et estantes en los dhos nuestros Reynos saliesen fuera dellos dontro de cierto termino é so ciertas penas en las dhas Cartas contenidas. Et agora nos somos informados que los dhos Judios para sea... venden las dhas sinogas et onrarios et censos e possesiones, casas et otras cosas comunes, quetienen et son de las Aljamas et non de personas particulares lo qual disen que non pueden faser por las dhas sinogas á vez seydo ya deputadas para el servicio de Dios e los dhos Honsarios por ser lugares Religiosos diz que non estan en bienes de personas algunas. Et las dhas Casas et possesiones de las Aljamas por estar obligadas a nuestros derechos et algunos usos que en ellos estan situados et por q^e nos queremos ser informados et saber la verdad de lo que se puede faser de derecho cerca de lo suso dho entre tanto mandamos dar esta nuestra Carta en la dha Rason por la qual nos mandamos que fasta que por nos sea visto et determinado los uso dho non dexeis nin consintedes a los dichos Judios nin alguno dellos vender, ni vendan las dhas sinogas et fonsarios et Censos e Casas e possesiones comunes nin que personas algunas selas compren: Lo qual asi mismo les defendemos a las tales personas so pena de perder et que pierden los prescios que por ello dieren. Et que nos podamos disponer dellos sin su embargo. Et si las tienen compradas las dexen libremente et recaben el prescio que por ellas dieren, de aquellos a quien lo dieron et pagaron et por que venga a noticia de todos et ninguno dello non pueda pretender ignorancia mandamos que esta dicha nuestra Carta o el dho su traslado sea pregonado publicam^{te} por las plazas e mercados et otros lugares acustombrados destas dhas Cibdades e Villas e lugares destros nuestros Reynos por pregonero et anti Escrivano publico Et los unos nin los otros non fagades nin fagan ende al por alguna manera et so pena de la nuestra merced et de diez mill mrs para la nuestra Camara. et a cada uno de los que lo contrario fisieren et demas mandamos al ome que es esta nra Carta nos mostrare q^e vos emplase q^e parescades ante nos en la nra Corte do quier q^e nos seamos del dia que vos emplasare fasta quinze dias primeros siguentes so la dha pena so la qual mandamos a Qualquier Escrivano publico que para esto fuere llamado que de ende al que la mostrare Testimonio signado con su signo por que nos sepamos en como se cumple nuestro mandado. Dada en la Puebla de Guadalupe a 25 Dias del mes de Junio Año del nascim^{to} de nro señor Jesu Xto de 1452 años. Yo el Rey=Yo la Reyna. Yo Fernant Alvares de Toledo secretario del Rey e De la Reyna nuestros señores la fis escrivia por su mandado.—[In Archives of City of Toledo, where Burriel copied it.]

XVII.—(1321.)

Cedula para que &c. Madrid, 9 de Febrero de 1460.
Madrid. Bibl. Nac. Dd. 131, *f.* 146.   [*Caj.* 5º, *Leg.* 6, *n.*º 2.

EL REY.

Asistente Alcaldes Alguacil Regidores Cavalleros Escuderos et oficiales et hombres buenos de la muy noble Ciudad de Toledo. A mi es fha relacion que entre ciertos Vezinos desa Cibad de la Collacion de Santo Tomé et el Aljama de los Judios della es cierto debate sobre una Casa en que antiguamente quando en aquel barrio moravan Judios solian faser oracion que es en el Adarve de Maestre Pedro junto con las casas de Juan Alvares, et por que dio que la dha casa esta entre Christianos et arredrada de la Juderia, et que demas de quarenta años á esta parte non han fho oracion en ella los dhos Judios nin la abrieron para facer oracion salvo de un año de esta parte, et disen en ella oracion, et leen ende, lo qual es en grand agravio de los Vezinos, et voluntad es, que esta la dha casa segund que ha estado de los dhos quarenta años á esta parte fasta antes que de un año á esta parte la abrieron para decir oracion en ella. Yo vos mando que la fagades estar que en el dho tiempo de los dhos quarenta años fasta de un año á esta parte ha estado, et que non consistades que en ella se faga oracion, nin lean en ella los dhos Judios, nin faga en ella otra innovacion alguna salvo que este por los dhos Judios segunt, et por la forma et manera que estuvo en el dho tiempo pasado, non embargante que de un año acà hayan fho, et fagan en ella oracion, et otrosi non embargante una carta del mio Consejo, que sobre esto fue dada, et si los dhos Judios lo contrario fisieron que cayan en pena de dies mil mrs por cadavez para mi Camara et que vos el dho mi Asistente et Justicia lo fagades executar en sus bienes, et vos el escrivano del Cabildo tened esta carta por que se guarde asi. Fecha en Madrid nueve dias de febrero ano Lx=Yo el Rey. Por mandado del Rey=Alvaz Gomez.

XVIII.

Pamplona, Libro de Fuegos 1366.

Estella.

Mose Casteillano
Vitas Altamira
Judas Zapattero
Acach oficial
Gentto Abon
Saul Levi
Acach levi Huertto
Judas Alfaquin
Abram frances
Cacon Azaia
Gonco Bon Isach
Esterr la vidua de Ataño
Acach Maquerel
Abram Jafe
Acach Erxire
Mose Calaorrano
Abram Azaya
Abram Coen
Sento Grenaion
Juze Machu
Galaf Maquerel
Genco Nafarro
Galaf Matho
Reynna
Juze Naamias
Cazon Pintor
Mose Quinto
Judas Ezguerra
Judas Levi
Buena Astuega
salomon levi
D.ⁿ Seneor

Genco Azaya
Judas levi el Joven
Salamon hijo de Abran franco
Juze oficial
Jacob Naaman
Genco Gamiz
Vitas Cortes
D.ⁿ Gento Alfaquin
Mose su figo
Juze Fijo de Abram Maquerel
Judas Gotta
Abram Alor
Gentto correo de Lanaga.
Gentto embolat
Gentto Alcarani
Juze Mattascon
Gento Nucion
Azach Medelin
Menahen Frances
Abrahn Medelin
Judas Almiri
Abram Alfaquin
Gentto correo
sentto Gabai
Salamon Gota
Abram Lera
Samuel franco
Azach Adida
Juze Alcalahorri
Salamon fijo de Judas franco
Judas Levi Altamira

NON-PODIENTES.

Jacob Tarazona
Moze Bazu
Hain frances
Abran Empesat
Abran Evenquis
Juze de la Barva el Marchant
Dona Gentil
Salaio vidua
Samuel Matteo
Mose enbolat el Viejo.
Salamon Habn
Havia
Azach de la Parra
Saul Cohen
La vidua de Gento
La vidua de Raviona
Amaneiel
Judas Macharel Marchant
Azach Pizon
Dona Vaseba
lave Azen

summa lxxxv fuegos valen contando ut supra CC XII fl. e méco.

Larraga. Judios
Leonet
summa ... con un Judio por cada uno II fl. e méco

Falces Judios xviii, not given separately.
Peralta J. x not given separately.

LOS J. DE SANGUESA

Juce fijo de Azac Cardeniel
Juda Cadeniel su hermano
Leon de Paris
Abraam de Niort
Samuel de Navort
Azach de Mamea
Azac Descapa
Zanon f. de Jacob de Cardeniel
Zazon farach
Abram Raviza
Juze Govero
Juda Amatu
Aim Alaman
Aya Almanquas
Mose Amatu
Zazon Azaia
Abraam f. de Ravi Azac
Juda Maquarel
Samuel Vonisat
Juda f. de Juze Cardeniel
Samuel Abroz
Zulema de Vos
Zulema el franco
Salamon de torres
Azach Veriach

summa 25 fuegos.

Tafalla 25 fuegos
Tudela 270

XIX.—(1690.)

ARCHIVO GENERAL DE SIMANCAS.
 Estado.—Leg.º n.º 2636.

COPIA

de Consulta original del Consejo de Estado fecha en...... Diciembre de 1598.

†

Señor,
 En consejo se han visto los papeles sobre los christianos nuevos de Lisboa como V. M.ᵈ mando y aviendose conferido largo el negocio por ser de tal calidad parecio lo que se sigue en materia de estado que es por lo que aqui viene pues en la de la consciencia tienen dado su parecer los que les toca por sus letras y huvo en ello quatro pareceres.

El primero con relacion de las vezes que esto se ha intentado y como por ser cosa tan grave se avia mandado comunicar con mas personas y que las condiciones que piden de ser admitidos á cargos y regimientos de lugares y mas si lo fuessen tambien á prevendas eclesiasticas se sentiria mucho en Portugal y seria de harto inconveniente. Que por yr mas seguro dellos en lo que se huviere de hazer se escriba y pida parecer á los governadores de Portugal y inquisidor general de aquel Reyno para resolver lo mejor despues y deste parecer fue el Marques de Castel-Rodrigo.

El Segundo—Que esta question viene a batir en consideracion de estado entre honrra y provecho, esforçando lo del provecho las estrechas necessidades—y lo de la reputacion lo que vale en materia de govierno, y quan estimado sera que no basten tantas necessidades para hazer cosa que mal fuere—y quan contra el remedio de las mismas necessidades hazer V. M.ᵈ la instancia que se le pide en Roma pues estando tan conocido su Santo zelo y inclinacion y el animo que dios le ha dado seria mostrado que forçado de extrema necessidad posponia todos esotros respectos que le son naturales y propios—y esto podria animar tanto á los enemigos de su grandeza para inquietalle que no bastasse para el peligro en que este medio nos pusiere, mucho mas dinero del que ofrecen. Que se mire si atento á que los vasallos son obligados á ayudar con sus haziendas para la defensa del Reyno se podria cargar á estos mismos buena parte deste dinero, para el socorro presente con recompensas que no aprieten y que lo mediano por este camino y por otros sin tropiezo luzira y entrara mas en provecho que por el que se propone—y que quando se les aya de procurar este perdon á los dichos christianos nuevos sea lijeramente y de gracia que es por todos los respetos que se pueden considerar se tiene esto por lo mejor para el servicio de Dios y de V. M.ᵈ y deste parecer fué D. Juan de Idiaquez,—el Conde de Chinchon—El Duque de Medina Sidonia y el conde de fuentes.

El tercer parecer fué—Que lo que hizo el Rey D. Sevastian fue illicito y de mal exemplo porque abraçaba delitos futuros, pero que esto de que se trata no siendo sino perdon de culpas passadas es licito y de buen govierno y permitido llevar lo que ofrecen sabiendo lo que el Papa—y que la gran necessidad en que se está obliga á que V. M.ᵈ se ayude desto —pues es licito—y la que se padese es tanta que cada dia esta el consejo de hazienda usando de medios no tan seguros á la conciencia.—Que no se deve reparar en lo del publicar la necessidad pues fuera destos Reynos no se ignoran y en ellos importa que se sepa que es tanta que se acude á estos medios para que apresuren y crezcan el servicio—Que los governadores de Portugal no deven gustar dello, pero que el inquisidor general de alla que ha sido comunicado no lo contradize y que como convenga lo passaran—y que faltara caudal para lo que se ha mandado prevenir para la defensa destos Reynos sino se usa de todo lo que se pudiere, en esto no hay escrupulo y deste parecer fue el Presidente y siguio el conde de fuensalida.

El quarto parecer—Que teniendo secreto el negocio sin urgarle mas se escriba al duque de Sessa esta demanda de los christianos nuevos ordenando que se conozca como se tomaria en Roma y lo avise con su parecer—y que aviendose visto esto y lo que obligare entonces el tiempo podra V. M.ᵈ resolver lo que convenga y fue deste parecer el Conde de Miranda y el Duque de nagera.

De la fuerça de los poderes y modo del repartimiento y otras cosas que alli se tocan no se trató de proposito por no aver llegado aun el negocio á esse termino.

V. M.ᵈ mandara ver y resolver lo que mas su servicio fuere —rúbrica.

Al margen hay un decreto del Rey que dice asi: "Yo avia "echo encomendar á Dios este negocio y quanto mas rresuelto "estava a no tratar dello me he holgado de lo que ha parecido "a la mayor parte."—Rubrica.

LOS JUDIOS EN MANRESA.

Es notorio que otra de las ciudades de Cataluña donde tuvieron particular asiento, extendiendo notablemente su comercio en la Edad Media, los Judíos, cuyo número á la sazon era considerable en España, fué la de Manresa, importante en la montaña de Cataluña, como Barcelona en lo restante del Principado, puesto que sabido es que si esta merecia el nombre de ciudad mayor á Manresa desde la época de los Romanos, se la llamó su inmediata ó la Menor (*Minorisa*), en términos de que usa también la mitad izquierda de su escudo de armas partido de alto abajo.

En su historia de Manresa el Sr. Mas y Casas ha transcrito un trabajo suyo, hoy agotado, sobre los judíos y árabes en Manresa; y de su estudio y de las noticias particulares podemos consignar los datos siguientes.

Junto á la Casa de la Ciudad, ó Consistorial, consérvase un callejon que lleva el nombre de *Gran dels Jueus*, ó escaleras de los Judíos, por ser el punto donde habitaban en su mayor parte; y extramuros existe una grande extension de terreno que fué su cementerio, conocido por partida ó *Fossana dels Jueus*.

Manresa tuvo junto al edificio de la Carcel antigua, frente á su Seo, un local llamado *Archivo público*, donde se custodiaban multitud de documentos y libros de escrituras de todo género; pero habiendo sido precisa su traslacion en 1874, lo fué á una casa particular primero, y despues parte al Ayuntamiento, en especial los libros que trataban de los antiguos acuerdos del Consejo municipal, y parte al Archivo notarial ó de Protocolos que hoy regenta el Notario Don Francisco Calaff.

En el citado Archivo público, habia un estante con un rótulo que decia *Libri Judeorum*, custodiándose allí varios rollos de pergaminos y algunos registros notariales de los contratos celebrados por los Judíos entre sí; y los otorgados con los demás vecinos cristianos.

Se calcula que eran unas quinientas las familias judías establecidas en Manresa en el siglo XII; y aumentando en la debida proporcion hasta los Reyes Católicos, es fácil formarse una idea del quebranto que su espulsion causaria entre la masa total de sus habitantes.

Los referidos libros de los Judíos trasladados al Archivo notarial, dejaron de tener aquella clasificacion especial con que se les designaba; hasta hace pocos dias se encontraba con facilidad el libro en cuya cubierta se hallaba pintado toscamente el judío Salomó, con traje azul y rodaja encarnada sobre el pecho, pero hoy, apesar de una busca detenida, solamente entre otros muchos libros de escrituras del siglo XIV, hemos encontrado un libro correspondiente á los contratos con los Judíos, comprensivo del año 1310 al 1313.

El Sr. Mas cita otro del 1294 al 1302, en folio, de papel de algodon, cubiertas de pergamino y de extension unos 200 folios, leyéndose en lo alto del primero, "*Anno Domini* $M^{o}CC^{o}XC^{o}$ *cuarto* XVI *Kal. Octob;* siendo el último asiento del propio libro del dia IV *Kal. Apr. an.* $MCCCII^{o}$.

La mayor parte de sus instrumentos consistian en préstamos de cantidades al 20 por ciento anual de lucro, siendo algunas veces los préstamos de frutos, concesiones y poderes, tanto entre los Judíos como con los cristianos, arriendos de casas y tierras, cartas de pago, ventas de esclavos, capitulaciones matrimoniales, promesas y obligaciones, etc. Mediaba por lo regular el juramento, y en las escrituras de préstamo el tomador daba fiadores, sujetándose al Juzgado de Manresa é interviniendo dos ó tres testigos, de los que los dos solian ser cristianos y el otro Judío.

Del año 1294 cita el contrato siguiente:

"Minorisa III idus Novembris MCCXCIV— Juro: Vitalis de Vilanona de parrochia Sanctæ Mariæ de Monistrollo de Rejadello, et Juria uxor meam, 54 solidos, Vitali Astruch judeo Celsonæ, de puro capitali, ratione mutui, hinc usque ad unum annum cum X solidos et VIII denarios de lucro, et deinde IV denarios pro libra, et juro totum et solutionem. Et fidejusoribus A de Valibus de eadem parochia, A de Portella de Sancto Matheo et P. de Plana coriaterius Minorisa. Obligo etc. Testes Berengarius de Pera et Bertrandus de Solanes."

Del 1297:

"Minorisa XVIII Kal. Decembris MCCXCVII— Magister Raimundus Marini phisicus, promitto vobis Astrugo Zabarra, Vitalis de Rivopullo fratri vestri judeis, quod hinc usque ad unum annum completum, consulam, visitabo et curabo per posse meo, vos et vestros et totam familiam vestram in omnibus ægritudinis vestris, sine omni salario, missione vestri et vestrorum, bene, diligenter et legaliter. Et propter hoc confiteor me habuisse et recepisse á quolibet vestrum 2 solidos. Obligo, etc."

Del 1298:

"Minoriza III idus Februarii MCCXCVIII—Astruch de Rivopullo judeus, vendo vobis P. Mercerii, quandam Sarracenam nigram, nomine Mariam, pro pretio XXV libras, etc."

"Noverint universi: quod die jovis qua legitur I Kal. Martii anno Domini MCCXCVIII, Vitalis Baroni judeus habitator Cardonæ, juravit per Deum et decem præcepta legis, quæ Deus dedit Moysi in monte Sinai, libro ipsorum decem preceptorum manibus ipsius Baroni judei, corporuliter tacto, in posse Raimundi de Boatella subvicarii Minorise et Bagiarum, pro Gaberando de Mirallis vicario domini Regis in Minorisa, Bagiis, Ansona, Bergia, Bergnitano et Rivopollensi, quod in omnibus contractibus, usurariis quos contrahent in vicariis prædictis Minorise, Ansone, Bagiarum, Berge, Bergnitani et Rivipolli, servavit statutum domini Regis Aragonum Jacobi felicis recordationis; videlicet quod non mutuavit in dictis vicariis, nisi ad rationem quator denariorum pro libra in mense, nec recuperet usuram de usuris, nisi servitium... vel faecet alicuem maxinationem vel fraudem ad hoc ut hac lucrum pro sorte ulterior quator denarios pro libra in mense. Prestationem cujus sacramenti interfuerunt Arnaldus de Podrolo, Guillermus de Turribus et Petrus Zabata.

Eadem die juravit predicta Astruch de Zabarra judeus.— Etiam Vitalis Astruch judeus Celsone — Etiam: Isaacus de Minorisa judeush abitator Minorise — Item Isaacus Heretone judeus Minorise — Item Vitalis Heretoni judeus Minorise etc."

En 1299—Salomon Vidal, judío de Manresa, dá poderes á su hermano Toros Vidal, para cobrar cuanta acreditaba *in territorio Ausonense*, etc.

En 1300—Isaac Arempelx, hijo de Vidal, judío de Tárrega, de consejo y voluntad de sus amigos, contrae matrimonio con Goze (*Goig*), hija de Ferrario Jafra, judío de Gerona, y de Dulcia su consorte. Recibe por dote 1200 sueldos, y la hace de aumento ó donacion *propter nuptias* 500 sueldos, obligando sus bienes, con arreglo al derecho cristiano y tambien á la consueta del derecho judío, etc. Testigos: Vidal Astruch, Astrugo Zabarra, Vidal Enoch y Erenton, judíos de Manresa, y P. de Marunys de la Seo de Urgel.

Isaac Hereton, judío, hace y forma compañía con Vidal y Lupeto Hereton, sus hermanos, etc.

Vidal Astruch, judío, admite á Astrugo Zabarra, judío tambien, en la tercera parte de las ganancias que resulten en el arriendo del *Horno nuevo* de la ciudad de Manresa mediante

255 sueldos, que promete satisfacerle Zabarra en tres plazos, etc.

"Minorisa nonas Apprilis MCCC°. Teros Vitalis, judeus, habitator civitatis Minorise, constituo et ordino certum et especialem procuratorem Juceff de Mayoncha judeum habitantem ville Vici licet absenti etc. Ut percipiat omnia quod debet et debeantur intus villam Vici, vel etiam in tota Ausona, aligna ratione vel causa etc."

" El libro del 1310 al 1313, conservado en el Archivo notarial, sobre su única media cubierta anterior, se lee: "Liber judeorum Minorise" y en el reverso de esta hoja en pergamino se lee:

"Die quo legitur VIII kal^s Octobris anno dñi M^{0}CCC^0 desimo juraverunt in posse Poncii Mir

   SALOMON VITALIS
   VITALIZ HIERONI
   JUCEFFUS BARONI
   BARONETUS VITALIS, filius Vitalis Baroni bajulus Minorise."

Continúanse además otros juramentos de Astrugonus de Rivopullo en Enero de 1313;

De Bonafilia, judía, en Marzo de 1315;

Y de Salomon Vidal en el mismo año 1315.

Este tomo en folio, de papel de algodon; consta de 48 folios, conteniendo unas treinta lineas cada uno.

Por término medio contiénense diez documentos ó notas para su otorgacion entre las dos caras de cada folio, lo que dá un total de unos 480 contratos.

Este tomo, que comprende segun se ha dicho de 1310 á 1313 inclusive, hállase escrito enteramente en latin.

La índole general de sus actos es el de constitucion de préstamos ó mutuos hechos por judíos á cristianos, hay algunos recibos de los mismos y poderes entre judíos para el percibo de dichos préstamos.

Véase un ejemplo:

" Jacobus Bainli de Castro fullito de boxio, confiteor vobis, Salomon Vitalis, judeo quinquaginta solidos mutui de puro capitali. Solvendi sunt ad unum annum proximum venturum cum X solidos de lucro et deinde &c. Fidejusores Berengarius de Gradar de dicto loco et Guillermus de Campo habitator Minorise. Et hoc promittimus Vicario Minorise luet absenti, sub pena tertii &c. Ad hoc ego Dulcia uxor duti Jacobi bainli consentiente &c. Testes Berengarius de Salellis et Franciscus Munistrallo (fol. 3)."

Entre los Manuales ó Protocolos de algunos notarios,

existentes en el Archivo municipal de Manresa, encuéntranse tambien interpolados algunos contratos con los judíos en el del año 1322 á 1323, entre los que citaremos los siguientes:

"Salomon Vitalis judeus habitator Minorise, confiteor vobis Petro Vitalis de Salellis et Romie uxoris ejus, quod solvistis mihi ad meam voluntatem, totum lucrum seu usuram, quod seu quam, mihi usque ad festum Natalis Domini solvere debebatis et tenebamini de quodam debito centum solidorum Barehin, quos mihi confessi fuistes debere cum publico instrumento confecto ante Notario subscripto in kalendis Februarii anno Dñi M⁰CCC⁰XX⁰ primo, et totum lucrum seu usuram quod debebatis et tenebamini usque ad dictum festum natalis Dñi proximo precedente, de quodam alio debito et ducentarum quadraginta solidorum Barehin, quos mihi confessi fuistis debere in publico instrumento con fecto auctoritate Notario subscripto XIII kal. Julii anno Dñi M⁰CCC⁰XX⁰. Et idcireo &c. Testes E. Rosells Engratius de Petra et Michaelis Granoya."

"Saimonus de Minorisa judeus, confiteor vobis Petro Ribes, de termino Castri fullito de boxio licet absenti. . . . . . recepisse ad meam voluntatem de omnibus debitis et singulis lucris seu usuris ipsorum, quod vos et Arnaldus Arcisii filiastrus vestrus seu alteris vestrum, mihi per hanc diem debitis, cum cartis et sine cartis et libris buriæ vuarii Minorise et sine ipsis, quascumque rationem vel causa. Et idcireo, renuntiaus &c. Testes Guillemus de Vilella, Berengarius de Franis, Michaelis Granoya—Octavo nonas Februarias anno Dñi M⁰CCC⁰XX⁰ tercio."

"Nono decimo kalendᵃ Februarⁱ anno Dñi Mill⁰ trecent⁰ vicesimo tercio.—Salomon Vitalis judeus, confiteor vobis Berengario Puncii habitatoris Minorise quod—solvistis mihi viginti sex solidos Barehin, quos Petrus de Reguardosa una cum Elisendis uxor ejus, habitatores ejusdem, confiserunt se debere cum publico instrumento in quovos per dutis conjuguis per modo fidejusoris vobis obligastis. Et dictos viginti sex solidos solvistis in hoc acto. Testes Michaelis de Granoya et Franciscus de Olius."

Los nombres mas comunes de judíos que salen de los citados libros son:

En Manresa: Simeon y Regina consortes; Barano Vidal ó sea Vital y su consorte Mirona; Esther Abraham, viuda; Astrugo Anoch y Jucef Zabarra hermanos; Astrugo de Montepesulano; Vidal Baroni hijo de Barano Vidal Saul Satorra Astrugo Capitis y su esposa Esther; Isaac y Esther de Minorisa ó sea Manresa, consortes; Mir Zabarra; Jucef Leví; Enoch Collem: Vidal Astruch; Astrugo y Vidal de Camporotundo; Bevengario Lupeto; Jafra Ferrario; Abraham y Samuel hijos de Simeon; Centon Corrons; Abraham de Cabanas; Teros Vidal; Jucefa y Anseh hijos de Aaron Cellem; Vidal y Druda Hereton consortes: Hereton y Dulcia consortes; Vidal y Astrugo de Rivopullo; Isaac y Maymon Coffen; Isaac Maymon; Maymon Astruch; Astrugo Bará; Salomon Vidal; Lupeto y Jacobo Henton hermanos; Bonafilia; Maymon de Manresa &c.

En Barcelona: Astrugo Rivopullo; Isau Capitis; Cresques Vidal.

En Besalú: Jucef Zabarra; Isaac y Maysono hijos de Mir y de Dulcia.

En Berga: Bonafós Cresques.

En Cardona: Samuel; Astrugo Coffen; Abraham Simon; é Isaac Astrugo.

En Granollers: Moyses Rabeya.

En Vich: Jucef de Mayoneh.

En Villafranca: Salomon y Vidal Dulceto.

Esto es cuanto puede consignarse con certitud respecto á los Judíos en Manresa, requiriéndose mucha mayor detencion para adquirir respecto á los mismos mayores noticias, por la escasez de documentos, efecto en mucha parte de los grandes trastornos é incendios que hasta principios del corriente siglo ha experimentado dicha ciudad.

BARCELONA, 5 *Octubre* 1888.

EDUARDO TÁMARO.

DISCURSO DE RECEPCIÓN.

Señores:

Lleven Vs. á bien les dé las más expresivas gracias por el honor que se han dignado conferirme eligiéndome Miembro corresponsal de ese cuerpo. No puedo lisonjearme de que tan señalada distinción sea debida á mis merecimientos, sino más bien ó únicamente al interés que evidentemente les merece á Vs. la historia del pueblo israelita en la Península Ibérica, cuyo interés ha sido tan vivamente expresado en su Boletín por los estudios admirables de los Sres. Fidel Fita y Fernández y González sobre puntos especiales de historia hispano-judaica:

Á la vez que me felicito por mi elección, reconozco en ella una de las muchas pruebas de que la España ha aprendido con respecto á los Judíos una de las lecciones más altas y difíciles de moral, cual es el perdonar á quienes nosotros hemos agraviado ó hecho mal. La España admite que el verdadero *tizón de España* no lo eran sus Judíos sino el modo de tratar á éstos.

Séame permitido añadir algunas otras observaciones en cuanto á la posición actual de la historia de los Israelitas, su objeto y problemas. Ante un cuerpo que cuenta en él al Sr. Fita y al Sr. Fernández González, sería impertinente de mi parte el hablar del papel que desempeñaron los Judíos en la historia de España; pero tal vez me permitirán Vs. hablar de este asunto en lo que dice relación con la historia judaica en general, la cual he estudiado con afición durante muchos años.

Tres son, en mi opinión, las fases por las cuales ha pasado la historia de la historia judaica, y en estos momentos está pasando por la cuarta. La *primera fase* nos presenta el modo extraño de tratar esta materia, en cuya fase una serie de escenas vivas, muchas veces más vivas que verdaderas, y siempre pintadas con preocupación y pasión, resume todo lo que la historia tenía que decir de los Judíos y de los tiempos que les precedieron. Así, en España se resumió la historia de los Judíos en una serie de cuadros de los Judíos de Toledo en actitud de entregar las llaves de la ciudad á los moros; de Judíos financieros ó capitalistas en sus casas de campo, de sabios Judíos en laboratorios; de asesinato y violencia de Judíos y Judías por crímenes imaginarios, tales como asesinato de niños ó envenenamiento voluntario ó premeditado; de frailes, y rabinos disputando sobre los méritos relativos del Talmud y del Evangelio; de San Vicente de Paul conduciendo multitud de Judíos descaminados al redil de la iglesia con una cruz transformada en espada; de Torquemada arrojando al suelo las treinta monedas ante los Reyes Católicos; ó la más triste de todas las escenas, el San Benito subiendo al cadalso ó á la pira para tener un día de fiesta en España que parecen harto fabulosas en sus detalles se cree que constituyen la historia hispano-judáica y en la opinión de muchos forman todavía su emporio.

Mientras los historiadores cristianos (Basnage, etc.) describían de este modo la historia de los Judíos con cierta preocupación contra los enemigos de su creencia, los escritores Judíos igualmente excitados por la pasión pintaban cuadros de las desdichas de Israel experimentadas á manos de los cristianos (Jehuda ben Verga, Joseph Cohen, Usque, etc.). La indignación ó la rabia de los Judíos respondía á la preocupación de los cristianos y la historia se resentía de unos y otros.

Período segundo. — En este período investigan sabios judíos en los escritos de los mismos hebreos el sentido interno de su historia, siendo innecesario el encarecer con cuánto ingenio, acompañado de no despreciables dotes de sentido artístico, se han consagrado algunos á escribir la historia del Judaismo y á desarrollarla con amplitud, consultadas á tal propósito las obras de los filósofos y de los poetas de Israel (Jost, Zunz, Graetz). Ni parece preciso recordar que tal manera de exponer la historia de los judíos entraña, bajo muchos conceptos, la particular de los judíos españoles, con proceder de Lucena, de Córdoba, de Toledo y de Barcelona, la mayor parte de los pensadores más célebres y de los poetas más dulces é inspirados que ha tenido Israel en la Edad Media, como que, en rigor de verdad, dejada aparte la designación de otros muchos insignes varones, los nombres de Avicebrón, Abrahám Abén-Ezra, Jehudá Ha Levi y Maimónides son y deben ser considerados, al par que como glorias del Judaismo, cual verdaderas glorias de España.

De tales contingentes para la historia de los judíos, especialmente por lo que toca á la obra de Graetz, se puede decir *C'est*

M

magnifique, mais ce n'est pas l'histoire; como quiera que ni son historia en el verdadero sentido de la palabra, ni sirven para explanar la posición de los judíos en la historia nacional de los países donde moraban.

Período tercero.—La tercera faz ó período de la historia de los hebreos, ha aparecido cuando ocupada Europa en el estudio de los problemas constitucionales no podía menos de tratarse, siquiera fuese por incidente, de la situación constitucional de los judíos en los estados de la Edad Media.

Desde entonces, semejante aspecto de la historia israelita ha sido tratado principalmente por escritores cristianos, particularmente versados en materia constitucional, Madox y Blunt en Inglaterra, Stobbe en Alemania, Bedarrides en Francia y en Italia. En España, donde vuestra notable actividad histórica se ha concentrado grandemente en la publicación de Fueros y Cortes, ha sido naturalísimo que el Sr. Amador de los Ríos y Serrano consagrase la mayor parte de su *Historia social, política y religiosa de los judíos en España* al aspecto político, apenas tenido en cuenta en los otros dos períodos.

Período cuarto.—Precisamente al esclarecimiento ó dilucidación del aspecto social de la historia judáica se refiere la presente y última faz alcanzada por las investigaciones dirigidas sobre tan importante asunto.

Hasta ahora, los esfuerzos se encaminaban principalmente á acentuar las diferencias entre los judíos y sus vecinos. Al presente nos proponemos conocer los diferentes puntos de semejanza que subsisten en unos y en otros bajo el aspecto humano.

El refrán alemán *Wie christelt es sich so jüdelt es sich* (como se cristianiza, así se judaiza) expresa perfectamente la tendencia de este nuevo estado de cosas. Algo se ha hecho ya por lo que toca á Alemania, Francia é Italia de parte de Zunz, Berliner y Güdemann, señaladamente por el último; pero mucho más resta que hacer todavía antes que pueda escribirse una *Culturgeschichte* (Historia de la cultura) *judía*, como dirían los germanos; con ser ya algo el conocer las leyes dictadas acerca de los judíos, presenta otra y mayor dificultad, el inquirir cómo las leyes fueron aplicadas. Juntamente con las leyes se han de estudiar las costumbres, que rara vez se averiguan del todo, mediante meros documentos escritos; de forma que, á la manera que los pintores se entretienen en pintar efectos atmosféricos, á la continua tenemos que exponer, del mismo modo, la *Culturgeschichte* (Historia de la cultura). En tal respecto, es obvio, que, si es bastante difícil alcanzar la inteligencia de un efecto social de nuestro tiempo, lo ha de ser más comparativamente el comprender los que se refieren al tiempo pasado; de donde nace cierta vacilación en el modo de presentar la historia de los judíos hasta lo presente, la cual puede retratarse por la frase francesa *elle se recueille pour mieux sauter*. Indudablemente, para este aspecto de la historia social pueden ser de importancia hasta noticias muy menudas, una frase aislada, el documento que se desprende de la forma de un nombre propio ó de la diferencia de una fecha, particulares que pueden derramar torrentes de luz. De aquí el que surja el cuarto período de la investigación histórica sobre la historia de los judíos en que hemos entrado ahora, el cual se preocupa con preferencia de la reunión de materiales; pues es un período bibliográfico, diplomático y de monografías. En esta relación, no hay que olvidar que, aun antes de que se determinen las fuentes manuscritas que resta investigar todavía, es de rigor se averigüe lo que ha sido ya dado á la estampa alguna vez, con que se legitima la necesidad de la bibliografía. Por lo que toca á Inglaterra, hemos compuesto un libro de 250 páginas compilando meramente los títulos de las obras referentes á la historia anglo-judáica (*Biblioteca Anglo-Judáica* por J. Jacobs y L. Wolf), que es, probablemente, la bibliografía histórica más extensa de las de esta índole.[1] En Alemania se ha comenzado á publicar el *Registro* de los datos esparcidos, relativos á la primera historia de los judíos en aquel país. En lo concerniente á la Península Ibérica, yo mismo me ocupo en compilar una bibliografía de la historia de los judíos en España, adicionando las noticias de Amador de los Ríos, con otras que ocurren en libros publicados con posterioridad al suyo, así como en obras germanas y hebreas, que no consultó aquel historiador distinguido.[2]

Demás de esto, como la literatura española es particularmente rica en historias locales, según lo ha demostrado Muñoz en la bibliografía compuesta por dicho docto, al aparecer mi lista enriquecida con muchos *items* de historia judía, contenidos en ella, abrigo la esperanza de que la Academia habrá de estimarla, cual un suplemento originado por dichas fuentes.

Pero en realidad de verdad, no se halla hoy empeñada la ciencia judía tanto en la labor de compilar datos en bibliografías antiguas, cuanto en adquirir noticias nuevas, que deben

---

[1] [Veáse tambien *Sistematicheski Ykazatel Literatyri o Ebreach na Rysskom Yazik*. Petersborgo, 1892, pp. 568, n.ᵒˢ 95 79.]

[2] [Veáse *infra*, p. 213 *seq.*]

buscarse en fuentes manuscritas. En consonancia con este movimiento se han formado sociedades é institutos, especialmente en Europa, pudiendo señalarse, como iniciadora de esta tendencia en Francia, la *Société des Etudes juives*. Con semejante fin se ha creado últimamente en Inglaterra una exhibición anglo-judáica, abierta con el propósito de facilitar las colecciones de manuscritos, y se ha organizado poco há en Alemania una *Commission für die Geschichte der Juden in Deutschland*, habiéndose formado sociedades similares en Rusia, Rumanía, Turquía y en los Estados-Unidos. Al presente, se han publicado ya obras por algunas de estas sociedades ó por paleógrafos que tienen vínculos de conexión con ellas. Bajo este concepto pueden citarse aquí muchos artículos de la *Revue des Etudes juives: Les Juifs de Languedoc*, publicación de M. Saige, con admirables documentos justificativos; el volumen de Mr. Davis, intitulado *Shetarot* (Documentos de los judíos en antiguo hebreo inglés), publicado por la Exhibition Anglo-Judía, las *Quellen* (Fuentes) de la *Commission* germana, como asímismo el *Codice diplomatico degli Judei Siciliani*, del cual se ha dado á la estampa recientemente el tomo primero.

Harto se deja entender que en esta dirección diplomática y en conexión con ella debe interpretarse mi viaje á España. He sido enviado aquí cual una especie de Villanueva judío (si es lícito comparar lo pequeño con lo grande) para valuar el número y calidad de los manuscritos, que se conservan en los archivos españoles, propios para dilucidar los fastos de los judíos en este país, donde se muestra, bajo muchos respectos, la faz más interesante de su varia fortuna. Merced al rico tesoro que se custodia en el Archivo de la Corona de Aragón en Barcelona, regido por la dinastía genial de los Bofarull, me ha sido dable el tomar nota de cerca de mil documentos que suministran acerca de los estados de dicha Corona datos más menudos y completos que cuantos poseemos de ningún otro país de Europa con relación á la misma fecha, si se exceptúa la Gran Bretaña. Menos dichoso he sido en Madrid, dado que han sido poco copiosas las facilidades que me ha ofrecido para la investigación el Archivo Nacional, en conformidad quizá con la importancia de su título grandilocuente, perdóneseme esta manera de decirlo. Espero, no obstante, ser más afortunado en Alcalá, en el Escorial, en Toledo y en Pamplona. En conjunto, mi viaje, ha sido hasta ahora venturoso; pero con haberlo sido realmente era imposible para una sola persona, en cinco ó seis semanas, hacer otra cosa que pasar la espumadera por la superficie de los archivos españoles, aunque el procedimiento se recomiende proverbialmente como el mejor para hacer nata. Me atrevo, sin embargo, á aprovechar esta ocasión, para apuntar un método, con el cual la Real Academia de la Historia podría, en mi sentir, desarrollar la obra iniciada, por mi parte, tan imperfectamente. Puesto que os habéis asociado é incorporado á vuestra institución un número de individuos correspondientes con residencia en la mayor parte de las provincia de España, ¿sería imposible dirigirles una circular, requiriéndoles para que den noticias de tiempo en tiempo acerca de los documentos (escrituras) ó manuscritos de interés para la historia de los judíos, existentes en los archivos episcopales, en los de las Universidades y en los de los Ayuntamientos de sus distritos respectivos?

Al fin del período de investigaciones bibliográficas y diplomátisas, llega su vez á las monografías. Es indudable que cada nuevo documento descubierto, y por lo tanto cada serie nueva de documentos capaces de ministrar un solo hecho ú ofrecer un aspecto nuevo á la historia de los judíos, pueden suministrar materiales para monografías. Muchas de este carácter han aparecido ya en los textos del *Monatsschrift* de Graetz en la *Revue des Etudes juives* y en vuestro BOLETÍN. En relación con este objeto me tomo la libertad de exponer otra indicación al juicio de los que me han honrado, asociándome á sus tareas.

Entre las obras dadas á la estampa con la aprobación oficial de la Academia, veo algunas relativas á los moros, pero ninguna que trate de los judíos de España, los cuales, después de todo no eran enemigos, sino meramente españoles de diferente creencia religiosa. ¿No podría la Academia estimular las investigaciones acerca de la historia de los judíos de España, proponiendo premios para monografías sobre este asunto? Creo de interés se señalasen los siguientes:

I. Un *Corpus Inscriptionum judaico-hispanarum*, asunto respecto del cual ha suministrado ya materiales importantes el señor Fita.

II. Relaciones sociales entre judíos y cristianos y entre judíos y moros.

III. Papel desempeñado por los judíos en el desenvolvimiento rentístico y económico de España.

IV. Divisas ó señales empleadas para distinguir á los judíos en diferentes partes de España, según las épocas.

V. Datos históricos contenidos en escritos hebreos respecto de los judíos españoles, señaladamente en la *Responsa* (Dictámenes ó respuestas á consultas legales) de eminentes Rabbíes, tales como Salomón Adret, etc.

Otros varios asuntos pudieran indicarse, algunos quizá más propios de la Academia española, como una lista de escritores hispano-judíos, que completase y perfeccionase la inusitada de Castro[1] y algunos que dicen más relación, sin duda, con las ciencias como una comparación de la característica de los españoles (especialmente los Chuetas de Mallorca con la ofrecida por los *Sefardim* ó judíos españoles).

Demás de estos temas, existen otros muy interesantes tratados ya por eminentes eruditos, cuyos trabajos eruditos es de esperar se gocen en breve. El insigne Dr. Steinschneider tiene en prensa una lista de traductores judíos ocupados en versiones del arábigo durante la Edad Media[2]; obra consagrada en gran parte á los judíos españoles. El no menos reputado Dr. Neubauer, ha pasado muchos años de su vida coleccionando nombres geográficos hebreos, que ocurren en los escritores rabínicos de los tiempos medios, y es de esperar que su obra, cuando sea publicada, encerrará, sin duda, una lista de nombres hebreos de pueblos españoles, que reemplazará con ventaja al cuaderno que forma el ensayo de Zunz. Finalmente, el Dr. Kayserling, ha publicado una *Biblioteca Judáico-Española* que encierra una lista de todos los judíos que han escrito en castellano. Con todo, es mucho lo que queda aún por hacer, y tengo para mí, que una serie de premios ofrecidos por vuestro Instituto, sería la mejor prenda ó garantía de que se realizara lo que falta. Abrigo, además, la confianza de que no dejarían de unir sus esfuerzos á los de la Academia algunos Mecenates judíos, al efecto de que los premios correspondieran dignamente á las dificultades del asunto, en especial, si la Academia les ofrecía garantías de deponer todo apasionamiento tradicional, ostentando la fría autoridad demostrada por ella, con relación á otros asuntos en el juicio y elección de las obras laureadas. Así se desarrollaría pronto el cuarto período que alcanza ahora la historiografía judía en sus faces bibliográfica, diplomática y monográfica. En lo tocante á la apreciación de la suerte de los judíos, ofrece dificultad, no escasa, la comparación entre lo que ocurría en unas centurias respecto de otras, siendo evidente equivocación, por otra parte, el imaginar que la suerte de los judíos era la misma en todos los países. Existen, sin

---

[1] [Veáse *infra* pp. 169 *seq.*]   [2] [Publicada en 1893.]

duda, semejanzas generales en cuanto en todos concurren la influencia permanente de la Iglesia y de la ley rabínica; pero las circunstancias locales han influído en la condición de los hebreos por distintos caminos, quedando aún en pié la dificultad de establecer comparaciones entre diferentes países. M. Loeb ha ofrecido en esta vía excelente muestra de tal linage de trabajos, comentando el notable documento descubierto por el Sr. Fernández y González y publicado en vuestro BOLETÍN.

Solo después de concluída la obra de este cuarto período en que nosotros mismos, los hebreos, estamos empeñados, prestándole el fruto de nuestra actividad como agentes, nos será dable dirigir las miradas al quinto y último de la historiografía judáica. Este demanda, ante todo, la forma de historias especiales de los judíos en cada país; pues con la vasta acumulación de materiales, que existe ahora, sería imposible á otro Graetz escribir convenientemente la historia de los judíos en general. En el caso de que tal ocurriera, puede profetizarse desde ahora, que presentaría las formas de una Filosofía de la Historia de los Judíos, con ofrecer material no insignificante, para la obra á que todos los historiadores preparan hoy el camino. Alienta á ello la convicción de que la historia dará solución algún día al problema de la vida; esperanza que nos sostiene como investigadores de lo pasado en nuestras empresas laboriosas y frecuentemente deslucidas. Y como nunca se recibirá por aceptable una filosofía de la vida que no explique á la par la de lo pasado y la de lo presente, la historia ha de ser el Edipo destinado á resolver el enigma de sus leyes, no siendo, por cierto, la historia de los judíos la que suministrará contingente menos importante para dicha solución.

Es, por otra parte, convicción de muchas personas no judías, que, á través de los padecimientos de la raza israelita, se muestra en ellos un designio divino; pues solo los judíos forman el puente entre el mundo antiguo y el mundo moderno. Si su historia careciese de sentido interno, la vida del hombre en la tierra no tendría ningún fin racional. Precisamente, á causa de esta consideración otorgada á la historia judáica reclama particular atención de todos los eruditos de oficio, sean judíos, cristianos ó libre-pensadores. Nosotros, judíos europeos, tenemos fija la vista en vosotros, sabios pensadores y escritores de España, como quiera que una parte de la historia de los judíos, y en realidad la más rica y superiormente interesante, solo puede estudiarse en la misma Península Ibérica. Existe en muchos la ferviente esperanza de que, en porvenir no remoto habrá muchos que podrán llamarse españoles con igual legitimidad que judíos, los cuales serán entonces los guardianes é investigadores de la historia hispano-judáica. En tanto que llega tal tiempo, incumbe de derecho á los historiadores de España, y especialmente á los representados por la Academia, la misión de caminar al par con el resto de Europa en las investigaciones científicas sobre la *Historia de Israel.*

JOSEPH JACOBS.

JEWISH WRITERS IN SPAIN.

LITERATURE and History supplement one another. Literature conveys a living spirit to the body of History. History enables one to connect Literature with times, seasons and localities. It seemed therefore desirable to compile from Jewish bibliographers as full a list as possible of the Jewish writers who can be traced in Spain. Accordingly, I have compiled the following list, giving names, dates, and, as far as possible, localities of Jewish writers, either born in Spain or visitors to the Iberian peninsula.

I have added the subjects on which they wrote, and abbreviated references to the chief bibliographical sources. From the number of these attached to any name some idea of their importance can be ascertained. As a general rule, the latest source gives fullest and most accurate information, as, for example, in Dr. Neubauer's *Ecrivains*, or Dr. Steinschneider's *Uebersetzungen*. The only previous list of the kind that has been made was that of Jost at the end of the seventh volume of his *Geschichte* in 1827, a list which was utilised by Lindo in his short biographies in his History, 1848. Jost's list extended to only 120 numbers, even including Portuguese Jews, who are excluded from the present list; the progress of bibliographical science during the last half-century has enabled me to extend the following list to more than six times that number. The following letters are used to indicate my sources, which for the most part are either arranged alphabetically or have excellent alphabetical indexes. It is not therefore necessary to add the pagination except in cases when the sources were unindexed. References are only given to catalogues of manuscripts when names occur solely in them. Works used only once or twice are referred to in full.

Bm.   *Catalogue of Hebrew MSS. in British Museum.* 1894.
F.   Fuerst. *Bibliotheca Judaica.* 1851.
Gj.   Geiger. *Divan Juda Halevis.* 1851.
Gz.   Graetz. *Geschichte der Juden* (with number of vol. attached).
JQR.   *Jewish Quarterly Review,* 1888–1894.
Kmf.   Kaempf. *Nichtandalusische Poesie andalusischer Dichter.* 1858.
Kb.   Kayserling. *Biblioteca Española Judaica.* 1890.
Kn.   Kayserling. *Geschichte der Juden in Navarra.* 1861.
Ks.   Kayserling. *Sephardim. Romanische Poesien der Juden in Spanien.* 1859.
Lb.   Loeb. *Liste nominative des Juifs de Barcelone en 1392.* REJ. iv. 57 seq.

Lc.	Lindo. *History.* 1848. (Mainly from De Castro: untrustworthy.)
Mi.	Mortara. *Indice dei Scrittori Israeliti in Italia.* 1886.
Mts.	Frankel-Graetz. *Monatsschrift des Judenthums.* 1852-1891.
Nb.	Neubauer. *Catal. Heb. MSS. in Bodleian.* 1888.
Nr.	Neubauer-Renan. *Les rabbins français.* (Hist. Litt. de la France. Tme. xxviii.)
Nr. ii.	Neubauer-Renan. *Ecrivains juifs.* (Hist. Litt. xxxi.)
Pa.	Perles. *R. Salomo b. Abraham b. Adereth,* 1863.
Pn.	*Catalogue des MSS. hébreux dans la bibliothèque nationale.* Paris, 1866.
REJ.	*Revue des études juives.* 1882, in progress.
Sb.	Steinschneider. *Bodleian Catalogue.* 1859.
Sh.	Steinschneider. *Hebräische Bibliographie.* 1858-1882.
Sj.	Steinschneider. *Jewish Literature,* 1858. (Index separately, 1893.)
Sl.	Steinschneider. *Cat. Heb. MSS.* Leyden. 1858.
Sm.	Steinschneider. *Cat. Heb. MSS.* Munich. 1868.
Su.	Steinschneider. *Hebräische Uebersetzungen des Mittelalters.* 1893.
Sz.	Steinschneider. In *Zeit. d. Deut. Morg. Gesell.* Bd. xviii.
Zg.	Zunz. *Zur Litteratur und Geschichte.* 1845.
Zl.	Zunz. *Litteraturgeschichte der Synagogalen Poesie.* 1865.
Zr.	Zunz. *Die Ritus.* 1859.
Zz.	Zunz. *Synagogale Poesie.* 1855.

I have included in the list a few cases in which there is some doubt whether the rabbis in question were ever in Spain, but their presence in the list, which is chiefly intended for use by archivists in Spain itself, may often help to solve the doubt. I have also included some converts and Marranos with *ex* preceding their names. At the end I have arranged the names as far as possible under the towns which they are known to have visited.

AARON ASHERI (Talmudist), Barcelona, Toledo, Montpellier.—Gz. vii.

AARON BEN JACOB HACOHEN (Ritualist), 1306-1320, in Mallorca, from Provence.—Kn. Zr. 31 Nr. ii. Sj.

AARON BEN JOSEPH HALEVI (Talmudist), 1235-1300, Toledo, Saragossa, Montpellier.—Gz. vii. Rosin *Compendium* 86 (who proves not identical with Aaron Halevi.)

AARON BEN PINCHAS (Halachist), Barcelona.—Sj. 68.

Aaron ha Cohen, *see* Aaron ben Jacob.

AARON HA-LEVI (Talmudist), 1293, Barcelona, Toledo. — Lb. Sbj. Pa. 3, Rosin *Compendium* vi.

ex AARON LEVI (ANTONIO DE MONTESINOS), 1642, Villaflor, in America. Pretended discoverer of ten tribes in America.—Sbj.

Abarbanel, *see* Isaac Abarbanel.

ABBA MARI BEN JOSEPH IBN CASPI, (Controversialist), 1304-6, Barcelona. — Sb. Lb. (Leipzig, Cat. p. 303 *e*).

Abbas, *see* Jehuda Samuel, Moses Abbas, Moses Jehuda, Samuel ben Jehuda.

Abbasi, Ibn, *see* Jacob ibn Abbasi.

Aben, *see* Ibn.

Spanish-Jewish Writers. 171

ABENDANA, DANIEL DE JOSEPH (Controversialist), 1658, Spain, (?) Hamburg.—Kb.
ABENDANA, ISAAC DE JOSEPH (Translator, Calendar maker), *ob. c.* 1710, Spain, Leyden, Cambridge, London.—Kb. Sb.
ABENDANA, JACOB DE JOSEPH, (Translator, Preacher), *ob.* 1695, Spain, Hamburg, London.—Kb.
Abenhucar, *see* Wakkar Ibn, Samuel Abenhucar.
Abi Abraham, *see* Jacob al Corsono.
Abi Ayub, *see* Solomon.
Abigdor, *see* Solomon ben Abraham.
Abinatar, *see* David Abinatar.
Abi Sahula, *see* Isaac ben Solomon.
Abi Simra, or Zimra, *see* Abraham ben Meir, David.
Abitur, Ibn, *see* Joseph ben Isaac.
ex ABNER DE BURGOS (ABRAHAM DE VALLADOLID) (Controversialist), 1270-1346, Burgos, Valladolid.—Gz. vii. Sj. REJ xviii. 32.
Aboab, *see* Abraham Isaac Samuel ben Abraham.
ABRAHAM ABOAB (Correspondent of Jehuda ben Asher). Toledo.—Kb.
ABRAHAM ABULAFIA BEN SAMUEL (Cabbalist), 1240-1291, Saragossa, Capua, Messina, Barcelona, Urbino, died in Greece, 1291.—Lb. Sbju. Zl. Gz. vii. Jellinek in Graetz *Jubelschrift*, 1887.
ABRAHAM IBN AL-FAKKHAR (Arabic Poet), *ob.* 1239, Toledo.—Sj. Zg. Gz. vi.
ABRAHAM ALFAQUIN (Translator into Spanish), temp. Alfonso X., Toledo.—Su.
ABRAHAM BEN AL-TABIB (Commentator, Controversialist), XIV., Spain.—Sj.
ABRAHAM IBN BOLAT (Controversialist), XV.—Sb.
ABRAHAM CANSINO (Liturgist, Commentator, Poet), 1360-1463, Castille, Oran.—F.
ABRAHAM CARSINO (Poet), Murcia.—Nb.
ABRAHAM CASLARI (Medical Writer, Poet), 1324-1349, Narbonne, Besalu.—Nr. ii. Kb. Zg.
ABRAHAM IBN CHAJIM (Spanish Writer on Book Illumination), XIII.—Kb.
ABRAHAM CHASAN GERUNDI (Liturgical Poet), 1250, Spain.—Zl.
ABRAHAM BEN CHAYIM BEN RAIMUCH (Commentator), XIV.—Gz. viii., 76*n.*
ABRAHAM BEN CHIJA (Mathematician, Translator), 1130, Barcelona, Saragossa.—Lb. Sbju.
ABRAHAM BEN CHIJA ALBARGELONI (Commentator), *ob.* 1135, Barcelona.—Lb. JQR. v. 710.
ABRAHAM IBN CHISDAI BEN SAMUEL (Translator), 1235-1240, Barcelona.—Lb. Sbju. Zl. Veislovitz on *Prinz und Derwisch*.
ABRAHAM COHEN (Commentator), 1540, Barcelona.—W. i. Lb.
ABRAHAM BEN DAUD SENIOR (Philosopher, Historian), 1161, Toledo.—Sbju. Gz. vi.
Abraham ibn Ezra, *see* Abraham ben Meir.
ABRAHAM OF GRANADA (Cabbalist), XIV., 1391-1400, Granada, *see* Abraham ben Isaac.—Gz. vii.
ABRAHAM GUER DE CORDOVA (Controversialist in Spanish), Cordova.—Neubauer *Isaiah* liii.
ABRAHAM HASEPHARDI (Ritualist), 1521, in Arta.—Zr. 161.
ABRAHAM BEN ISAAC (Cabbalist), Granada, *see* Abraham of Granada.—Sb.
ABRAHAM BEN ISAAC HALEVI (Poet), *ob.* 1391, Girona.—Nr. ii. Zl.

ABRAHAM BEN ISMAEL (Ritualist), c. 1340, Toledo.—Zr. 32. Rosin *Compend.* 118.
ABRAHAM BEN JUDA (Theologian), 1253, Barcelona.—Wolf. Lb.
ABRAHAM JUD.EUS (Translator from Arabic), 1279, Toledo.—S.
ABRAHAM DE LERIDA (Physician, Astrologist), 1468, Lerida.—Kb.
ABRAHAM BEN MEIR ABI SIMRA (Liturgical Poet), 1492, Malaga, Oran, Tlemsen.—Zlg.
ABRAHAM BEN MEIR IBN ESRA (Poet. Grammarian, Commentator, Translator from Arabic, Mathematician, Traveller and Wit), 1093-1167, Toledo, Cordova, Rome, Mantua, Egypt, Beziers, Rouen, London, Narbonne.—Sbj. Zlgs., Steinschneider *On Mathematics*, Bacher *On Grammar and Commentaries*, Egers and Rosin *On Poetry*, Graetz vi. 440-450 *On Travels* &c., &c.
ABRAHAM BEN MEIR IBN KAMNIAL (ABULHASSAN) (Physician), XII., Saragossa.—Sbj. Gz. vi.
ABRAHAM BEN MEIR IBN SHOSHAN (Writer), *ob.* 1339, Toledo.—Zg.
ABRAHAM BEN MOSES COHEN (Commentator, Preacher, Casuist), 1538, Spain, Bologna.—Mi. Sb. col. 2825.
ABRAHAM NACHMIAS BEN JOSEPH (Translator from Latin), 1490, Ocaña.—Su.
ABRAHAM BEN NATHAN OF LUNEL (Ritualist), 1204, Lunel, in Spain.—Zg. Su. 508, Cassel in Zunz *Jubelschrift*, 122-137.
ABRAHAM BEN NISSIM (False Prophet), 1300, Avila.—Sbj.
ABRAHAM SABA (Commentator), 1500, Castille, Fez.—Nb. Sb.
ABRAHAM IBN SAHL (Arabic Poet), 1200-1250, Valencia.—Sj.
ABRAHAM SAMSOLO SEPHARDI (Theologian), 1492, Spain, Lepanto, Tlemsen.—Sl.
ABRAHAM BEN SAMUEL BEN ALDEMACH (Poet).—Pn.
ABRAHAM SHALOM BEN ISAAC (Translator from Latin), 1492, Catalonia.—Sbju.
ABRAHAM BEN SHEMTOB BIBAGO (Theologian), 1446-1489, Saragossa. — Gz. viii. Sbj.
ABRAHAM BEN SHEMTOB BEN ISAAC (Physician, Translator), 1264, Tortosa, Marseilles.—Nr. ii. Su.
ABRAHAM BEN SOLOMON (Chronicler), 1525, Ardutiel.—Neubauer, *Med. Jew. Chron.* 1887, p. xiv.
ABRAHAM BEN SOLOMON (Eschatologist), Zamora.—Sb. col. 2270.
ABRAHAM BEN SOLOMON SELAMA (Cabbalist).—Sm.
ABRAHAM TALMID (Editor of Mishna), XV., Spain, Naples.—Mi.
ABRAHAM TAWIL BEN ISAAC (Liturgical Poet), XV., Saragossa.—Zl. *Nachtrag*.
ABRAHAM OF TOLEDO (Translator, Mathematician), 1278, Toledo.—Sbj.
Abraham de Valladolid, *see* Abner de Burgos.
ABRAHAM BEN YOMTOB (Talmudist), Tudela.—Nb.
ABRAHAM ZACUT BEN SAMUEL (Astronomer, Chronographer), XVI., Saragossa.—Kb. Sbj.
ABRAHAM ZARPHARTI (Casuist), 1300, Toledo, from France.—Pa. 9.
ABRAHAM IBN ZARZAL (Astrologer), 1349, Toledo.—Gz. vii. 390.
Abravanel, *see* Isaac Abravanel, Samuel Abravanel.
ABU FADHL CHASDAI (Arabic Poet), b. 1040, Cordova.—Gz. vi.
(?) ABU FALACH (Philosopher), Saragossa.—Bm.

ABU GIAFAR JUSSUF BEN AHMED (Medical Writer), 1128.—Sj.
ABU IBRAHIM ISAAC IBN BARÛN (Grammarian and Poet), beg. XII., Cordova. — Grammar edit. P. Kokotsof, St. Petersburg, 1893, JQR. vi. 567.
ABU IBRAHIM ISAAC IBN CHALFON (Poet), fl. 1020, Andalusia.—Sb. s. v. Chalfon, Gz. v.
ABU IBRAHIM ISAAC IBN JASOS IBN SACTAR (Grammarian), 982-1057, Toledo, Dania.—Gz. vi. Sj.
ABU ISAAC IBRAHIM IBN SAHAB (Arabic Poet), 1211-1250, Seville.—Gz. vii.
ABU SAAD ISAAC BEN ABRAHAM IBN EZRA (Poet), 1142, Cordova, Bagdad. —Nb.
ABU SOLEIMAN IBN MUHAG'IR (Poet), c. 1140, Seville.—Sb. col. 1809.
Abudraham, *see* David Abu Derahim, Solomon ben Moses.
Abulafia, *see* Abraham, Joseph ben Todros, Meir ben Todros, Moses, Samuel Halevi, Todros Halevi.
Abulcheir, *see* Isaac Abulcheir.
ABULFIHM BEN JOSEPH IBN ALTABBEN (Grammarian), XII., Saragossa.— Gz. vi.
ABUL HASSAN SAMUEL BEN MORIL (Friend of Jehuda Halevi), XII.— Gj. 44.
ABUL RABI, *see* SOLOMON ibn Taish.
Abulwalid, *see* Jona Abulwalid.
Abun, Ibn, *see* Samuel ben Jehuda.
ABUN BEN SHARADA (Poet), XI., Lucena, Seville.—Sb. s. v. Moses Gikatilia, cols. 1739, 2314, 2462.
ABUWALID IBN CHASDAI (Grammarian), XI., Cordova.—Gz. vi.
Acsi, Ibn, *see* Jacob ibn Abbasi.
Adereth, Adret, *see* Solomon Adret.
Africanus, *see* Leo Africanus.
AHUB BEN MEIR HANASIA (Liturgical Poet), XII., Andalusia.—Zl.
Ahudi, *see* Solomon Ahudi.
Aish, al-, *see* Joseph ibn al Aish.
Aknim, Ibn, *see* Joseph ben Jehuda.
Alachdab, *see* Isaac Alachdab.
Alami, *see* Solomon Alami.
Alashcar, *see* Jehuda ben Samuel, Joseph ben Moses, Moses ben Isaac.
Albalag, *see* Isaac Albalag.
Albalia, *see* Isaac Albalia.
Albargaloni, *see* Abraham ben Chija.
Albelda, *see* Moses Albelda.
Albo, *see* Joseph Albo.
Alcabiz, *see* Cabiz.
Alchadib, *see* Isaac Alchadib.
Alcharisi, *see* Jehuda ben Solomon.
Alconstantini, *see* Bechai, Chanoch ben Isaac, Chanoch ben Solomon, Solomon.
Al Corsono, *see* Jacob al Corsono, Jacob ben Isaac.
Aldabi, Ibn, *see* Meir ben Isaac.
Al Daudi, *see* Chija.
Al Dayan, *see* Benveniste.
Al-Fachar, *see* Jehuda Al-Fachar.

ALFAKAR (Writer on Eschatology), *c.* 1150, Toledo.—Zg. 428.
Alfakkar, *see* Abraham A.
Alfandasi, *see* Jacob Alfandasi.
ex ALFANGE, IBN (Officer of El Cid), *c.* 1099.—Sj.
Alfaquin (Al-hakin), *see* Abraham A., *also* Bonafos.
Alfasi, *see* Isaac Alfasi.
ex ALFONSI, PETRUS (MOSES SEPHARDI) (Adapter from Arabic, Controversialist), 1062-1106, Huesca.—Sb. F.
ALFONSO (Mathematician).—Bm.
ex ALFONSO DE ZAMORA (Polemical Writer), 1492-1526, Zamora, Alcala.—Kb. Nr. ii. Sb.
ex ALFONSUS BONIHOMINIS (Translator from Arabic), 1339 (? Abner of Burgos)'—Sb.
Alfual, Ibn, *see* Joseph Alfual.
Algaba, *see* Jacob Algaba.
Alguadez, *see* Meir Alguadez.
ALI BEN JUSUF IBN TASHFIN (ABU'L HASSAN) (Physician, Poet), 1165, Saragossa.—Sb. col. 1809.
Aljathom, *see* Isaac Aljathom.
Al Kabir, *see* Solomon Levi.
Alkabiz, *see* Solomon ben Moses.
ex ALMANZA (Convert to Protestantism), 1703, Spain, London.— Sb.
Almoallen, *see* Solomon ben Almoallem.
Almoli, Ibn, *see* Moses ben Joseph, Nathaniel ben Joseph.
Alnakif, *see* Isaac ben Joseph.
Alnaqua, *see* Ephraim ben Israel, Israel Alnaqua.
ex ALONZO DE CARTAGENA (ALONZO DE SANTA MARIA) (Controversialist, Theologian), XV.—Gz. viii.
ex ALONZO DE HERRERA (Cabbalist, Spanish Philosopher), 1570-1631, Cadiz, England, Amsterdam.—Gz. ix. Kb.
Alphonsus de Spina, *see* Spina, Alphonsus de.
Alrabbi, *see* Samuel ben Alrabbi.
Al-Tabben, Ibn, *see* Abulfihm.
Altabbon, *see* Levi ben Jacob.
Al-Tabib, *see* Abraham ben Al-Tabib.
Alvalinsi, *see* Samuel ben Abraham.
Alvarez, *see* Garci Alvarez.
ex AMATO LUSITANO (Medical Writer), 1511-1568, Castel-Branco, Lisbon, Salamanca, Antwerp, Venice, Ferrara, Ancona, Pesaro, Ragusa, Salonica.—Kb. Sb.
AMRAM EPHRATI (Talmudist), XIV., Valencia.—Gz. viii.
Amram, Ibn, *see* Joseph ibn Amram.
AMRAN BEN ISAAC (?) (Translator), 997, Toledo.—Sj.
ex ANDREAS, JOANNES (Controversialist), 1552, Xativa.—Sb.
ex ANTON DE MORTORO ROPERO (Spanish Poet), 1472.—Gz. viii. Ks.
Arama, *see* Isaac Arama.
Ardot, *see* Ardotiel.
ASAPH BEN BERACHYAH (Medical Writer), Spain.—Smh. xiii.
ASARIA BEN JOSEPH (BONAFOS ASTRUC) (Physician, Translator), 1429, Perpignan, Catalonia, Toledo.—Su. Nr. ii.

ASHER BEN ABRAHAM (BONAN CRESCAS) (Commentator), XV.—Bm. Sb.
ASHER BEN CHAYIM (Ritualist), XIII., Monzon.—Zr. 30.
ASHER BEN JECHIEL (*ROSH*) (Talmudist), 1340, Germany, Toledo.—Sbj.
Asheri, *see* Aaron A., Jacob A., Jehuda A.
Ashkenazi, *see* Jonathan Ashkenazi.
Asperel, *see* Samuel Asperel.
ASRIEL OF GERONA (Cabbalist), XIII., Gerona.—Gz. vii. Sbh. ix. j.
Astruc, *see* Bonafos, Solomon.
ASTRUC CRESCAS (Ritualist), *c.* 1400, Solsona.—Sh. xv.
Astruc da Scola, *see* Samuel ben Simon.
ASTRUC LEVI (Talmudist, Controversialist), 1412, at Tortosa.—Gz. viii.
ex ASTRUC RAIMUCH (FRANCISCUS) (Controversialist), 1400, Fraga.—Sb. Gz. viii.
ATIOS SOLOMON (Friend of Joseph Caspi), Majorca.—Nr. ii.
Avicebron, *see* Solomon ibn Gebirol.
Ayub, Ibn, *see* Solomon ben Joseph.
Azan (Chasan), *see* Mose Azan.

Bachiel, Don, *see* Bechai ben Moses.
ex BACORASSA, DIEGO (Astronomer), 1635, Castile, Amsterdam.—Kb.
Baena, *see* Juen Alfonso.
Bagnols, Leon de, *see* Levi ben Gerson.
Baka, Ibn, *see* Chayim.
Balaam, Ibn, *see* Jehuda ibn Balaam.
BALTHASAR OROBIO DE CASTRO (Theologian), 1620-1687, Salamanca, Seville, Amsterdam.—Gz. x. Sb. (Orobio), Wolf in *Mts.* xvi. 221-240.
Barfat, *see* Issac Barfat, Isaac ben Sheshet, Serach Barfat.
Bari, *see* Moses Bari.
BARRIOS, MIGUEL (Poet, Bibliographer), 1625-1701, Montilla, East Indies, Brussels, Amsterdam.—Kb.
BARUCH BEN ISAAC (Casuist), *ob.* 1123, Cordova.—Lc.
BARUCH IBN JAISH (Translator), 1485, Cordova.—Sbjuh. ix.
Barun, Ibn, *see* Abu Ibrahim.
Basan, Ibn, *see* Jehuda ibn Basan.
Basurto, *see* Diego.
BECHAI BEN ASHER (Cabbalist), 1291, Saragossa.—Gz. vii. Sbj. Pa., Bernstein in *Mag.*, 1891.
BECHAI BEN JOSEPH (IBN PAKUDA) (Ethical Writer), XI, Saragossa.—Sbj. Zl. Kaufmann.
BECHAI BEN MOSES ALCONSTANTINI (DON BACHIEL) (Controversialist, Physician, Translator), 1229, Saragossa, Mallorca. — Brüll, Jahrb. iv. 22. Kn. Gz. vii.
Bedarshi, *see* Jacob ibn Abbasi.
Belmonte, *see* Moses Belmonte.
BELMORITE, JACOB ISRAEL (Spanish Poet), *ob.* 1629, Madeira, Amsterdam.—Kb.
Beltiam, *see* Diego.
Bendig, *see* Meir Bendig.
BENJAMIN BEN JONA OF TUDELA (Traveller), 1165-1173, Tudela, Barcelona, Rome, Alexandria, Palestine, &c., &c.—Sbj. Gz. vi. Edit. Asher, 1840.

BENJAMIN SHESHET NASI (Mæcenas), c. 1160, Barcelona.—Lb.
Benveniste, see Meir Benveniste, Moses Benveniste, Nissim Benveniste, Samuel Benveniste.
BENVENISTE BEN CHIJA BEN AL DAYAN (Hebrew Poet, Physician), c. 1200. —Su. Zl.
BENVENISTE BEN JACOB (Liturg. Poet), 1685. Spain, Venice.—F.
BENVENISTE IBN LABI (Hebrew Poet), ob. 1412, Saragossa.—Gz. viii. Suh. xv.
Berab, see Jacob Berab.
Bibago, see Abraham ben Shemtob.
Bibas, Ibn, see Joshua Lorki.
Biklarish, Ibn, see Joseph ibn Biklarish.
Bilia, Ibn, see David ben Yomtob.
BLASOM EPHRAIM (Mathematician), Mallorca.—Kn.
Blasom (Belshom), see Vidal Blasom.
Bolat, Ibn, see Abraham ibn B., Jehuda ben Joseph.
BONA FOUX (Hebrew Poet), c. 1400.—Sh. xv.
BONAFOS EL FACHIM (Casuist).—Nb.
BONAFOS VIDAL, DON (Controversialist), 1305, Barcelona.—Lb.
Bonafos Astruc, see Asaria ben Joseph.
Bonafoux, see En Shealtiel.
BONAFOUX ABRAHAM (Philosophic Writer), XIV., Perpignan.—Nr. ii.
Bonan Crescas, see Asher ben Abraham.
Bonastruc, see Samuel Bonastruc.
BONASTRUC DE BARCELONA (Correspondent of Isaac ben Sheshet), XIV., Barcelona.—Lb.
BONASTRUC DE GERONA (Controversialist), 1412, Gerona, at Tortosa.— Gz. viii.
Bonastruc de Porta, see Moses Nachmanides.
Bonet, see David Bonet, Jacob Bonet.
Bonfed, see Solomon ben Reuben.
Bonfos, see Isaac Barfat, Isaac ibn Shealtiel.
Bonihominis, see Alphonsus Bonihominis.
BONIRAC SOLOMON (Physician, Translator), 1300-1350, Barcelona.—Lb., Slu.
Bonjorn, see David Bonet.
(?) BONPOS BONFIL (Translator, Physician), XV., Barcelona.—Lc.
Bonsenior, see Jehuda ben Astruc.
BONSENIOR BEN JACHJA (Writer on Chess) (?) North Spain.—Steins. *Schach bei den Juden.*
BONSENOR GRACIAN (Casuist). 1400.—Nb.
Botarel, see Moses Botarel.
Burgensis, see Paulus Burgensis, Solomon Levi.

Cabiz, see Jehuda ben Solomon, Solomon Alcabiz.
Cabrit, see Jacob ben Jehuda.
Cadique, see Jacob Cadique.
Calahorrano, see Jacob Calahorrano.
Camnial, Ibn, see Abraham ben Meir.
Campanton, see Isaac ben Jacob, Jacob Campanton.

Canizal, *see* Jacob Canizal.
Cansi, *see* Samuel ben Simon.
Caphanton, *see* Campanton.
Capril, *see* Joseph ben Capril.
Caprun, *see* Joseph ben Capul.
Cardinal, Ibn, *see* Jehuda ibn Cardinal.
CARDOSO, ABRAHAM MICHAEL (Spanish Poet, Cabbalist), *ob.* 1706, Celorico, Leghorn, Cairo, Smyrna.—Kb.
CARDOSO, ISAAC (Physician, Poet, Miscellaneous Writer in Spanish), 1615-1680, Celorico, Valladolid, Madrid, Venice, Verona.—Kb.
Carmizan, *see* Samuel Carmizan.
Caro, *see* Isaac ben Joseph, Joseph.
CARRASCO, JUAN (Spanish Apologist for Judaism), 1633, Madrid, Burgos, Netherlands.—Kb.
Carrion, de, *see* Sentob Don.
Carsi, al, *see* Jacob.
Carsino, *see* Abraham C.
Caslari, *see* Abraham, Crescas, David.
Caspi, *see* Abba Mari, Joseph.
Castille, *see* Jacob Castille, Joseph al Casteil.
Cavalleria, *see* Solomon de la Cavalleria.
Chabib, *see* Jacob Chabib, Levi ben Jacob.
Chabiba, *see* Joseph Chabiba.
Chagis, *see* Isaac Chagis.
Chalfon, Ibn, *see* Abu Ibrahim.
CHANOCH BEN BECHAI AL-CONSTANTINI (Writer on Calendar), (?) Saragossa.—Slm.
CHANOCH BEN MOSES (Talmudist, Translator into Arabic), *ob.* 1014, Cordova.—Gz. v. Su.
CHANOCH BEN SOLOMON AL-CONSTANTINI (Theologian), 1370.—Sjm.
Charisi, *see* Jehuda ben Solomon.
Chasan, *see* Abraham C.
Chasan, Ibn, *see* Joseph ibn Chasan.
CHASDAI CRESCAS (Philosopher, influenced Spinoza, Controversialist), 1340-1410, Barcelona, Saragossa.—Gz. viii. Sbj., Joel, *C. C. als Religions Philosoph.*
CHASDAI BEN SOLOMON (Controversialist), 1370, Tudela, Valencia.—Kn. Gz. viii.
Chasdai, Ibn, *see* Abraham, Abuwalid, Moses.
CHASDAI, IBN SHAPRUT (ABUJUSSUF) (Vizier, Mæcenas, Translator), 915-970, Cordova.—S. Gz. v., P. Luzzato, *Notice sur Hasdaï.*
Chasid, *see* David ben Jehuda.
Chayat, *see* Jehuda Chayat, Solomon Chayat.
Chayim, *see* David ben Aaron, Jehuda ben Moses, Samuel.
Chayim, *see* Joseph ben Abraham.
CHAYIM BEN DAVID (Correspondent of Adret), *c.* 1300, Tudela.—Pa. 9.
CHAYIM GALLIPAPA (Ritualist), 1348, Huesca, Pamplona.—Kn. Sbj. Zr. 37, Gz. viii.
CHAYIM BEN ISAAC BEN ELIJAH (Lexicographer), Cordova.—Nb.
CHAYIM ISRAEL (Physician, Poet, Translator), 1272-1329, Toledo, Saragossa, Zamora.—Suh. xxi. Zg.

CHAYIM IBN MUSA (Physician, Translator, Polemical Writer), 1456, Bejar.—Su. Gz. vii. viii.
CHAYIM BEN SAMUEL (Ritualist), 1331-1361, Tudela, Barcelona.—Bm. Kn.
CHAYIM BEN SOLOMON IBN BAKA (Physician, Translator from Arabic), 1298, Huesca.—Sbu.
CHAYIM USILIO, XV., Spain, Rome.—Mi.
Chayug, *see* Jehuda Chayug.
Chelo, *see* Isaac Chelo.
Chen, *see* Serachyah ben Isaac, Shealtiel ben Moses.
CHIJA AL-DAUDI (Liturgical Poet), *ob.* 1154, Castille.—Sb. Zl.
CHIJA BEN SOLOMON (Ritualist), 1300.—Zr. 30.
Chiquatilia, *see* Gikatilia.
Christiani, *see* Pablo Christiani.
Cohen, *see* Aaron ben Jacob, Abraham, Abraham ben Moses, David ben Moses, Isaac, Jacob, Jehuda, Jehuda ben Moses, Meir, Moses Tordesilla, Parchon, Perez ben Isaac, Samuel, Solomon.
Corduero, *see* Moses Corduero.
ex CORONEL, SIR AUGUSTINE (Spanish Sonneteer), c. 1660, Spain, Lisbon, London.—Wolf *Resettlement of Jews in England.*
Correa, *see* Isabella.
Corsono, al, *see* Jacob al Corsono, Jacob ben Isaac.
ex COTA, RODRIGO (Spanish Poet), fin. 1480, Toledo.—Kb.
Crescas, *see* Astruc, Chasdai, Elijah.
CRESCAS NASI (Hebrew Poet).—Su.
CRESCAS VIDAL CASLARI (Medical Writer, Translator), Barcelona.—Nr. ii.
CRESQUES LO JUHEU (Geographer, Cartographer), 1394. Barcelona, Hamy in *Bull. de Géographie,* 1891, [separately published 1892, *see* Bibliography s.v.]
Crispin, Ibn, *see* Isaac, Solomon.

Danan, Ibn, *see* Isaac, Moses, Saadia ben Meirmam.
Daniel Abendana, *see* Abendana. Daniel.
DANIEL ASHKENASI (Correspondent of Adret), *c.* 1300, Avila.—Gz. vii. Pa. 5
Danite, *see* Eldad.
DAVID (Translator), 1228-1245, Barcelona.—Su.
David, Aben, *see* Joannes Aben David.
DAVID BEN AARON CHAYUN (Cabbalist), 1492.—Pn.
DAVID ABINATAR MELO (Translator of Psalms into Spanish), 1600-1625, Spain, Amsterdam.—Gz. ix.
David, Ibn, *see* Solomon ben Abraham.
DAVID IBN ABI ZIMBA (Cabbalist), 1470-1573, Spain, Egypt, Jerusalem, Safed.—Gz. ix. Sb.
DAVID BEN ABRAHAM CASLARI (Medical Writer), 1370, (?) Besalu.—Nr. ii.
ex DAVID BONET BONJORN (Convert, to whom Prophiat Duran's *Al Tehe* was addressed), *c.* 1400.—Nr. ii.
DAVID COHEN (Linguist, Lexicographer, Translator), b. 1356, Seville.—Lc.
DAVID ABU DERAHIM (ABUDRAHAM) (Ritualist), 1341, Seville.—Sbj. Gz. vii.
DAVID IBN ELEASAR IBN BEKODA (Religious Poet), 1150.—Zlg. Kmf. 197.

Spanish-Jewish Writers. 179

DAVID IBN JACHIA (Hebrew Stylist).—Nb.
DAVID BEN JACOB (Controversialist), c. 1300, Toledo.—Pn. 48.
(?) DAVID BEN JEHUDA CHASID (Cabbalist).—Nb.
DAVID KIMCHI (*REDAK*) (Biblical Commentator, Grammarian, Lexicographer). *ob.* 1232, Catalonia, Navarre, Burgos.—Sbj. Brüll *Jahrb.* iv. 14.
DAVID BEN MOSES HACOHEN (Controversialist), c. 1300, Toledo.—Pn. 48.
DAVID IBN NACHMIAS (Mathematician, Astronomer), Toledo.—Su.
DAVID NASI (Controversialist). 1430, Spain, Candia.—Gz. viii.
DAVID BEN SAMUEL (Grammarian, Theologian), 1320, Estella.—Kn. Zg. Nr. ii.
(?) DAVID IBN SHOSHAN (Translator).—Nb.
DAVID OF TOLEDO (Talmudist), Toledo.—Pn.
DAVID BEN YOMTOB IBN BILIA (Homilist), 1320.—Sbm.
DAVID BEN YOMTOB POEL (Physician, Astrologist).—Pn.
Dayan, *see* Moses ben Joseph. Samuel de Salomoh.
Defiera, *see* Meshullam En Vital.
DELGADO, MOSE PINTO (Spanish Poet), *ob.* 1591, Tudela, Rouen.—Kb.
DIEGO BELTRAM (Spanish Poet), XVII., Hidalgo, Murcia.—Kb.
DIEGO ENRIQUEZ BASURTO (Spanish Poet), 1646, Spain, Rouen. - Ks.
ex DIEGO DE VALENCIA (Poet), 1391, Valencia.—Gz. viii.
Djiani, *see* Jacob Djiani.
DUNASH IBN LABRAT (Grammarian, Controversialist), 920-990, Bagdad, Fez, Cordova.—Gz. v. Sbj.
Duran, *see* Isaac ben Moses, Menachem ben Zerach, Semach, Simon.

Efodi, *see* Prophiat Duran.
ELDAD DANITE (Traveller, Forger), 880-890, Egypt, Kairowan, Tahort (Morocco), Spain.—Sb. Gz. v., D. H. Müller, *Eldad*, 1892.
ELEASAR BEN NACHMAN (Liturgical Poet), early XII., Seville.—Zs. 243 *n.*
ELEASAR BEN SOLOMON ZUR, 1512, Spain, Florence.—Mi.
ELEASAR TOLEDANO (First Printer in Portugal), 1489, Toledo, Lisbon.—Sb. col. 1961.
ELI BEN JOSEPH HABILLO (Translator from Latin, Philosophic Commentator), 1470, Monzon.—Gz. viii. Sbju.
ELIAS IBN AL-MUDAWWAR (Arabic Poet), *ob.* 1184, Ronda.—Sj. 170.
ELIESER SEPHARDI (Cabbalist).—Pn.
ELIJAH CRESCAS (Casuist).—Nb.
ELKANA (Grammarian), XII. (?), Spain. — Sbj. F. (De Rossi MS. 488. Cat. ii. 59).
EN BONGOA YECHSAL (Poet).—Nb.
EN SHEALTIEL BONAFOUX (Controversialist), 1391. Fraga (?).—Gz. viii.
EN VIDAL EPHRAIM GERUNDI (Talmudist, Martyr), *ob.* 1391, Mallorca.—Gz. viii.
Enriquez, *see* Diego Gomez, Isabella.
Ephodi, *see* Prophiat.
EPHRAIM BEN ISRAEL ALNAQUA (Theologian, Exegete), *ob.* 1442, Spain, Honain, Tlemsen.—Zg.

EPHRAIM EL NAKAWAH (Commentator).—Nb.
Escafit Melis, *see* Moses ben Isaac.
Escolita, *see* Samuel Sulami.
Espana, *see* Juan de Espana.
ESRA OF GERONA (Cabbalist), XIII., Gerona.—Gz. vii.
Esra, Ibn, *see* Abraham ben Meir, Abu Saad, Joseph, Moses.
ESTORI BEN MOSES PARCHI (Biographer, Translator), 1306, Provence, Barcelona, Majorca, Palestine.—N. ii.
EZRA EN-ASTRUC BEN SOLOMON IBN GATIGNO (Commentator), 1372, Agramunt.—Gz. viii. Sbj.

Falco, *see* Shemtob Falco.
Ferrer, Rabbi, *see* Serachyah ben Isaac.
Ferrus, *see* Pero Ferrus.
Frances, *see* Joseph Frances.
ex FRANCISCO DE BAENA (Spanish Poet), temp. Juan II., Baena.—Kb.
Franco, *see* Solomon Franco.
Fullana, *see* Nicolas de Oliver.

Gabbai, Ibn, *see* Meir ibn Gabbai, Moses, Shabiniyah ben David.
ex GABRIEL SOUSCABRITO (Theologian), 1712, Spain, Holland.—F.
(?) GALAB (Medical Writer in Latin), b. 1445, Lerida.—Lc.
Gallipapa, *see* Chayim.
Ganach, Ibn, *see* Jona Abulwalid.
Gaon, Ibn, *see* Joshua ben Abraham, Shemtob ben Abraham.
Garci Alvarez, *see* Simuel Deos Ayuda.
Gatigno, Ibn, *see* Ezra.
GERSON BEN SOLOMON (Cosmographer), XIII., Catalonia.—Sb.
Gersonides, *see* Levi ben Gerson.
Giat (Gayet), Ibn, *see* Isaac, Jehuda ibn Giat, Solomon ben Jehuda.
Gikatilia, *see* Isaac, Jehuda ben Abraham, Joseph, Moses.
(?) GIL DE BURGOS (Writer on Magic).—Nb.
Girondi (Gerundi), *see* Abraham Chassan, Isaac ben Jehuda, Isaac ben Serachyah, Jacob ben Sheshet, Jona ben Abraham, Mose Dascola, Nissim ben Jehuda, Perez ben Isaac, Samuel ben Abraham, Serachyah ben Isaac, Sheshet ben Isaac, Vidal.
GOMEZ, ANTONIO ENRIQUEZ (Spanish Writer of Comedies), *ob.* 1662, Segovia, Rouen, Holland.—Kbs.
GRABROELI SEPHARDI (Medical Writer).—Nr.
Gracian, *see* Bonsenior, Shealtiel ben Moses, Solomon.
Gratiano, *see* Prophiat Gratiano.

Habib, *see* Chabib.
Habib, Ibn, *see* Moses ibn Habib.

Habillo, *see* Eli.
Hajizhari, *see* Matatia ben Moses.
Halaw, *see* Isaac.
Halevi or Levi, *see* Abraham ben Isaac, Astruc, Isaac, Jehuda ben Isaac, Jehuda ben Samuel, Joseph ben Todros, Jeshua, Joshua ben Meir, Meir ben Todros, Meir, Moses Abulafia, Moses ben Isaac, Moses Chasdai. *See* Levi.
Hanasia, *see* Ahub.
HARUN BEN ISAAC (Medical Writer) XIV. (?), Cordova.—Sj.
Hasdai, *see* Chasdai.
HASSAN (Liturgical Poet), XIII.—Zl.
HASSAN BEN MAR HASSAN (Astronomer, Talmudist), XI.—Gz. v.
HASSAN, DAYAN (Casuist), 972, Cordova.—Sj.
Hassan, Ibn, *see* Solomon ibn Hassan.
Hassan, Mar, *see* Hassan, Solomon.
Heredia, *see* Paulus de Heredia.
Herrera, *see* Alonzo de Herrera.
Hieronymus de Santa Fe, *see* Joshua Lorki.
Hispalenensis, *see* Johannes.

Ibn, *see* following name.
IBN ALTARAS (Karaite), 1090–1095, in Castille.—Gz. v.
Ibn Chalfon, *see* Abu Ibrahim.
IMMANUEL BEN MENACHEM SEFARDI (Talmudist), XVI.—Sb.
ISAAC (Satirical Writer), 1210.—Nr. ii.
ISAAC *ex* JUDAEUS (supposed Convert to Christianity), 1068 (?), Seville (?). —Sb. col. 2436-2437.
Isaac Abendana, *see* Abendana, Isaac.
ISAAC ABOAB (SEN.) (Commentator), 1433–1493, Castille, Oporto.—Gz. viii. Kb. Sbj.
ISAAC ABOAB (JUN.) (Ethical Writer), 1606-1693, Castro d'Airo, Amsterdam. —Kb. Sb.
ISAAC BEN ABRAHAM IBN LATIF (Philosopher, Cabbalist), 1280, S. Spain.— Gz. vii. Sbj.
ISAAC BEN ABRAHAM SEPHARDI (Commentator), 1508, Monzon, Syracuse.— Nr. ii.
ISAAC ABRAVANEL (Commentator), *ob.* 1508, Lisbon, Castille, Venice.— Gz. viii. Sbj.
ISAAC OF ACCHO (BEN SAMUEL) (Cabbalist), XIII., in Spain.—Sb. col. 2523 JQR. iv. 62.
ISAAC ALACHDAB (Mathematician), 1370–1429, Castille, in Sicily.—Su. *See* Isaac Alchadib.
ISAAC ALBALAG (Translator from Arabic), 1294, (?) North Spain.— Su. Gz. vii.
ISAAC ALBALIA BEN BARUCH (Talmudist, Liturgical Poet), 1035–1094, Cordova, Granada.—Gz. vi.
ISAAC ALCHADIB BEN SOLOMON BEN ZADDIK (Astronomer, (?) same as Isaac Alachdab), XIV., Castile.—Bm. Sb. Gz. viii.
ISAAC ALFASI (*RIF*) (Halachist), *ob.* 1103, Fez, in Lucena, Cordova.—Sbju. Gz. vi.
ISAAC BEN ALJATHOM (Friend of Jehuda Halevi), XII.—Gj. 45.

ISAAC ARAMA BEN MOSES (Philosophic Writer, Religious Poet), 1450-1490, Zamora, Calatayud, Taragona, Fraga, Naples.—Zl. Sbu.

ISAAC BARFAT BONFOS (Casuist).—Nb.

ISAAC THE BLIND (BEN ABRAHAM BEN DAVID OF POSQUIÈRES) (Cabbalist), 1190-1210.—Gz. vii. Sb.

ISAAC BONFOS IBN SHEALTIEL (Poet, Casuist), 1391, Falces.—Kn. Nb.

ISAAC CHAGIS, XVI., Spain, Italy.—Mi.

Isaac Chalfon, see Abu Ibrahim Isaac.

ISAAC CHELO (Pilgrim to Holy Land), 1333, Aragon.—Sb.

ISAAC IBN CRISPIN (Poet), XII.—Sbu. Zl.

ISAAC IBN AL DANAN (Poet).—Nb.

Isaac ibn Esra, see Abu Saad.

ISAAC GIKATILIA (Liturgical Poet, Cabbalist (?), 1020-1030.—Zlg. Sb. s. v. Moses Botarel.

ISAAC HALAW (Cabbalist, Commentator).—Pn.

ISAAC HALEVI (Talmudist), XII., Gerona.—Gz. vi.

ISAAC ISRAELI (JUN.) (Mathematician), 1310-1330, Toledo.—Sbju. Zg.

ISAAC BEN JACOB CAMPANTON (Talmudist), 1360-1463, Penjafiel.—Gz. viii. Sbj.

ISAAC BEN JACOB COHEN (Cabbalist), XIV., Segovia.—Gz. vii. Sh. xviii.

ISAAC BEN JEHUDA (Translator), Barcelona.—Su.

ISAAC BEN JEHUDA GERUNDI (Liturgical Poet) c. 1200.—Zls.

ISAAC BEN JEHUDA IBN GIAT (Religious Poet, master of Moses ibn Ezra), 1030-1089, Lucena.—Sbj. Zls. Kmf. ii. 191. Gz. vi.

ISAAC BEN JOSEPH BEN ALNAKIF (Liturgical Poet), XIV.—Zl.

ISAAC BEN JOSEPH CARO (Biblical Commentator), 1492, Toledo, Portugal, Turkey.—Gz. viii. Sbj.

ISAAC BEN JOSEPH IBN MINIR (Liturgical Poet), XIV., Tudela.—Kn. Zl.

Isaac ibn Kastar ben Jasus, see Abu Ibrahim Isaac ibn Jasos.

ISAAC DE LEON (Controversialist), 1420-1490.—Sb. Gz. viii.

ISAAC LEVI BEN ELEASAR (Grammarian), XII. (?), Spain.—Sb. col. 1417, 1821. Sj.

ISAAC BEN LEVI (Liturgical Poet), XII., Spain.—Zl.

ISAAC BEN LEVI IBN SAUL (Poet, Grammarian), 1020-1030, Lucena.—Zl. Sb. col. 1821.

ISAAC MASHCERAN (Poet, friend of Moses ibn Ezra, perhaps identical with Isaac Chalfon), XII.—Zl.

ISAAC MELAMMED (Commentator).—JQR. v. 710.

Isaac ben Moses Levi, see Profiat Duran.

ISAAC BEN MOSES IBN WAKKAR (Astrologist), c. 1320, Seville.—Su.

ISAAC IBN MUQATEL (Medical Writer).—Nr. ii.

ISAAC NATHAN (Concordance to Hebrew Bible), XIV., (?) Spain.—Nr. ii.

ISAAC BEN NATHAN (Translator from Arabic), 1348, Cordova, Xativa, Majorca.—Bm. Kn. Sbu.

ISAAC PULGAR (Polemist), 1300-1349, (?) Avila.—Gz. vii. REJ. xviii. 63.

ISAAC BEN REUBEN (Talmudist, Sacred Poet, Translator), 1043-1103, Barcelona, Denia.—Lb. Zlg. Gz. vi. Sb.

ISAAC DE ROCAMORA (Spanish Poet), 1600-1684, Valencia, Amsterdam.—Ks.

ISAAC IBN SAHULA BEN SOLOMON (Fabulist), 1244-1298, Guadalaxara.—Sbj.

ISAAC BEN SAMUEL ABULCHEIR (Translator), XV., exiled from Spain.— Su. Nb.

ISAAC BEN SAMUEL SEPHARDI (Cabbalist).—Bm.
ISAAC IBN SAYAT (Controversialist), XV.—Sb. s. v. Isaac de Leon.
ISAAC BEN SERACHJA HALEVI GERUNDI (Religious Poet), (?) Gerona.—Zl.
ISAAC BEN SHESHET BARFAT (*RIBASH*) (Casuist), *ob.* 1408, Barcelona, Saragossa, Valencia, in Algiers.—Gr. viii. Kn. Lb. Sb. Zlg. Pa. 54. Gross in Frankel *Monats.* Kaufmann *ib.* xxxi. 86.
ISAAC IBN SIBARA (Liturgical Poet), *c.* 1400.—Zl.
ISAAC IBN SID (DON ZAG), (Translator, Astronomer, Compiler of Alphonsine Tables), 1252, Toledo.—Kb. Sbju. Gz. vii.
ISAAC BEN SOLOMON BEN ABI SAHULA (Commentator), 1358.—Nb.
ISAAC BEN SOLOMON IBN ISRAEL (Commentator), 1367, Toledo.—Su.
(?) ISAAC BEN SOLOMON JAABEZ (Talmudic Commentator).—Nb.
ISAAC BEN SOLOMON BEN ZADDIK (? same as Isaac Alchadib), *c.* 1370, Castile.—Zg.
ISAAC BEN TODROS (Cabbalist), 1305.—Gz. vii. Sbj.
ISAAC BEN TODROS (Commentator), (? same as preceding).—Pn. (*Orient,* viii. 405.)
ISAAC (LEON) IBN ZUR BEN SOLOMON SEPHARDI (Controversialist), 1546, Ancona.—Sb.
ISAIAH BEN ISAAC (Physician, Translator from Arabic), *c.* 1370, Cordova. —Su.
Ishbili, *see* Jomtob ben Abraham.
Israel, *see* Chayim.
ISRAEL ALNAQUA (Ethical Writer, Martyr), *ob.* 1391, Toledo.—JQR. Sb. Zg.
ISRAEL ISRAELI BEN JOSEPH (JUN.) (Astronomer), 1330, Toledo.—Sbju.
ISRAEL BEN JOSEPH (Arabic Commentator), Toledo.—Nb.
ISRAEL BEN JOSEPH (Arabic Writer on Ritual), *ob.* 1326, Toledo.—Zg. 426-7.
ISRAEL BEN JOSEPH (Mystical Writer).—JQR. v. 712.
ISRAEL BEN JOSEPH AL NAKAWA (Arabic Writer on Ritual, Liturgical Poet), *ob.* 1391, Toledo.—Zl. r. 30. Nb.
ISRAEL BEN SOLOMON (Physician, Casuist), XVI., (?) Spain.—Sb.
Israel, Ibn, *see* Isaac ben Solomon.
Israeli, *see* Isaac, Israel, Joseph ben Isaac.
ISABELLA CORREA (Spanish Poetess), XVII., Amsterdam.—Ks.
ISABELLA ENRIQUEZ (Spanish Poetess), 1634, Madrid, Amsterdam.—Ks.

Jaabez, *see* Isaac ben Solomon, Joseph.
Jaakub Ibn, *see* Solomon ben Joseph.
Jachia (Yachia), *see* Jehuda ben Jacob.
JACHIUN (Liturgical Poet), Daroca.—Zl.
Jachya, *see* Bonsenior.
Jachya, Ibn, *see* David, Joseph
JACOB IBN ABBASI BEN MOSES BEDARSHI (Translator of Maimonides, Correspondent of Adret), 1290, Huesca, Barcelona.—Lb. Su. Nr. ii. Pa. 10.
Jacob Abendana, *see* Abendana, Jacob.

Jacob ibn Aksai, *see* Jacob ibn Abbasi.

JACOB ALFANDARI BEN CHAYIM (Casuist), 1668, Valencia, in Constantinople. —Sb. Zg.

JACOB ALGABA BEN MOSES (Hebrew Translator of *Amadís de Gaul*), 1534-1546, in Constantinople.—Sbu.

JACOB BEN ASHER BEN JECHIEL (Talmudist, Codifier of the Law), 1339-1340, Germany, in Toledo.—Sb. Gz. vii. (?) same as preceding.

JACOB ASHERI (Ethical Will), XIV.—JQR. iii. 482. Schechter in *Putt Talmud* 1886.

JACOB BERAB (Talmudist, Casuist), 1474-1541, Maqueda, Tlemsen, Fez.—Gz. ix. Sb.

JACOB BONET (Astronomer), 1361, Perpignan.—Nr. ii.

JACOB ÇADIQUE (ZADDIK) (Spanish Compiler of Philosophic Sentences), Uclcs. —Kb. Sj.

JACOB CALAHORANO (Casuist), Calahora.—Nb.

JACOB CAMPANTON (Medical Writer, Translator), XV.—Sju.

JACOB CANIZAL (Biblical Commentator), XV.—Sb.

JACOB AL CARSI (*see* Jacob al Corsano), 1357, Aragon.—Sju.

JACOB CASTILIE (Liturgical Poet), Fez.—Zl.

JACOB CHABIB (Talmudist), 1492, Zamora, Salonica.—Gz. viii. Lb. Sb.

Jacob Chiquitilla, *see* Jacob Cohen.

JACOB BEN CHISDAI (Controversialist), *c.* 1300, Barcelona.—Pa. 23.

JACOB COHEN BEN JACOB (Cabbalist), *ob.* 1300, Segovia.—Sjm. Gz. vii. Nb.

JACOB AL CORSANO BEN ABI ABRAHAM (Mathematician, Translator), 1376-1378, Seville, Barcelona.—Su.

JACOB CRISP (Correspondent of Adret), *c.* 1300, Toledo.—Zg. Pa. 10.

JACOB BEN ELEASAR (Translator of Bidpai), 1170-1233.—Su.

JACOB BEN ELEASAR (Grammarian, Religious Poet), early XII., Toledo. —Zl. Gz. vi.

JACOB BEN ELIJAH (Controversialist).—Nb.

JACOB AL FASI (father of Isaac Alfasi) (Casuist), XI., Lucena.—F.

JACOB HAKATON (Physician, Translator, Pupil of Nachmanides), *c.* 1250.—Su.

JACOB D'ILLESCAS (Biblical Commentator), XIV., Illescas.—Sbj.

JACOB BEN ISAAC ALCORSANO (? same as Jacob al Corsano ben Abi Abraham), 1378, Barcelona.—Lb.

JACOB BEN JACOB SEPHARDI (Cabbalist).—Pn.

JACOB JEHUDA ARYE LEON TEMPLO (Model of Temple), 1603-1675, Spain, Middleburg, Hamburg, London, Amsterdam.—Sb.

JACOB BEN JEHUDA KABRUT (CABRIT) (Medical Writer), 1382, Barcelona.—Lb. Sju.

JACOB DE LAS LEYES, (Compiler of Spanish Ethical treatise) *temp.* Alfonso Sapiens.—Kb. Sj.

JACOB BEN MACHIR (PROPHATIUS) (Mathematician, Astronomer, Translator), 1303, Montpellier, Lunel, in Spain (?).—Sbu.

JACOB MANTINUS (Papal Physician, Translator), 1534-1550, Tortosa, in Italy.—Sbu. REJ. 1893.

JACOB BEN MEIR (Cabbalist), XIV., Jaen.—Sb. s. v. Moses Botarel.

Jacob ben Moses ibn Acsi, *see* Jacob ibn Abbasi ben Moses.

JACOB NJIANI (Commentator on Job), Toledo.—JQR. v. 711.

JACOB DE PINA (Spanish Poet). XVII., Spain, in Amsterdam.—F.

JACOB BEN REUBEN (Controversialist), 1170.—Sj.

JACOB OF SEGOVIA (Cabbalist), XIV., Segovia.—Gz. vii.
JACOB SEPHARDI (Cabbalist, Poet), XIV.—Nb. Sb. s. v. Moses Botarel.
JACOB BEN SHEALTIEL BEN ISAAC (Controversialist), c. 1300, Barcelona.—Pa. 33, 46.
JACOB BEN SHESHET, GIRONDI (Cabbalist), 1246, Gerona.—Sj. Gz. vii. Nb.
JACOB BEN TODROS BEN ISAAC (Cabbalist).—Nb.
Jafuda Bonsenior, see Jehuda ben Astruc.
Jaish, Ibn, Yaish, see Baruch, Solomon ben Abraham, Solomon.
JAISH BEN SAMCHUN IBN SODA ANDALUSI (Cabbalist), Andalusia. — Pn. Sh. ix.
Jasos, Ibn, see Abu Ibrahim.
JECHIEL BEN ASHER (BEN HA-ROSCH), (Poet), 1391, Toledo.—Sbj.
Jechsal, see En Bongoa.
JEHUDA BEN ABRAHAM IBN GIKATILIA (?) (Physician, Arabic writer), Toledo.—Sju.
JEHUDA BEN ABUN (ABU SERACHJAH) (Grammarian, Hebrew Poet) XII. —Gj. 41.
JEHUDA DE ALBA DE TORMEZ (Ethical Will).—JQR., iii., 482.
Jehuda Alcofni, see Jehuda ben Solomon Charisi.
JEHUDA BEN ASHER II. (Translator, Martyr), ob. 1391, Burgos, Toledo, Cordova.—Gz. viii.
JEHUDA BEN ASHER BEN JECHIEL (Casuist), ob. 1349, Toledo. — Sbj. Gz. vii. (Asheri.)
Jehuda Asheri, see Jehuda ben Asher.
JEHUDA BEN ASTRUC (JAFUDA BONSENIOR) (Physician, Translator of Book of Sentences from Arabic), 1265-1305, Barcelona, Murcia.—Lb. Suh.' xii. 59-60.
JEHUDA IBN BALAM (Grammarian, Commentator in Arabic), 1170-1190, Toledo, Seville.—Sbu. Zl.
JEHUDA BEN BARSILLAI (Commentator, Mystic), 1130, Barcelona.-Lb. Nr. Sbju.
JEHUDA IBN BASAN (Astronomer).—Nb.
JEHUDA BOLAT BEN JOSEPH (Writer on Classification of Sciences), 1531, Estella, in Constantinople.—Kn. Su.
JEHUDA IBN CARDINAL BEN ISAAC (Translator, Pilgrim), 1211.—Sbu.
JEHUDA CHAJAT (Talmudist), 1492, Spain, Mantua.—Sb.
JEHUDA CHAYUG BEN DAVID (Grammarian), XI., Fez, Cordova.—Sbj., Gz. v.
JEHUDA COHEN (Translator), XIII., Toledo, Tuscany, Rome.—Nb. Mi.
JEHUDA IBN GIAT (ABU SERACHJAH) (Religious Poet), XII., Granada.—Zl. Gj. 89, 142.
Jehuda Halevi, see Jehuda ben Samuel.
JEHUDA BEN ISAAC (Doctor), (? same as Jehuda ben Isaac Halevi), beg. XIII. Barcelona.—Lb.
JEHUDA BEN ISAAC HALEVI BEN SHABTAI (Hebrew Poet, Satirist), b. 1198, Toledo (?), Barcelona.—Zg. Gz. vii. Nr. ii. Sb.
JEHUDA BEN ISAAC IBN WAKKAR (Casuist), 1320, Cordova.—Gz. vii.
JEHUDA BEN JACOB (Medical Writer), Spain.—Su.
JEHUDA BEN JACOB JACHIA (Liturgical Poet), c. 1400, Castile, Merida.—Zl.
JEHUDA BEN JAKAR (Cabbalist, Religious Poet), Barcelona.—Zl. Gz. vii. JQR. iv. 250. Sb. col. 1853.

JEHUDA BEN JOSEPH (Ritualist), b. 1440, Saragossa.—Lc.
JEHUDA BEN JOSEPH ALFACHAR (Letter Writer, Correspondent of David Kimchi), 1232, Toledo.—Nb. Sm. Zg.
Jehuda ben Joseph ibn Bulat, *see* Jehuda Bolat.
JEHUDA LERMA (Talmudist, Casuist), 1492, Spain, in Belgrade.—Sb.
JEHUDA BEN MOSES IBN CHAYIM (Logician).—Nb.
JEHUDA BEN MOSES COHEN (Physician, Translator from Arabic into Spanish, Astronomer), 1272, Toledo.—Kb. Sbjuz. Gz. vii.
JEHUDA BEN NISSIM IBN MALKA (Philosopher, Mystic), 1365(?), Spain.— Sub. s. v. Moses Botarel.
JEHUDA BEN SAADIA (Cabbalist, Translator, Commentator), XIII., Toledo. —Nb. Sj.
JEHUDA IBN SABARA (Theologian, Poet), XIII.-XIV. Barcelona (?).—Sb. Gz. vii. 241 (Sabura).
JEHUDA IBN SABBATAI BEN ISAAC (Poet, Satirist), 1214-1217, Toledo, Burgos.—Sb.
JEHUDA SAMUEL ABBAS BEN ABRAHAM (ABULBAKA) (Ethical Writer, Religious Poet), XII., Fez, in Seville.—Gj. 42, 142. Zl. Su.
JEHUDA BEN SAMUEL AL ASHKAR (Physician, Mystic), 1391, Seville, Malaga. —JQR. vi. 400.
JEHUDA BEN SAMUEL HALEVI (ABULHASSAN) (Poet, Philosopher, Pilgrim), 1086-1141, Toledo, Lucena, Cordova, Cairo, Damascus.—Gz. v. Nb. Sbju. Geiger, *Divan.* 1851. Kaufmann, *Jehuda Halevi,* 1877 Kmf. Zls.
JEHUDA BEN SHEMARYAH (?) (Cabbalist), XIV.—Sb. s. v. Moses Botarel.
JEHUDA BEN SHESHET (Satirist, Pupil of Menachem Saruk), X., Cordova.— Gz. v.
JEHUDA SINI (Controversialist).—Nb.
JEHUDA BEN SOLOMON CABIZ (Commentator), 1486, Castille, Granada, Tlemsen.—REJ. iv. 246.
JEHUDA BEN SOLOMON CHARISI (Poet, Translator, Satirist), 1170-1230, Toledo.—Sbju. Zl. Gz. vi. Kmf. *pass.*
JEHUDA BEN SOLOMON COHEN (Astronomer, Encyclopedist, Translator from Arabic), 1215-1247, Toledo, in Tuscany, Naples.—Gz. vii. Sju.
JEHUDA BEN SOLOMON (JEHUDA SALMON ?), (Mystic), *fin.*, XIII., Barcelona. —Lb. Su. 113.
JEHUDA BEN SOLOMON NATHAN (Translator from Arabic).—Nb.
JEHUDA IBN TIBBON (Translator, Ethical Will, Poet), XII., Granada, Lunel.— Sbju.
JEHUDA IBN VERGA (Mathematician, Martyrologist, Translator), XV., Seville, Lisbon.—Gz. viii. Sbju.
Jekutiel, *see* Mar Jekutiel.
JEKUTHIEL HASSAN (Astronomer), XI.—Geiger *Gebirol,* 40.
JERUCHAM BEN MESHULLAM (Ritualist, Talmudist), 1334, Provence, Toledo. —Sb. Zr. 32, Gz. vii. Nr. ii.
JESHUA (*sic*) LEVI BEN JOSEPH (Talmudist), 1467, Tlemsen, in Toledo.—Sb.
Joannes Aben David (Translator) (*see* Johannes Hispalensis), Seville.—Su.
ex JOHANNES HISPALENSIS (Astrologist, Translator from Arabic), 1130-1150, Seville, Toledo.—Sbu.
JOEL (Translator of Sindibad?), XII.-XIII.—Sbu.
JOEL IBN SHOEB (Preacher, Commentator), 1469-1489, Tudela.—Sbj. Kn.
John de Seville, Don, *see* Samuel Abravanel.

JOMTOB BEN ABRAHAM ISHBILI (*RITBA*), (Talmudic Commentator), 1310–1350, Seville, Alcolea. — Gz. vii. Brüll jb. ii. Sbj. Zr. 164, Pa. 1. Rosin, *Compend.* 115.

JOMTOB BEN CHANAH (Miscellaneous Writer), Montalban.—Nb.

JOMTOB SORIANO (Belletristic Writer).—Pn.

JONA BEN ABRAHAM GERONDI (Ethical Writer), *ob.* 1263, Barcelona, Toledo, Gerona.—Lb. Sbj. Brüll, Jb. 1883, p. 83, seq.

JONA ABULWALID IBN GANACH (Grammarian, Lexicographer), 995–1050, Cordova, Saragossa.—Sbj. Gz. vi. Munk *Notice* Derenbourg Introd. to *Opuscules*, 1880.

JONATHAN ASHKENASI (Correspondent of Adret), *c.* 1300, Toledo.—Pa. 10.

Joseph, *see* Joseph Joseph.

JOSEPH ALBO (Theological Writer, Physician), *ob.* 1449, Monreal, Soria.—Gz. viii. Kb. Sbj.

JOSEPH BEN ABRAHAM IBN WAKKAR (Cabbalist), 1355, Toledo.—Sbu.

JOSEPH IBN AL AISH, XIV., Alcala.—Nr. ii. 361.

JOSEPH IBN AKNIN BEN JEHUDA (Pupil of Maimonides, Physician, Philosopher), *ob.* 1226, Barcelona (?), Aleppo.—Zg. Lb. Sbju.

JOSEPH IBN ALFUAL BEN ISAAC (Translator of Maimonides on the Mishna), 1290, Huesca.—Sbu. Pa. 30.

JOSEPH IBN AMRAM, XII., (?) Spain.—Rosin *Abraham ibn Esra*, 121.

JOSEPH DE BARCELONA.—Lb.

JOSEPH BENVENISTE BEN MOSES (Ethical Writer), 1671, Segovia, Constantinople.—F.

JOSEPH BEN CAPRIL (CAPRUN?) (Poet), XI. Cordova, Granada. — Sb. s. v. Moses Gikatilia.

JOSEPH CARO (Author of *Shulchan Aruch*), 1488–1575, Spain, Safed.—Kb. Sbj.

JOSEPH CASPI (Philosopher, Exegete), *c.* 1280–1340, Largentière, Arles, Tarascon, Majorca, Egypt.—Kn. Lb. Sbu. Nr. ii. Gz. vii.

JOSEPH AL CASTEIL (Cabbalist).—Nb.

JOSEPH CHABIBA (Halachist), XV., Spain.—Rosin *Compend.* 122.

JOSEPH IBN CHASAN (Arabic Poet), 1467.—Su.

JOSEPH BEN CHASDAI (Poet), 1044–1046.—Sb. Gz. vi.

JOSEPH CHAYUN BEN ABRAHAM (Commentator), 1450–1480, Lisbon.—Gz. viii. Sb. Nb.

JOSEPH BEN ELEASAR TOB ELEM (Commentator), 1330–1370, Saragossa, Jerusalem, Damascus.—Gz. viii. Sbj.

JOSEPH IBN EZRA (Poet), XII., Granada.—Sb. s. v. Moses ibn Ezra.

JOSEPH FRANCES (Commentator), XVI., Spain, Venice.—Mi. F.

JOSEPH GIKATILIA (Cabbalist), 1248–1305, Medina Celi.—Sbj. Gz. vii.

JOSEPH HISPANUS (Supposed Introducer of Arabic Numerals into Europe).— *See* Weissenbron : *Zur Gesch. der jetzigen Ziffern*, 1892, pp. 74-80.—Su.

JOSEPH BEN ISAAC IBN BIKLARISH (Medical Writer), 1126.—Sj.

JOSEPH BEN ISAAC ISRAELI (Medical Writer), *ob.* 1331, Toledo.—Sj. Zg.

JOSEPH BEN ISAAC BEN MOSES IBN WAKKAR (Astronomer in Arabic, Liturgical Poet), 1388, Seville, Toledo.—Sbjuz. Zl.

JOSEPH BEN ISAAC BEN SATANAS IBN ABITUR (Religious Poet), XI., Merida, Cordova, in Damascus.—Sbj. Zls. Kämpf, *Nichtandal. Poesie*, ii. 185, Gz. v.

JOSEPH BEN ISRAEL (Liturgical Poet), Toledo.— Zlg. Su.

JOSEPH JAABEZ BEN CHAYIM (Talmudist), 1480, Spain, Mantua.—Sb. Gz. viii. JQR.

JOSEPH IBN JACHIA (SEN.) BEN SOLOMON (Elegiac Poet), *ob.* 1308, Barcelona. —Lb. Sb. Zl.
JOSEPH BEN JEHUDA (Cabbalist), XIV., Toledo.—Gz. vii.
JOSEPH JOSEPH (Correspondent of Adret), *c.* 1300, Calatayud.—Pa. ii.
JOSEPH BEN JOSEPH NACHMIAS (Astronomer, Translator), Toledo.—Sju. Zg. JQR. v. 709.
JOSEPH JOSHUA (Hebrew Poet), *c.* 1400, Seville, Saragossa.—Sb. col. 2287.
JOSEPH BEN JOSHUA LORKI (Translator, Physician), bef. 1408, Lorca.—Sbu.
JOSEPH KIMCHI BEN ISAAC (Grammarian, Commentator, Translator), fl. 1160–70, Spain, in Narbonne, Lunel.—Sbu.
JOSEPH IBN LATIMI (Religious poet), 1308, Lerida.—Sb. Zl.
JOSEPH IBN MEGAS (Talmudist, Casuist), 1077–1141, Seville, Lucena, Granada.—Sbj.
JOSEPH BEN MEIR IBN MOHADSHIR (Liturgical poet), 1140. — Zl. Sb. col. 1809. (Muhag'ir).
JOSEPH BEN MOSES AL ASHKAR (Commentator, Casuist, Cabbalist), 1492, Malaga, Tlemsen.—JQR. vi. 400.
JOSEPH BEN MOSES MESSIAH (Liturgical poet), Catalonia.—Zl.
JOSEPH IBN PLAT (Talmudist), 1170, Spain, in Provence.—Gross in *Mts.* xxii. 339.
JOSEPH IBN SABARA (Poet, Satirist), 1200, Barcelona, Narbonne, Saragossa. —Lb. Sbj. Zl. Gz. vi. I. Abrahams in JQR. vi.
JOSEPH IBN SAHL (Liturgical poet) *ob.* 1124. Cordova.—Zl. F. Lc.
JOSEPH BEN SAMUEL (Commentator), Huesca.—Sh. ix.
JOSEPH BEN SAMUEL LEVI (Ethical Writer), 1492.—Sb.
JOSEPH DE SAPORTA (Cabbalist), XIV.—Sb. s.v. Moses Botarel.
JOSEPH SARAGOSSI (Cabbalist), Saragossa, Sicily, Beyrout, Sidon, Safed.— Gz. ix.
JOSEPH SHALOM (Polemist), XIV.—Gz. vii.
JOSEPH BEN SHARGA (Ritualist, Cabbalist), XV.—Nb. Sb.
JOSEPH IBN SHEMTOB (Polemist), XIV.—Gz. vii.
JOSEPH BEN SHEMTOB II. (Theologian, Metaphysician), 1455, Medina del Campo, Segovia, Medina.—Gz. viii. Sbu.
JOSEPH BEN SHESHET (Religious Poet), 1308, Lerida.—Sbj.
JOSEPH IBN SHOSHAN (Talmudical Commentator), fl. 1359, Saragossa. — Bm. Zg.
JOSEPH IBN SULI CHASAN BEN DAVID (Liturgical Poet, Scribe), *ob.* 1308, Toledo.—Zl.
JOSEPH TAITAZAK (?) BEN SOLOMON (Biblical Commentator), 1523, Spain, Salonica.—Sb.
JOSEPH BEN TODROS HALEVI ABULAFIA (Polemical Writer, Cabbalist), 1287, Talavera, Burgos, Segovia.—Sb. 2526, Zg. Brüll *Jahrb.* iv. 18. Gz. vii.
JOSEPH DE LA VEGA (Spanish Poet).—Ks.
JOSEPH VIDAL BEN BENVENISTE BEN SOLOMON IBN LABI (Medical Writer, Translator).—F.
JOSEPH XERES (Correspondent of Adret), *c.* 1300, Toledo.—Pa. ii.
JOSEPH BAR ZADDIK (Ritualist), 1467, Arevallo.—Nr. Sj.
JOSEPH IBN ZADDIK (Philosophic Writer in Arabic, Religious Poet), *ob.* 1149, Cordova.—Sbju. Zl.
JOSEPH ZARKO (Poet).—Nb.

Joshua, *see* Joseph Joshua.
JOSHUA BEN ABRAHAM IBN GAON (Writer), 1301, Navarre—Kn. Sb. col. 2520.
JOSHUA BOAS BARUCH (Casuist), 1557, Catalonia.—F.
JOSHUA BEN JOSEPH HALEVI (Talmudist), b. 1467.—Lc.
JOSHUA BEN JOSEPH IBN VIVAS AL LORKI (Medical Writer), *c.* 1400, Lorca.—Su.
ex JOSHUA LORKI IBN VIVAS (HIERONIMUS DE SANTA FÉ) (Controversialist), 1410, Lorca, at Tortosa.—Gz. viii. Sj.
JOSHUA BEN MEIR HALEVI (Cabbalist).—Nb.
JOSHUA SHATIBI (Polyhistor, Medical Writer, Translator), *c.* 1380, Xativa. —Su.
JOSHUA IBN SHOEB (Homilist, Master of Solomon ben Adret), 1300-1330, Barcelona.—Nr. ii. Sbj.
JUAN ALFONSO DE BAENA (Spanish Poet and Anthologist), 1449-1454, Baena. —Sj.
Juan d'Avignon, *see* Moses ben Samuel.
ex JUAN DE ESPAÑA (Polemical Writer, Spanish Poet), 1416, Villa Martin, Toledo.—Gz. viii. Ks.
ex JUAN DE VALLADOLID (JOHANNES DE PODICO) (Controversialist, Spanish Poet), 1494, Valladolid.—F. Kb.
Juda, *see* Jehuda.

Kabir, al-, *see* Solomon Levi.
KALONYMOS BEN KALONYMOS (Translator, Poet), 1286-1337.—Gz. vii. Zl. Sbju. Nr. ii.
KASMUNE (Arabic Poetess), Andalusia.—Sj.
Kehati, *see* Samuel ha-Kehati.
Kimchi, *see* David, Joseph, Samuel ben Moses.

Labi, El, *see* Moses ben Joseph.
Labi, Ibn, *see* Benveniste, Vidal ben Benveniste.
Labia, Ibn, *see* Solomon.
Labrat, Ibn, *see* Dunash.
Latif, Ibn, *see* Isaac ben Abraham.
Latimi, Ibn, *see* Joseph ibn Latimi.
(?) *ex* LEO AFRICANUS (Geographer), Granada.—Gz. viii.
Leon ibn Zur, *see* Isaac ibn Zur.
Leon Templo, *see* Jacob Jehuda.
Lerma, *see* Jehuda Lerma.
Levi, *see* Isaac ben Eleaser, Moses el Levi, Pinchas, Samuel ben Abraham, Samuel Abulafia, Samuel el Levi, Samuel Nagid, Serachyah ben Isaac, Solomon al Kabir, Paulus Burgensis Todros Abulafia, *see* Halevi.
LEVI BEN GERSON (MAISTRE LEON DE BAGNOLS) (Astronomer, Philosopher), 1327-1344, Perpignan, (?) Spain.—Sbj. Nr. ii. Gz. vii. Joel in his *Beiträge*.
LEVI BEN JACOB ALTABON (al Thabban) (Religious Poet), XII., Saragossa.— Sb. Zl. Gj. 40.
LEVI BEN JACOB CHABIB (Talmudist and Mathematician), XVI., Zamora, Salonica, Jerusalem.—Gz. ix.

LEVI BEN SAUL (Poet, Grammarian (?)), XI., Cordova, Tortosa.—Sb. s. v. Moses Gikatilia. Zl.

Longo, *see* Saadia Longo.

Lorki, *see* Joseph ben Joshua, Joshua Lorki ibn Vivas.

Lusitano, *see* Amato.

MACHIR (Eschatologist), XIV., Toledo.—F.

Maestro Astruc, *see* Astruc.

MAIMON BEN JOSEPH (Theologian, father of Moses Maimonides), XII. Cordova, in Egypt.—Sj. Gz. vi. Simmons in JQR. iii.

Maimonides, *see* Moses Maimonides.

Maistre Leon, *see* Levi ben Gerson.

MAKIR BEN SHESHET (Controversialist), 1310, Barcelona.—Nr.

Malka Ibn, *see* Jehuda ben Nissim.

Mantino, Mantinus, *see* Jacob Mantinus.

MAR ISAAC BEN JACOB (Religious Poet), 1112, Toledo.—Gj.

MAR JEKUTHIEL (Poet), XIII.—Gz. vi.

Maroccanus, *see* Samuel Maroccanus.

ex MARTIN OF TOLEDO (Mathematician), XV., Toledo.—Sj.

Martini, *see* Raymundus Martini.

Masceran, *see* Isaac Masceran.

MATATHIA BEN MESHULLAM (NASTRUC SHALEM) (Controversialist), 1373, Barcelona.—Nb.

MATATIA BEN MOSES HAJIZHARI (Polemist, Commentator), 1414, Narbonne, Saragossa, Tortosa.—Gz. vii. Zg. Nr. ii. Sb. Loeb. in REJ.

Matron, *see* Samuel Chayim.

Megas, Ibn, *see* Joseph ibn Megas.

Meharashach, *see* Solomon Cohen.

MEIR ALGUADEZ (Spanish Writer on Medicine, Translator, Philosopher, Astronomer), 1405, Cadiz, Castile.—Gz. viii. Kb. Nb. Sbju.

MEIR BEN ABRAHAM (Controversialist), *c*. 1300, Toledo.—Pa. 48.

MEIR BEN ARAMA (Biblical Commentator), 1492, Spain, Salonica.—Sb.

MEIR BENDIG (Talmudist), 1306, Arles, Besalu.—Nr. II.

MEIR BENVENISTE (Talmudic scholar), 1492, Spain, Salonica.—Sb.

MEIR COHEN (Casuist, Commentator), *ob*. 1263, Narbonne, Toledo.—Sb. F.

MEIR IBN GABBAI BEN EZEKIEL (Cabbalist), b. 1481, Spain, Padua.—F. Sb. Mi.

MEIR HALEVI (Casuist), XIII.—Frankel, *Responsen*, 62.

MEIR BEN ISAAC IBN ALDABI (Encyclopædist, Liturgical Poet), 1360, Toledo.—Sbn. Zlr. 37.

MEIR BEN JOSEPH (Controversialist), *c*. 1300, Toledo.—Pa. 48.

MEIR IBN SAHULA (Casuist, Letter Writer), XIV., Guadalaxara.—F.

MEIR BEN SOLOMON BEN SALMOLA (Talmudist), *c*. 1300, Guadalaxara.—Pa. 11.

MEIR BEN TODROS HALEVY ABULAFIA (Controversialist), 1180–1244, Toledo.—Sb. Zg. Gz. vii.

Meiri, *see* Menachem Meiri, Vidal Menachem.

Melammed, *see* Isaac Melammed.
Melgueri, *see* Solomon ben Moses.
Melis, *see* Escafit Melis.
Melo, *see* David Abenatar.
MENACHEM BEN AARON BEN SERACH (Ritualist, Liturgical Poet), 1374, Toledo.—Zlr. 30.
MENACHEM BEN ABRAHAM (Lexicographer), XV., Perpignan.—Sb.
MENACHEM BEN ZERACH DURAN (Talmudist, Ethical Writer) *ob.* 1385, Estella, Navarre, Alcala.—Nr. II. Gz. viii. Kn. Sb.
MENACHEM MEIRI (DON VIDAL SALOMO) (Talmudist, Biblical Commentator), 1249-1310, Perpignan.—Sb.
MENACHEM SARUK (Grammarian), *c.* 950, Tortosa, Cordova.—Sbj.
MESHULLAM BEN HONEIN EZOBI (Grammarian), 1279, Orange, Segovia.— Pn. Nr. Zg. REJ. i. 73.
MESHULLAM EN VIDAL DAFIERA (Poet), 1235.—Gz. vii., (?) Sb. col. 2386, (ben Solomon).
Messiah, *see* Joseph ben Moses.
Migash, Ibn, *see* Megas, Ibn.
Miguelda, *see* Silveyra Miguelda.
Minir, Ibn, *see* Isaac ben Joseph.
Mohadshir, Ibn, *see* Joseph ben Meir.
Monsalde, *see* Samuel de Monsalde.
MONTALTO, FELIPE (Medical Writer), *ob.* 1616, Castel-Branco, Spain, Leghorn, Venice, Paris, Amsterdam.—Kb.
MORDECAI BEN ABRAHAM ROSSELLO (Cabbalist), Barcelona.—Lb. Sm.
MORDECAI BEN JEHOSFIHA (Polemical Writer).—Sh. xxi.
Moril, *see* Abulhassan.
MOSE AZAN (Catalan Writer on Chess), 1350, Tarraga.—Steins. *Schach bei den Juden.*
MOSES, DON (Medical writer), 1368-1379.—Sj.
MOSES ABBAS (Poet), XV.—Sh. xiv.
MOSES ABDALLA (Medical Writer in Arabic), 1413, Cordova.—Lc.
MOSES ABULAFIA BEN JOSEPH BEN HALAWI (Theologian), 1254.—Su.
MOSES ABULHASSAN IBN TAKANA (TOKNA), (Poet, Sacred and Secular), XII. —Kmf. 195 Zl.
MOSES ALASKHAR BEN ISAAC (Talmudist, Religious Poet), 1470-1538, Zamora, Andalusia, Tunis, Egypt, Jerusalem.—Gz. ix. Zl. JQR. vi. 400.
MOSES ALBELDA (Commentator), 1492, Castile, Salonica.—Sb.
MOSES BARI (Talmudist, Halachist), X, Bari, Cordova.—Sj.
MOSES BELMONTE BEN JACOB (Spanish Translator), 1645, Spain, Amsterdam.—Sb.
MOSES BENVENISTE (Talmudist), XVI., Segovia, in Salonica.—Sb.
MOSES BOTAREL (Commentator, Cabbalist), 1409, Barcelona.—Lb. Sbj. Gz. vii. viii.
MOSES OF BURGOS (Cabbalist), XIV.—Gz. vii.
MOSES COHEN TORDESILLA (Controversialist), 1379.—Gz. vii. Sj.
MOSES CORDUERO (*RAMAK*) (Cabbalist), *ob.* 1570, Cordova, Safed.—Nb. Sb.
MOSES IBN DANAN (Talmudist), XV. Castile.—Sb. s. v. Isak Campantan.
Moses ibn Ezra *see* Moses ben Jacob.
MOSES GABAI BEN SHEMTOB (Commentator).—Nb.

MOSES GIKATILIA (Grammarian, Exegete), XI. Cordova, Saragossa.—Sbj.
MOSES IBN HABIB BEN SHEMTOB (Commentator), 1488. (?) Spain, Portugal, Naples.—Nr. ii. Sb. (Chabib).
MOSES BEN ISAAC HALÉVI (ESKAFIT MELIS) (Controversialist), c. 1300, Barcelona.—Pa. 46.
MOSES BEN JACOB (Casuist), Cordova.—Nb.
MOSES BEN JACOB OF COUCY (Ritual Codifier) c. 1236, Coucy, Toledo, Paris. — Lc. Sb.
MOSES BEN JACOB IBN EZRA (ABUHARAN) (Poet, Pupil of Isaac ibn Giat), 1130-1140, Granada, Luceña.—Sbj. Zls. Kmf. ii. L. Dukes *M. i. E.* 1839.
MOSES JEHUDA ABBAS (Casuist).—Nb. (? same as Moses Abbas.)
MOSES BEN JEHUDA BENJAMIN SEPHARDI (Liturgical Poet), XIV.—Zl. 9.
MOSES BEN JEHUDA NOGAH (Theologian), 1354.—Nb.
MOSES BEN JOSEPH HADAYAN (Translator), XII. (?), Lucena.—Sbu., (?) Rosin *Compend.* 123 seq.
MOSES BEN JOSEPH EL LABI (Philosopher).—Nb.
MOSES EL LEVI (Physician, Philosophic Writer), *ob.* 1255, Toledo.— Zg.
MOSES MAIMONIDES (*RAMBAM*). ABU AMRAM MUSA BEN MAIMUNI IBN ABDALLAH (Physician, Philosopher, Codifier, Medical Writer, Casuist, Poet), 30 Mar. 1135—13 Dec. 1204, Cordova, Cairo.—Sbju. Zl. Gz. vi. cap. 10. Geiger *M. b. M.* 1850. Benisch *Two Lectures*, 1847, etc., etc.
MOSES NACHMANIDES (*RAMBAN*, BONASTRUC DE PORTA), (Cabbalist, Ethical Writer, Controversialist, Talmudist, Biblical Commentator, Liturgical Poet), *ob.* 1268, Gerona, Jerusalem.—Sbj. Gz. iii. Schechter in JQR. v. Lb. in REJ. xv. ,
MOSES BEN NACHUM (? NACHMAN) (Liturgical Poet).—Zl.
MOSES NARBONI BEN JOSHUA (VIDAL BLASOM) (Philosopher, Physician, Translator), 1346-1361, Perpignan, Barcelona, Toledo, Cervera, Soria, Burgos, Valencia.—Gz. vii. Nr. ii. Sbju.
MOSES NATHAN BEN JEHUDA (Liturgical Poet), c. 1354. Catalonia.—Zl.
MOSES RIMOS (Physician, Philosopher), *ob.* 1430, Majorca, (in Palermo).—Kn. Zl.
MOSES SAHALON (Translator), Ciudad.—Nb.
ex MOSES BEN SAMUEL DE ROCCA (JUAN D'AVIGNON), (Translator, Physician), 1360, Seville, Avignon.—Sju. Zg.
MOSES DE SCOLA GERUNDI BEN SOLOMON (Liturgical Poet), XIII., (?) Burgos.—Sh. ix. Zl.
Moses Sephardi, *see* Alfonsi, Petrus.
MOSES BEN SHEMTOB DE LÉON (Cabbalist, reputed author of *Sohar*), 1287-1293, Leon, Guadalaxara, Verrero, Valladolid, Avila, Arevallo.—Sbj. Gz. vii. Geiger, Jellinek *M. de L.* 1851.
MOSES SIKELI (Correspondent of Isaac ben Sheshet), 1401, Sicily, in Majorca. —Zg. 516.
MOSES BEN SIMON (Philosopher), c. 1308. Burgos, Segovia.—Gz. vii.
MOSES BEN SOLOMON BEN SIMON (Cabbalist), XIII. Burgos.—Nb. Sb. col. 1949.
MOSES IBN TIBBON (Translator from Arabic), 1244-1274, Montpellier, Spain. —Sb. Nr.
MOSES BEN TOBI (Arabic Poet), 1300-1350, Seville.—Sub. col. 2387.
MOSES OF TUDELA (Talmudist).—Nb.
MOSES ZARFATI (Compiler of Spanish Ethical Sentences), XIII.—Sj.
MOSES ZARZAL CHASDAI HALEVI (Physician to Henry III.), Castile.—Nr. ii.

Motot, *see* Samuel Motot, Simon ben Moses.
Mudawar, Al-, *see* Elias.
Muhag'ir, Ibn, *see* Abu Soleiman.
Muhag'ir, Ibn, *see* Mohadhir, Ibn.
Muqatel, Ibn, *see* Isaac.
Musa, Ibn, *see* Chayim, Solomon ibn Susu.
MUSAPHIA, DIONYSE (Medical Writer and Lexicographer), *ob.* 1657, Spain, Hamburg.—Kb.

NACHMAN BEN MOSES, son of Nachmanides (Talmudist), XIII., Gerona.— JQR. v. 111.
Nachmanides, *see* Moses Nachmanides.
Nachmias, Ibn, *see* Abraham, David, Joseph ben Joseph.
NACHUM (Liturgical Poet), *c.* 1300.—Zl.
Nagid, *see* Samuel Halevi.
Nagrela, *see* Samuel Nagid.
Nakawa, Al-, *see* Ephraim, Israel ben Joseph.
Narboni, *see* Moses Narboni.
Nasi, *see* Benjamin, Crescas, David, Sheshet ben Benveniste, Sheshet ben Isaac.
Nastruc (?) Shalem, *see* Matatia ben Meshullam.
Nastruc Vidal, *see* Shealtiel ben Moses.
NATHAN BEN JEHUDA (Ritualist).—Zr. 28.
NATHAN BEN JOEL PALQUERA (Author), XIII.—Sb. col. 2537.
NATHANIEL BEN JOSEPH IBN ALMOLI (Translator of Maimonides), 1296, Saragossa.—Pa. 3. Su.
ex NICOLAS DE OLIVER Y FULLANA (Spanish Poet and Geographer), 1650, Mallorca, Amsterdam.—Kbns.
NISSIM BEN ABRAHAM (Pseudo Prophet), 1295, Avila.—Pa. 5.
NISSIM BENVENISTE (DON) (Casuist), XV.—Sb.
NISSIM BEN REUBEN GERONDI (*REN*) (Talmudist), 1340-1380, Gerona, Barcelona.—Lb. Sbj. Zl. Pa. 57. Gz. vii.
Nogah, *see* Moses ben Jehuda.

OBADIAH BEN DAVID BEN OBADIAH (Commentator), 1541, Egypt, in Spain. —Sb.
Orobio de Castro, *see* Balthasar.

ex PABLO CHRISTIANI (Controversialist), 1263, Provence, Barcelona.—Sb. (Paulus).
Pakuda, Ibn, *see* Bechai, David de Elasar.
Palquera, *see* Nathan ben Joel, Shemtob ben Joseph.
Parchi, *see* Esthori Parchi.
Parchon, *see* Solomon ben Abraham.
PARCHON COHEN (Poet), XII., Cordova, Gj. 44.
Pater, Ibn, *see* Solomon ibn Pater Cohen.

ex PAULUS BURGENSIS A SANCTA MARIA (Controversialist), 1350-1435, Burgos.—Gz. vii. Sb.
Paulus Christiano, *see* Pablo Christiani.
ex PAULUS DE HEREDIA (Controversialist), *ob.* 1488, Aragon.—Gz. viii.
PEDRO TEXEIRA (Geographical Writer), XVII., Malaga.—Ks.
PEREYRA, ABRAHAM ISRAEL (Mystical Writer), *ob.* 1699, Madrid, Amsterdam.—Kb.
PEREZ BEN ISAAC COHEN GIRONDI (Cabbalist, Ritualist), *ob.* 1380 (?), Saragossa.—Bm. Sb. Zr. 35.
ex PERO FERRUS (Spanish Poet), 1400, Alcala.—Kb. Gz. viii.
Piera da, *see* Samuel ben Meshullam, Solomon ben Meshullam.
PINCHAS LEVI (Poet).—Nb.
Pinedo, *see* Thomas de Pinedo.
Pinto, *see* Delgado.
Poel, *see* David ben Yomtob.
PROPHIAT DURAN EFODI (ISAAC BEN MOSES LEVI) (Controversialist, Philosophic Commentator), 1391-1403, La Guna (Arag.), in Prov., Perpignan, Germany.—Sbj. Gz. viii.—Nr. ii.
PROPHIAT GRATIANO (Controversialist), *c.* 1300, Barcelona, in Perpignan.—Pa. 36.
Prophatius, *see* Jacob ben Machir.
Puglia, Ibn, *see* Shemtob ben Jacob.
Pulgar, *see* Isaac Pulgar.

RAB BEN CHASDAI (DON), Writer.—Nb.
Raimuch, *see* Abraham ben Chayim, Astruc.
Ralbag, *see* Levi ben Gerson.
Ramak, *see* Moses Corduero.
Rambam, *see* Moses Maimonides.
Ramban, *see* Moses Nachmanides.
Rashba, *see* Solomon Adret.
ex(?) RAYMUNDUS MARTINI (Franciscan, Controversialist), 1286.—Sbj. Gz.
Redak, *see* David Kimchi.
Ren, *see* Nissim ben Reuben.
REUBEN (BEN MEIR) SEPHARDI (Cabbalist), XIV.—Sb. s. v. Moses Botarel, F.
Ribash, *see* Isaac ben Sheshet.
Rif, *see* Isaac Alfasi.
Ritba, *see* Jomtob ben Abraham.
Rimos, *see* Moses Rimos.
Rocca, *see* Moses de Rocca.
Ropero, *see* Anton.
Rosh, *see* Asher ben Jechiel.

SAADIA BEN MAIMUN IBN DANAN (Talmudist, Poet, Lexicographer), 1460-1502, Granada.—Gz. viii. Sbj.
SAADIA LONGO BEN ABRAHAM (Poet), 1578, Spain, Constantinople.—Sb.

Saba, *see* Abraham Saba.
Sabara, Ibn, *see* Jehuda ibn Sabara, Joseph ibn Sabara.
Sabbatai, Ibn, *see* Jehuda ben Isaac.
Sactar, Ibn, *see* Abu Ibrahim.
Sahab, Ibn, *see* Abu Isaac.
Sahalon, *see* Moses Sahalon.
Sahl, *see* Joseph Sahl.
SAHL BEN BASHAR (Arabic Astronomer), IX., (?) Spain.—Sb.
Sahl, Ibn, *see* Abraham.
Sahula, Ibn, *see* Isaac ben Solomon.
Saladin, *see* Sarachyah ben Isaac.
SAMSON BEN MEIR (Controversialist), c. 1300, Toledo, Barcelona. — Nr. Pa. 45.
Samuel, Ibn, *see* Zarza ibn Samuel.
SAMUEL ABENHUCAR (IBN WAKKAR) (Cabbalist), 1295-1311.—Sj. Gz. vii.
SAMUEL BEN ABRAHAM ABOAB (Ethical Will).—JQR. iii. 484.
SAMUEL BEN ABRAHAM IBN CHASDAI HALEVI (Mæcenas), 1165-1216, Barcelona.—Lb. Gz. vi.
SAMUEL BEN ABRAHAM SASPORTA (Controversialist), 1332, Toledo. — Gz. vii. Sb.
SAMUEL ABRAVANEL (DON JOHN DE SEVILLA) (Mæcenas), XIV.—Nr. ii.
SAMUEL BEN ALRABBI (Poet).—Nb.
SAMUEL ALVALENSI BEN ABRAHAM (Talmudic Methodologist), *ob. c.* 1492 Valencia, Zamora.—Sbj.
SAMUEL ASPEREL (Spanish Writer on Surgery), Cordova.—Sj. 200.
SAMUEL BENVENISTE (Translator, Physician), c. 1320.—Sju.
SAMUEL BONASTRUC (Poet), c. 1400, Monzon.—Sh. xvi. 87.
SAMUEL ÇARÇA (Zarza) (Encyclopedist), 1266, Briviasca, Castile.—Gz. vii.
(?) SAMUEL CARMIZAN (Talmudist).—Nb.
SAMUEL BEN CHABIB DE VIDAS (Biblical Commentator), XV., Spain.—Sb.
SAMUEL BEN CHANANYAH (Poet), 1090.—Sb. col. 2462.
SAMUEL CHAYIM BEN YOMTOB MATRON (Commentator).—Nb.
SAMUEL HACOHEN (Correspondent of Adret), c. 1300, Valencia.—Pa. 11.
SAMUEL HA-KEHATI (Poet), XI., Andalusia.—Sb. col. 2333.
SAMUEL HALEVI ABULAFIA (Translator into Spanish), 1278, Toledo.—Su.
SAMUEL HALEVI IBN NAGRELA NAGID (Poet, Grammarian, Vizier), 993-1055 (?) Cordova, Granada.—Sbj. Zl. Gz. vi. Cassel in *Miscel. Soc. Jew. Lit.* I.
SAMUEL BEN ISAAC, c. 1230. Gerona (?).—Brüll, *Jahrb.* IV. 22.
SAMUEL BEN JEHUDA (Translator), 1323, Marseilles, Murcia, Montelimart.—Su.
ex SAMUEL BEN JEHUDA IBN ABBAS IBN ABUN (Convert to Islam, Controversialist, probably original of Ps. Samuel Maroccanus), 1163, Andalusia, Morcoco.—Sb. s. v. Sam. Mar.
SAMUEL EL LEVI (Translator from Arabic into Spanish, Astronomer), c. 1287 Toledo.—Zg. Gz. vii.
ex (?) SAMUEL MAROCCANUS (Supposed Convert to Christianity, cf. Samuel ben Jehuda), XI. Fez (?), Seville (?), Toledo (?).—Sb.
SAMUEL BEN MESHULLAM DA PIERA (Liturgical Hebrew Poet, 1400). — Gz. viii. Sh. xv. xvi.
SAMUEL DE MONSALDE (Translator), 1324, Monsalde.—Nr. ii.

SAMUEL BEN MOSES KIMCHI (Cabbalist), 1347, (?) Spain.—Nb.
SAMUEL MOTOT (Cabbalist, Mathematician), 1370, Guadalaxara. — Sbj., REJ. xxvii.
SAMUEL BEN NISSIM (Commentator on Job, Ed. Buber, 1890).—Toledo.
SAMUEL SARDI BEN ISAAC (Casuist), 1225, La Sarda, in Minorca (?).— Sb. Zg., Cf. *Boletin*, xvi. 436.
SAMUEL SEVILLO (or SIRILLO) (Talmudist), 1455-1530, Toledo, Cairo. — Gz. ix. Sb. (Sirillo).
SAMUEL IBN SHUSHAN (Commentator).—Nb.
SAMUEL BEN SIMON CANSI (ASTRUC DA SCOLA) (Compiler of Calendar), 1439, (?) Perpignan.—Smu.
SAMUEL BEN SOLOMON SHALOM (Casuist).—Nb.
SAMUEL SULAMI (SEN ESCALITA) (Poet and Mæcenas), *c.* 1300, Dauphiné, in Barcelona.—Pa. 22. Gz. vii.
SAMUEL IBN TIBBON (Translator), XIII., Lunel, Toledo, Barcelona, Marseilles, Arles, Beziers.—Sbu.
SAMUEL BEN ZADOK IBN SHOSHAN (Homilist), XV., Toledo.—Zg.
SAMUEL IBN ZARZA (IBN SENÉH) (Commentator), 1360-1380, Valencia.—Gz. viii. Sb., Reinach in *Rev. Arch*, Mar. 15, 1889.
Santa Maria, *see* Paulus Burgensis.
Saruk, Ibn, *see* Menachem Saruk, Serachyah ibn Saruk.
SANTOB, DON, DE CARRION (Spanish Poet), 1350, Carrion. — Kbs. Sj. Gz. vii.
Saporta, *see* Joseph de Saporta.
Saragossi, *see* Joseph Saragossi.
Sardi, *see* Samuel Sardi.
Saruk, Ibn, *see* Serachyah ibn Saruk.
Sason, Ibn, *see* Sason ibn Sason.
SASON IBN SASON (Theological Poet).—Nb.
Sasporta, *see* Samuel ben Abraham.
Saul, Ibn, *see* Isaac ben Levi.
Sayat, Ibn, *see* Isaac ibn Sayat.
Selama, *see* Abraham ben Solomon.
SEMACH DURAN (Rabbinical Authority), XIV., Provence, Mallorca, Algiers. —Kn.
SEMUEL DE SALOMOH DAYAN (Spanish Poet).—Kb.
Seneh, Ibn, *see* Samuel ibn Zarza.
Sephardi, *see* Abraham, Abraham Samsolo ben Moses, Elieser, Gabroeli, Immanuel, Isaac ben Abraham, Isaac ben Samuel, Isaac ibn Zur, Jacob ben Jacob, Jacob Sephardi, Reuben ben Meir, Samuel, Shalmiyah ben David, Skalon ben Shemarja, Solomon ben Moses, Solomon ben Yaish.
SERACH BARFAT (Poet), 1364, Catalonia.—Gz. viii. Zl. Sb. (Sarek).
SERACHJAH (Liturgical Poet), XIV., Barcelona.—Zl.
SERACHJAH BEN ISAAC BEN SHEALTIEL HÊN (Translator, General Writer), *c.* 1290, Barcelona, in Rome. — Gz. vii. Lb. Zl. Sub. s. v. col. 1920.
SERACHJAH BEN ISAAC HALEVI SALADIN (RABBI FERRER) (Translator, Controversialist, Homilist), 1413.—Gz. viii. Suh. xii. b. col. 2590.
SERACHJAH BEN ISAAC LEVI GIRONDI (Casuist), XII., (?) Gerona, Narbonne, Lunel.—Gz. vi. Sbu.
SERACHYAH BEN MOSES (Poet), 1624, Canea.—Kn. Zg.
SERACHYAH IBN SARUK (Biblical Commentator), 1493, Spain, Italy.—Sb. (Sarachja).
Sevillo (Sirillo), *see* Samuel Sevillo.

Shalem, *see* Nastruc Shalem.
SHALMIYA BEN DAVID IBN GABAI SEPHARDI (Philosopher), in Greece.—Nb.
Shalom, *see* Abraham Shalom, Joseph Shalom, Samuel ben Solomon, Samuel ibn Zaddik, Solomon ben Moses.
SHALOM BEN SHEMARJA SEPHARDI (Ethical Writer), 1560 (?), in Italy.—Sb.
Shaprut, Ibn, *see* Chasdai, Shemtob ben Isaac.
Sharada, *see* Abun ben Sharada.
Sharga, *see* Joseph ben Sharga.
Shatibi, *see* Joshua Shatibi.
SHEALTIEL BEN LAVI (Correspondent of Vidal of Tortosa).—Nb.
SHEALTIEL BEN MOSES CHEN (NASTRUC VIDAL GRACIAN) (Controversialist), 1373, Barcelona.—Nb.
SHEALTIEL BEN SAMUEL BEN SHEALTIEL (Controversialist), *c*. 1300.—Pa. 33.
Shealtiel, Ibn, *see* Isaac Bonafos.
SHEMARIAH DE NEGROPONT (Pseudoprophet), 1352, Castile, Andalusia.— Nr. ii.
Shemtob, Ibn, *see* Joseph ibn Shemtob.
Shemtob, Ibn, *see* Shemtob ben Shemtob, Shemtob ben Joseph.
SHEMTOB BEN ABRAHAM IBN GEON DE SORIA (Talmudic Commentator), 1325, Barcelona, Burgos, in Palestine.—Gz. vii. Lb. Sbj. Zr. 35 Pn.
SHEMTOB ARDOTIEL BEN ISAAC (Poet), *c*. 1330.—Zl. Gz. vii. Pn. Sbj. (ibn Ardutil).
SHEMTOB FALCO (Controversialist, Ritualist), 1400, Mallorca.—Nb. Kn.
SHEMTOB BEN ISAAC (Translator, Physician, Medical Writer and Professor), b. 1196-1264, Tortosa, Acco, Barcelona, Marseilles, Montpellier.—Lb. Nbr. Sub. col. 2549, Gz. vii.
SHEMTOB BEN ISAAC SHAPRUT (Polemical Writer, Translator, Physician), 1385, Tortosa, Pamplona, Tudela, Taragona.—F. Gz. viii. Kn. Sbju.
SHEMTOB BEN JACOB (Cabbalist), 1385, Toledo, Segovia, Negroponte, Salonica.—Sh. ix.
(?) SHEMTOB BEN JACOB IBN PUGLIA (Cabbalist).—Nb.
SHEMTOB BEN JOSEPH IBN SHEMTOB I. (Cabbalist), 1390-1430.—Gz. viii. Sbj.
SHEMTOB BEN JOSEPH IBN SHEMTOB II. (Translator, Philosopher), 1460-1489, Segovia, Almazon.—Gz. viii. Su.
SHEMTOB IBN PALQUERA BEN JOSEPH (Philosophic Writer, Encyclopedist, Commentator), 1225-1290, Barcelona.—Sju. Gz. vii.
SHEMTOB IBN SHEMTOB (Cabbalist), *ob*. 1430.—Sbj., *see* Shemtob ben Joseph ibn Shemtob I.
SHESHET (Liturgical Poet).—Zl.
SHESHET BEN BENVENISTE NASI (Controversialist), *ob. c*. 1203, Barcelona. —Lb. Gz. vii.
SHESHET OF CATALONIA (Theologian).—Sm.
SHESHET BEN ISAAC (Controversialist), XII., Saragossa.—Gz. vi. Nb.
SHESHET BEN ISAAC GERONDI (Astronomer), 1320, Gerona, Barcelona.—Lb. Sj.
SHESHET NASI BEN ISAAC (Medical Writer) (?) Barcelona.—Nb.
SHESHET BEN SHEALTIEL BEN ISAAC (Controversialist), *c*. 1300, Barcelona. —Pa. 46.
Shoeb, Ibn, *see* Joel ibn Shoeb, Joshua ibn Shoeb.
Shoshan, Ibn, *see* Abraham ben Meir, David, Joseph, Samuel.
Sibara, Ibn, *see* Isaac ibn Sibara.
Sid, Ibn, *see* Isaac ibn Sid.

Sikeli, *see* Moses Sikeli.

SILVEYRA MIGUELDA (Spanish Writer), *ob.* 1638, Celorico, Coimbra, Salamanca, Naples.—Kb.

SIMON DURAN (Casuist), 1391, Mallorca, Barcelona.—Lb. Kn.

SIMON BEN MOSES BEN SIMON MOTOT (Mathematician, Algebraist) (?) XIV. —Sb. col. 2457.

SIMUEL DEOS AYUDA (*ex* GARCI ALVAREZ) (Spanish Poet), XIV.—Ks. 77 Sbu.

Sini, *see* Jehuda Sini.

Soda, Ibn, *see* Jaish ben Samchun.

SOLOMON BEN ABRAHAM ABIGDOR (Translator, Astronomer), 1399, (?) Spain. —Sbu.

SOLOMON BEN ABRAHAM BEN BARUCH YAISH (Physician, Commentator, Translator), Seville.—JQR. v. 709., *see* Solomon ibn Jaish.

SOLOMON BEN ABRAHAM IBN DAUD (Physician, Translator).—Su.

SOLOMON ADRET (*RASHBA*) (Talmudist, Controversialist), b. 1235, *ob. c.* 1308, Barcelona.—Gz. vii. Lb. Sj. Zl., Perles *S. b. Adereth*, 1868.

SOLOMON AHUDI (Polyhistor), 1515, in Constantinople.—Su.

SOLOMON ALAMI (Ethical Will, Satirical Writer), XIV., in Portugal.—Gz. viii. JQR. iii. 484.

SOLOMON ALCONSTANTINI (Cabbalist), XIV., Saragossa.—Gz. vii.

SOLOMON ALKABIZ (Cabbalist), 1529–1561 (?), Spain, Safed.—Nb. Sb.

SOLOMON BEN ALMOALLEN (ABU AJUB) (Physician, Hebrew Poet), XII., Seville, in Morocco.—Gz. vi. Gj. 39 142, Rosin *Abr. ibn Esra*, 119.

SOLOMON ASTRUC (Polemist, Commentator), 1359, Barcelona.—Sj.

SOLOMON ABI AYUB (Theologian).—Nb. *see* Solomon ben Almoallen.

SOLOMON IBN AYUB BEN JOSEPH (Commentator on Averroes, Physician), 1262, in Bezières, Granada.—Su.

SOLOMON OF BARCELONA (Polemist).—Zg.

SOLOMON BONFED BEN REUBEN (Poet, Satirist), *c.* 1400, Barcelona, Saragossa, Tortosa, Valencia.—Kmf. 201 Gz. viii. Sbh. xiv.

SOLOMON DELLA CAVALERIA (Casuist), 1400.—Nb.

SOLOMON CHAYAT (Commentator), 1449, Penjafiel.—Nb.

SOLOMON COHEN BEN ABRAHAM (*MEHARASHACH*) (Casuist), *ob.* 1595, Xeres (?), Salonica.—Sb.

SOLOMON BEN CRISPIN (Friend of Jehuda Halevi), XI.—Gj. 47.

SOLOMON BEN ELI (Talmudist), *ob.* 1264, Soria.—Sb. col. 2062.

SOLOMON FRANCO (Commentator), XIV. (?).—Gz. viii. 27.

SOLOMON GRACIAN (Controversialist), 1300, Barcelona.—Gz. vii.

SOLOMON IBN HASAN (Liturgical Poet), XIII.—Zl. 490. (*Jewish Chronicle*, 1847, No. 88.)

SOLOMON BEN ISAAC, fl. 1369, Barcelona.—Zg.

SOLOMON BEN ISAAC BEN ZADOK (Ethical Will), XV. (?).— Sl. JQR. v. 117.

SOLOMON IBN JAISH (ABUL RABI) (Arabic Commentator on Avicenna's *Canon*), *ob.* 1345, Seville.—Pn. Gz. viii., Sju. h. xix., *see* Solomon ben Abraham ben Baruch.

SOLOMON BEN JEHUDA IBN GEBIROL (ABU AJUB SULEIMAN IBN JECHIA) (Poet, Philosopher, and Ethical Writer), XI., Malaga, Cordova, Saragossa. —Sbj. Zls., Geiger *Salomon ibn Gabirol*, Munk *Mélanges*, etc.

SOLOMON BEN JEHUDA GIAT (Liturgical Poet), XII.—Zl.

SOLOMON BEN JEHUDA VALID (Editor of *Ikkarim*), 1521, Spain, Venice.—Mi. Sb. col. 3036.
SOLOMON BEN JOSEPH IBN JAAKUB (Translator from Arabic, Physician), 1298, Saragossa, in Bezières.—Sbju. Nr. Pa 3.
SOLOMON IBN LABIA (DON) (Poet).—Pn.
SOLOMON LEVI AL KABIR (Liturgical Poet), 1482, Guadalaxara.—Zl.
ex SOLOMON LEVI (PAULUS BURGENSIS) (Controversialist), 1351-1435, Burgos.—Gz. viii.
SOLOMON BEN LUBI (Translator from Arabic), *c.* 1400, Ixar (Aragon).—Sbju.
SOLOMON BEN MOSES ABUDRAHAM (Controversialist), *c.* 1300, Toledo.—Pa. 48.
SOLOMON BEN MOSES IBN ALKABIZ (First Hebrew printer in Spain), 1482. Guadalaxara.—Sb. col. 869, 2280.
SOLOMON BEN MOSES MELGUEIRI (Translator), XIV., Urgel.—Su.
SOLOMON BEN MOSES SHALOM, SEPHARDI (Translator, Medical writer). 1460.—Pn. Steins. *Cat. Berlin MSS.*
Solomon ibn Muhag'ir, *see* Abu Soleiman.
SOLOMON IBN MUSA IBN SUSU (Commentator).—Nb.
SOLOMON PARCHON BEN ABRAHAM (Grammarian, Lexicographer), 1159, Calatayud.—Sbj.
SOLOMON IBN PATER COHEN (Physician, Mathematician, Translator), 1322, Burgos.—Sju.
SOLOMON DA PIERA BEN MESHULLAM (Poet), *c.* 1400.—Sbh. xiv.
SOLOMON BEN REUBEN BONFED (Satirist, Hebrew Poet), 1445, Barcelona, Tortosa.—Gz. viii. Sbh. xiv., *see* Solomon Bonfed.
SOLOMON IBN VERGA (Martyrologist), XVI., Spain, Lisbon, Turkey.—Gz. viii. Kb. Sbj.
SOLOMON BEN YAISH THE YOUNGER (Commentator), Guadalaxara.—Nb. Su.
SOLOMON ZARPHATI BEN ABRAHAM (Controversialist), 1373, Majorca, Toledo.—Nb. Pa 11. Sb. col. 2523.
SOLOMON BEN ZIKBEL (Poet), XII.—Kmf. 195.
Soriano, *see* Jomtob Soriano.
ex SPINA, ALPHONSUS DE (Controversialist), 1459, (?) Toledo.—Sb.
Sulami, *see* Samuel Sulami.
Suli, Ibn, *see* Joseph ibn Suli.
Susu, Ibn, *see* Solomon ibn Musa.

Taitazak, *see* Joseph Taitazak.
Takana, Ibn, *see* Moses Abulhassan.
Talmid, *see* Abraham Talmid.
Tashfin, Ibn, *see* Ali ben Yusuf.
Tawil, *see* Abrahim Tawil.
Templo, *see* Jacob Jehuda.
Texeira, *see* Pedro Texeira.
Thabban, Al-, *see* Levi ben Jacob.
ex THOMAS DE PINEDO (Philologist, Jesuit), 1614-1679, Portugal, Madrid, Amsterdam.—Gz. x. Sb. (Pinedo).
Tibbon, Ibn, *see* Jehuda ibn Tibbon, Moses ibn Tibbon, Samuel ibn Tibbon.
Tob Elem, *see* Joseph ibn Eleasar.

TODROS BEN ISAAC (Talmudist), 1321-1323, Gerona.—Nb. Sb. col. 2522.
TODROS BEN JOSEPH ABULAFIA HALEVI (Talmudist, Poet, Cabbalist, Translator), *ob.* 1283, Burgos, Toledo, Sevilla.—Sbju. Zg. Gz. vii. (1234-1304), Zl.
TODROS BEN MOSES (Polemical Writer), 1380, Huesca.—Sh. xv.
Tokna, *see* Takana.
Toledano, *see* Eleasar.
Tordesilla, *see* Moses Cohen.

USIEL JACOB, *ob.* 1630, Spain, Venice, Zante.—Kbs.
Usilio, *see* Chayim Usilio.

Vega, de la, *see* Joseph de la Vega.
Verga, Ibn, *see* Jehuda ibn Verga, Solomon ibn Verga.
Vidal, *see* Bonafos, Crescas.
Vidal Blason, *see* Moses Narboni.
VIDAL BEN BENVENISTE IBN LABI (Poet, Physician, Controversialist), 1412, Saragossa, at Tortosa.—Sbj. Zl.
Vidal Defiera, *see* Meshullam en Vital.
Vidal Gracian, *see* Shealtiel ben Moses.
VIDAL MENACHEM BEN SOLOMON MEIRI (Philosopher), XIV., Perpigan.—Gz. vii.
Vidal Salomo, Don *see* Menachem Meiri.
VIDAL YOMTOB DE TOLOSA (Commentator), *c.* 1380, Tolosa, Alcolea de Cinca.—Gz. vii. Rosin *Compend*, 115, Sb.
Vidas, de, *see* Samuel ben Chabib.
ex VILLOLOBOS, FRANCISCO LÓPEZ DE (Spanish Poet, "the Spanish Heine"), b. 1473, Villolobos, Toledo.—*Vita* por A. M. Fabié, 1886.
Vivas, Ibn, *see* Joshua Lorki.

Wakkar, Ibn, *see* Isaac ben Moses, Joseph ben Abraham, Jehuda ben Isaac, Joseph ben Isaac.

Xeres, *see* Joseph Xeres.

Zacut, *see* Abraham.
Zaddik *see* Cadique.
Zaddik, Ibn, *see* Joseph ibn Zaddik, Samuel

ZAG (Royal Physician), 1220, Barcelona.—Lb.
Zag, Don, see Isaac ibn Sid.
Zarko, see Joseph Zarko.
Zarphati, see Abraham, Moses, Solomon ben Abraham.
Zarza, see Samuel Carca, Samuel ibn Zarza.
ZARZA IBN SAMUEL, 1370, Valencia.—Sj.
Zarzal, Ibn, see Abraham, Moses.
ZARZAL, MOSSE (Spanish Poet), 1405.—Kbs., see Moses Zarzal.
ZECHARIAH IBN SARUK HA-SEPHARDI (Biblical Commentator), 1565, Spain, Venice.—F., see Serachyah ibn Zanok.
Zemach Duran, see Semach Duran.
Zikbel, see Solomon ben Zikbel.
Zur, Ibn, see Eleazar ben Solomon, Isaac ibn Zur.

TOWN LIST

WITH SPANISH JEWISH WRITERS, NATIVE, RESIDENT OR VISITORS.

Acco.—Shemtob ben Isaac.
Agramunt.—Ezra En-Astruc ben Solomon ibn Gatigno.
Alba de Tormez.—Jehuda de Alba de Tormez.
Alcala.—*ex* Alfonso de Zamora. Joseph ibn al-Aish. Menachem ben Zerach Duran.
Alcolea.—Jomtob ben Abraham Ishbili.
Alcolea de Cinca.—Vidal Yomtob de Toloza.
Aleppo.—Joseph ibn Aknim ben Jehuda.
Alexandria.—Benjamin ben Jona of Tudela.
Algiers.—Isaac ben Sheshet Barfat. Zemach Duran.
Almazon.—Shemtob ben Joseph ibn Shemtob.
America.—*ex* Aaron Levi (Antonio de Montesinos).
Amsterdam.—*ex* Alonzo de Herrera. *ex* Bacorassa, Diego. Balthasar Orobio de Castro. Barrios, Miguel. Belmorite, Jacob Israel. David Abinatar Melo. Isaac Aboab, jun. Isaac de Rocamora. Isabella Correa. Isabella Enriquez. Jacob Jehuda Arye Leon Templo. Jacob de Pina. Montalto, Felipe. Moses Belmonte ben Jacob. *ex* Nicolas de Oliver y Fullana. Pereyra, Abraham Israel. *ex* Thomas de Pinedo.
Ancona. — *ex* Amato Lusitano. Isaac (Leon) ibn Zur ben Solomon Sephardi.
Andalusia.—Abu Ibrahim Isaac ibn Chalfon. Ahub ben Meir Hanasia. Jaish ben Saracham. Kasmune. Moses Alaskhar ben Isaac. *ex* Samuel ben Jehuda ibn Abbas ibn Abun. Samuel Ha-Kehati. Shemariah de Negropont. *See* Cordova, Granada, Lucena, Seville.
Antwerp.—*ex* Amato Lusitano.
Aragon.—Isaac Chelo. Jacob Al Carsi. *ex* Paulus de Heredia. Prophiat Duran Efodi (Isaac ben Moses Levi). Solomon ben Labi.
Ardutiel.—Abraham ben Solomon.
Arevallo.—Joseph Bar Zaddik. Moses ben Shemtob de Léon.
Arles.—Joseph Caspi. Meir Bendig. Samuel ibn Tibbon.
Arta.—Abraham Hasephardi.
Avignon.—*ex* Moses ben Samuel de Rocca (Juan d'Avignon).
Avila.—Abraham ben Nissim. Daniel Ashkenasi. Isaac Pulgar. Moses ben Shemtob de Léon. Nissim ben Abraham.

Baena.—*ex* Francesco de Baena. Juan Alfonso de Baena.

Bagdad.—Abu Saad Isaak ben Abraham ibn Ezra. Dunash ibn Labrat.

Barcelona.—Aaron Asheri. Aaron Ha-Levi. Aaron ben Pinchas. Abba Mari ben Joseph ibn Caspi. Abraham Abulafia ben Samuel. Abraham ben Chija. Abraham ben Chija Albargeloni. Abraham ibn Chisdai ben Samuel. Abraham Cohen. Abraham ben Juda. Benjamin ben Jona of Tudela. Benjamin Sheshet Nasi. Bonafos Vidal, Don. Bonastruc de Barcelona. Bonirac Solomon. Bonpos Bonfil. Chasdai Crescas. Chayim ben Samuel. Crescas Vidal Caslari. David. Estori ben Moses Parchi. Isaac ben Jehuda. Isaac ben Reuben. Isaac ben Sheshet Barfat. Jacob ibn Abbasi ben Moses Bedarshi. Jacob ben Chisdai. Jacob Al Corsano ben Abi Abraham. Jacob ben Isaac Alcorsono. Jacob ben Jehuda Kabrut. Jacob ben Shealtiel ben Isaac. Jehuda ben Astruc (Jafuda Bonsenior). Jehuda ben Barsillai. Jehuda ben Jakar. Jehuda ben Isaac. Jehuda ben Isaac Halevi ben Shabtai. Jehuda ben Jakar. Jehuda ben Solomon (Jehuda Salmon?). Jehuda ibn Sabara. Jona ben Abraham Gerondi. Joseph ibn Aknim ben Jehuda. Joseph de Barcelona. Joseph ibn Jachia (sen.) ben Solomon. Joseph ibn Sabara. Joshua ibn Shoh. Makir ben Sheshet. Matathia ben Meshullam (Nastruc Shalem). Mordecai ben Abraham Rossello. Moses Botarel. Moses ben Isaac Halévi (Eskafit Melis). Moses Narboni ben Joshua (Vidal Blasom). Nissim ben Reuben Gerondi. *ex* Pablo Christiani. Prophiat Gratiano. Samson ben Meir. Samuel ben Abraham ibn Chasdai Halevi. Samuel Sulami (Sen Escalita). Samuel ibn Tibbon. Serachjah. Serachjah ben Isaac ben Shealtiel Hên. Shealtiel ben Moses Chen (Nastruc Vidal Gracian). Shemtob ben Isaac. Shemtob ben Abraham ibn Gaon de Soria. Sheshet ben Benveniste Nasi. Sheshet ben Isaac Gerondi. Sheshet Nasi ben Isaac. Sheshet ben Shealtiel ben Isaac. Simon Duran. Solomon Adret (*Rashba*). Solomon Astruc. Solomon of Barcelona. Solomon ben Isaac. Solomon ben Reuben Bonfed. Zag.

Bari.—Moses Bari.

Bejar.—Chayim ibn Musa.

Belgrade.—Jehuda Lerma.

Besalu.—Abraham Caslari. David ben Abraham Caslari. Meir Bendig.

Beyrout.—Joseph Saragossi.

Beziers.—Abraham ben Meir ibn Esra. Samuel ibn Tibbon. Solomon ibn Ayub ben Joseph. Solomon ben Joseph ibn Jaakub.

Bologna.—Abraham ben Moses Cohen.

Briviasca.—Samuel Çarça (Zarza).

Brussels.—Barrios, Miguel.

Burgos.—*ex* Abner de Burgos. Carrasco, Juan. David Kimchi (*Redak*). (?) Gil de Burgos. Jehuda ben Asher II. Jehuda ibn Sabbatai ben Isaac. Joseph ben Todros Halevi Abulafia. Moses of Burgos. Moses de Scola Gerundi ben Solomon. Moses Narboni ben Joshua (Vidal Blasom). Moses ben Simon. Moses ben Solomon ben Simon. *ex* Paulus Burgensis a Sancta Maria. Shemtob ben Abraham ibn Gaon de Soria. *ex* Solomon Levi (Paulus Burgensis). Solomon ibn Pater Cohen. Todros ben Joseph Abulafia Halevi.

Cadiz.—*ex* Alonzo de Herrera. Meir Alguadez.

Cairo.—Cardoso, Abraham Michael. Jehuda ben Samuel Halevi (Abulhassan). Moses Maimonides (*Rambam*). Abu Amram Musa ben Maimuni ibn Abdanab. Samuel Sevillo (*or* Sirillo).

Cairowan.—Eldad Danite.
Calahora.—Jacob Calahorano.
Calatayud.—Isaac Arama ben Moses. Joseph Joseph. Solomon Parchon ben Abraham.
Cambridge.—Abendana, Isaac de Joseph.
Candia.—David Nasi.
Canea.—Serachyah ben Moses.
Canizal.—Jacob Canizal.
Capua.—Abraham Abulafia ben Samuel.
Carrion.—Santob de Carrion.
Cartagena.—Alonso de Cartagena.
Castel-Branco.—*ex* Amato Lusitano. Montalto, Felipe.
Castile.—Abraham Causino. Abraham Saba. *ex* Bacorassa, Diego. Chija el Daudi. Ibn Altaras (Karaite). Isaac Aboab, sen. Isaac Abravanel. Isaac Alachdab. Isaac Alchadib ben Solomon ben Zaddik. Jehuda ben Solomon Cabiz. Jehuda ben Jacob Jachia. Meir Alguadez. Moses Albelda. Moses ibn Danan. Moses Zarzal Chasdai Halevi. Samuel Çarça (Zarza). Shemariah de Negropont. *See* Toledo.
Castro d'Airo.—Isaac Aboab, jun.
Catalonia.—Abraham Shalom ben Isaac. Asaria ben Joseph (Bonafos Astruc). David Kimchi (*Redak*). Gerson ben Solomon. Isaac ben Moses Levi (Profiat Duran). Joseph ben Moses Messiah. Joshua Boas Baruch. Moses Nathan ben Jehuda. Serach Barfat. Sheshet of Catalonia.
Celorico.—Cardoso, Abraham Michael. Cardoso, Isaac. Silveyra Miguelda.
Cervera.—Moses Narboni ben Joshua (Vidal Blasom).
Ciudad.—Moses Sahalon.
Coimbra.—Silveyra Miguelda.
Constantinople.—Jacob Alfandari ben Chayim. Jacob Algaba ben Moses. Jehuda Bolat ben Joseph. Saadia Longo ben Abraham. Solomon Ahudi.
Cordova.—Abraham Guer de Cordova. Abraham ben Meir ibn Esra. Abu Fadhl Chasdai. Abuwalid ibn Chasdai. Abu Ibrahim Isaac ibn Barûn. Abu Saad Isaac ben Abraham ibn Ezra. Baruch ben Isaac. Baruch ibn Jaish. Chasdai ibn Shaprut. Chayim ben Isaac ben Elijah. Dunash ibn Labrat. Harun ben Isaac. Hassan, Dayan. Isaac Albalia ben Baruch. Isaac Alfasi. Isaac ben Nathan. Isaiah ben Isaac. Jehuda ben Asher II. Jehuda Chayug ben David. Jehuda ben Isaac ibn Wakkar. Jehuda ben Samuel Halevi (Abulhassan). Jona Abulwalid ibn Ganach. Joseph ben Isaac ben Satanas ibn Abitur. Joseph ben Capril (Caprun?). Joseph Sahl. Joseph ibn Zaddick. Lebi ben Saul. Maimon ben Joseph. Menachem Saruk. Moses Abdallah. Moses Corduero (*Ramak*). Moses Bari. Moses ben Jacob. Moses Gikatilia. Moses Maimonides (*Rambam*). Parchon Cohen. Samuel Asperel. Samuel Halevi ibn Nagrela Nagid. Solomon ben Jehuda ibn Gabirol (Abu Ajub Suleiman ibn Jechia).
Coucy.—Moses ben Jacob.

Damascus.—Jehuda ben Samuel Halevi (Abulhassan). Joseph ben Isaac ben Sabanas ibn Abitur. Joseph ben Eleasar Tob Elem.
Dania.—Abu Ibrahim Isaac ibn Jasos ibn Sactar.
Daroca.—Jachiun.
Dauphiné.—Samuel Sulami (Sen Escalita).
Denia.—Isaac ben Reuben.

Town List. 205

East Indies.—Barrios Miguel.
Egypt.—Abraham ben Meir ibn Esra. David ibn Abi Zimra. Eldad Danite. Joseph Caspi. Maimon ben Joseph. Moses Alaskhar ben Isaac. Obadiah ben David ben Obadiah. *See* **Alexandria, Cairo.**
England.—*ex* Alonzo de Herrera. *See* **Cambridge, London.**
Estella.—David ben Samuel. Jehuda Bolat ben Joseph. Menachem ben Zerach Duran.

Falces.—Isaac Bonfos ibn Shealtiel.
Ferrara.—*ex* Amato Lusitano.
Fez.—Abraham Sabe. Dunash ibn Labrat. Isaac Alfasi. Jacob Berab. Jacob Castilie. Jehuda Chayug ben David. Jehuda Samuel Abbas ben Abraham (Abulbaka). *ex* (?) Samuel Maroccamus.
Florence.—Eleazar ben Solomon Zur.
Fraga.—*ex* Astruc Raimuch (Franciscus). En Shealtiel Bonafoux. Isaac Arama ben Moses.
France.—Abraham Zarpharti. Moses Zarfati, Solomon Zarfati. *See* **Arles, Avignon, Beziers, Coucy, Dauphiné, Largentières, Lunel, Marseilles, Montpellier, Narbonne, Orange, Paris, Perpigann, Provence, Rouen, Tarascon.**

Germany.—Asher ben Jechiel (Rosh). Profiat Duran. Jacob ben Asher ben Jechiel. *See* **Hamburg.**
Gerona.—Abraham ben Isaac Halevi. Asriel of Gerona. Bonastruc de Gerona. Esra of Gerona. Isaac Halevi. Isaac ben Serachja Halevi Gerundi. Jacob ben Sheshet Girondi. Jona ben Abraham Gerondi. Mose Dascola Girondi. Moses Nachmanides (Ramban, Bonastruc de Porta). Nachman ben Moses, son of Nachmanides. Nissim ben Reuben Gerondi. Samuel ben Abraham Aboab. Samuel ben Isaac. Serachjah ben Isaac Levi Girondi. Sheshet ben Isaac Gerondi. Todros ben Isaac. *See* GIRONDI in name list.
Granada.—Abraham of Granada. Abraham ben Isaac. Isaac Albalia ben Baruch. Jehuda ben Solomon Cabiz. Jehuda ibn Giat (Abu Serachjah). Jehuda ibn Tibbon. Joseph ibn Ezra. Joseph ben Capril (Caprun?). *ex* Leo Africanus. Moses ben Jacob ibn Ezra Abuharan. Saadia ben Maimun ibn Danan. Samuel Halevi ibn Nagrela Nagid. Solomon ibn Ayub ben Joseph.
Greece.—Shalmiya ben David ibn Gebai Sephardi.
Guadalaxara.—Isaac ibn Sahula ben Solomon. Meir ibn Sahula. Meir ben Solomon ben Salmola. Moses ben Shemtob de Léon. Samuel Motot. Solomon Levi Al Kabir. Solomon ben Moses ibn Alkabiz. Solomon ben Zaish the Younger.

Hamburg.—Abendana, Daniel de Joseph. Abendana, Jacob de Joseph. Jacob Jehuda Arye Leon Templo. Musaphia, Dionysa.
Hidalgo.—Diego Bettram.
Holland.—Gabriel Sonscabrito. Gomez Antonio Enriquez. *See* **Amsterdam, Middelburg.**
Honain.—Ephraim ben Israel Alnaqua.
Huesca.—Chayim Gallipapa. Chayim ben Solomon ibn Batza. Jacob ibn Abbasi ben Moses Bedarshi. Joseph ibn Alfual ben Isaac. Joseph ben Samuel. Petrus Alfonsi. Todros ben Moses.

Illescas.—Jacob d'Illescas.
Italy.—Isaac Chagis. Jacob Mantinus. Serachyah ibn Saruk. Shalom ben Shemarja Sephardi. *See* **Bologna, Capua, Ferrara, Florence, Leghorn, Lepanto, Naples, Padua, Palermo, Pesaro, Rome, Sicily, Tuscany, Urbino, Venice, Verona.**
Ixar.—Solomon ben Labi.

Jaen.—Jacob ben Meir.
Jerusalem.—David ibn Abi Zimra. Joseph ben Eleasar Tob Elem. Levi ben Jacob Chabib. Moses Alaskhar ben Israel. Moses Nachmanides (Ramban, Bonastruc de Porta).

La Guna.—Prophiat Duran Efodi (Isaac ben Moses Levi).
La Sarda.—Samuel Sardi ben Isaac.
Largentière.—Joseph Caspi.
Leghorn.—Cardoso, Abraham Michael. Montalto, Felipe.
Leon.—Isaac de Leon. Moses ben Shemtob de Léon.
Lepanto.—Abraham Samsolo Sephardi.
Lerida.—Abraham de Lerida. Galab (?) Joseph ibn Latini. Joseph ben Sheshet.
Leyden.—Abendana, Isaac de Joseph.
Lisbon.—*ex* Amato Lusitano. Coronel Sir Augustine. Eleasar Toledano. Isaac Abravanel. Jehuda ibn Verga. Joseph Chayim ben Abraham. Solomon ibn Verga.
London.—Abendana, Isaac de Joseph. Abendana, Jacob de Joseph. Abraham ben Meir ibn Esra. *ex* Almanza. Coronel, Sir Augustine. Jacob Jehuda Arye Leon Templo.
Lorca.—Joseph ben Joshua Lorki. *ex* Joshua Lorki ibn Bibas (Geronimus de Santa Fé). Joshua ben Joseph ibn Vivas Al Lorke.
Lucena.—Abun ben Sharada. Isaac Alfasi. Isaac ben Jehuda ibn Giat. Isaac ben Levi ibn Saul. Jacob Alfasi. Jehuda ben Samuel Halevi (Abulhassan). Joseph ibn Megas. Moses ben Joseph Hadayan. Moses ben Jacob ibn Ezra Abuharan.
Lunel.—Abraham ben Nathan of Lunel. Jacob ben Machir (Prophatius). Jehuda ibn Tibbon. Joseph Kimchi ben Isaac. Samuel ibn Tibbon. Serachjah ben Isaac Levi Girondi.

Madeira.—Belmorite, Jacob Israel.
Madrid.—Cardoso, Isaac. Carrasco, Juan. Isabella Enriquez. Pereyra, Abraham Israel. *ex* Thomas de Pinedo.
Majorca.—Atios Solomon. Estori ben Moses Parchi. Isaac ben Nathan. Joseph Caspi. Moses Sikeli. Moses Rimos. Solomon ben Abraham Zarphati.
Malaga.—Abraham ben Meir abi Simra. Jehuda ben Samuel al Ashkar. Joseph ben Moses Al Ashkar. Pedro Texeira. Solomon ben Jehuda ibn Gabirol (Abu Ajub Suleiman ibn Jechia).
Mallorca.—Aaron ben Jacob Hacohen. Bechai ben Moses Alconstantini (Don Bachiel). Blasom Ephraim. En Vidal Ephraim Gerundi. *ex* Nicolas de Oliver y Fullana. Semach Duran. Shemtob Falco. Simon Duran.
Mantua.—Abraham ben Meir ibn Esra. Jehuda Chajat. Joseph Jaabez ben Chayim.

Maqueda.—Jacob Berab.
Marseilles.—Abraham ben Shemtob ben Isaac. Samuel ben Jehuda. Samuel ibn Tibbon. Shemtob ben Isaac.
Medina Celi.—Joseph Gikatilia.
Medina del Campo.—Joseph ben Shemtob II.
Merida.—Jehuda ben Jacob Jachia. Joseph ben Isaac ben Sabanas ibn Abitur.
Messina.—Abraham Abulafia ben Samuel.
Middleburg.—Jacob Jehuda Arye Leon Templo.
Minorca.—Samuel Sardi ben Isaac.
Monreal.—Joseph Albo.
Monsalde.—Samuel de Monsalde.
Montalban.—Jomtob ben Chanah.
Montelimart.—Samuel ben Jehuda.
Montilla.—Barrios, Miguel.
Montpellier.—Aaron Asheri. Aaron ben Joseph Halevi. Jacob ben Machir (Prophatius). Moses ibn Tibbon. Shemtob ben Isaac.
Monzon.—Asher ben Chayim. Eli ben Joseph Habillo. Isaac ben Abraham Sephardi. Samuel Bonastruc.
Morocco.—Eldad Danite. *ex* Samuel ben Jehuda ibn Abbas ibn Abun. Solomon ben Almoallen (Abu Ajub).
Murcia.—Abraham Cassino. Diego Bettram. Jehuda ben Astruc (Jaxuda Bonsenior). Samuel ben Jehuda.

Naples.—Abraham Talmid. Isaac Arama ben Moses. Jehuda ben Solomon Cohen. Moses ibn Habib ben Shemtob. Silveyra Miguelda.
Narbonne.—Abraham Caslari. Abraham ben Meir ibn Esra. Joseph Kimchi ben Isaac. Joseph ibn Sabara. Matatia ben Moses Hajizhari. Meir Cohen. Serachjah ben Isaac Levi Girondi.
Navarre.—David Kimchi (Redak). Joshua ben Abraham. Menachem ben Zernch Duran. Zacharia ben Moses ibn Gaon. *See* **Estella, Pamplona, Tudela.**
Negroponte.—Shemtob ben Jacob.
Netherlands.—Carrasco, Juan. *See* **Brussels.**
North Spain.—Bonsenior ben Jachja. Isaac Albalag.

Ocaña.—Abraham Nachmias ben Joseph.
Oporto.—Isaac Aboab, sen.
Oran.—Abraham Cansino. Abraham ben Meir abi Simra.
Orange.—Meshullam ben Honein.

Padua.—Meir ibn Gabbai ben Ezekiel.
Palermo.—Mores Rimos.
Palestine.—Benjamin ben Jona of Tudela. Estori ben Moses Parchi Shemtob ben Abraham ibn Geon de Soria. *See* **Jerusalem, Safed.**
Pamplona.—Chayim Gallipapa. Shemtob ben Isaac Shaprut.
Paris.—Montalto, Felipe. Moses ben Jacob.
Penjafiel.—Isaac ben Jacob Campanton. Solomon Chayat.

Perpignan.—Asaria ben Joseph (Bonafos Astruc). Bonafoux Abraham. Isaac ben Moses Levi (Profiat Duran). Jacob Bonet. Levi ben Gerson. Maistre Leon de Bagnols. Menachem ben Abraham. Menachem Meiri (Don Vidal Salomo). Moses Narboni ben Joshua (Vidal Blasom). Prophiat Gratiano. Samuel ben Simon Causi (Astruc da Scola). Vidal Menachem ben Solomon Meiri.

Pesaro.—*ex* Amato Lusitano.

Portugal.—Isaac ben Joseph Caro. Moses ibn Habib ben Shemtob. Solomon Alami. *ex* Thomas de Pinedo. *See* **Oporto.**

Provence.—Aaron ben Jacob Hacohen. Estori ben Moses Parchi. Jerucham ben Meshullam. Joseph ibn Plat. *ex* Pablo Christiani. Prophiat Duran Efodi (Isaac ben Moses Levi). Semach Duran.

Ragusa.—*ex* Amato Lusitano.

Rome.—Abraham ben Meir ibn Esra. Benjamin ben Jona of Tudela. Chayim Usitio. Jehuda Cohen. Serachiah ben Isaac ben Shealtiel Hên.

Ronda.—Elias ibn Al-Mudawar.

Rouen.—Abraham ben Meir ibn Esra. Delgado, Mose Piuto. Diego Enriquez Basurto. Gomez, Antonio Enriquez.

Safed.—David ibn Abi Zimra. Joseph Caro. Joseph Saragossi. Moses Corduero (*Ramak*). Solomon Alkabiz.

Salamanca.—*ex* Amato Lusitano. Balthasar Orobio de Castro. Silveyra Miguelda.

Salonica.—*ex* Amato Lusitano. Jacob Chabib. Joseph Taitazak (?) ben Solomon. Levi ben Jacob Chabib. Meir Beneviste. Meir ben Arama. Moses Albelda. Moses Beneviste. Shemtob ben Jacob. Solomon Cchen ben Abraham (*Meharashach*).

Saragossa.—Aaron ben Joseph Halevi. Abraham Abulafia ben Samuel. Abraham ben Chija. Abraham ben Meir ibn Kamnial. Abraham ben Shemtob Bibago. Abraham Tawil ben Isaac. Abraham Zacut ben Samuel. Abu Falach. Abulfihm ben Joseph ibn Altabben. Ali ben Jusuf ibn Tashfin (Abu'l Hassan). Bechai ben Asher. Bechai ben Moses Alconstantini (Don Bachiel). Bechai ben Joseph (ibn Pakuda). Beneviste ibn Labi. Chanoch ben Bechai Al Constantini. Chasdai Crescas. Chayim Israel. Isaac ben Sheshet Barfat. Jehuda ben Joseph. Jona Abulwalid ibn Ganach. Joseph ben Eleasar Tob Elem. Joseph Joshua. Joseph ibn Sabara. Joseph ibn Shoshan. Joseph Saragossi. Levi ben Jacob Altabon (Al Thabban). Matatia ben Moses Hajizhari. Moses Gikatilia. Nathaniel ben Joseph ibn Almoli. Perez ben Isaac Cohen Girondi. Sheshet ben Isaac. Solomon Alconstantini. Solomon Bonfed ben Reuben. Solomon ben Jehuda ibn Gabirol (Abu Ajub Suleiman ibn Jachia). Solomon ben Joseph ibn Jaakub. Vidal ben Beneviste ibn Labi.

Segovia.—Gomez, Antonio Enriquez. Isaac ben Jacob Cohen. Jacob of Segovia. Jacob Cohen ben Jacob. Joseph Beneviste ben Moses. Joseph ben Shemtob II. Joseph ben Todros Halevi Abulafia. Meshullam ben Honein. Moses Beneviste. Moses ben Simon. Shemtob ben Jacob. Shemtob ben Joseph ibn Shemtob.

Seville.—Abu Isaac Ibrahim ibn Sahab. Abun ben Sharada. Abu Soleiman ibn Muhag'ir. Bahtsasar Orobio de Castro. David Cohen. David Abu Derahim (Abudraham). Eleasar ben Nachman. Isaac *ex* Judæus. Isaac ben Moses ibn Wakkar. Jacob Al Corsano ben Abi Abraham. Jehuda ben Samuel al Ashbar. Jehuda ibn Balam. Jehuda Samuel Abbas ben Abraham (Abulbaka). Jehuda ibn Verga. Joannes Aben David=

ex Johannes Hispalensis. Jomtob ben Abraham Ishbizi. Joseph ben Isaac ben Moses ibn Wakkar. Joseph Joshua. Joseph ibn Megas. Moses ben Tobi. *ex* Moses ben Samuel de Rocca (Juan d'Avignon). *ex* (?) Samuel Maroccamus. Solomon ben Abraham ben Baruch Jaisb. Solomon ben Almoallen (Abu Ajub). Solomon ibn Jaish (Obul Rabi). Todros ben Joseph Abulafia Halevi.

Sicily.—Isaac Alachdab. Joseph Saragossi. Moses Sikeli. *see* **Palermo.**

Sidon.—Joseph Saragossi.

Smyrna.—Cardoso, Abraham Michael.

Solsona.—Astruc Crescas.

Soria.—Jomtob Soriano. Joseph Albo. Moses Narboni ben Joshua (Vidal Blasom). Shemtob ben Abraham ibn Gaon. Solomon ben Eli.

Spain.—Abendana, Daniel de Joseph. Abendana, Isaac de Joseph. Abendana, Jacob de Joseph. Abraham Chasan Gerundi. Abraham ben Moses Cohen. Abraham ben Nathan of Lunel. Abraham Samsolo Sephardi. Abraham ben Al-Tabib Abraham Talmid. *ex* Almanza. Asaph ben Berachyah. Beneveniste ben Jacob. Chayim Usilio. Coronel, Sir Augustine. David ibn Abi Zimra. David Abinatar Melo. David Nasi. Diego Enriquez Basurto. Eldad Danite. Eleazar ben Salomon Zur. Elkana. Gabriel Souscabrito. Isaac ben Samuel Abulcheir. Isaac of Accho (ben Samuel). Isaac Chagis. Isaac Levi ben Elasar. Isaac ben Levi. Isaac ben Moses Levi (Profiat Duran). Isaac Nathan. Israel ben Solomon. Jacob ben Machir (Prophatius). Jacob Jehuda Arye Leon Templo. Jacob de Pina. Jehuda Chajat. Jehuda Lerma. Jehuda ben Nissim ibn Malka. Joseph ibn Amram. Joseph Caro. Joseph Chabiba. Joseph Frances. Joseph Jaabez ben Chayim. Joseph ibn Plat. Joseph Taitazak (?) ben Solomon. Levi ben Gerson. Maistre Leon de Bagnols. Meir Beneveniste. Meir ibn Gabbai ben Ezekiel. Meir ben Arama. Montatto Felipe. Moses Belmonte ben Jacob. Moses ibn Habib ben Shemtob. Moses ibn Tibbon. Musaphia Dionyse. Obadiah ben David ben Obadiah. Saadia Longo ben Abraham. Sahl ben Bashar. Samuel ben Chabib de Vidas. Samuel ben Moses Kimchi. Serachyah ibn Saruk. Solomon ben Abraham Abigdor. Solomon Alkabiz. Solomon ben Jehuda Valid. Solomon ibn Verga. Usiel, Jacob. Zecharia ibn Saruk. *See* Sephardi in name list.

Syracuse.—Isaac ben Abraham Sephardi.

Tahort.—Eldad Danite.

Talavera.—Joseph ben Todros Halevi Abulafia.

Taragona.—Isaac Arama ben Moses. Shemtob ben Isaac Shaprut.

Tarascon.—Joseph Caspi.

Tarraga.—Mose Azan.

Tlemsen.—Abraham ben Meir abi Simra. Abraham Samsolo Sephardi. Ephraim ben Israel Alnaqua. Jacob Berab. Jehuda ben Solomon Cabiz. Jeshua Levi ben Joseph. Joseph ben Moses Al Ashkar.

Toledo.—Aaron Asheri. Aaron ben Joseph Halevi. Aaron Ha-Levi. Abraham Aboab. Abraham Alfaquin. Abraham ben Daud Senior. Abraham Ibn Al-Fakkhar. Abraham ben Ismael. Abraham Judæus. Abraham ben Meir ibn Esra. Abraham ben Meir ibn Shoshan. Abraham of Toledo. Abraham Zarpharti. Abraham ibn Zarzal. Abu Ibrahim Isaac ibn Jasos ibn Sactar-Alfakar. Amran ben Isaac (?). Asaria ben Joseph (Bonafos Astruc). Asher ben Jechiel (Rosh). Chayim Israel. Cota, Rodrigo. David ben Jacob. David ben Moses Hacohen. David ibn Nachmias. David of Toledo. Eleasar Toledano. Isaac Israeli (jun.). Isaac ben Joseph Caro. Isaac ibn Sid (Don Zag). Isaac ben Solomon ibn Israel. Israel ben Joseph. Israel Alnaqua. Israel Israeli. Israel ben Joseph El Nakaida. Israel ben Joseph. Jacob ben Asher ben Jechiel. Jacob Crisp. Jacob Njiani. Jacob ben Elasar. Zechiel ben Asher. Jehuda ben Abraham ibn Gikatilia. Jehuda ben Joseph Alfachar. Jehuda Cohen. Jehuda ben Asher ben Jechiel. Jehuda ben Asher II. Jehuda ibn Balam. Jehuda ben Solomon Charisi. Jehuda ben Isaac Halevi ben Shabtai. Jehuda ben Moses Cohen. Jehuda ben Saadia. Jehuda ibn Sabbatai ben Isaac. Jehuda ben Samuel Halevi (Abulhassan). Jehuda ben Solomon Cohen. Jerucham ben Meshullam. Jeshua Levi ben Joseph. *ex* Johannes Hispalensis. Jona ben Abraham Gerondi. Jonathan Ashkenasi. Joseph ben Abraham ibn Wakkar. Joseph ben Isaac Israeli. Joseph ben Isaac ben Moses ibn Wakkar. Joseph ben Israel. Joseph ben Jehuda, Joseph ben Joseph Nachmias. Joseph ibn, Suli Chazan ben David. Joseph Xeres. *ex* Juan de España. Machir. Mar Isaac ben Jacob. *ex* Martin of Toledo. Meir ben Abraham. Meir ben Todros Halevy Abulafia. Meir ben Isaac ibn Aldabi. Meir Cohen. Meir ben Joseph. Menachem ben Aaron ben Serach. Moses ben Jacob. Moses El Levi. Moses Narboni ben Joshua (Vidal Blasom). Samson ben Meir. Samuel ben Abraham Sasporta. Samuel Halevi IV. Abulafia. *ex* (?) Samuel Maroccamus. Samuel el Levi. Samuel ben Nissim. Samuel Sevillo (*or* Sirillo). Samuel ibn Tibbon. Samuel ben Zadok ibn Shoshan. Shemtob ben Jacob. Solomon ben Moses Abudraham. Solomon ben Abraham Zarphati. *ex* Spina. Alphonsus de. Todros ben Joseph Abulafia Halevi.

Tolosa (Toulouse).—Vidal Yomtob de Tolosa.

Tordesilla.—Moses Cohen Tordesilla.

Torrutiel.—Abraham of Torrutiel.

Toriosa.—Abraham ben Shemtob ben Isaac. Astruc Levi. Bonastruc de Gerona. Jacob Mantinus. *ex* Joshua Lorki ibn Bibas (Geronimus de Santa Fé). Levi ben Saul. Matatia ben Moses Hajizhari. Menachem Saruk. Shemtob ben Isaac. Solomon Bonfed ben Reuben. Solomon ben Reuben Bonfed. Vidal ben Benveniste ibn Labi.

Tudela.—Abraham ben Yomtob. Benjamin ben Jona of Tudela. Chasdai ben Solomon. Chayim ben David. Chayim ben Samuel. Delgado Mose Pinto. Isaac ben Joseph ibn Minir. Joel ibn Shoeb. Moses of Tudela Shemtob ben Isaac Shaprut.

Tunis.—Moses Alaskhar ben Isaac.

Turkey.—Isaac ben Joseph Caro. Solomon ibn Verga. *See* **Belgrade, Ragusa, Salonica.**

Tuscany.—Jehuda Cohen. Jehuda ben Solomon Cohen. *See* **Florence.**

Ucles.—Jacob Çadique (Zaddik).

Uncertain or Unspecified.—Abraham Ibn Bolat. Abraham Ibn Chajim. Abraham ben Chayim ben Raimuch. Abraham ben Samuel ben Aldemach. Abraham ben Solomon Selama. Abu Giafar Jussuf ben Ahmed. Abul Hassan Samuel ben Moril. *ex* Alfange, ibn. *ex* Alfonsus Bonihominis. Alfonso. *ex* Anton de Mortoro Ropero. Asher ben Abraham (Bonan Crescas). Benveniste ben Chija ben Al Dayan. Bona Foux. Bonafos El Fachim. Bonsenor Gracian. Chanoch ben Solomon Al Constantini. Chija ben Solomon. Crescas Nasi. David ben Aaron Chayun. *ex* David Bonet Bonjorn. David ibn Elasar ibn Bekoda. David ibn Jachia. (?) David ben Jehuda Chasid. (?) David ibn Shoshen. David ben Yomtob ibn Bilia.=David ben Yomtob Poel. Elieser Sephardi. Elijah Crescas. En Bongoa Yechsal. Shaltiel Bonafoux En. Ephraim el Nakarvah. Grabroeli Sephardi. Hassan. Hassan ben Mar Hassan. Immanuel ben Menachem Sefardi. Isaac. Isaac the Blind (ben Abraham ben David of

Posquières). Isaac ben Aljathom. Isaac Barfat Bonfos. Isaac ibn Crispin. Isaac ibn Al Danan. Isaac Gikatilia. Isaac Halaw. Isaac ben Jehuda Gerundi. . Isaac ben Joseph ben Alnakif. (?) Isaac ben Solomon Jaabez. Isaac Mashceran. Isaac ben Samuel Sephardi. Isaac Melammed. Isaac ibn Muqatel. Isaac ibn Sayat. Isaac ibn Sibara. Isaac ben Solomon ben Abi Sahula. Isaac ben Todros. Israel ben Joseph Al Nakawa Israel ben Joseph. Jacob Asheri. Jacob Camfanton. Jacob ben Elijah. Jacob ben Jacob Sephardi. Jacob ben Eleasar. Jacob Hakaton. Jacob ben Todros ben Isaac. Jacob de Lasleyes. Jacob ben Reuben. Jacob Sephardi. Jehuda ben Abrun (Abu Serachjah). Jehuda ibn Basan. Jehuda ibn Cardinal ben Isaac. Jehuda ben Jacob. Jehuda ben Moses ibn Chayim. Jehuda ben Shemaryah. Jehuda ben Solomon Nathan. Jehuda Sini. Jekuthiel Hassan. Joel. Joseph ibn Chasan. Joseph Hispanus. Joseph ben Isaac ibn Biklarish. Joseph Al Casteil. Joseph ben Chasdai. Joseph ben Meir ibn Mohadshir. Joseph ben Samuel Levi. Joseph de Saporta. Joseph Shalom. Joseph ibn Shemtob. Joseph b. Sharga. Joseph de la Vega. Joseph Vidal. Joseph Zarko. Joshua ben Joseph Halevi. Joshua ben Meir Halevi. Kalonymos ben Kalonymos. Mar Jekuthiel. Meir Halevi. Meshullam En Vidal Defiera. Mordecai ben Jehosfiha. Moses Abbas. Moses Abulafia ben Joseph ben Halawi. Moses Abulhassan ibn Takana (Tokna). Moses, Don. Moses Gabai ben Shemtob. Moses Jehuda Abbas. Moses ben Jehuda Benjamin Sephardi. Moses ben Joseph El Labi. Moses ben Nachum (? Nachman). Moses ben Jehuda Nogah. Moses Zarfati. Nachum. Nathan ben Jehuda. Nathan ben Joel Palquera. Nissim Benveniste (Don). Pero Ferrus. Pinchas Levi. Rab ben Chasdai (Don). *ex* (?) Raymundus Martini. Reuben (ben Meir) Sephardi. Samuel ben Alrabbi. Samuel Abenhucar (ibn Wakkar). Samuel Benveniste. (?) Samuel Curmizan. Samuel ben Chananyah. Samuel Chayim ben Yomtob Matron. Samuel ben Meshullam da Piera. Samuel ibn Shushan. Samuel ben Solomon Shalom. Sason ibn Sason. Serachjah ben Isaac Halevi Saladin (Rabbi Ferrer). Shealtiel ben Lavi. Shealtiel ben Samuel ben Shealtiel. Shemtob Ardotiel ben Isaac. Shemtob ben Joseph ben Shemtob. (?) Shemtob ben Jacob ibn Puglia. Shemtob ibn Shemtob. Sheshet. Simon ben Moses ben Simon Motot. Simuel Deos Ayuda (*ex* Garci Alvarez). Solomon ben Abraham ibn David. Solomon Abi Ayub. Solomon della Cavaleria. Solomon ben Crispin. Solomon Franco. Solomon Gracian. Solomon ibn Hasan. Solomon ben Isaac ben Zadok. Solomon ben Jehuda Giat. Solomon ibn Labia. Solomon ben Moses Shalom Sephardi. Solomon ibn Musa ibn Susu. Solomon da Piera ben Meshullam. Solomon ben Jaish (Don) Sephardi. Solomon ben Zikbel. Zarzal Mosse. *See* Spain.

Urbino.—Abraham Abulafia ben Samuel.

Urgel.—Solomon ben Moses Melgueiri.

Valencia.—Abraham ibn Sahl. Amram Ephrati. Chasdai ben Solomon. *ex* Diego de Valencia. Isaac de Rocamora. Isaac ben Sheshet Barfat. Jacob Alfandari ben Chayim. Moses Narboni ben Joshua (Vidal Blasom). Samuel Hacohen. Samuel Alvalensi ben Abraham. Samuel ibn Zarza (ibn Seneh). Solomon Bonfed ben Reuben. Zarza ibn Samuel.

Valladolid.—*ex* Abner de Burgos. Cardoso, Isaac. Juan de Valladolid. Moses ben Shemtob de Léon.

Venice.—*ex* Amato Lusitano. Benveniste ben Jacob. Cardoso, Isaac. Isaac Abravanel. Joseph Frances. Montalto, Felipe. Solomon ben Jehuda Valid. Usiel Jacob. Zecharia ibn Saruk.

Verona.—Cardoso, Isaac.

Verrero.—Moses ben Shemtob de Léon.

Villaflor.—*ex* Aaron Levi (Antonio de Montesinos).
Villolobos —Lopez de Villolobos.
Villa Martin.—*ex* Juan de España.

Xativa.—*ex* Andreas, Joannes. Isaac ben Nathan. Joshua Shatibi.
Xeres.—Solomon Cohen ben Abraham (Meharashach).

Zamora.—Abraham ben Solomon. *ex* Alfonso de Zamora. Chayim Israel.
 Isaac Arama ben Moses. Jacob Chabib. Levi ben Jacob Chabib. Moses
 Alaskhar ben Isaac. Samuel Alvalensi ben Abraham.
Zante.—Usiel Jacob.

BIBLIOGRAPHY OF SPANISH-JEWISH HISTORY.

THE following bibliography attempts to put together in bibliographical order the sources used by Amador de los Rios in his three volumes, with the addition of the Jewish and German sources not used by him, as well as the considerable literature on the subject, which has appeared since the publication of his work. I have appended references to the *Historia* in brackets, with the letter R attached in each case where I made use of it. I have also, as far as possible, given details of place and date of publication, so as to identify bibliographically the works quoted, using for this purpose the admirable catalogue of the Ticknor Library of Boston. I have likewise added additional items from Don F. Fernandez y Gonzalez's *Instituciones Juridicas* (Madrid, 1881). These are distinguished by the addition of Fg in brackets. I have done the same for Dr. Kayserling's *Juden in Navarra*, adding K in this case and for Graetz's *Geschichte der Juden* (2nd edition) with Gz. as distinguishing mark. The paucity of Graetz's references from purely historical sources comes out in a most marked manner and indicates that he deals with his subject more from the spiritual and literary side than from a specially historical aspect. His treatment thus admirably supplements that of De los Rios. I have, therefore, thought it desirable to give in full the contents of both works constituting a complete skeleton of the whole subject. The bibliographical notices attached to the list of Jewish Writers in Spain have not been repeated, though they often contain items of historic interest, and indeed constitute the main material of Graetz.

Abarca.—Reyes de Aragon.
II. 310 (Gz. viii. 345).

Abba Mari ben Moses.—Minchat Kenaoth. Presburg, 1838.
Containing a discussion as to study of Philosophy between Rabbis of North Spain and Provence. Full description in *Histoire Littéraire de la France*. Tome 27.

Aboab Immanuel.—Nomologia ó Discursos legales. Amsterdam, 1629.
(R. iii. 300).

Actos de Córtes de Aragon.—1867.
Año 1436. (R. iii. 75); F. 15 (R. iii. 78); F. 29 (R. iii. 79); 1466–1468 (R. iii. 100); 1441–1442 (R. iii. 103).

Ibn Adhari.—Introduction à l'histoire de l'Espagne. Ed. Dozy. Leyden, 1846-1851.
I. 81 *seq.* (Gz. vi. note 3).
II. 14 (Gz. vi. 403).

Aguierro.—Conciliorum Hispanic Collectio.
II. 386 (Fg. 103); III. 566, 590 (R. ii. 124, Fg. 204); 625 (Fg. 261).

Aguilo, E. K.—Una carta esponsalica hebrea, 1328.
In *Boletin de sociedad Luliana*, December, 1891 ; pp. 169-170.
Aleson, F. de.—Anales de Navarra. Viana, 1715.
(R. iii. 10) ; II. i. 106 (K. 59) ; 283 (K. 94) ; 286 (K. 99) ; 307 (K. 100) ; 313 (K. 72) ; 365 (K. 100) ; 463 (K. 102) ; ii., 96 (K. 110).
Alfonso X. of Leon and Castille.—Opúsculos legales. Madrid, 1836.
II. 201 (R. i. 486) ; II. 202 (R. ii. 89). [= Fuero real].
Alonso de Spina.—Fortalitium Fidei.
Controversial work against the Jews.
Amador de los Rios.—Estudios históricos, políticos y literarios sobre los Judíos de España.
8vo., pp. xxx and 635 and 8 (list of subscribers). Madrid, 1848.
[Translated into French by Magnabal (J. G.) 8 vo., pp. xv. and 608. Paris, 1861.]
Amador de los Rios.—Museo Español de Antigüedades.
Sevilla pintoresca. 147. *The Jewish Key* (R. i. 372).
Amador de los Rios, José.—Historia social, política y religiosa de los Judíos de España y Portugal.
Tomo I., pp. xvi., 594. Madrid, 1875.
Tomo II., pp. xii., 662. Madrid, 1876.
Tomo III., pp. xi., 657. Madrid, 1876.

Tomo I.

INTRODUCCION.—I. Concepto de los escritores nacionales, ya conversos ya cristianos, sobre la historia de los judíos españoles.—II. Monstruoso retrato del pueblo hebreo, deducido del expresado concepto.—III. Representacion de la raza israelita en el suelo español, y organizacion que en él obtiene.—IV. Causas de su decadencia y su verdadera influencia en la cultura nacional.—Fin y ministerio de la historia.

CAPÍTULO I.—*Venida de los judíos á España.—Su establecimiento en el suelo ibérico* (.. á 30) de C.)—Diversos juicios sobre las primeras expediciones de los hebreos á España.—Comercio de los hebreos con la Társis ibérica.—Expediciones de las flotas de Salomon y su reinado en España. — Monumentos en que se apoyan. — Sepulcros de Sagunto.—Expedicion de Nabucodonosor y poblacion por los judíos de la Iberia Central.—Testimonios de Estrabon y de Josefo, insuficientes para demostrar estos hechos. — Falsedad de los mismos. — Consideraciones sobre la posible venida de los hebreos á la España Occidental. — Primeras colonias en España. — Colonias de la raza jafética. — Colonias de la raza semítica. — Importancia de las colonias tirias y fenicias. — Consanguinidad de estos pueblos con el hebreo.—Espíritu aventurero del último.—Sus colonias en todas las regiones del mundo conocido. — Resultado de estas consideraciones con aplicacion á Iberia. — Primer monumento arqueológico relativo á los judíos de España. —Segunda destruccion de Jerusalem.—Nueva dispersion del pueblo judáico.—El Concilio Iliberitano.

CAPÍTULO II. — *Los judíos durante la invasion de los bárbaros y bajo la Monarquía Visigoda* (301 á 711.—Invasion de la Península Ibérica por los bárbaros.—Nuevos judíos en España.—Los visigodos. — Tolerancia de los arrianos respecto de los hebreos.—Prosperidad de éstos hasta el reinado de Recaredo. — El tercer Concilio de Toledo. — Cambio de la política de los visigodos, en órden á los israelitas. — Védales el Concilio el matrimonio con mujer cristiana, la posesion de siervos católicos y el ejercicio de ciertos cargos públicos.—Efecto de esta política en los hebreos.—Sisebuto. — Sus leyes. — Su edicto de expulsion.—Juicio y resultado del mismo. — El cuarto Concilio toledano. — Espíritu de proselitismo que lo anima.—Chintila y Recesvinto. — Sus leyes relativas á los judíos.—El memorial de los toledanos, comprometiéndose á guardar la ley de Cristo.—Wamba.—Mézclanse los judíos en la rebelion de Paulo. — Son arrojados de la Gália Gótica. — Ervigio y Egica. — Nuevos Concilios de Toledo. — Política favorable á los judíos conversos.—Truécase en dura persecucion.—Memorial de Egica á los PP. del Concilio XVII.—Sus terribles efectos.—Witiza.—Sus errores.—El rey don Rodrigo.—Invasion árabe.—Conducta de los hebreos en estos momentos supremos. — Respectivo estado de cristianos y judíos á la caida del Imperio visigodo.

CAPÍTULO III. — *Los judíos bajo el Califato de Córdoba* (711 á 1002). — Resultados de la conquista mahometana. — Nueva inmigracion de judíos en la Península. —Aparicion de un falso Mesías en Siria. — Efectos que produce en los hebreos. — Su desc édito y su muerte.—Participacion que toman los judíos en los disturbios mahometanos.—Abd-er-Rahman-ebn-Moâwiya — El Califato de Córdoba.—Los judíos al servicio de los Califas.—Su intervencion en la lucha contra los mozárabes.—Leyes de Hixôm I sobre su educacion.—El converso Paulo Alvaro.—Su controversia con Eleazar y la Sinagoga cordobesa. ... Concilios de Córdoba contra los mozárabes. — Los judíos en el Concilio cristiano. — Prosperidad de los hebreos. — Las Academias de Córdoba. — Venida de R. Moséh y R.

Amador de los Rios.—TOMO I. (*continued.*)
Hanoch á la córte de los Califas. — R. Joseph Aben-Hasdaï y Abed-er-Rahman III.—Privanza de Husdaï. — Su autoridad de república. — Embajada cristiana en Córdoba. — Don Sancho, el Gordo. — Audiencia en Medina-Az-Zahrá. — Curacion de don Sancho. — Premio de Aben-Hasdaï.—Su influencia en la suerte del pueblo hebreo.—Su prosperidad bajo el Califato.

CAPÍTULO IV.—*Los judíos bajo los Reyes cristianos y los Emperadores de España* (711 á 1147).—La Reconquista.—Primeras monarquías cristianas.—Carácter de la guerra en los siglos viii, ix y x.—Exterminio de la poblacion mahometana y de la raza hebrea. — Edad de tolerancia.—Sus causas.—Creacion de los reinos de Castilla y Aragon.—Fernando I de Castilla. — Su ilustrada política.—El Imperio español. — Alfonso VI. — Acepta y amplía la política de su padre. — Su proteccion á los judíos. — Servicios extraordinarios de los mismos.—Su incorporacion en los ejércitos cristianos.—Adoptan los próceres la política de Alfonso.—El Cid. — Repulsion del pueblo á esta política. — Matanza de los judíos en Toledo y en otros puntos.—Alfonso VII.—Renovacion del Imperio. — Sus triunfos.—Su política respecto de los judíos.—Imitanla Alfonso, el Batallador y los demás príncipes del Imperio.—Condicion social de los judíos á mediados del siglo xii.—Muerte de Alfonso VII.

CAPÍTULO V.—*Los judíos bajo los Reyes de Taifa* (1002 á 1086).—Ruina del Califato de Córdoba. — Sus efectos para la raza hebrea. — Mézclase ésta en los disturbios civiles. — Desastroso resultado de esta conducta.—Asaltos y saqueos de Córdoba.—Proscripcion de los judíos.—Los reyes de Taifa.—Varia fortuna de los Israelitas cerca de estos príncipes. —Rabbi Samuel Aben-Nagrela de Granada.—Su elevacion y su gobierno.—Joseph Aben-Samuel, su hijo.—Su exaltacion al poder y su caida.—Desastre de los judíos granadinos. —Florecimiento de los judíos en Zaragoza, bajo la dinastía de los Beni-Hud. — Privanza de Rabbi Yekutiel y de Abú-Fadhel Aben-Hasdaï. — Los judíos bajo la dinastía de los Abbaditas, en Sevilla. - Isahak Aben-Albalia. — Su engrandecimiento. — Aversion y sañia de los mahometanos contra la general privanza de los judíos entre los reyes de Taifa. — Juicio de los historiadores árabes sobre este hecho.—Efectos del mismo.

CAPÍTULO VI. — *Los judios bajo los Condes de Barcelona y los Reyes de Navarra y Portugal* (718 á 1150—1225 á 1248).—CATALUÑA.—Institucion del Condado de Barcelona. — Condes feudatarios. — Condes independientes.—Progresos de la Reconquista. — Los judíos en Cataluña durante este desenvolvimiento histórico. — Kaula ha-Jeudi. — Ciudades hebreas.—Infidelidad de los judíos en Barcelona.—Protégenlos los Condes Independientes. - Ramon Bereuguer, el Viejo. — El Concilio de Gerona. — El Código de los USATGES.—Sus prescripciones sobre los hebreos. — Florecimiento de los judíos bajo los Condes de Barcelona. — Judíos de Gerona.— NAVARRA.—Primeros tiempos de la Reconquista. — Aparicion de los judíos en el suelo navarro. — Momento en que este hecho se realiza.—Estado de la raza hebrea en el reino pirenáico durante el siglo xii.—PORTUGAL. — Alfonso Enriquez y la nueva monarquía.— La Reconquista. — Carácter de la misma. —Poblacion del país conquistado. — Las pueblas hebreas. — Proteccion de los reyes portugueses á la raza judía.—Sancho I y Alfonso II. — Leyes del último sobre los judíos.—Pretensiones de Roma, reproducidas en el reinado de Sancho II. — Estado de la raza israelita en Portugal hasta mediados del siglo xiii.

CAPÍTULO VII.—*Los judios bajo la Dominacion de Almoravides y Almohades* (1086 á 1248). —Venida de los almoravides á la Península Ibérica.—Su conquista.—Los judíos en la batalla de Zalaca. — Política de Yacub-ben-Yusuf respecto de los judíos. — Lucena. — Su importancia y significacion como ciudad hebrea. — Acógense á ella las Escuelas y Academias judías.—Edicto de Yacub-ben-Yusuf contra los judíos. — Conjura sus efectos la aljama de Lucena. —Aparicion de un falso Mesías en Córdoba.—Su muerte.—Aly-ben-Yacub.—Su política para con los judíos. — Llámalos á su servicio. — Repoblacion de las aljamas hebráicas de Córdoba, Granada y Sevilla.—Nueva prosperidad de Lucena.—Varones ilustres que produce su Escuela bajo el rabinado de Jacob ha-Fezi. — Los almohades.—Carácter de su Imperio.—Abd-el-Mumen.—Su edicto sobre cristianos y judíos.—Efectos del mismo en Africa y en España. — Persecucion de los judíos andaluces. — Ruina de las Escuelas de Sevilla y de las Academias de Lucena. — Emigracion de los más ilustres rabinos.—Refúgianse en la corte de Castilla. — Protégelos Alfonso VII. — Las Academias hebráicas de Toledo. — Decadencia del Imperio de los almohades. — Rencor de los judíos contra ellos.—Caida de los almohades en España.

CAPÍTULO VIII.— *Los judios bajo los Reyes de Leon y de Castilla* (1157 á 1252).—Des aparicion del Imperio español. —Alfonso VIII de Castilla.—Su borrascosa minoridad. — Guerra de Navarra. — Castillos fronterizos defendidos por los judíos. — La fortaleza de Tudela en guarda de los hebreos.—Ampliacion de sus fueros.—Paz de Castilla y Navarra. —Situacion ventajosa de los judíos.—Los judíos de Salamanca.—Sus fueros.—Amores del rey Alfonso con la judía doña Fermosa (Raquel). — Conquista de Cuenca. — Su fuero. — Prosperidad de los judíos en la España Central. — Judíos de Palencia. — Desastre de Alárcos. — La cruzada contra An-Nassir. — Los ultramontanos en Toledo. — Matanza ejecutada por ellos en los judíos. — Batalla de las Navas.—El FUERO VIEJO.—Fernando III.—Su proteccion á los judíos.—Concordia del arzobispo don Rodrigo y las aljamas de su diócesis. — Suspension de la bula sobre las divisas de los judíos. — Conquistas de don Fernando.—Repartimientos de Córdoba y Sevilla.— Sus fueros.—Sus juderías.—Gratitud de los judíos.—Llorada muerte de Fernando III.

CAPÍTULO IX.— *Los judios de Aragon: reinado de Jaime I* (1150 á 1276).—Relaciones de Aragon y Cataluña.—Union de ambos Estados.—Los judíos bajo los reyes de Aragon. —Su prosperidad al comenzar el siglo xiii.—Judíos de Gerona.—Don Jaime el Conquistador.—Sus empresas militares.—Conquista de Mallorca y de Valencia.—Sus efectos: en

Amador de los Rios.—TOMO I. (*continued.*)

la Reconquista ; en la civilizacion española. — Don Jaime como legislador. — Córtes de Barcelona. — L· yes sobre los judíos. — Córtes de Lérida.—Servicios extraordinarios de los hebreos.—Sus recompensas.— Repartimientos de Mallorca y Valencia.—Los Fueros de Aragon. — Su exámen con relacion al pueblo hebreo.—Los Fueros de Valencia. — Representacion que alcanzan en ellos los judíos. — Causas legítimas de esta representacion. — Exámen crítico de los referidos Fueros. - Carácter de esta legislacion. - Proteccion de don Jaime á los judíos.— Disputas teológicas de Barcelona. — Sus efectos inmediatos. — Muerte de don Jaime.

CAPÍTULO X. — *Los judíos bajo el reinado de Alfonso el Sábio* (1252 á 1284).—Estado de Castilla al subir al trono Alfonso X.—Sus conquistas.—Sus aspiraciones á restablecer el Imperio. — Su eleccion para el de Alemania. — Desdichado éxito de la misma fuera y dentro del reino. — Sus efectos. — Verdadera gloria del Rey Sábio.—Su proteccion á los judíos.—Academias de Toledo.—Empresas científicas realizadas por los rabinos.—Nuevos repartimientos en el reino de Sevilla y en los Puertos. — Concesiones hechas á Cabildos y prelados sobre las juderías y libertades otorgadas á los judíos.—El FUERO REAL ; sus leyes y disposiciones generales sobre la raza hebrea.—Córtes de 1258 y 1268.—Las LEYES NUEVAS, como aclaracion del FUERO REAL. — Aspiracion de don Alfonso á la unidad legal.—Las PARTIDAS. — Concepto del pueblo hebreo en el juicio del Rey Sábio, como legislador. — Preceptos y leyes que las PARTIDAS en órden del mismo pueblo. — Obligaciones y deberes de los judíos. — Sus inmunidades. — Su representacion respecto de los cristianos. — Su apartamiento de ellos. — Ley del proselitismo. — Notable ley sobre la crucifixion de niños y estátuas de cera. — Tradiciones populares, que la explican. — Prosigue el Rey Sábio su sistema respecto á los judíos.— Los judíos de Múrcia. — Los judíos de Sahagun. — Administracion de las rentas públicas. — Almojarifes y arrendadores judíos.—Los arrendamientos.—Caida y suplicio de Isahak de la Malcha.— Sus efectos. — Muerte de Alfonso X.—Consideraciones sobre el reinado con relacion á los israelitas.

TOMO II.

CAPÍTULO I.—*Los judíos bajo las monarquías españolas á fines del siglo XIII* (1276-1284 á 1300).—Estado de España á fines del siglo XIII.—ARAGON : Don Pedro III.—Su conducta respecto de los judíos. — Atentados del clero de Gerona contra la Aljama. — Servicios extraordinarios de los judíos.—Asalto de la Aljama de Gerona.—Leyes de Pedro III.—Alfonso III.—Decadencia de las aljamas aragonesas. — NAVARRA : Teobaldo II.—Su muerte.—Revueltas civiles, en que toman parte los judíos.—Felipe, el Hermoso.—Sus edictos.—Exacciones ilegales á las aljamas de Estella y de Tudela. — PORTUGAL : El rey don Dionis.—Su proteccion á los judíos.—Don Dionis y la Santa Sede. —Compromiso de este rey con dominicos y franciscanos.—Sus disposiciones respecto de las juderías.—CASTILLA : Don Sancho, el Bravo.—Revueltas de Palencia.—Mézclanse en ellas los judíos.--Situacion excepcional de don Sancho.—Su prodigalidad respecto de las rentas reales : las juderías.—Córtes de Palencia.—Leyes contra los judíos. — Córtes de Haro.—Rescision de los arrendamientos de las rentas públicas.—Padron de Huete.—Distribucion de las rentas de las aljamas.—Conquista de Tarifa.—Participacion de los judíos en esta empresa.—Prosigue don Sancho en su conducta depresiva contra los hebreos.— Don Fernando.—Estado general del pueblo judío en las monarquías cristianas.—Su participacion en la administracion de las rentas reales. - Organizacion interior de las aljamas. —Los tribunales.—La sinagoga, etc.

CAPÍTULO II.—*Los judíos en la España Central, bajo Fernando IV y Alfonso XI* (1300 á 1352).—Los Estados cristianos, al inaugurarse el siglo XIV.—Castilla.—El Milagro de las Cruces.—Política vacilante de doña María de Molina y de su hijo, respecto de los judíos.—Las Córtes del reino.—Leyes sobre arrendadores y cogedores de las rentas públicas.—Bulas y cartas pontificias sobre la *usura* de los judíos.—Conducta del clero toledano y enojo de don Fernando.—Sus efectos.—Exclusion de los judíos de la administracion de las rentas reales y señoriales.—Contradicciones de estas leyes.—Don Abraham Aben-Xuxen.—Acusaciones contra los judíos en las Córtes de Valladolid.—Muerte de don Fernando é institucion de su aniversario.—Concilio de Zamora.—Sus cánones.—Influencia de los mismos. - Mayoridad de Alfonso XI.—Córtes de Valladolid.—Quejas de los pueblos. —Leyes sobre la usura y la expatriacion de los judíos.—Quejas de las aljamas de Sevilla.— Restablece don Alfonso los Almojarifes judíos.—Don Yuśáph de Ecija.—Ordenamientos sobre la *usura*.—Caida de don Yuśáph.—Don Simuel Aben-Huer.—Contrato sobre la moneda.—Rivalidad de don Yuśáph y don Simuel.—Empresas militares de don Alfonso. —El Salado y Algeciras.—Córtes de Búrgos y Alcalá.—El Ordenamiento de 1348.—Nueva política de Alfonso respecto de los judíos.—Su significacion y trascendencia.—Estado intelectual de los judíos bajo Alfonso XI.

CAPÍTULO III.—*Los judíos de Aragon, Navarra y Portugal* (1300 á 1350).—ARAGON.— Don Jaime II.—Sacrificios impuestos á los judíos.—Persecuciones y emigracion de los mismos.—Los Inquisidores de Cataluña.—Ampara don Jaime á los hebreos.—Nuevos estatutos sobre la *usura*.—Nuevos privilegios obtenidos por los judíos.—Compra del condado de Urgel.—Expedicion de Cerdeña.—Los judíos de Tortosa.—Privilegios industriales de los de Zaragoza y Huesca.—Clemencia con los de Calatayud.—Alfonso IV.—Prosigue la política de su padre.—Sus errores económicos.—Pedidos extraordinarios y *manifiestos*.— Reprodúcese la emigracion de los judíos.—Esfuerzos de Alfonso IV para evitarla.— Pedro IV.—Sus disposiciones sobre la *usura*.—Intenta atajar la emigracion.—Córtes de Zaragoza.—NAVARRA.—Los gobernadores franceses.—Quejas de la Aljama de Estella.— La Judería de Pamplona. — Guerra de los pastores.— Conspiracion contra los judíos.

Amador de los Rios.—Tomo II. (continued.)

Matanzas de Tudela, Estella, etc.—Felipe de Evreux.—Su politica con los hebreos.—Leyes del *Amejoramiento.*—Muerte de Felipe.—Miserable estado de los judios.—Portugal—Continúa don Dionis su anterior politica.—Imítale su hijo Alfonso IV.—Concordia con los judios de todo el reino.—Participacion de Alfonso en los triunfos de Castilla. Su efecto en Portugal.—Ordenamiento de las *divisas.*—Bula protectora de Clemente VI.—Estado intelectual de los judios en los Estados extremos de la Peninsula.

Capítulo IV.—*Los judios bajo el reinado de don Pedro de Castilla* (1350 á 1369).—Estado de Castilla al morir Alfonso XI.— Odios del rey don Pedro y los bastardos. — Calumnias contra la legitimidad del rey don Pedro.—Propálanlas en Francia don Enrique y sus parciales.—Fundamento de las calumnias.— La proteccion á los judios.—Don Pedro en las Córtes de Valladolid.—La guerra civil y el Tesorero don Simuel Ha-Levi.—Caida de don Juan Alfonso de Alburquerque y privanza del Tesorero.—Acompaña á don Pedro en la prision de Toro, y prepara su fuga.—Saña de los bastardos contra los judios.—Matanza de Toledo.—Allega don Simuel nuevos tesoros en Hita y Trujillo.—Prosperidad de los hebreos. — Recrudécese contra ellos la ojeriza de los bastardos. — Guerras de Aragon. — Erigen los judios de Toledo una nueva Sinagoga.—Inscripciones hebráicas de la misma.—Su arquitectura.—Invaden los bastardos á Castilla.—Matanza de los judios de Nájera y de Miranda de Ebro.—Caida, tormento y muerte de don Simuel Ha-Levi. — Rabbi don Sem-Tob de Carrion.—Sus consejos al rey don Pedro.— Nueva invasion de los bastardos en Castilla.—Corónase don Enrique.—Acuerdo de los cristianos, mudejares y judios de Búrgos. — Córtes de esta ciudad.— Dóblanse los judios á las circunstancias.—Desastroso fin del rey don Pedro.

Capítulo V.—*Los judios de Portugal, Navarra y Aragon* (1348 á 1390).—Pestilencia de 1348 y sus efectos en Europa. — Matanza general de los judios. — La peste en España. — Sus estragos y efectos morales.—Su influencia en las relaciones sociales.—Los judíos de Portugal.— Don Pedro I.—Su carácter.—Su tolerancia y proteccion á los hebreos.—Su Almojarife Mayor, don Moseh Navarro.—Instituye un pingüe mayorazgo, en uno con su mujer doña Salva.—Leyes de don Pedro sobre los judios.— Ordenanza sobre la judería y la propiedad.—Don Fernando de Portugal.—Desastres de los judios—Obligalos don Juan I á llevar las divisas. — Los judíos de Navarra.— Terribles estragos de la peste en dicho reino.—Expatriacion de los israelitas.—Censo de 1366. — Su resultado en órden á los hebreos. — Empeño de Cárlos II para atajar la expatriacion. — Franquicias concedidas á los emigrados de Castilla.— Contribuciones sobre las propiedades vendidas por los judios.—Decadencia de las aljamas Navarras.— Los judíos de Aragon.— Estado de los de Mallorca y de la reincorporacion de este reino.—Abusos cometidos contra los judios en las provincias aragonesas.—Peregrinos impuestos de Aragon: el de la *cena*; el de las *camas*; el de la *casa de fieras.*—Matanza y robo de la Aljama de Murviedro.—Las aljamas de la frontera de Castilla.—Concordia de Cal tayud.—Abusos de los judios valencianos.— Córtes de Monzon.—Estéril acuerdo de don Juan I para cortar dichos abusos.—Porvenir de los judíos españoles.

Capítulo VI.—*Los judios bajo los reinados de Enrique II y Juan I de Castilla* (1369 á 1390).—Reinados de Enrique II y Juan I.—Conducta contradictoria del primero respecto de los judíos.—Cargos de los procuradores del reino y sus exigencias.— Promesas de don Enrique sobre los oficiales judios.—Terrible exaccion hecha á los de Toledo.—Sus causas.— Las Córtes de Castilla y los hebreos.— Nuevas exigencias de los procuradores en órden á los oficios de los judíos.— Concesiones del rey don Enrique y de don Juan I en este asunto. — Las rentas reales arrendadas por los eclesiásticos. — Privilegios de los judíos cercenados en las Córtes.— Leyes sobre la usura en ambos reinados.—Odio general contra los judíos usureros.—*Ordenamiento* especial de Soria sobre los judios.— Védales dictar sentencias criminales.—Efectos del sistema desarrollado por los procuradores contra los israelitas.—Asesinatos y desamparo de los mismos.—Inicua muerte de don Juseph Pichon.—Sus resultados.—El arcediano de Ecija.— Su odio irreconciliable á los judios. — Sus predicaciones y sentencias.—Albalaes de Enrique II y don Juan I, prohibiéndole predicar y juzgar.—Juicio ante los alcaldes mayores de Sevilla.— Exposicion del Cabildo metropolitano al rey don Juan y su respuesta.—Junta de teólogos y letrados presidida por el arzobispo de Sevilla. — Excomunion del arcediano.— Pertinacia del mismo. — Destruccion de las sinagogas del arzobispado.—Sus efectos.

Capítulo VII.—*Matanza general de los judios en Castilla y Aragon* (1391). — Si fué objeto de una conspiracion dada, como se ha sospechado.—Causas generales del hecho.— Causas ocasionales.—Córtes de Madrid y quejas de los judios.—Tumulto de Sevilla en 15 de Marzo.—Ineficacia de los medios adoptados por el Consejo de Gobierno.—Impunidad del pueblo y exaltacion del arcediano de Ecija.— Horrible matanza del 6 de Julio en Sevilla, y su propagacion á todo el arzobispado.—Sangriento motin de Córdoba.—Cunde el ejemplo al reino de Jaen.—Pasa á las regiones centrales de Castilla.—Córrese el contagio á las partes orientales.—Espantoso motin de Valencia en 9 de Julio. — Destruccion de la Judería.—Aparicion de fray Vicente Ferrer en medio de la matanza.—Rescata el duque de Montblanch lo robado á los judios. — Prision de algunos revoltosos. — Cartas de las ciudades de Aragon y Cataluña á los jurados de Valencia. — Respuesta de éstos á los de Barcelona y Lérida.—Motines de Toledo y Barcelona en 5 de Agosto.—Nuevas matanzas en Aragon y Castilla.—Carácter especial que iban sucesivamente tomando. — Reaccion que producen en nobleza y ciudadanía—Fatal ejemplo de Mallorca.—Efecto general de la matanza y de la destruccion de las aljamas.—Período que comprende aquella. — Responsabilidad histórica de estos atentados. — Impunidad incalificable de los castellanos. — Severo castigo de los catalanes.—Vindicacion de la justicia por don Juan I de Aragon.

Amador de los Rios.—TOMO II. (*continued.*)

CAPÍTULO VIII.—*Los judíos de Castilla y Aragon despues de la matanza de 1391* (1391 á 1414).—Consecuencias inmediatas de aquella catástrofe.—Su carácter especial.—El proselitismo del terror. — Efectos que produce. — El proselitismo de la predicacion. — San Vicente Ferrer.—Sus peregrinaciones apostólicas.—Frutos de la misma.—Política reparadora de los reyes.—Esfuerzos de don Juan de Aragon para restablecer la Aljama de Barcelona.—Su ineficacia para lograr á quel fin. — Leyes de don Martin, el Humano, sobre los judíos.—Don Enrique III.—Su anhelo para evitar la emigracion de los hebreos andaluces.—Los judíos de Castilla y la reina doña Leonor.—Leyes contra los judíos.—Muerte de don Enrique.—El judío don Mayr.—Nueva predicacion de San Vicente. — Sus efectos en Toledo.—Presentacion de fray Vicente en la córte de Castilla.—Su vuelta á Aragon.—Proyectos de proselitismo de Benedicto XIII.—Congreso de Tortosa. — Su objeto, — Carácter y efecto de la controversia que en él se sostiene. — Abjuracion de los rabinos. — Conversion de muchas aljamas de Aragon. — Declaracion final de Benedicto XIII. — El libro *Hebraeomastix* de Jehosúah Ha-Lorquí. — Observaciones sobre la situacion de los hebreos.

CAPÍTULO IX. —*Los judíos de Navarra y Portugal despues de las matanzas de* 1391 (1391 á 1433).—LOS JUDÍOS DE NAVARRA.—Causas que los libraron de la matanza.—Su desmedro y pobreza.—Cárlos III. — Sus costosos viajes. — Influencia de los mismos en la suerte de los hebreos.—Prchos extraordinarios á las aljamas.—Insolvencia de las mismas. — Apremios impuestos á la de la Pa) plona. — Intercede por ella el Rabb Mayor del reino —Condona don Cárlos sus deudas á la de Tudela.—Nuevos viajes y dispendios del rey.—Miserable situacion de los judíos, al subir al trono de Navarra don Juan de Aragon. — LOS JUDÍOS DE PORTUGAL.—Don Juan I.—Primeros actos de este príncipe respecto de los judíos.—Su favor al proselitismo.—Su edicto sobre las divisas.—Edicto de 1392, manteniendo á los hebreos en el goce de los privilegios pontificios. — LOS PRÓFUGOS DE CASTI LA en Portugal.—Persecucion de los mismos.—Edicto de Braga sobre la clausura nocturna de los judíos. — Prohibeseles llevar armas en ciertos actos públicos. — Ordenamientos sobre la manifestacion de los bienes y rentas de los judíos.—Quejas de las comunas hebreas de Lisboa y de Oporto. — Contrarios efectos que producen. — Edictos de 1411, 1412, 1421 y 1426. — Espíritu y fin de estas leyes.—Carácter de la política de don Juan I de Portugal respecto de la raza hebrea.

CAPÍTULO X.—*Situacion legal de los judíos á principios del siglo* XV (1391 á 1438).—Consideraciones generales sobre la situacion de los judíos en toda la Península Ibérica.—LOS JUDÍOS EN CASTILLA.—Don Pablo de Santa María ejecuta los intentos de fray Vicente Ferrer.—Antecedentes de don Pablo ; su autoridad é influencia.—Pragmática de Valladolid redactada por el mismo.—Su exposicion y exámen. — LOS JUDÍOS EN ARAGON. —La bula de Benedicto XIII — Su exposicion : su objeto. — Medios de realizarlo. — LOS JUDÍOS EN PORTUGAL.—Sirtuacion de los mismos por efecto de la política de don Juan I. —Leyes dictadas por el rey don Duarte con análogos fines.— Dureza de las mismas.— Su objeto respecto del pueblo israelita.—Edicto de 1436, despojándolos de los cargos públicos y de la administracion de los bienes de particulares.—Aspiracion de es a pragmática y sus efectos.—La pragmática de doña Catalina, la bula de Benedicto XIII y el edicto de don Duarte conspiran al mismo fin respecto de la raza hebrea.—Situacion legal de ésta á consecuencia de dichas disposiciones.—Su estado moral ; — su porvenir.

TOMO III.

CAPÍTULO I. — *Los conversos y los Judíos Bajo el Reinado de don Juan II.* (1420 á 1453).—Efectos de la conversion de los judíos.—Doble situacion de judíos y conversos. — Apodéranse éstos de los cargos públicos. — Mézclanse en las familias cristianas. — Persecucion, que entablan contra los judíos. — Medios de realizarla. — Situacion ventajosa para llevarla á cabo.—La familia de los Santa María.—Su influencia en Castilla y Aragon.—Don Pablo de Cartagena y sus hijos.—Su ascendiente, al declararse la mayoridad de don Juan II. — Don Álvaro de Luna. — Su política para con los judíos. — Don Abraham Benveniste y los arrendadores de las rentas reales.—Revueltas de Castilla y significacion en ellas de los conversos. — Lucha y catástrofe de don Álvaro de Luna. — ¿Hasta qué punto contribuyeron á su caida los conversos ? — Proteccion que don Álvaro les dispensa, en general.—Predileccion á los Santa María.— Bello ideal de don Pablo respecto á los judíos.— Sus últimos esfuerzos para destruirlos, como pueblo.— El *Scrutinium Scripturarum*.—Su efecto.—Don Alfonso de Santa María en Basilea.— Bula de Eugenio IV contra los judíos.—Pragmática de don Juan II, amparándolos.—Situacion de don Álvaro y de los Cartagenas en virtud de la misma. — Caída y muerte de don Álvaro. — Participacion en ella del Obispo de Búrgos.—Bula de Nicolao V, absolviendo al rey don Juan y á los jueces que dictaron el mandamiento de muerte contra don Álvaro.

CAPÍTULO II.—*Los judíos y conversos bajo el reinado de Alfonso V de Aragon* (1416 á 1458).—Don Alfonso V.—Conquista de Nápoles.—Lugartenencia de la reina doña María.—Su gobernacion. — Estado de los judíos en Aragon.—Decadencia y ruina de su industria y su comercio. — Influencia de estos hechos en las rentas públicas. — Postracion de la raza judía. — Reaccion de las leyes á su favor. — Los conversos. — Abrazan el cristianismo los judíos mallorquines. — Influencia de los conversos aragoneses en el Estado. — Penetran en todas las esferas sociales. — Familias principales de Zaragoza.— En el órden intelectual : — Los Santa Fé ; — los Santángel ; —los Santa María, etc.— En el órden industrial y de comercio : Los Villanuevas y Maluendas ; — los Ribas y los Fassas ; — los Espés y Vidales, etc. - En el órden nobiliario : — Don Alfonso de

Spanish-Jewish Bibliography.

Amador de los Rios.—TOMO III. *(continued).*

Aragon; — los Paternoy y los Coscon ; —los Albion y los Clementes ; —los Caballería. — Micer Pedro de la Caballería y sus siete hermanos. — Jefatura d- Micer Pedro. — Su ciencia y su nobleza. — Su reprentacion en la Córte. — Distinciones, que recibe de Alfonso V.— Hijos de Micer Pedro.— Su influencia. — Sus servicios, como neófit . — Su libro del *Celo de Cristo.* — Fin, tendencia y alcance de este libro. — Asesinato de Micer Pedro. -Fallecimiento del rey don Alfonso.

CAPÍTULO III. — *Los conversos y los judios bajo el reinado de Enrique IV* (1453 á 1474).—Carácter del reinado.— Estado de los judíos.— Recobran antiguos privilegios.— Los conversos. — Consecuencias de su intemperancia. durante el reinado anterior. — Alborotos de Toledo. - Pedro Sarmiento y el Estatuto de 1449. — Nuevos privados conversos. — Diego Arias Dávila y fray Alfonso de Espina. — Su respectiva situacion en la Córte ;—sus proyectos.— Modos de realizarlos. — Engrandecimiento de Arias Dávila y su familia.—Su sistema de Hacienda. — Participacion, que da en la administracion á conversos y judíos.— Córtes de 1462.— Rehabilitacion comercial de los judíos. - Aspiracion de fray Alonso de Espina. — Su *Fortalitium Fidei.* — Intento político y religioso de Espina, al escribirlo. — La destruccion de judíos y conversos. — Medios, de que se vale. — Proyecto de Inquisicion. — Predicacion en Madrid. — Calumnias contra los conversos.—Desbarátalas fray Alonso de Oropesa, General de San Jerónimo.—Efectos, que sin embargo producen.—Tumultos de Toledo.—De Córdoba.—De Jaen.—De Valladolid. De Segovia. - Su carácter y consecuencias.— Nueva decadencia de los judíos. — La *Concordia compromisaria* de 1465 y las persecuciones populares. — Resultados de las mismas, con relacion á la poblacion hebrea. — Repartimiento de 1474.—Estado de conversos y judíos, al morir Enrique IV.

CAPÍTULO IV. — *Los judios y conversos de Portugal, Navarra y Aragon á mediados del siglo XV* (1438 á 1479). — Estado contradictorio de la raza hebrea en las monarquías españolas. — LOS JUDÍOS DE PORTUGAL. — Tumultos y asesinatos de Lisboa. — El Código Alfonsino. — Leyes de Alfonso V relativas á los hebreos.—Sobre los oficios públicos : sobre la herencia de los conversos. — Su carácter y tendencias. — JUDÍOS DE NAVARRA.—Su abatimiento en el primer tercio del siglo. — Ruina y despoblacion de las principales aljamas. — Política del rey don Juan para con los judíos. — Reposicion de ciertas aljamas y nueva poblacion de juderías desiertas. — Guerra entre el Príncipe de Viana y su judios.—Disposiciones en órden á los judios. — De la Infanta doña Leonor, respecto de la emigracion hebrea.— Nueva decadencia de los judíos.— Persecucion de los cobradores hebreos de Guipúzcoa, y peligro de los navarros. — JUDÍOS DE ARAGON. — Don Juan II en el trono aragonés. — Estado de los conversos en su córte. — Representacion política de los mismos. — Diputados conversos.— Córtes de Fraga. — Córtes de Calatayud. — Leyes sobre la usura.— Influencia de los conversos en las demás esferas de la vida : — en el municipio ; — en el ejército ; — en la diplomacia ; — — en los negocios de Estado.— Preponderancia de los conversos.—Tipo del ciudadano converso en Aragon. — Ximeno Gordo. — Su popularidad. — Sus proezas.— Su muerte. — Los judios de Aragon al fallecimiento de don Juan II.—Singulares exequias, que le tributaron los de Cataluña.

CAPÍTULO V. — *Los conversos bajo el reinado de los Reyes Católicos* (1474 á 1500).— — Idea del reinado. — Doble aspiracion de los Reyes Católicos. — Política interior. — Sus fines y efectos respecto de los conversos. — Situacion de los mismos, al comenzar el reinado.—Franciscanos y predicadores.—La Reina Isabel en Sevilla.—Fray Alfonso de Hojeda y los oficiales reales.—Predicaciones y proyectos de fray Alonso.—Solicita que se haga Inquisicion en Sevilla. — Sus fines.— Conjuracion de los conversos. — Su descubrimiento y castigo. — Primeros autos de fé. — *El edicto de Gracia* y sus efectos. — Propágase la Inquisicion á Castilla, y constitúyese su Consejo Supremo.—Torquemada. — Nueva constitucion del Tribunal y forma del juicio. — Introdúcese la nueva Inquisicion en los reinos aragoneses. — Tribunal de Zaragoza. — Primeros autos del mismo y alarma que producen.— Conjuracion contra los Inquisidores. — Asesinato del Maestro de Arbués. — Tumulto de Zaragoza contra los conversos.— Castigo de los asesinos y sus cómplices. — La nueva Inquisicion en Barcelona. — Repugnancia de los conselleres y triunfo de fray Alonso de Espina. — Poderío y excesos de los inquisidores. — Quejas á Roma y su resultado. — Las *Instituciones* de Torquemada y sus reformas. — Muerte de Torquemada.—Exaltacion del fanatismo.—Mísera suerte de los judíos conversos.

CAPÍTULO VI. — *Los judios de Aragon y Castilla bajo los Reyes Católicos* (1474 á 1500.) — Política exterior de los Reyes Católicos. — La Reconquista. — Opinion general sobre la misma. — Los judios.— Don Abraham Senior, — Sus servicios y recompensa.— Contratiempo de los judíos:—Expulsion de los andaluces.— Córtes de Toledo de 1480.— Renuévanse las leyes de encerramiento de los judíos. — Su efecto en las ciudades del reino. — Ordenanza de Vitoria. — Los Reyes Católicos en Aragon. — Presentes de los judíos. — La Aljama de Zaragoza.— Vuelven Isabel y Fernando á Castilla. — Principio de la guerra de Granada.—Sistema de la conquista.—Cooperacion del pueblo hebreo.— Don Abraham Senior y don Isahák Abarvanel. — Toman á su cargo las factorías del ejército.— Cerco de Málaga.— Don Abraham y los judíos cautivos.—Asedio de Baza.— Abundancia del real y lujo de sus tiendas y almacenes. — Sitio de Granada.— Celo y exactitud de los factores en el abastecimiento del ejército.—Capitulaciones de Almería y Granada respecto de los judíos. — Esperanza de don Abraham Senior y los suyos. — El Edicto de expulsion. — Su efecto en la raza hebrea.— Su ejecucion.— En Aragon ; — en Castilla.— Desolacion de los judíos.— Su partida.— Número de los expulsados.—Ven realizado su bello ideal los enemigos del judaismo. — Destierro de don Abraham Senior y de don Isahák Abarvanel.

Amador de los Rios.—TOMO III. (*continued*).

CAPÍTULO VII.—*Judios de Navarra y Portugal.*—*Dispersion General de los de toda Iberia* (1474 á 1506.)—Los judios de NAVARRA.— Córtes de Tafalla.—Represion de los hebreos.—Influencia de los Reyes Católicos—Pragmática de Juan de Labrit.— Efectos del Edicto de 31 de Marzo.—Niegan los navarros hospitalidad á los judios de Castilla.— Edicto de expulsion de los judios navarros. —Conversion casi universal de los mismos.— Los judios de PORTUGAL. — Política de proselitismo. — Don Juan II. — Los judios de Castilla en Portugal. — Condiciones de su entrada en aquel reino. — Los de Castilla y Aragon en África. — Horribles desventuras de los mismos.— Su division y vária suerte. — Cúmplese el plazo otorgado á los que entraron en Portugal. — Declaralos esclavos don Juan II. — Quitales los hijos para enviarios á las islas desiertas. —El rey don Manuel. — Su benignidad para con los judios castellanos. — Cambio de esta política. — Edicto de expulsion en Portugal. — Sus efectos. — Escándalo de la córte romana. — Matanzas de Lisboa. — Los judios del REINO DE GRANADA.— Mision apostólica de fray Hernando de Talavera. — Prodigioso fruto de la misma. —Calumnias contra Talavera. — Desaparicion de los judios del reino de Granada. — Su dispersion general. — Las *rehabilitaciones* de Roma y la vuelta á España de los judios. — Pragmáticas de 1492 sobre ambos puntos.—Sus finales efectos.

CAPÍTULO VIII. — *Exámen y juicio del Edicto de 31 de Marzo de 1492.* — Diversas opiniones de los historiadores acerca del Edicto. — Su contradicion. — Verdaderos puntos de vista para juzgarle.—Política de los Reyes Católicos en órden á la expulsion de los judios.—Las prerogativas reales ;—los cánones de la Iglesia ;—las leyes del reino. — Sentido moral de los mismos. — Los fueros y las cartas-pueblas. — Las leyes generales. — Servicios de los judios á la civilizacion cristiana. — Su participacion en la Reconquista. — Su estado legal al promulgarse el Edicto. — Proceder de los Reyes Católicos para con los hebreos. — Errores económicos. — Perjuicios originados á la agricultura, al comercio y á la industria. — Despoblacion. — Influencia de los judios en ciencias, letras, industria y comercio.—Su indiferencia en Bellas Artes.—Consideracion política del Edicto.—Causas verdaderas de su adopcion. — Sus antecedentes en el ánimo de los Reyes : — en la opinion universal de los cristianos. — Situacion moral de los Reyes al dictarlo. — Conclusiones sobre el Edicto. — Sus efectos trascendentales en la política española.—La expulsion de los mudejares y de los moriscos.

CAPÍTULO IX.— *Los conversos de Portugal, despues del Edicto de expulsion* (1497 á 1540). — Política del rey don Manuel respecto de la raza hebrea.— Fines de la misma.— Leyes que la determinan y caracterizan. — Reaccion benévola trás la mantaza de 1506. — Pragmáticas protectoras relativas á los conversos del reino y á los judios de África. — Efectos de las mismas. — Inesperado proyecto de fundar la Inquisicion. — Pesquisas sobre la conducta de los conversos. — Gestiones de éstos en Roma. — Ineficacia del proyecto de don Manuel. — Don Juan III. — Su ódio á la grey conversa. — Primeros efectos de esta predisposicion.—Las Córtes de Torres-Novas.—Delaciones de confesores, predicantes y obispos contra los confesos. — Pesquisas religiosas. — Su carácter y sus resultados. — Asonadas contra los cristianos nuevos.— Nuevo proyecto de establecer la Inquisicion.—El doctor Bias Nieto en Roma y Clemente VII.— Bula de 17 de Diciembre de 1531.— Sus inmediatos resultados.— Duarte de Paz en Roma.— Bulas de suspension del Santo-Oficio y de perdon. — Nuevas instancias de Juan III en favor del Santo-Oficio.—Bula de 26 de Julio de 1534.— Paulo III.—Nuevo proceso en Roma.— Conducta de la córte portuguesa.— Breves de 20 de Julio y 12 de Octubre de 1535. — Humillacion de don Juan III. — Intervencion de Cárlos V á favor del rey de Portugal. — Establecimiento definitivo de la Inquisicion en Portugal. — Breves atenuantes de Paulo III. — Primeros actos del Santo-Oficio. — Desventurada suerte de los conversos portugueses, igualados por la Inquisicion con los de toda España.

CAPÍTULO X. — *Definitivo estado de la raza hebrea en toda la Península.* — Doble situacion de la generacion hebrea. — Los conversos ante la Inquisicion. — El Inquisidor Lucero y los Cabildos de Córdoba. — Iniquidades del Inquisidor. — Representaciones de uno y otro Cabildo ante el rey don Fernando. — Imploran ambos el auxilio de la nobleza, de las ciudades y del alto clero de Castilla. — Conflicto de jurisdicciones.—La Gran Congregacion de Búrgos y la sentencia de Valladolid contra Lucero.— Impunidad de su persona. — Ineficacia del veredicto de la Gran Congregacion en pró de los conversos.— Cruel alternativa de los judios por efecto de los edictos de los expulsos. — Vária suerte de los expulsos. — Refinamiento de la persecucion contra los conversos.— Los Estatutos de limpieza de sangre. — El ESTATUTO DE TOLEDO. — Su exámen. — Sus resultados é imitaciones en toda España. — Los judios y confesos en Portugal.— La Inquisicion. — Felipe II y los judios portugueses. — Último extrañamiento de los judios de toda la Península y de sus dominios en África.—Triunfo total de la política de expulsion.

CONCLUSION. — Resúmen general. — Mirada retrospectiva. — Consideraciones sobre el carácter y organizacion interior de los judios.—Sus relaciones con los pueblos cristianos de la Península. — Su prosperidad. — Su decadencia. — Causas internas y externas de una y otra. — Lucha entre judios y cristianos. — Carácteres de esta lucha. — Su trasformacion. — Los conversos. — Errada política de los conversos. — Efectos desastrosos de la misma. — Respecto de los judios. — Respecto de sí mismos. — Rompimiento fatal entre ambas familias. — Sus consecuencias, utilizadas por la Inquisicion durante los siglos XVI y XVII.— Proyectos atribuidos al Conde-Duque de Olivares.— Cárlos II y su ministro Lira. — Proyecto de revocar el Edicto de 1492.— Su fracaso en el Consejo de Castilla. — Felipe V y el tratado de Utrecht.—Los judios en Gibraltar. — Los *chuetas* de Mallorca y la pragmática de Cárlos III.—Nuevo proyecto de admitir á los judios en

Amador de los Rios.—Tomo III. (*continued.*)
España durante el reinado de Cárlos IV. — Pragmática de 1802 cerrando los puertos de Iberia á los hebreos.— Restablecimiento del Santo-Oficio. — Pragmática de Fernando VII contra la entrada de los judíos en España. — Los judíos en Portugal en el presente siglo. — Representacion de los judíos alemanes, pidiendo la abolicion del Edicto de 1492. — Los judíos de Burdeos y el duque de la Torre. — La Constitucion de 1869. — Estado actual de tan difícil y trascendental cuestion.—Fin de esta HISTORIA.

Amador de los Rios, Jose.—Consideraciones histórico-políticas sobre la exposicion á las Cortes por los Judíos de Alemania.
In *Revista de Ambos Mundos* iii. 189 seq. (1855).

Amat, Torres.—Historía de Don Beranguer.
Usatici Barchinone nos. 72, 120, 142, 144, 169 (Fg. 99).

Anales de Iudios toledanos.
Era. mccl. (R. i. 345, 350).

Anchisas, Juan de.—Libro verde de Aragon, 1507.
Written against the New Christians of Aragon. Destroyed by Philip IV. Only one copy known reprinted by R. de los Rios in *Revista ae España*, Nos. 105, 106. (Cf. REJ. xix. 107).

Aneliers, G.—La guerra civil de Pamplona ed. Ilarregui. Pamplona, 1847. (R. ii, 24, 25 n. Fg. 141).

Aschbach, J.—Geschichte Spaniens.
I. 766 (Gz. vi. 392).

Asso.—Historia de la Economia Política de Aragon.
p. 329 (R. iii. 71) ; p. 25 (R. iii. 73) ; p. 328 (R. iii. 99) ; p. 409 (R. iii. 217)
pp. 215 (R. iii. 264) ; 210, 256 (R. iii. 310).

Asso y del Rio, J. T. de.—El ordenamiento de Leyes que Alfonso XI hizo etc. Madrid, 4to., 1847.
[Contains pp. 125-139. Discurso sobre el estado de los Judíos en España] de Alcalá 146 (R. i. 593) ; 150 (R. i. 485, ii. 58) ; clvii. (R. ii. 137) ; lvi. (R. ii., 139) ; 151 (R. ii. 287).

Asso y Rodriguez.—Estado de los judíos.
145 (K. 119). (? same as Asso y del Rio, q.v.)

Aureum opus privilegiorum civitatis et regni Valentiæ.
De statutis usurorum F. iij. cc. xi. xiij. F. xxxj. c. xix. §§ iii. vi.
Formo sacramenti judeorum sub maledictoribus F. v. c. xiv. F. xxx., c. xix. § ii.
Quod judei et sarraceni libere babtisentur et quod nil de bonis suis amettant F. vi. c. xv. F. xl. c. vi.
Quod possint compelli ad audiendi verbum Dei. *ibid.*

Ayala, Pedro Lopez de.—Crónicas. Pamplona, 1591.
II. 126 (Gz.viii.41, 43) ; 127 (*ib.* 44) ; 361 (*ib.* 57) ; 390 (*ib.* 59) ; 391 (*ib.* 60).

Ayala, Pedro Lopez de.—Crónica de Don Juan I. Pamplona, 1591.
Año I cap. iii (R. ii. 324, 333, 334, 336).
Crónica de Don Pedro.
435 F. (K. 91).

Ayala, Pedro Lopez de.—Crónica de Don Enrique.
Año VI. c. vii (R. ii. 319) ; 416 (R. ii. 353) ; 421, 422 (R. ii. 354) ; 412 (*ib.*)
Año II. c. v. (*ib.* 356).
Año I. c. xxxx. (R. ii. 383) ; cc. v. and xv. (R. ii. 386, 387, 392, 399).

Balaguer, V. de.—Las calles de Barcelona, 1866.
Call, calle del i. 163-167.
Jueus, arco dels i. 570-571.
Monjuich, calle de ii. 94-101.

Balaguer, V. de.—Historia de Cataluña.
 I. III. c. v. (R. 1. 203); II. c. xi. (R. i. 248); III. x. (i. 258); xvi. (ib. 258).
 II. 222 (R. i. 356); 422 (ib. 357); p. 632 (R. i. 400); 711 seq. (R. i. 428); 1. vi. c. xxxv (R. ii. 16); lib. vii. & ix. (R. ii. 154).
 IV. vi. 632 (Fg. 110).
 VII. c. xxxi. (R. ii, 374).
 VII. c. xxix. (R. iii, 269).
 XVIII. c. xxvii. (R. iii. 230).
Balaguer y Merino, A.—Noticia dels Jueus conversos... de Barcelona en 1391.
 In *Veu. d. Montserrat* vi. nos. 29, 30 (Cf. Revue des Etudes juives iv. 58 *seq.*)
Baluzio.—Vitæ Pontificum.
 Vita IV. Urban V. (R. ii. 256).
Baronius, Cesare.—Annales ecclesiastici Ed. Raynaldus.
 1220 no. 49 (Gz. vi. 375); 1236 p. 413 (Gz. vi. 377); 1287 nos. 17, 23, 27 (Gz. vii. 157).
Beaumier, A.—Histoire des souverains de Maghreb. Paris, 1860.
 Fg.
Bedarride, I.—Les Juifs en France, en Italie et en Espagne.
 Paris, 1859.
Bergenroth, W. A.—Calendar of letters, despatches and State papers relating to the negotiations between England and Spain. London, 1862.
Bernaldez, Andrés.—Crónica de los Reyes Católicos, Ed. Lafuente.
 Granada, 1856. c. xliii. (R. iii. 236) and (244); c. xliv. (250 *ter.* Fg. 318).
Blancas, Gerónimo de.—Comentarios de Aragon.
 iii. 709 *seq.* (R. iii. 260).
 Part of *Espagna illustrata.*
Bloch, J. S.—Die Juden in Spanien. Eine historische Skizze. Leipzig, 1875.
 Popular.
Boix, Vicente.—Historia de Valencia.
 I. 303 (R. ii. 381).
Boletin de la Real Academia de la Historia.
 I. 59-71. Sobre la Historia... de los Judios. (Review of Amador de los Rios, by M. Colmeiro.)
 II. 199-207. Paleografía hebrea, por D. Fidel Fita. (With two facsimiles.)
 III. 309-337. Documentos inéditos anteriores al siglo XV, sacados de los archivos de Talavera de la Reina, por D. Fidel Fita.
 IV. 234-264. La Sinagoga de Córdoba, por R. Romero y Barrios.
  299-307. Tres manuscritos rabínicos del siglo XV, por F. Fernandez y Gonzalez.
  361-399. La Sinagoga de Córdoba, por F. Fita.
  400. La Sinagoga de Córdoba, monumento nacional, por Cardenas, Fernandez, Fita.
  401-404. Un canónigo judaizante quemado en Córdoba. (23 Feb. 1484).
 VI. 42-58 Actes de vente hébreux originaires d'Espagne, par I. Loeb (Girona).
  59. Concejo hebreo de Castellon de Ampurias en 1406. F. Fita.
  130. El Judío Errante de Illescas (1484-1514), por F. Fita.
 VII. 145-188, 275-305, 395-413 (VIII 10-26). Ordenamiento formado por los procuradores de las aljamas hebreas, pertenecientes al territorio de los Estados de Castilla en la asamblea celebrada en Valladolid el año 1432, por F. Fernandez y Gonzalez.
  360-394. Marjadrague segun el fuero de Toledo, por F. Fita.

VIII. 358-396. El robo de la juderia de Valencia en 1391, por Fr. Danvila.
397-398. San Vicente Ferrer y la Juderia de Valencia, por F. Fernandez y Gonzalez.
IX. 270-293, 344-389, 460-468, X. 79-79. La juderia de Segovia, doc. inédit., por F. Fita.
294-312. La juderia de la ciudad de Mallorca en 1391, por J. M. Quadrado.
X. 160. Datos para la Historia de la Juderia de Madrid.
465-484. Jerez de la Frontera. Su Juderia en 1266, por F. Fita.
XI. 7-134. La verdad sobre el martirio del santo Niño de la Guardia ó sea el proceso y quema (16 Nov. 1491) del judío Jucé Franco en Avila, por F. Fita.
135-160. Memoria del santo Niño de la Guardia, escrita en 1544, por F. Fita.
239-240. Breve noticia del santo Niño de la Guardia que el arzobispo D. Juan Martinez Siliceo alegó en 1547, por F. Fita.
289. La Inquisición toledana. Relación contemporánea de los autos y autillos que celebró desde el año 1486 hasta el de 1501, por F. Fita.
512-528. Edicto de los Reyes católicos (31 Mar. 1492) desterrando de sus Estados á todos los judíos, por F. Fita.
XII. 61-86. La juderia de Jerez de la Frontera, por F. Fita.
XIV. 97-105. Sentencia... de Hernando de la Rivera... ó martirio del santo Niño de la Guardia, por F. Fita.
557-563. Aljama hebrea de Murviedro, por F. Fita.
XV. 152-160. Periodos de la historiografia israelita, por J. Jacobs.
313-347. Nuevos datos para escribir la historia de los judíos españoles, por F. Fita.
347-360. Hebraizantes portugueses de San Juan de Luz en 1619, por W. Webster.
561-601. Nuevas fuentes... de los hebreos españoles. Bulas y breves inéditos de Inocencio VIII y Alejandro VI, por Fidel Fita.
XVI. 432-57. Historia hebrea, documentos y monumentos inéditos, por F. Fita. [i. Usatges de Catalunya. ii. Lápida hebrea de Barcelona (Samuel Sardi). iii. Lapida hebrea de Toledo (Halevi). iv. Conjurados de Sevilla contra la Inquisicion, 1480. v. Conjurados. vi. Carácter de los reyes católicos. vii. Fray Felipe de Barbieri y la Inquisicion española. viii. Inscripcion hebrea de Toledo (Mazet ben Mazet). ix. Bula de Honorio III, 1219].
497-509. Un romance español en el dialecto de los judíos de Oriente, por A. S. Moguel.
555-75. Historia hebrea, doc. inéd., por F. Fita.
XVII. 170-174. Epigrafía hebrea de Carmona. Lapidas espureas, por F. Fita.
174-84. Cementerio hebreo de Sevilla. Epitafio (Salomon ben Abraham ibn Giat), por F. Fita.
184-90. Edificios hebreos en Alcalá de Henares, por R. Sta. Maria.
190-200. El cementerio hebreo de Barcelona, an 1111, por F. Fita.
238. La sinagoga de Córdoba.
XVIII. 142-59. Clausura y delimitacion de la Juderia de Valencia, en 1393-94, por F. Danvila.
XXI. 20-25. Aljama hebrea de Solsona, por R. Riu y Cabanas.
XXII. 171-181. Los judíos gallegos en el siglo XI, por F. Fita.
181-185. Ritos y costumbres de los hebreos españoles, por R. Sta. Maria.

Bondy de Porta.—Aragon histórico.
I., 39-41. Judíos de Monzon.
Bravo, G.—Catálogo de los Obispos de Córdoba.
p. 324 (R. ii., 362).
III. xi. (R. ii., 415).
I. 356 (R. iii., 153).
I. 364 (R. iii., 246), 398, 305 (R. iii., 486), 400, 402 (R. iii., 487).
II. c. xv. (R. iii. 272).
Breviario de Valencia.—Valencia, 1533.
Año 1391 (R. ii., 369).
Briz Martinez, Juan.—Historia de S. Juan de la Pena y de los Reyes de Sobrarve, Aragon y Navarra. Pamplona, 1620. (K.)
Brüll, N.—Jahrbücher für jüdische Geschichte und Literatur.
VII., 37-40. Alphonso V. von Aragonien und die Juden in Saragossa.
Brussel.—Usage général des Fiefs en France. Paris, 1727.
I., 595; II., 596 (K. 30); I.. 608, 609 (K. 43, 44, 53).
Bulleti de la Associacio Catalana.—Conferencia per lo soci resident Sr. D. Joseph Fiter. " Los jueus a Catalunya."
Tomo I. (1879), pp. 97-102.

Caballeria, Pedro de la.—Zelus Christi contra Judios.
(R. iii., 414).
Calvete.—Grandezas de Segovia.
(R. ii., 424).
Capitulos del Reino de Granada.—1490.
Cap. xviii. (R. iii., 302); cap. xxxviii. (R. iii., 303).
Capmani Antonio.—Origen histórico de las calles de Madrid. Madrid, 1863. Page 144.
Capmany.—Memorias históricas sobre la Marina y Comercio de Barcelona.
III., 125 (R. ii., 162); *Apén.* p. 83 (R. ii., 14; iii., 81).
"Carbayon."—Cession of Synagogue of Valencia.
No. 110, 7 Nov., 1880.
Cardoso, Isaac.—Excelencias de los Hebreos.
(R. ii., 431; iii., 416); cal. v. (R. iii., 326).
Cascales.—Discursos históricos de la Ciudad de Murcia.
Cap. ix., p. 219 (R. ii., 404).
Castillo, F. Hernando de.—Historia general de la Orden de Santo Domingo.
(R. ii. 494).
Castro, Ad. de.—Historia de los Judíos en España. Cadiz, 1847.
(Translated into English by Rev. M. Kirwan. Cambr., 1860).
Chabret.—Historia de Sagunto.
Tomo II., 186, 429. (REJ. xix. 158.)
Chasdai Crescas.—Account of Persecutions in 1391.
(Printed in Wiener's edition of *Shevet Jehuda,* Heb. pp. 128-130. Germ. 260-63.)
Chasdai Shaprut.—Letter to the King of the Chosars.
(Often printed. Translated by Cassel, Zedner, *Auswahl,* p. 24 *seq.* Harkavy in *Russische Revue,* Dr. Adler in *Misc. Heb. Lit.* I.)
Chrónica Adiphonsi Imperatoris.
mclxiv. (R. i. 192-3).
No. ci. (Gz. vi. 173, R. i. 309).

Chronica Adiphonsi imperatoris.
   72 (Fg. 67).
Chrónica General de Castilla.
   (R. i. 326.)
Chrónica Universal del Principado de Cataluña.
   I. lib. vi. c. cli. (R. i. 244).
Clemencin, Diego.—Elogio de la Reina Católica Isabel. In *Memorias de la Real Academia de la Historia.*
   Tomo vi., p. 485, *seq.* (R. iii. 235, 242, 244), 482 *seq.* (R. iii. 274) 487-8 (R. iii. 496).
Cohen, Joseph Ha-.—Emek Habacha. Aus dem Hebräischen ins Deutsche übertragen von M. Wiener, Leipzig, 1859.
   Geographical list at the end contains the following names : Aragon, Barcelona, Castile, Catalonia, Cervera, Cordova, Granada, Huesca, Huete, Jaca, Lerida, Monreal, Monzon, Navarre, Oran, Pampelona, Pesaro, Seville, Solsona, Soria, Spain, Tarragona, Tarreja, Toledo, Tudela.
Coleccion de Documentos inéditos del Archivo de la Corona de Aragon.
   VI. 17 (R. ii. 296, Fg. 112).
   XI. 290 (R. i. 404).
Coleccion de obras arábigas de Historia y Geografia.
   I. 25 (R. i. 156), 27, 29 (*ib.* 108), 61 (*ib.* 122).
Colmeiro, M.— Historia de la economia política en España, 1884.
   I., pp. 401-413. De las usuras.
   II., pp. 57-72. De las expulsiones de judíos y moriscos.
Colmenares, Diego de.—Historia de Segovia, 1637.
   C. xxii. §10. (R. iii. 173).
   C. xxiii. (R. ii 95).
   C. xxvii. § 3. (R. ii. 413); § 8. (R. iii. 11).
   C. xxviii. (R. iii. 24, Gz. viii., 95).
   C. xxix., § 14, xxxi., § 7-11. (R. iii. 130).
   C. xxx., §3. (R. iii. 136).
   C. xxxi., § 9. (R. iii. 164).
   C. xxv. § 18. (R. iii. (278).
   C. xxxiii. § 2 (Gz. viii. 228), § 10 (Gz. viii. 233).
   C. xxxv. §9 (R. iii. 313).
Concilio de España.
   III., 610, &c. (R. ii. 331).
Conde, J. A.—Historia de la dominacion de los árabes en España, 1820.
   i. 273. (R. i. 135) ; 279. (*ib.* 137) ; 274. (*ib.* 136) ; 417. (*ib.* 106) ; 439. (147).
   ii. cxiii. (R. i. 184-283) ; c. xvi. p. 135. (R. i. 186) ; xvii., 144. (*ibid*) ; c. xv. (R. i. 231); xx. (R. i. 205).
   xxiii. (R. i. 293) ; xli. (*ib.* 306); xlvi. (*ib.* 317) ; p. 440. (*ib.* 320).
Const. de Catalunya (? Cortes de Barcelona).
   V., cc. i. iii. iv. (R. i. 353, 406)
   I., xlix. v. (R. ii. 18) xxv. 8 (*ib.* 20).
   IV., vi. (R. ii. 21).
   I., c. xvi. IV., c. ix. (R. ii. 145). IV., c. vii. (R. ii. 145).
" Coplas de Mingo Revulgo."—1588.
   (R. iii. 285).
Cortada, J.—Historia de España.
   II., 405 (R. ii. 164)
Cortes de Aragon.
   Zaragoza, 1443 (R. iii. 83).

Q

Cortes de España.
I., p. 60, 80 (R. i. 560), 217, 220, 221 (ii. 106) ; 226 (R. ii. 207).

Córtes de los Antiguos reinos de Leon y Castilla.
I. Ord. de Hari, p. 101. (K. ii. 50); 115. (R. ii. 62 *bis*); 127. (ii. 63); 131 (ii. 64); 136 (ii 65); 141 (ii. 65); 149 (Fg. 184). I. p. 191 (R. ii. 85); 145, 173, 183 (R. ii. 91); 191 (*ib.* 92) ; 149 (*ib.* 193) ; 227 (R. ii. 116); 120, 121 (Fg. 190); 240 (R. ii. 120); 230 (R. ii. 121, 122); 284, 285 (R. ii. 122); 379; (R. ii. 126); 307-312 (Fg. 192).
I. Ord. de Madrid, pet. 55-57 (K. ii. 125). Cort. de Madrid, pet. 13, 1339. Cort. de Burgos, 1345, pet. 5(R. ii. 135); Burgos, 1345, pet. 9 (R. ii 136); Leon, 11, 16, 22 (R. ii. 212) ; Vallad. 30, 32 (*ib.* 213), 64, 71, 76 (*ib.* 214, 216).
II. 154, 155 (R. ii. 252) ; 146 (R. ii. 307) ; 171, 324 (*ib.* 308) ; 330 (*ib.* 309) ; 151 (*ib.* 310); 144, 145 (*ib.* 311) ; 203, 204 (*ib.* 317, 281, 282 (R. ii. 318); 321, 322, 325, 326 (*ib.* 321) ; 153, 210, 211, 326 (*ib.* 323); 145, 146, 296, 328 (*ib.* 324); 158, 182, 276, 327 (*ib.* 325); Vallad. 1385. pet. 10 (*ib.* 326); 182, 326 (*ib.* 327); 310-312, 281 (*ib.* 329); 385, 305, 222 (*ib.* 331); 311 (*ib.* 237); 162 (R. ii. 384); 547-552 (R. ii. 419-423).
III., 317-318 (R. iii. 34); ii. 716 (R. iii. 116); ii. 231 (R. iii. 117); i. 309 (R. iii. 122); ii. 716 (R. ii. 131).

Cortes de Toro, 1371.
(R. ii. 418).

Crónica del rey Don Alfonso X.—Zamora, 1541.
c. 69 (R. i. 452); 72 (R. i. 494); Era MDCCCXX (R. ii. 49).

Cronica de Alfonso XI.—Ed. de Cerda, 1787.
C. xlii (R. ii. 128); lxxi (*ib.* 131); lxxxiii, lxxxv (*ib.* 132); xcvii, xcix. (*ib.* 133).

Crónica de Don Alvaro.
Tit. xi (R. iii. 24): xxxii (R. iii. 48); cix, cx (R. iii. 51); cxiv (R. iii. 52) ; cxv (R. iii. 53); cxx, cxxii (R. ii. 54, 55, 56, 59).

Cronica de Don Juan II. —Pamplona, 1591.
Año 1411 (R. ii. 490); 1406-1407, 1420 (*ib.* 493, 14, 20); 1412 (R. iii. 19, 25): 1421 (R. iii. 22, 25, 26, 27); 1424 (R. iii. 35); 1430 (R. iii. 36); 1439 (R. iii. 47) ; 1441 (R. iii. 48) ; 1453 (R. iii. 55); 1449 (R. iii. 118); 1450 (R. iii. 124),

Crónica de Fernando IV.—Ed. A. Benavides.
I., p. 54 (R. ii. 97); A. 1303. cix (*ib.*) pp 564-565 (R. ii. 432).
II., 504 doc. cccxí (R. ii. 44), no. ccl (R. ii. 87); 24 ccclxxx. iij (*ib.*); dxiv. (*ib.*)189, 300, 340, 350, 378 (Fg. 185).
II., doc. lxxv (R. li. 66); clxxxix (B. ii. 94); ccxx, ccc (R. ii. 95); ccclx. (R. ii. 96 *bis*); Fg. 174.
II., p. 555, 556 (R. ii. 100, 101); 596 (R. ii. 102); 709 (*ib.* 103); 728 (R. ii. 104); 864 (R. ii. 108).
II., no. cxcvii (R. ii. 110); xcvii (R. ii 111).

Crónica del rey Don Pedro.—Pamplona, 1591. *see* Ayala.
A. vi. c. xv (R. ii. 218); c. vii (*ib.* 224, 225); c. xv (225, 227).
IV., c. xvi (*ib.* 220); V., xxviiii, xxxv (222, 223); AXI., c. vii (ii. 242); xxii. (R. ii. 246).
XIII., c. v. (*ib.* 205); XV., vi (252).

Cuvelier.— Crónica Rimada, 1839.
Vs. 3683-3686 (R. ii. 257).

Dametto, Juan.—Historia general del reino baleárico, 1632.
Pp. 277-289 (Fg. 110). Mallorca, 1634.
Dante, G. G.—Historia de Enrique III.
Año 1351 (R. ii. 380); p. 122 (R. ii. 388). Año 1405 (R. ii. 431).
Danvila, Francisco.—*See* Boletin vii.
David, E.—Les Texeiras. In *Arch. Isr.* 1882, numéros 2, 3, 5.
Les Juifs castillans sous Don Pedro I.
In *Univers israélite*, 1884.
Antonio Enriquez Gomez.
In *Annuaire des archives israélites*, 1885.
Davila, Gil Gonzalez.—Teatro eclesiastico de Aragon.
I. 173-174 (R. iii. 21); ii. 246 (R. iii. 318).
Denifle.—Quellen zur Disputation Pablos Christiani mit Moses Nachmani zu Barcelona, 1263. (In Görres, *Historisches Jahrbuch*, 1887, 525-244).
Depping.—Les Juifs dans le moyen âge. Paris, 1839.
Desclot, Bernard.—Chrónica del Rey En Pare, ed. 1616.
Año 1285 (R. ii. 6).
Diaz, Cimon.—Encenias del santuario de la Fuencisla. Valladolid, 1614.
Ff. 52, 83. Miracle of a Jewess.
Documentos inéditos del Archivo de Aragon.
VI. 436 (R. ii. 407), 438 (R. ii. 409), 441. p. 410.
Dorado.—Compendio histórico de Salamanca.
Cap. xlvi. Page 287.
Dozy, R.—Histoire des Musulmans d'Espagne.
III. 107 (R. i. 137), 92 (*ib.* 146), 76 (*ib.* 150), 84, 85 (*ib.* 154).
IV. 191-192 (R. i. 184), 28, 29 (R. i. 214), 116 (R. i. 223), 117 (*ib.*), 100 (R. i. 229), 115 (R. i. 236), 254 (R. i. 292).
Dozy, R.—Historia de Al Andálus.
Introd., p. 101 (R. i. 224).
Dozy, R.—Récherches sur l'Histoire d'Espagne.
I. 516 (Gz. vi. 82).
Duran, A.--Romancero general.
II. Nos. 928, 929 (R. i. 337).

Edrisi.—Edit. Conde. Leyden, 1866.
M. 64 (R. i. 245), 95 (*ib.* 187).
Edit R. Dozy et J. Goeje; 231-232 (Fg. 44), 265 (R. i. 288).
El Kartas, Ed. Baumier.
Pp. 357, 426, 486. (Fg. 271.)
Escolano, G.—Historia de Valencia.
V. c.x. Synagogue (R. i. 404, Fg. 112). p. 954 *seq.* (R. ii. 364), 956 (*ib.* 381), R. ii. 483.
X.c. iii. (R. ii. 257).
Espés.—Historia eclesiástica de Zaragoza.
F. 1019 (R. iii. 71).
Espiculo.
L. iv., tit. xii., ley 55, iii. tit., ley 8 (R. ii. 75), *ib.* ley 9 (R. ii. 74)
Estoria de Espagna [= Crónica general].
Pt. iii. (R. i. 348-352), c. ult. (R. i. 42).

Fernandez, Alonso.—Historia y Anales de la Ciudad de Plasencia. Madrid, 1627, p. 154. (Jewish cemetery).

Fernandez y Gonzalez F.—Ordenamiento por los procuradores de las aljamas hebreas. En 1432. Texto hebreo mezclado de aljamía castellana, traducido anotado é ilustrado con una introduccion histórica. Madrid, 1836.
Extract from *Boletin*.

Fernandez y Gonzalez, F.
Instituciones jurídicas del pueblo de Israel en los diferentes estados de la peninsula ibérica desde su dispersion en tiempo del Emperador Adriano hasta los principos del siglo xvi.
Tomo I, Introduccion histórico-crítica, 8vo., pp. xv. y 341, Madrid, 1881.

Fernandez y Gonzalez, Francisco.
De la Escultura y la Pintura en los pueblos de Raza Semítica. In Revista de España, 1871.

Fernandez y Gonzales, F.
El Messianismo israelita en la península ibérica durante la primera mitad del siglo xvi. á *Revista d'Espagne*, xviii., no. 406 seq.
[David Reubeni et Solomon Molcho.]

Fernandez y Gonzalez, F.—Los Mudejares de Castilla. 1866.
    App. Dipl. xxvii., p. 333. Carta del Rey don Alonzo X disponiendo que los judíos de Badajoz y su término pagasen al concejo las oncenas que había mandado pagar á los judios y moros de sus vinos (20 Jan. 1253).
    xxxiii. p. 341. Privilegio del Rey Alonzo X concediendo al cabildo de la iglesia de Córdoba el diezmo de los J. y moros del obispado (28 Mar. 1254).
    xxxvii. p. 348. Privilegio del Rey Don Alfonzo X á la iglesia de Sevilla para que le pagasen diezmos cristianos, judíos y moros (1255).
    xliii. p. 355. Carta del Rey Don Alfonso X mandanda al concejo de Córdoba diera ayuda á Pero Boca, su home, para que pagaran diezmos á la iglesia de dicha ciudad los moros y judíos (2 Jan. 1260).
    xlviii. p. 362. Carta del Rey don Jaime de Aragon concediendo á su hijo don Sancho arzobispo de Toledo siete mil sueldos sobre la judería, morería y peage de Teruel (12 Jan., 1268).
    lv. p. 368. Ordenanzas hechas por don Sancho el Bravo á peticion de las Cortes de Valladolid para que ni los moros ni los judíos compren hacendamientos de los cristianos (23 May 1293).
    lxi. p. 375. Constitucion de Clemente V en el concilio de Viena para la fundación de escuelas de hebreo, arábigo y caldeo en las universidades de Paris, Oxford, Bolonia y Salamanca (1311).
    lxiii. p. 377. Constitución del concilio de Valladolid, celebrado en 1322, acerca de los judíos y sarracenos.
    lxvi. p. 381. Semejante del concilio de Salamanca en 1335.
    lxx. p. 386. Constitucion de Don Pedro IV de Aragon en las Cortes de Monzon para el examen de los médicos y sarracenos (1363).
    lxxvii. p. 400. Leyes establecidas contra los judíos y moros á nombre de Don Juan II por la Reina Gobernadora Doña Catalina, madre de dicho príncipe (1412).
    lxxxiii., p. 392. Constituciones del concilio Palestino celebrado en 1388 imponiendo á los judíos y sarracenos la obligacion de vivir en sus cercados y de observar las fiestas de los católicos.
    [Besides these documents, the whole work is instructive as to the comparative aspects of the treatment of heretics generally by the Spanish monarchs. The details about the special slaughter-houses of the Moors (*see* docs. lxix. lxxx.]

Ferrer, Andrés de.—Vida de S. Vicente.
70 (K. 121).

Ferreras, Juan de.—Sinopsis de la Historia de España. Madrid, 1781.
ix. 303, seq. (R. iii. 153); p. 303 (R. iii. 156).

Fita y Colome, Fidel.—Actas inéditas de Siete concilios españoles. Madrid, 1882.
Contains many documents relating to Jews on pages 220, 212, 223, 228, 219, 214, 204, 209, 225, 227, 217.
Estudios históricos, coleccion de articulos escritos y publicados en el *Boletin de la real academia de la historia*, 8 vols. Madrid, 1882-1887. [Contains all articles of Jewish interest from the *Boletin*.]
Historia hebrea I. Madrid, 1888.
Supplementos al concilio nacional Toledano VI. Madrid, 1881.
(Extract from *Civilisacion*).
Fita, Fidel.—Guadatich en favor de Salomon Gracian, Juheu de Barcelona. (20 Jan. 1395.)
In *La Veu de Monserrat*. 13 Aug. 1881.
Fita Fidel.—Lápidas hebreas de Girona. Girona, 1871.
Fiter y Inglés, José.—Expulsion de los Judíos de Barcelona.
18mo, p. 23 [with documents in Catalan]. Barcelona, 1876.
Florez, E.—España Sagrada. Madrid, 1754.
III. Judíos en España antes de Cristo, 67. Diversidad de estos á los de Jerusalem, 136. Desterrados de Roma por Claudio, 147.
XI., 196 (R. i. 129-205), xxii. 375 (Gz. vii. 14), xxvi. 377-387 (Fg. 230), (Gz. viii. 77), xxxiii. 258 (Fg. 88), 392 (K. 8), 359 (Gz. vi. 374), xxxvi. App. x., p. 27 (L i. 171), xxxvii. Apend. xxix. *De soledis jud.* (R. i. 177).
XLIII., 229 (R. i. 250), 477 *ib.*) 483, (*ib.* 251, Fig. 98), xxxvi., p. cxxxvi. (R. i. 331).
XLIV., App. xx. (R. ii. 89), App. xxi. (*ib.*, p. 10).
XLIX., 363 (Fg. 96).
Florez, E.—Reinas Católicas. Madrid, 1790.
II., 589 (R. ii. 96), ii. art. Leonor (R. ii. 417).
I., 423 (K. 16).
Forster, J.—The Chronicles of James I. of Aragon.
151, 158, 212, 213, 441, 468, 559, 560, 562.
Forum Valentinum.
Lib. I., rub. ii., fol. 85, iv. xiv. 5 (R. ii. 18, Fg. 124), ix., xxv., fuer. 6 (R. ii. 19), Extrav., fol. vi. (R. ii. 411).
IV., xiv. 3, ix. xv. 6 (Fg. 125).
Frankel, Z.—Monatsschrift für die Wissenschaft des Judenthums. Dresden, 1851-1868, continued by Graetz q. v.
V. 201, 241. Solomon Molcho und David Rubini. H. Graetz.
VI. 365. Don Pedro und sein Schatzmeister Samuel Lewi. M. Kayserling.
VII. 91. Thomas de Pinedo. M. Kayserling.
VII. 393. Jacob de Castro Sarmento.
453. Jekutiel und Joseph ibn Migash. H. Graetz.
VIII. 213, 266. Jehuda Alcharisi als Critiker. L. Dukes.
IX. 29, 69, 313. Analekten der spanisch-portug. Juden. Antonio José de Silva. M. Kayserling.
397. Moses Raphael de Aquila.
XI. 193. Aberglauben in der arabisch-jüdischen Schule.—A. Schmiedl.
384. Diego Joseph.
XIV. 308. Disputation des Bonastruc mit Frai Pablo.
349. Ein Mortafarall in Castilien.
390. Bigamie noch im XIV. Jahrhundert.
XV. 81. Zur Geschichte der Juden in Barcelona. M. Kayserling.
XVI. 221. Balthasar Isaac Orobio de Castro.
Fuego viejo.
IV., iv., § vi. (R. i. 353), iii., § i., iii., ix., xviii., xix., iv., § iii. v. (R. i. 354-5).

Fuentes.—Diario Histórico.
  III, 31 Marzo (R. iii. 316).
Fuero Juzgo.
  Lib. XII., tit. ii„ 77, 9, 10, 11, 13, 14, 16 (Fig. 19, 21).
Fuero Real.
  Lib. IV., Tit. ii (Fg. 164).
  Lib. II., Tit. xii., Ley. I.
Fuero de Cuenca.
  I. tit. xx. iii., xxii. xxiii. xxvi. (R. i. 339).
  Tit. i., l. 2. (Fg. 72), T. xxxi., 25, xxii. 3., xx. 1 (Fg. 73).
Fuero de Salamanca.
  Tit. 362 (Fg. 72).
Fuero del Reino de Navarra. Pamplona, 1815.
  L. iii. c. iv. (R. ii. 118), p. 207, ed. 1815 (R. ii. 181).
  Anej. xii–xviii., pp. 287 *seq.* (Fg. 149).
Fueros de Aragon.
  IX., f. 11 *ab.* (R. ii. 149).
  X., f. 13 (R. ii. 161).
  XII., f. 15 (R. ii. 411).
  Que no están en uso, f. 3. (R. iii. 74).
  II., vii. lx. ii, vii. viii. 3 (Fg. 113–114), x. (114).
Fueros de Sobrarbe y de Tudela.—
  P. 66. (R. i. 28) Price of Hebrew slave.
Furio y Sastre.—Memorias á la Historia eclesiástica. Palma, 1820.
  I., 116 (K. 173).

Gamaro Garcia.—Historia de Toledo.
  750 (R. ii. 253), 755 (*ib.* 386).
  1036, *seq.* (R. iii. 123).
Garibay.—Compendio historial de las Crónicas de España. Amberes, 1590.
  V. xiv. (R. ii. 404) ; XV. xlviii. (Gz. viii. 78, R. ii. 424, 491) ; IV. xxv.
  (R. iii. 293).
Garou.—La Fé triunfante.
  Page 55, *seq.* (K. 183. R. iii. 87).
Gayangos, Pascual de.—History of the Musulman Dynasties in Spain.
  App. II. p. 32 (Gz. vi. 66, R. i. 233) ; App. iv. p. 23 (R. i. 317).
  II. 410 (K 5) 252 (Gz. vi. 390).
Gibson, J. Y.—The Cid Ballads, by J. Y. Gibson. London, 1887.
  First ballad of Raquel and Vedas, being the Ode of the Cid. Miracle of the Tomb of the Cid.
Girbal, E. C.—Los Judíos en Girona. Girona, 1870. (With documents at end.)
Girbal, E. C.—Un testamento hebreo de la edad media in *Revista de Girona.*
  VI. No. 3 (REJ. ii. 329, iii. 144).
  Documentos inéditos de Judíos gerundenses, *ib.* Nos. 7, 8.
Gongara y Torreblanca.—Historia Apologética y descripcion del reino de Navarra. Pamplona, 1628.
  (K.)
Graetz, H.—Geschichte der Juden.
  Bd. V. K. xi.—*Die Blüthezeit der jüdischen Wissenschaft; Europa* (940-970).—R. Mose ben Chanoch und die Gemeinde von Cordova.—Die Juden in Spanien ; der jüdische Minister Chasdaï Ibn-Shaprut, sein Character und seine Thaten.—Send-chreiben an den jüdischen Chagan Joseph von Chazarien.—Menahem ben Saruk und Dunasch ben Labrat.—Die Einführung des neuhebräischen Versmasses.—Aufblühen der jüdisch-spanischen Poesie. —Das Lehrhaus in Cordova.—R. Chanoch und Ibn-Abitur.—Chasdaï's Tod.
  Bd. V. K. xii.—*Morgenröthe der jüdisch-spanischen Cultur* (970-1027).—Die jüdisch-spanischen Gemeinden.—Die Jünger Menahem's und Dunasch's.—Jehuda Chajug.—

Graetz, H.—Geschichte der Juden (*continued*).
Hassan ben Mar-Hassan.—Der Streit zwischen R. Chanoch und Ibn-Abitur.—Jakob Ibn-Gau und sein Geschick.
NOTE 21. Chasdai ben Isaac Ibu-Schaprut.
Bd. VI. K. i.—*Erstes rabbinisches Zeitalter, Epoche der Ibn-Nagrela und Ibn-Gebirols (1027-1070).*—Der Staatsmann, Dichter und Rabbiner Samuel Ibn-Nagrela.—Der Grammatiker Jona Ibn-Ganach und seine Bedeutung.
Bd. VI. K. ii.—*Zeitalter der Ibn-Nagrela und Ibn-Gebirols (Fortsetzung).*—Ibn-Gebirol, sein Leben, Charakter, seine Lieder und seine Philosophie.—Der Staatsman Jekutiel Ibn-Hassan.—Bachja und seine Moralphilosophie.—Der Bibelkritiker Jizchaki Ibn-Jasus.—Der Dichter Joseph ben Chasdai.—Tod des Samuel Ibn-Nagrela.—Sein Sohn Joseph, sein Charakter und sein tragisches Ende.—Der jüdische Staatsmann und Dichter Abu-Fadhl ben Chasdai. Ibn Gebirol's Tod.
Bd. VI. K. iii.—*Zweites rabbinisches Zeitalter, Epoche der fünf Isaak (1070-1196).*—Isaak Ibn-Albalia, seine Stellung und Leistung.—Isaac Ibn-Giat, Isaak Alfasi.—Die Juden im christlichen Spanien.—Die jüdischen Räthe Isaak Ibn-Schalbib und Cidellus.—Kaiser Heinrich IV. und Papst Gregor VII. Im Verhältniss zu den Juden.—Alfonso von Castilien und seine jüdischen Räthe.—Tod Ibn-Shalbib's, Ibn-Giat's und Ibn-Albalia's.—Alfasi in Spanien.—Die Karäer in Spanien.—Ibn-Altaras; Jesua Abu-Alsarag.—Verfolgung der Karäer durch Joseph Alcabri.—Cidellus' Ungnade.
Bd. VI. K. v.—*Drittes rabbinisches Zeitalter (1105-1145 ?).*—Epoche des Joseph ibn Migasch und des Jehuda Halevi, Ibn-Esra's und R. Tam's.—Höhepunkt der jüdisch-spanischen Cultur.—Lage der Juden unter den Almoraviden.—Die jüdischen Wesire, Ibn-Almuallem, Ibn-Kamnial, Ibn-Mohagar.—Der Polizeimeister und Astronom Abraham ben Chija.—Die Rabbiner Joseph Ibn-Sahal, Baruch Ibn-Albalia, Joseph Ibn-Zadik, Joseph Ibn-Migasch.—Die Dichter Ibn-Tabben, Ibn-Zakleb und Ibn-Esra.
Bd. VI. K. vi.—*Abulhassan Jehuda Halevi (1105-1145).*—Seine Biographie, seine Jugendpoesie und seine Stellung.—Sein Dichterwerth, seine Zionlden.—Sein philosophisches System in Buch Chozari.—Seine Sehnsucht nach dem heiligen Lande.—Seine Reise.—Sein Aufenthalt in Egypten.—Der Fürst Almanzur.—Jehuda's Aufenthalt in Jerusalem.—Seine Klage über Verkommenheit und seine letzte Zionide.—Sein Tod und die Sage darüber.
Bd. VI. K. vii.—*Drittes rabbinisches Zeitalter (Fortsetzung).*—Verfolgung durch den zweiten Kreuzzug und die Almohaden.—Die Verfolgung der Almohaden.—Abdulmumen und sein Edikt.—Der Fürst Jehuda Ibn Esra.—Die Karäer in Spanien.—Jehuda Hadassi.—Der Geschichtsschreiber Abraham Ibn-Daud und seine Religionsphilosophie.—Abraham Ibn-Esra und seine Leistungen.
Bd. VI. K. viii.—*Viertes rabbinisches Zeitalter (Maimunische Epoche) (1171-1205).*—Die Juden Spaniens; Toledo; Joseph Ibn-Schoschan; Abraham Ibn-Alfachar; der Dichter Charisi.—Abraham Ibn-Daud's Märtyrertod und die Jüdin Formosa Rahel.—Scheschet Benveniste, der Dichter Abraham ben Chasdai.—Der Tourist Benjamin von Tudela.—Serachja Halevi Girondi.
Bd. VI. K. x.—*Maimonides.*—Seine Geburt, Jugendgeschichte und Jugendarbeiten.—Seine Auswanderung nach Fez.—Maimun's, des Vaters, Ermahnungs- und Trostschreiben an die afrikanischen Gemeinden.—Maimuni's erste Streitschrift zu Gunsten der Scheinmohammedaner.—Auswanderung der Familie Maimun von Fez nach Palästina und Egypten.—Maimuni's Schicksalsschläge.—Sein Mischnah-Commentar und dessen Bedeutung.
Bd. VI. NOTE 1.—Einige zerstreute Quellen zur jüdischen Geschichte.
NOTE 3.—Das Todesjahr des Samuel Nagid, die Dauer des Wesirats seines Sohnes und andere chronologische Data.
NOTE 4.—Der jüdische Gesandte Alfonso VI., Ibn-Shalbib oder Amram ben Izaak.
NOTE 6.—Abu Suleiman Ibn-David Ibn-Mohagar, Rabbiner und Grammatiker.
NOTE 8.—Ibn Esra, die Reihenfolge seiner Schriften und die Daten seiner Reise.
Bd. VII. K. i.—*Neue Stellung der Juden in der Christenheit (1205-1232).*—Die Dominikaner und der Anfang der Inquisition.—Der König Jayme von Aragonien und sein Leibarzt Bachiel.—Die Gemeinde von Mallorca.
Bd. VII. K. ii.—*Die innere Parteiung (1232-1236).*—Die Gegnerschaft gegen Maimuni.—Die Parteiung der Maimunisten und Antimaimunisten.—Meïr Abulafia und sein Vater Todros, Aaron ben Meschullam aus Lünel.—Scheschet Benveniste.—Nachmani, seine Charakteristik und seine Hauptlehren.—Sein Verhältniss zu Maimuni, Ibn-Esra und die Kabbala.—Seine Parteinahme in dem Streite für und gegen Maimuni.—Bachiel Alkonstantini und die Saragossaner Gemeinde.—Toledo und Ibn-Alfachar.—Die satyrischen Pfeile für und gegen.—Der Dichter Meschullam En-Vidas Daffera.—Samuel Saporta.—Nachmani's Vermittelung in dem Streite.—Salomo's Verzweiflung, er verbindet sich mit den Dominikanern und der Inquisition.—Die Angeber und ihre Strafe.—Mose von Concy.
Bd. VII. K. iii.—*Die Geheimlehre der Kabbala (1232-1236).*—Junger Ursprung der Kabbala.—Isaak der Blinde und seine Jünger: Asriel, Esra und Jehuda ben Jakar.—Die Vorbedingungen zur Entstehung der Kabbala.—Der Lehrinhalt.—Der En-Sof und die zehn Gottrot.—Die Seele und ihre überweltliche Kraft.—Die Anwendung der Kabbala auf das praktische Judenthum.—Die Vergeltungslehre und die Seelenwanderung.—Die Messiaszeit und die künftige Welt.—Jakob ben Scheschet Gerundi.—Gerona, Ursitz der

Graetz, H.—Geschichte der Juden (*continued*).
Kabbala.—Das kabbalistische Buch Bahir.—Nachmani, Parteigänger der Geheimlehre.—Aufflackern der neuhebräischen Poesie.—Der satyrische Roman, Alcharisi, Joseph ben Sabara und Jehuda ben Sabbataï.
Bd. VII. K. iv.—*Verfängliche Disputationen und Scheiterhaufen für den Talmud* (1236-1270).—Die Juden in Spanien.—Alfonso der Weise.—Die Gemeinde von Sevilla.—Meïr de Malea und seine Söhne.—Die jüdischen Astronomen Don Juda Kohen und Don Zag ibn Said an seinem Hofe.—Seine judenfeindlichen Gesetze.—Die Juden in Aragonien.—Der Dominikaner-General de Peñaforte und der Apostat Pablo Christiani.—Nachmani und die Religionsdisputation in Barcelona.—Pablo Christiani's Missionsrohen und neue Anklagen gegen den Talmud.—Die erste Talmud-Censur.—Nachmani veröffentlicht den Vorgang bei der Disputation und wird vom Papst und König verfolgt.
Bd. VII. K. v.—*Das Zeitalter ben Aderet's und Ascheri's* (1270-1327).—Die Juden Spaniens—Alfonso der Weise und Don Zag de Malea.—Don Sancho und die Judensteuer.—Seelenzahl der castilianischen Gemeinden.—Salomo ben Aderet, sein Charakter und sein Ansehen.—David Maimuni und die egyptischen Gemeinden.—Aaron Halevi.—Raymund Martin gegen das Judenthum.—Ben Aderet als Apologet.
Bd. VII. K. vi.—*Fortbildung der Kabbala, Aechtung der Wissenschaft* (1270-1328).—Die Kabbala und ihre Fortschritte.—Todros Halevi und seine Söhne.—Abraham Bodaresi, der Dichter.—Isaak Allatif und seine kabbalistische Lehre.—Abraham Abulafia, seine Schwärmereien und seine Abenteuer; trat als Messias auf.—Ben-Aderet sein Gegner.—Die Propheten von Ayllon und Avila.—Ben-Aderet und der Prophet von Avila.—Joseph Gikatilla und sein kabbalistischer Wirrsal.—Der Betrüger Mose de Leon.—Die Fälschungen der Kabbalisten.—Die Entstehung des Sohar.—Sein Lehrinhalt und seine Bedeutung.—Die Allegoristen und Afterphilosophen, Schem-Tob Falaquera und seine Leistungen.—Isaak Albalag und seine Bedeutung.—Samuel Salami und Meïri.—Abba Mari und sein übertriebener Eifer.—Jakob ben Machir Profatius, und die Streitigkeiten um die Zulässigkeit der Wissenschaften.—Ascheri und seine Einwanderung nach Spanien.
Bd. VII.—NOTE 2.—Einiges zu Nachmani's Biographie.
NOTE 3.—Ursprung der Kabbala.
NOTE 6.—Die jüdischen Naturforscher am Hofe Alfonso des Weisen.
NOTE 12.—Autorschaft des Sohar.
NOTE 13.—Abner-Alfonso und Izaak Pulgar.
Bd. VIII. K. ii.—*Das Zeitalter des Chasdaï Crescas und Isaak ben Scheschet* (1369-1380).—Die Juden in Castilien nach dem Bürgerkriege.—Verhalten Heinrich II. gegen sie.—Joseph Pichon und Samuel Abrabanel.—Die judenfeindlichen Cortes und der noch feindseligere Clerus.—Die Apostaten, Johannes von Valladolid und Disputationen.—Mose de Tordesillas und Schem-Tob Ibn-Schaprut.—Ibn-Esra's Ausleger.—Menahem ben Zerach, Chasdaï Crescas und Isaac ben Scheschet.—Chajim Gallipapa und seine Neuerung. Die Einmischung des Wiener Rabbiners Meïr Halevi und der Spanier Chasdaï Crescas und ben Scheschet.—Entartung des jüdischen Adels in Spanien; Angeberei und Blutgerichte.
Bd. VIII. K. iii.—*Fortsetzung* (1380-1400).—Joseph Pichon und seine Hinrichtung machen böses Blut in Sevilla.—Zorn des Königs Don Juan I. gegen die Juden und Rabbinatscollegien.—Verlust der peinlichen Gerichtsbarkeit in Castilien.—Gehässige Stimmung gegen die castilischen Juden.—Verlust mancher Rechte.—Das blutige Gometzel von Sevilla und die wirkungsreiche Verfolgung von 1391 in Spanien.
Bd. VIII. K. iv.—*Wirkungen der Verfolgung von 1391; Apostaten und literarische Fehden* (1400-1411).—Die Marranen.—Die Satyren.—Der jüdelnde Ton in der spanischen Poesie.—Pero Ferrus und die Gemeinde von Alkala.—Diego de Valencia und Villasandino.—Der Neuchrist Astrüc Raimuch, seine Proselytenmacherei und Salomo Bonfed.—Der Apostat Salomo-Paulus de Santa Maria und seine judenfeindlichen Schritte.—Joseph Orabuena—Josua Allorqui Ibn-Vives, sein fein zugespitztes Sendschreiben an Paulus de Santa Maria und dessen Erwiderung.—Chasdaï Crescas und seine antichristianische Abhandlung.—Die feine antichristianische Satyre des Profiat Duran an En-Bonet Bongiorno.—P. Duran's (Efodi) anderweitige literarische Thätigkeit.—Meïr Alguadez, Grossrabbiner und Leibarzt des Königs.—Chasdaï Crescas' philosophische Leistung.—Tod Don Heinrich's III., ein Wendepunkt.—Paulus de Santa Maria im Regentschaftsrathe.—Edikt gegen die Juden.—Hinrichtung des Meïr Alguadez.—Die Fortleitung der Kabbala: Abraham aus Granada, Schem-Tob Ibn-Schem-Tob und Mose Botrarel, der messianische Schwärmer von Eisneros.—Die Einwanderung in die Barbaresken.—Isaak ben Scheschet in Algier.—Marranen.—Simon Duran.
Bd. VIII. K. v.—*Das judenfeindliche Kleeblatt und das ausgedehnte Religionsgespräch von Tortosa* (1411-1420).—Josua Lorqui Geronimo de Santa Fe, Vicente Ferrer und der Gegenpapst Benedictus XIII.—Ferrer's Bekehrungseifer.—Die Ausschliessungsgesetze des castilianischen Hofes gegen die Juden.—Massenhafter Uebertritt der Juden zur Kirche.—Die Disputation von Tortosa; die jüdischen Notabeln, Don Vidal, Joseph Albo, Serachja Saladin, Mathatia Jizhari, Salomo Bonfed.—Das Programm zur Disputation.—Geronimo's boshaftes Benehmen und Anklage gegen den Talmud.—Spaltung unter den jüdischen Notabeln.—Bulle zur Verbrennung des Talmud, Beschränkungen und Zwangspredigten.—Das Ende des Papstes Benedictus.—Papst Martin und Kaiser Sigismund im Verhalten zu den Juden.—Die günstige Bulle des Papstes Martin.
Bd. VIII. K. vi.—*Literatur* (1420-1456).—Abraham Beneniste und Joseph Ibn-Schem Tob in castilianischem Staatsdienste.—Isaak Campanton, die Dichter Salomo Dañera, Vidal Ibn-Labi und Salomo Bonfed.—Mose da Rieti.—Die antichristianische polemische

Graetz, H.—Geschichte der Juden (continued).

Literatur.—Vidal-Labi, Ibn Joseph Albo als Polemiker; David Nasi in Candia; Isaak Nathan; die erste hebräische Bibelconcordanz, Joseph Ibn-Schem-Tob und Chajim Ibn-Musa, Simon Duran und sein Sohn Salomo Duran.

Bd. VIII. K. vii.—*Literatur und neue Verfolgungen* (1420-1456).—Joseph Albo als Religionsphilosoph; sein System des Seelenheils; die Lehre und die Glaube und die Vorschriften als Sacramente.—Seine Ansicht vom Messiasthume.—Joseph Ibn-Schem-Tob als Religionsphilosoph.—Simon Duran als Religionsphilosoph und Schriftsteller.— Das Baseler Concil gegen die Juden.—Die Söhne des Apostaten Paulus de Santa Maria, Gonsalvo und Alonso, als Urheber der Gehässigkeit und Beschränkung gegen die Juden. —Quälerei gegen die Juden von Mallorca, Astrüc Sibili und Bekehrung derselben zum Christenthume.

Bd. VIII. K. viii.—*Capistrano* (1482-1486).—Alonso de Cartagena von der Sippschaft der jüdischen Judenfeinde.—Eugenius' feindselige Bulle gegen die spanischen und italienischen Juden.—Trübe Folgen der Bulle in Spanien.—Juan II. entgegen wirkendes Dekret zu Gunsten der Juden.—Nikolaus' V. feindselige Bulle.

Bd. VIII. K. ix.—*Der letzte Schimmer der spanischen Juden* (1456-1474).—Verkommenheit der spanischen Juden: Isaak Leon, de Isaak Aboab, Samuel Valensi und Joseph Chajun. —Aechtung der Wissenschaft.—Isaak Arama, Ali Chabillo, Abraham Bibago.—Schem-Tobb.—Joseph II.—Die Kabbala und ihre Angriffe auf das bestehende talmudische Judenthum: das Buch Kana und Pelia.—Die Kabbala im Dienste des Christenthums.— Politische Lage in den letzten Jahrzehnten.—Jüdische Bevölkerung Castiliens abgenommen.—Wachsender Einfluss der Juden in Spanien.—Ihr erbitterter Feind Alfonso de Spina veranlasst Verfolgungen.—Die Märtyrer von Sepulveda.—Erbitterung der Bevölkerung des Marranen, Pedro de Herrera und sein Plan schlägt zu Ungunsten der Marranen aus.

Bd. VIII. K. xii.—*Die Inquisition in Spanien* (1474-1492).—Die Marranen, ihre Anhänglichkeit ans Judenthum und ihre unüberwindliche Abneigung gegen das Christenthum. —Die Dominikaner lüstern nach Menschenopfern.—Alonso de Ojeda, Diego de Merlo und Pedro de Solis.—Der Katechismus für die Marranen.—Eine polemische Schrift gegen den Katholicismus und die Despotie wirkt günstig für die Einführung der Inquisition.—Das Tribunal wird eingesetzt.—Miguel Morillo und Pedro de San Martin, die ersten Inquisitoren.—Der marranische Dichter Montero Ropero.—Das erste Inquisitionsgericht in Sevilla.—Die Artikel, um die apostasirenden Ketzer zu erkennen.—Die Procession des Auto da Fé.—Die Menge der Angeklagten und Hingerichteten.—Der Papst Sixtus IV. Anfangs für, dann gegen die Inquisition, bald für Milde, bald für Strenge.—Die Inquisition unter dem ersten Generalinquisitor Thomas de Torquemada; seine Constitutionen.—Die Marranen in Arragonien.—Verschwörungsplan gegen den Inquisitor Arbues.—Sein Tod schlägt zum Unheil der Marranen aus.—Verfolgung gegen die Verschworenen und ihre Beschützer.—Zunahme der Schlachtopfer.—Der Process gegen zwei Bischöfe von jüdischer Abkunft, de Avila und de Aranda.—Jüdisches Blut in den Adern des spanischen Adels.

B. VIII. K. xiii.—*Vertreibung der Juden aus Spanien* (1483-1492). — Der Zusammenhang zwischen Marranen und Juden. — Torquemada's Zwang gegen die Rabbinen, die Marranen anzugeben. — Juda Ibn-Verga, Vertreibung der Juden aus Andalusien und Sevilla.—Die jüdischen Hofleute unter Fernando und Isabella.—Isaak Abrabanel, sein Lebensgang und seine schriftstellerischen Leistungen.—Die Juden in Portugal unter Alfonso V.—Gedalja und Joseph Ibn-Jachja.—Abrabanel's Flucht aus Portugal und sein Amt in Spanien.—Die Juden in Granada: Isaak Hamon, die Familie Gavison, Saadia Ibn-Danan und seine Schriften.—Der Fall Malagas, die jüdischen Gefangenen, Abraham Sanjor und Salomo Ibn-Verga.—Uebergabe von Granada und trauriges Schicksal der spanischen Juden. — Ausweisungsedict Fernando's und Isabella's. — Wirkung des Edikts. — Torquemada mit seinen Verkehrungsmitteln. — Die Auswanderung aus Spanien, Isaak Aboab nach Portugal.—Die schmerzliche Trennung von den Gräbern.—Zahl der Auswanderer.—Sinken der Blüthe spanischen durch den Verlust der Juden. — Verwandlung der Synagogen und Lehrhäuser in Kirchen und Klöster. — Die zurückgebliebenen Marranen, die Masse der Schlachtopfer der Inquisition.—Torquemada's Todesangst. — Sein Nachfolger Deza als heimlicher Jude angeklagt. — Bajasid's treffender Ausspruch über die Vertreibung der Juden aus Spanien.

B. VIII. K. xiv.—*Vertreibung der Juden aus Navarra und Portugal* (1492-1498).—Auswanderung nach Navarra und dann Vertreibung der Auswanderer nach Neapel.—Der König Ferdinand I. von Neapel und Abrabanel.—Leon Abrabanel und sein Schmerz.— Die Unglückskette der spanischen Juden in der Berberei, in Fez, in Genua, Rom und den griechischen Inseln. — Menschliches Benehmen des Sultans Bajazot gegen sie; Mose Kapsali's Elfer für sie. — Die spanischen Einwanderer in Portugal.—Grosse Zahl derselben.—Die jüdischen Astronomen in Portugal: Abraham Zacuto und José Vecinho. —Die jüdischen Reisenden Rabbi Abraham de Beja und Joseph Zapateiro.—Die Seuche unter den spanischen Juden in Portugal. — Elend der Auswanderer aus Portugal. — Juda Chajjat und seine Leidensgenossen.—Härte des Königs João II. gegen die Juden. —Anfänglich freundliche Behandlung unter Manoel. — Abraham Zacuto.—Die Heirath des Königs Manoel mit der spanischen Infantin zum Unheil für die Juden. — Ihr Hass gegen die Juden berückt den portugiesischen König. — Gewaltsame Taufe der jüdischen Kinder, später der Erwachsenen. — Levi ben Chabib, Isaak und Abraham Zacuto.—Die Gesandtschaft der getauften Juden an Papst Alexander VI. — Der Process des Bischofs

Graetz, H.—Geschichte der Juden (*continued*).
  de Aranda. — Versprechen Manoel's zu Gunsten der portugiesischen Marranen. — Das Ende der frommen Dulder Simon Maimi und Abraham Saba.—Edle Rache der Juden.
  B. VIII.—NOTE 1.—Profiat Duran als historischer Schriftsteller.
  NOTE 2.—Chasdai Crescas und einige Data zu seiner Biographie.
  NOTE 3.—Die Disputation von Tortosa.
  NOTE 4. — Don Abraham Benveniste, seine Söhne und Enkel, und Don Joseph ibn Shemtob im Dienste des castilianischen Hofes ; Chaim ibn Mysa.
  NOTE 9. — Das Verhalten der portugiesischen Juden gegen die aus Spanien vertriebenen Stammgenossen.

Graetz, H.
Die westgothische Gesetzgebung in Betreff der Juden. Breslau, 1858.—Programm.
Der Minister-Rabbi Samuel Ibn-Nagrela (in *Wertheimer Jahrbuch*, Vienna, 1860. Translated in Misc. Hebr. Lit., London, 1872).
Les Juifs d'Espagne. Paris, 1872. Trans. of *Geschichte*, Bd. V.

Graetz.—Monatsschrift, 1869-1887.
  III.—173-178.—*Der Machzor Aragon.*—A. Neubauer.—Phinehas ha Levi.—A. N.
  186-187.—*Eine jüdische Dichterin im arabischen Spanien.*—W. Bacher.
  IV.—525-526.—*Zur Geschichte der Juden in Spanien von 1385.*—Dr. Lewin.
  VII.—310-315. — *Responsen des R. Isaac ben Scheschet, chronologisch geordnet.*— Dr. Jaulus.
  447-459.—*Die Familie Gradis.*—H. Graetz (concluded VIII. 78-85).
  VIII.—43-44.—*Brief von Zacutus Lusitanus an Caspar Barlocus.*—Dr. Perles.
  XII.—241-258.—*José de Silva, ein tragisches Opfer der Inquisition.* *XVIII. Jahrhundert.*—1880.
  XIV.—*Das Todesjahr des R. Isaak ben Scheschet.*—D. Kaufmann.
  XVII.—327-332.—*Muammar Hasalumi und der unbekannte Gaon in Abr. ibn Esra's Jesod Moreh.*—D. Kaufmann.
  497-512.—*Zur Geschichte der Juden in Spanien nach Tourtolon.*—H. Graetz, M. Steinschneider.
  526-528.—*Notiz über Salomo Molcho.*
  XX.—49-59.—*Eheprocess in der Familie Ibn-Tibbon.*—H. Graetz.
  89-94.—*Eine Anecdote von Jehuda Halevi.*—D. Kaufmann.

Gremios y Cofradias.—Cofradia de conversos 31. Cofradia de los judíos Zapateros de Zaragoza 131. [In Catalan.]

Güdemann, M.—Das jüdische Unterrichtswesen während der spanisch-arabischen Periode. Vienna, 1873.
II. pp. 198, 62. 8vo.

Gutierrez.—Historia de anales de la Ciudad Xerez. Jerez, 1887.
II., 152, 153, 155, 186. III. 129.

Guzman, Perez de.—Crónica de Juan II. Valencia, 1779.
596 (Gz. viii. 79), p. 109 (Gz. viii. 109).

Hamy, E. T.—Cresquez lo Juheu. Note sur un géographe juif catalan de la fin du XIV® siècle. Paris, 1892, pp. 7.

Hefele, C. J.—Cardinal Ximenes und die kirchlichen Zustände Spaniens am Ende des 15. und Anfange d. 16. Jahrhts. Tubingen, 1851.

Heine, H.—Beiträge zur Geschichte im Zeitalter der Reformation, pp. 147, 154.
In Schmidt's *Allg. Zts. für Geschichte.* Bd. IX. Berlin, 1848.

Helfferich, C. A.—Entstehung und Geschichte des Westgothen-Rechts. Berlin, 1858.
326 *seq.* (K. 10) 288 (K. 66).

Hübner, E.—Inscriptiones Hispaniæ Christianæ. Berlin, 1872.
Page 34. (Tombstone of Jew of Merida, VIII. cent.).

Hübner, E.—Inscriptiones Hispaniæ Latinæ.
Page 268. Epitaph of a Spanish Jew of Roman times (third century). [First published in *Ordinamenti de Alcalá*, M. 1774. p. 143.]

Ilustración Católica.
21 Nov. 1880. Acta de toma de posesion de una aljama israelita. F. Fita.
Isaac ben Sheshet.—Shaaloth u-Teshuboth. (Heb.) Constantinople, 1547.
Casuistical responses throwing light on the social condition of the Jews of Spain at the end of the fourteenth century.

Jacobs, Joseph.—Jews of Angevin England. London, 1893.
Page 26 : Figure of Seal with Arabic inscription in Hebrew letters. Probably of Andalusian Jew converted to Islam in 1145. (*See* title page of present volume).
p. 89 : Spanish Jew in London 1186.
Jehuda ben Asher.—Zikaron Jehuda. (Heb.) Berlin, 1846.
Casuistical responses.
Jovellanos, G. M. de.—Memorias sobre el Castillo de Bellver en Mallorca. Palma, 1813.
47 K. 165, 49 (K. 166).

Kayserling, M.—Ein Feiertag in Madrid. Zur Geschichte der Spanisch-Portug. Juden.
Berlin, 1859.
Kayserling, M.—Christopher Columbus and the participation of the Jews in the Spanish and Portuguese discoveries.
Chicago, 1894.
Kayserling, M.—Das Handelshaus Ezmel in Navarra.
In Wertheimer's *Jahrbuch* 1860, p. 40 *seq.*
Kayserling, M.—Die Juden in Mallorca.
In *Jahrbuch für die Geschichte der Juden,* 1860. Das castilianische Gemeindestatu. *Ibid.* 1869.
Kayserling, M.—Die Juden in Navarra, den Baskenländern und auf den Balcaren.
Berlin, 1861. 8vo, pp. xii. 224.
Kayserling, M.—Ein Verein der jüdischen Schuhmacher in Saragossa.
In *Allg. Zg. Jud.,* 1892, p. 438.
Geschichte der Juden in Portugal. Leipsic, 1867.
Buch I. Kap. viii. Die Auswanderung aus Spanien.
(Contains also several other references to Spain ; the geographical list at end contains the following Spanish towns : Alcala de Henares, Badajoz, Calatayud, Estella, Granada, Madrid. Malaga, Plasencia, Salamanca, Saragossa, Segovia, Sevilla, Toledo, Valladolid, Valencia.)
Krauskoff, Jos.—The Jews and Moors in Spain.
Kansas, 1887. 8vo. pp. v. 246. (Popular lectures.)

Lafuente, M.—Historia de España. Madrid, 1867.
VIII. 57 (Gz. viii. 93) ; 227 (*ib.* 287) ; 459 (Fg. 313).
IX. 38 (Gz. viii. 229).
La Fuente, Vicente de.—Historia de la Ciudad Calatayud. Catalayud 1880.
I., pp. 217, 300, 301, II., 435.

Landazuri.—Villas y Lugares de Alava.
78, 79 (R. ii. 130); 95 (K. 117, 119); 102 (R. iii. 289); 104 (R. iii. 290); 96 (K. 120); 97 (K. 123); 99 (K. 123); 100-102 (K. 124); 104 (K. 127); 105 (K. 126); 98 (K. 128); 102 (K. 128); 106-107 (K. 129); 104 (K. 130); 110 (K. 130, 131); 112 (K. 131); 111, 113, 114 (K. 132); P. 217 (R. iii. 32), ii. 698 (Fg. 321).

Landazuri y Romarate, J. J. de—Historia eclesiástica de Vitoria.
Madrid, 1780. (Contains *Memorias de los Judios y Juderia de Vitoria*.)

Lardizabale y Uribe.—Apologia por los Agots de Navarra y los Chuetas de Mallorca.
Madrid, 1786.

Lattes, M.—Di alcune notizie intorno agli Ebrei della Spagna contenute nell' elegia " De exilio suo " di Didaco Pirro.
In *Mosé antologia isr.* 1879. p. 297.

Lea, H. C.—Chapters from Religious History of Spain. Philadelphia, 1890. pp. 437-60. El Santo Niño de la Guardia.
469-79. Brianda de Bardaxi. (From Llorente MS. in Paris.)

Leo Africanus.
C. XXVII. p. 295 (Gz. vi. 393).

Leyes del Estilo.
Ley 87, 88 (R. ii. 73).

Libro del Alborayque.
(R. iii. 425).

Lindo, E. H.—History of the Jews of Spain and Portugal... with complete translations of all the laws made respecting them. London, 1848. 8vo. pp. xiv. 384.
(Contains also List of Spanish-Portuguese Writers arranged in chronological order, from De Castro *Biblioteca*.

Llebres, J. de Moporter.—Memoria sobre la Isla de Mallorca. Madrid, 1787. vi. (K. 187).

Llorente, J. A.—Historia crítica de la Inquisicion.
i. 186 (R. iii. 258); i. 192 (R. iii. 293); i. 205-206 (R. iii. 265); i. 147 (R. iii. 288).

Llorente, J. A.—Noticias Históricas de las Provincias vascongadas.
T. iii. p. 425 (Fg. 61); 436 (Fg. 64).

Loeb, Isidore.—Hebräische Inschriften in Spanien.
In *Magazin des Judenthums*, 1879. Bd. vi. 114-116.

Loeb, Isidore.—La Controverse Religieuse entre les Chrétiens et les Juifs au Moyen-Age en France et en Espagne. Paris, 1888. 8vo. pp. 55.
(Extrait de la *Revue de l'Histoire des Religions*).

Loeb, Isidore.—Joseph Haccohen et les Chroniqueurs Juifs. Paris, 1888. 8vo. pp. 103.
(Extrait de la *Revue des Etudes Juives*).

Loeb, Isidore.—Le Saint Enfant de la Guardia. Paris, 1888. 8vo. pp. 32.
(Extrait de la *Revue des Etudes Juives*.—Tome XV.).

Luzzato, P.—Notice sur Ibn Shaprut Hasdai. Paris.

Luzzato, S. D.—Abne Zikaron, Lapides Memoriæ 76 epitaphia Toletana antiqua. (Hebr.) Prague, 1841.
Names given in chronological order by Zunz, *Zur Geschichte*, q.v.

Al Maccari.—*See* Gayangos.
Mallol, A.—Suman des privilegos del regne do Mallorca.
  Sub voc. Juheus. (R. ii. 293.)
Mansi.—Concilia.
  xix. 340 (Gz. vi. 79).
  xxi. 850, can. ii. (Gz. vi. 15) 1055 (*ib.* 18).
Marca, Petro de.—Marca Hispanica.
  Page 1038 (K. 71). App. xxiv. (R. i. 395). Paris, 1688.
Mariana, P. Juan de.—Historia general de España.
  III. 212 (Gz. vi. 374).
  XI. cxxiii. (R. i. 349) ; XVI. cxiii. (R. ii. 254).
  XVIII. xv. (R. ii. 403).
  XIX. xii. (R. ii. 406, 431).
  XX. i. (R. iii. 409) ; vi. (R. ii. 505) ; viii. (R. iii. 20) ; XXII. viii. (R. iii. 244).
  XXIII. vi. (R. iii. 144) ; xv. (R. iii. 161) ; xxxix. (R. iii. 160).
  XXIV. iii. (R. iii. 228) ; cxvii. (R. iii. 253, 256).
  XXVIII. xvii. (R. iii. 365).
Marina, M.—Antigüedades hispano-hebreas convencidas de supuestas y fabulosas in *Mem. de la Real Acad. de Hist.*
  III. pp. 431-2 (R. ii. 506).
Marina, F. M.—Ensayo sobre la antigua Legislacion de Leon y Castilla. Madrid, 1808.
  258 (K. 13).
Mas y Casas, M. T.—Ensayos históricos sobre Manresa.
  (In Balaguer II. v. v. R. i. 261).
Mas y Casas, T. M.—Memoria histórica de los Hebreos y de los Arabes en Manresa. Pages 31, 8vo. Manresa, 1837.
  [Analysed by I. Loeb. REJ. v. 286-8.]
Masdeu.—Historia crítica de España.
  XIII. No. clxvii. (R. i. 247-248).
Medrano, Julian de.—La Silva curiosa. Paris, 1583.
  Contains the forged correspondence between the Jews of Spain and of Constantinople.
Memorial histórico español.
  xiii. 180. De un milagro muy señalado. Zapata.
  I. pp. 122 and 239 (R. i. 425) 151 (16 445) 4 and 14 (R. i. 552) 23, 33 (R. i. 433) 160 (R. i. 485) 263 (*ib.* 207) (*ib.* 486) 308 (*ib.* 490) 279, 285 (R. i. 486).
Memorias de Alfonso el Sabio.
  Lib. vii. c. ii. (R. ii. 49).
Memorias para la Vida del Santo Rey don Fernando.
  Pt. iii. p. 223 (R. i. 346, Fg. 76) 236 (*ib.* 331) 294 (R. i. 359, Fg. 81) 455 (*ib.* 365) 459 *seq.* (R. i. 368) 540 *seq.* (R. i. 368).
Mendoza y Bovadillo, Francisco (1508-1558).—El tizon de la nobleza española ó maculas y sambenitos de sus linajes. Barcelona, 1880.
  [An attack on the purity of blood of the Spanish nobility ; often found in MS.: only printed this century.]
Mendoza, Luis Hurtado. — Memorial de algunas cosas notables de la ciudad de Toledo.
  (R. ii. 427).
Michel, Francisque.—Histoire des Races Maudites.
  234 (K. 179), 40 (K. 187).

Miguel, F. Serafin Tomas.—Historia de San Vicente Ferrer.
I: xi. (R. ii. 404).
II. ix. (R. ii. 407), xiv. (R. ii. 426, 429).

Mocatta, F. D.—The Jews of Spain and Portugal and the Inquisition.
8vo. viii. 99. London, 1877.
(Translated into German by Kayserling, M. 1878, and Hebrew by Frumkin, 1879 and Bloch, 1888.)

Molins, A. E. de.—Catalogo del museo provincial de antigüedades de Barcelona.
p. 216. Epigrafia hebrea.

Moncan, J. C. de.—Histoire des peuples et des états pyrenées.
I. c. vi. p. 421. Calatayud=Calat-al-Yehud (R. i. 385).

Mondejar.—Memoire Historique de Alfonso VIII.
(R. i. 332. App. IV. p. lxiii. lxvi.)

Mondejar, Marques de.—Memorias históricas del Rey Don Alfonso el Sabio.
cxxvii. 67, 68 iii. (R. i. 335); III. c. xiii. (R. i. 446); V. c. 51 (R. i. 492, 493); c. 52 (*ib*. 494). L. V. c. liii. p. 367 (Gz. vii. 153, Fg. 172).

Moreno, M. M.—Historia del martirio del Santo Niño de la Guardia.
Madrid, 1866.

Moret.—Historia de Navarra.
II. 413, 511, 496 (Fg. 90); 26 (Fg. 94); 299 (Fg. 97); 303, 347 (K. 14); 361, 413, 511 (K. 15); 496 (K. 16); 535 (K. 20); 545 (K. 21); 497 (K. 24); 610 (K. 42).
III. 62 (K. 92, Fg. 92); 432 (R. ii. 27); 109 (*ib*. 177); 190 (*ib*. 176); año 1498 (R. iii. 332); 172 (K. 24); 174 (K. 27, Fg. 94); 147 (K. 25).
III. 609 (K. 29, 39); 432, 436 (K. 33); 109 (K. 39).

Munk, S.—Notice sur Aboulwalid. Paris, 1851.

Muñoz y Gomez, A.— Nuevas memorias judiecas. Coleccion de documentos ineditos relativos á Judios de Xerez. En el siglo XIV. Jerez, 1892.
Page 4.

Muñoz y Romero.—Coleccion de Fueros y Cartas pueblas.
39, 40 (R. i. 174); 89 (*ib*. 182); 41 (*ib*. 190); 552 (*ib*. 195); 537 (*ib*. 196); 416, 417 (R. i. 265); 425 (*ib*. 317); 318, 319 (R. i. 488).
I. 215 (K. 10); 415 (Fg. 98); 410, 435, 469, 534. 457, 418 (Fg. 89); 288, 410, 435, 448, 451, 534 (Fg. 95). Madrid, 1847.

Mut, Vicente.—Historia General del Reino de Mallorca. 1650.
1. viii. c. iv. (R. ii. 379, 393); xv. (R. iii. 87); p. 301 (Fg. 110).

Neubauer, A.—Medieval Jewish Chronicles. Oxford, 1887.
Contains ii. Abraham ben David's Chronicle: iii. Joseph ben Zaddik's Chronicle: iv. Abraham of Torrutiel's Chronicle.

Ordenanzas del reino de Valencia.
Extrav. leg. ii. iij. (R. ii. 301).

Ordenanzas reales de Castilla.—Edit. Alfonso Diaz de Montalvo.
VIII. iii. 10. (R. iii. 287).

Oropesa, F. Alfonso.—Lucem ad Revelationem. 1465.
Cap. xxii. (R. iii. 282).

Ouverleaux, E.—Notice sur une inscription hébraïque découverte à Béjar.
Bruxelles, 1882.
Page 19.

Pablo de Santa Maria.—Scrutinium Scripturarum.
Paiva, Moses Pereyra de.—Noticias dos judeos de Cochim.
ix. (K. 167). Amsterdam, 1687.
Palacios, Cura de los.—Crónica de los Reyes Católicos.
Cap. xiv. (R. iii. 275); xlvi. (R. iii. 293); lxxxvi., lxxxvii. (R. iii. 295, Fg. 323); cx. (R. iii. 311, 316); cxii. (R. iii. 314, 404).
Palencia, Alfonso de.
(R. iii. 153).
Pavon, Francisco de Borja.—Tradiciones Cordobesas.
(R. iii. 153). Cordova. 1863.
Philipson Ludwig.—Exposicion de los Israelitas de Alemania á las Cortes constituyentes de la nacion española. 1854.
Pi y Arimon, A. A.—Barcelona, Antigua y Moderna. 1854.
 I. 220, 240, 259.
 II. 463.
 II. 548-556. Matanza de los Judíos [quotes a M.S. Dietario in the Municipal Archives].
Pisa.—Historia de Toledo.
(R. ii. 428).
Porta, José Pleyan de.—Apuntes de Historia de Lérida.
p. 565. (R. iii. 83. Fg. 295).
Possevino.—Apparatus sacer.
(R. ii. 436).
Pragmaticos y Leyes hechas y recopiladas por mandato de los muy altos catholicos principes el Rey D. Fernando y la reyna D. Isabel.
Medina pel Campo 1549.
Fol. 3. Edict of Expulsion.
Prescott, W. H.—History of the Reign of Ferdinand and Isabella the Catholic of Spain.
Pulgar, Hernando del.—Crónica de los Reyes Católicos.
Cap. xcv. Valencia, 1780.
(R. iii. 254, 265); III. cxviii. (R. iii. 405); II. lxxvii. (Gz. viii. 236, R. iii. 422).
(R. iii. 495). Letras. Madrid, 1775.

Quadrado, J. M.—*See* Boletin, ix.

Raymundus, Martini.—Pugio fidei adversus Mauros et Judios. Paris, 1651.
" **Revista de Asturias.**"—Antigüedades hebreas en la ciudad y provincia de Leon. F. Fita. [Contents given by I. Loeb, REJ. ii. 135-6.]
" **Revista de ciencias historicas.**"
 II. 54. Lapidas hebreas de Barcelona. F. Fita.
Roa, M. de.—Principado de Córdoba.
32. (R. i. 224, Fg. 33.)
Rodrigo de Rada, P. J.—Historia gothica.
III. ii. (R. i. 57); VI. xi. (R. i. 175); xxxiv. (R. i. 183, Gz. vi. 78, 88);
 ii. *De Rebus Hispaniæ*. c. vi. (350, 351).

Revue des Etudes Juives.
II. Les exilés d'Espagne en France. 6. Trois pièces en judéo-espagnol écrites en Espagne. 7. La synagogue de Cordoue. 8. Juda, Juif Catalan du IXe siècle.
135. Notes sur l'Histoire et les Antiquités Juives en Espagne. I. Loeb. [See Carbayon, Tumbo, Rev. de Asturias.]
IV. 31. Notes et Documents pour servir à l'Histoire des Juifs des Baléares sous la Domination aragonaise du XIIIe au XVe siècle. A. Morel-Fatio.
57. Liste nominative des Juifs de Barcelone en 1392. I. Loeb.
226. Actes de Vente hébreux en Espagne. I. Loeb.
V. 285. Notes sur l'histoire des Juifs d'Espagne. I. Loeb.
(1. Les Juifs de Manresa. 2. La sentinelle contre les Juifs.)
VI. 112. Trois Inscriptions tumulaires de la Coruna.
267. La Roue des Juifs. I. Loeb. [With plates of Roven Salomo, a Spanish Jew of 1347; also references to *Libri Judeorum* of Manresa.]
IX. 66. Un Convoi d'Exilés d'Espagne à Marseilles en 1492. I. Loeb.
X. 108. Actes de Ventes originaires d'Espagne. I. Loeb. [From Girbal.]
236. Les Exilés d'Espagne en France. I. Loeb.
243. Trois Pièces en judéo-espagnol écrites en Espagne. I. Loeb. [Bol.]
244. Les Synagogues de Cordoue. I. Loeb. [Bol.]
XIII. 187. Règlement des Juifs de Castile. I. Loeb.
239. Sac des Juiveries de Valence et de Madrid. I. Loeb. [Bolet. F. y G.]
XIV. 161. Le Nombre des Juifs de Castille et d'Espagne dans le Moyen-Age. I. Loeb.
254. Notes sur l'Histoire des Juifs en Espagne. I. Loeb.
4. La Juiverie de Ségovie. 5. Le cimetière des Juifs de Ségovie. 6. Les Juifs de Majorque en 1391. Les Juifs de Castellon de la Plana. 7. Les administrations juives. 8. Plan de la juiverie de Valence en 1391. 9. Un sceau juif.)
XV. 1. La Controverse de 1263 à Barcelone. I. Loeb.
203. Le Saint Enfant de la Guardia. I. Loeb.
XVI. 61. Les Marranes de Pesaro. D. Kaufmann.
XVII. 149. Une inscription hébraïque à Girone. I. Loeb.
XVIII. 14, 43, 219. Polémistes chrétiens en France et en Espagne. I. Loeb.
XIX. 202. Les Caraïtes en Espagne. I. Loeb.
XXII. 119. Notes sur la littérature des Juifs hispano-portugais. M. Kayserling.
XXIV. 291. Un contrat de mariage en langue catalane. M. Kayserling.
XXV. 255. Des Juifs gardiens de lions. M. Kayserling.
XXVI. 281. Un épisode de l'histoire des Juifs d'Espagne. M. Schwab.
XXVII. 148. Notes sur l'histoire des Juifs en Espagne. M. Kayserling. (1. Raymond Lull, convertisseur des Juifs. 2. Les Juifs de France en Espagne.)

Romero, V. R.—Carta de Fuero concedida á la Ciudad de Cordoba por Fernando III. Cordoba, 1881.
p. 16.
Romey, L. C.—Histoire d'Espagne. Paris, 1839.
IV. 17 ff., 39 ff. (K. 7).
V. 477 (K. 19).

Saez, Liciniano.—Demonstracion del valor de moneda durante el reinado de Enrique III.
P. 311 *seq.* (R. ii. 390).
Salanoba y Guilarte.—Noticia de la Isla de Menorca. Madrid, 1781. 21, 34 (K. 188).
Salazar, P.—Crónica del gran Cardenal de España. Toledo, 1625. Cap. xlix. p. 168 (R. iii. 252).
Sanctotis.—Vita domini Pauli episcopi Burgensis.
(R. ii. 491, 493); p. 49. (R. ii. 494); p. 36, 40. (R. iii. 19); p. 18. (R. iii. 47); 10-12. (R. iii. 97, 103, 127); 227.
Sandobal, P. de.—Historia de los Reyes de Castilla. Pamplona, 1615. f. 109. (K. 9 Fg. 47).
Savall y Reneu.—Fueros de Aragon, Zaragoza, 1861.
R. i. 407.
Schreiner, M.—Zur Geschichte der Polemik zwischen Juden und Mohammedanern.
In *Zeitschrift der morgenländischen Gesellschaft*, 1888, Bd., XLII., 591-675.
Las Siete Partidas.
II. tit. ix. ley xxv. (R. ii. 69); IV. ley 6 (R. ii. 77).
VII. xxiv. 2 (Gz. vii. 128 Fg. 166, 170); xxii. 3 (Fg. 172); R. i. 460 *seq.*
Sigüenza, F. José de.—Historia de la Orden de San Gerónimo.
III. viii. p. 498 (R. iii. 142); III. xviii (R. iii. 144); and (145); III. xix. (R. iii. 284); III. ii. c. xxix. *seq.* (R. iii. 372, 375).
Simon Duran.—Tashbaz. (Hebr.) Amsterdam, 1739.
Casuistical responses throwing light on the social condition of the Jews of Spain at the end of the xiv. century.
Solomon Adret.—Shealoth u-Teshuboth (Hebr.), Bologna, 1539.
Casuistical responses throwing great light on the social condition of the Jews of Spain in the beginning of the xiv century.
Somorrostro, Gomez de.—El acueducto de Segovia. Segovia, 1861.
Page 204. Contribution of aljama.
Sotomayor, Luis José de.—Breve relacion de la general expulsion de los Judíos de la Judería de la ciudad de Oran.
s. l. 1670. fol.
Steinschneider, M.—Notices sur les tables astronomiques attribuées à Pierre III d'Aragon.
In *Bulletino di bibliografia delle scienze matematici* XIII. (1880). Supplement in XV.
Suarez y Manao.—Vida del Venerable F. Hernando de Talavera.
p. 216 (R. iii 272).
Sumario de los Reyes de España.—Ed. Llaguno, Madrid, 1781.
73 (ii. 244, 247); 72 (R. ii. 245); c. xc. (256); c. xlii. (R. ii. 417); xl. p. 75 (R. ii. 423 Fg. 229); 77 (Gz. viii. 45).
Swift, E. D.—James the First of Aragon. (Clar. Press, 1894.)
[Jahuda, 159, 225, 255; Jews, 115, 176, 177, 221, 224, 233, 245, 247, 252, & Doc. xi. Privilege to Jews of Lérida, 1268, p. 296 (F. Bofarull Doc. Ined. vi. 45)].

Tapia, E. de. — Historia de la Civilizacion Española. Madrid, 1840. ✓
(R. iii. 419–20).
Tejada y Ramiro.—Coleccion de Canones de todos los Concilios de España.
P. II. 497, 575 (R. ii. 124).

242   *Sources of Hispano-Jewish History.*

Torrejonsilio, F. Francisco de.—Centinela contra Judios.
c. v. (R. iii. 506).

Tourtoulon.—Jacme le Conquérant. 1867.
IV. ciii. (R. i. 357); II. 338 (R. i. 431); 384 (R. i. 433); 377 (R. i. 439).
[See *Nomenclature* under names: Avenpesat (Sim et Sam) Rv. Avenhevi (Jucy) II. 377, 404. Abendayan (David) II. 377. (Azach) Rv. Abraham & Abraham fils Vives, Rv. Abraham de Saragosse II. 377. Alassar f. Acecri Abenjucy de Huesca Alassar de Sarag. Rv. Aranvos (Azach) Rv. Bahiel Rv. J. clc. & ccxv. Banahaquim f. Ravizach Rv. Baruch f. Bonet Abenbaruch de Lerida Rv. Benefie (Abraham) Rv. David Magister I. 377. Rv. Elias Julcher Rv. (?) Ibraym de Valence Rv. Jafia Rm. Jafuda II. 377, 457. Jona rabbin II. 454. Josef f. Açat Rv. Muza Rv. Porta, Bonastrug de II. 283. (Rv. Repartimento de Valencia in *Coll. doc. Arag.* xi.)].

Tumbo de la santa Iglesia catedrale de Leon.
Judios nominados, pp. 107, 245, 258, 265, 320, 337.

Valera, Diego de.—Memorial de varias hasanias
lxxxv (Fg. 304).

Verga Solomon Aben.—Liber schevet Jehuda.   Edidit Hebraice et Teutonice M. Wiener. Hanover, 1856.
The Geographical list at the end contains the following names:
Aguilar, Alcaniz, Alcantara, Andalusia, Aragon, Avila, Barcelona, Birviesca, Burgos, Calatayud, Carrion, Castille, Cordova, Daroca, Ecija, Gerona, Granada, Huesca, Huete, Illescas, Jaen, Leon, Lerida, Logrono, Madrid, Majorca, Malaga, Castel Manresa, Molina, Monreal, Monzon, Morviedro, Munnioz, Murcia, Najara (?), Navarra, Ocana, Palma, Pampelona, Salamanca, Salvatierra, Saragossa, Segovia, Seville, Spain, Toledo, Tudela, Valencia, Valladolid, Viljacet, Xerez de la Frontera, Zamora.

Villanueva, J. L.—Viaje literario á las Iglesias de España. Madrid, 1803-52.
II., J. Insultos que contra ellos se cometieron en varios pueblos de España á fines del siglo xiv. 173, 174. Providencias tomadas en Valencia.

ii., 183, 185 (R. 370), para puracer los 173, 174. Su admirable conversion en Valencia, 22 seq., 180 seq., Rabi Çag de Sujulmeza, Ocasion de su carta á rabi Samuel, 132, 133, 141. Version castellana, 216. vii., 62, 270 (R. ii. 163).

xiii. App. lviii (R. i. 434); p. 334 (Fg. 120).

xiv J. su persecucion en España, 24, XVI. p. 2, 6 (R. ii. 380).

xvi. 247 (R. ii. 402).

xvii. J. disposiciones relativas á ellos, 18, 37, 78.

xviii. Prohibese venderles Misales 6. Asesinados por unos fanaticos Franzeses, 8. Guerra sagrada contra ellos en toda España 20 juntas para convencerlos 31 (Fg. 195).

xx. Por traicion de ellos toman los Moros á Barcelona, 104).

xxi. J. Mandase dar sepultura eclesiástica á unos que se habian convertido 160, prohibese á los clerigos en su call sino con ciertos motivos 165, confiscanse sus bienes 182, prohibese compelerlos al bautismo 184.

xxii. J. constitucion sobre su bautismo 13, conmocion popular contra ellos 32, otras constituciones generales 52, sus privilegios 250. Dos cetros de plata con letras hebreas 245-250.

Vira y Rosales.—Disc. hist. sobre la Image.
pp. 445, Juderia de Sevilla (R. i. 369).

Vives, P.N.—Usatges de Cataluña. 1862.
L. 47, 252, iv. 58, 77-83.
[Los que se conviertan nada pierdan de sus bienes-porcion que deberán tener los hijos y demas parientes sobre estos bienes (inutil por la expulsion de judios), i. 47. No deben renunciar ganados con usuras hechos antes de su conversion *ib.* Como deben hacerlo en Barcelona, iv. p. 58, se revocan los privilegios sobre las usuras. iv. 17. No pueden usar la jurisdiccion ó distrito sobre los cristianos.

Ximena.—Anales eclesiasticos de Jaen.
367 (R. ii. 401).

Yanguas y Miranda, José.—Diccionario de antigüedades de Navarra. Pamplona, 1842.
I. iii. (K. 54) 5 (K. 57) 14 (K. 54) 31 (K. 75) 43 (K. 93, 100) 60 (K. 102) 172 (K. 12) 194-6 (K. 93) 203 (K. 12) 205 (K. 55) 252 (K. 58) 208 (K. 30) 388 (K. 49) 390 (K. 49, 73) 425 (K. 42) 426 (K. 45) 429 (K. 72) 513 n. (K. 20) 519 (K. 74).
II. 65 (K. 70) 66 (K. 71) 84 (K. 104) 90 (K. 109) 92 (K. 32, 52) 93-4 (K. 58) 95 (K. 108) 112 (K. 18, 23, 29, R. ii. 27, 77) 113 (K. 43, R. iii. 175, K. 35, 38, 40), 114 (K. 42, 76), 115 (K. 92, R. iii. 290, K. 94) 111 (K. 16) 116 (Gz. viii. 80, K. 88 R. ii. 291) 117 (K. 105 R. iii. 329) 120 (K. 109) 122 (K. 110) 134 (R. iii. 331) 136 (K. 68) 137 (K. 69) 142 (K. 66) 193 (R. iii. 175) 188 (K. 89) 128 (K. 94) 304 (K. 57) 314 (K. 89) 321 (K. 49) 344 (K. 57) 309 (K. 70) 344 (R. ii. 291) 418 (K. 59) 435 (K. 74) 517 (K. 34) 640 (K. 92 R. ii. 290) 641 (R. ii. 291) 643 (K. 22, 31, 34) 629 (K. 58) 646 (K. 94) 619 (K. 92) 654 (K. 97) 635 (K. 59) 669 (K. 108) 687 (K. 45) 714 (R. iii. 191) 715 (K. 96) 716 (K. 102).
Insert 4 (K. 94) 708 (K. 59) 174 (K. 46) 461 (K. 92).
III. 32 (K. 25) 122, 123 (K. 51), 88 (K. 57) 6, 16 (K. 94) 131, 140 (K. 97) 162 (K. 102, R. iii. 198) 154 (K. 89) 195 (R. iii. 323) 295 (K. 46) 293, 258 (K. 108) 348 (K. 90) 365 (K. 73) 353 (K. 45) 418 (K. 74) 424 (K. 54, 103, 105, R. ii. 287) 426 (K. 46) 417 (K. 54) 431 (K. 102) 438 (K. 108) 516 (K. 55) 644 (K. 93) 689 (K. 79).
Adiciones al diccionario. Pamplona, 1843.
63 (K. 45) 100 (K. 46).

Yanguas y Miranda, José.—Historia de Navarra. S. Sebastian, 1832.
94 (K. 11) 125 (K. 24) 168 (K. 39) 169 (K. 41).

Yztueta.—Guipuzcoaco Provincia. Donostian, 1847.
275 (K. 117).

Zarza, Samuel.—Mekor Chayim. Mantua, 1559.
Containing an Account of the Persecutions in 1360. Given in Wiener's edition of *Shevet Jehuda.* Heb. pp. 131-2. Germ. pp. 264-7.

Zuasnavar y Francia, J. M. de.—Ensayo sobre la legislacion de Navarra. (S. Sebastian, 1829).
Pt. ii. (Fg. 64), 46 (K. ii, Fg. 88), 124 (Fg. 90), 186 (Fg. 91), 31 (K. 10), 124 (K. 15) i. 233 (K. 10).

Zuñiga, Ortiz de.—Anales eclesiásticos y seculares de Sevilla.
Fg. 47. The Jewish Key (R. i. 373), ii., f. 14 (R. ii. 127. (Fig. 198).
Lib. viii. p. 249 (R. ii. 345, Fg. 263), 252 (R. ii. 956-259), *ib.* 388), 386 (R. iii. 246), xii. año 1480, p. 168 (R. iii. 252).
Lib. xii. p. 385 (R. iii. 254), año 1482 (R. iii. 256), año 1505, p. 427 (R. iii. 382).
T. i. p. 136 (Gz. vii. 125).

Zunz, L.—Ueber die in den hebräisch-jüdischen Schriften vorkommenden hispanischen Ortnamen in *Zeitschrift für die Wissenschaft des Judenthums*, pp. 114–76. Berlin, 1823.

Zunz, L.—Zur Geschichte und Litteratur. Berlin, 1845.
Contains List of Tombstones at Toledo from Luzzato, q.v., also Account of several distinguished Toledo Families. Pages 405-440.

Zurita, Jeronimo de.—Anales de Aragon. Zaragosa, 1610.
I. 44 (Fg. 95).
II. 84 (R. 176, K. 40) IX. xxvii. (ii. 242).
IV. ch. xxxix. (R. ii. 291) VIII. ch. xxiij. (*ib.* 200) xxxix. (Fg. 138) XVI. c. xxv. (R. ii. 219).
X. cxlvii. (R. ii. 403) XII. xlv. (Gz. viii. 121, iii. 75, R. ii. 441, XVII. c. xxxiii. (R. iii. 213, 222).
XVIII. c. iv. (R. iii. 210) c. vi. (R. iii. 224) XIX. c.xi. (R. iii. (227) XX. c. xxvi. (R. iii. 217) c. xlix. (R. iii. 256) c. lxxv. (R. iii. 258) c. lxv. (R. iii. 263) lxxiii. (R. iii. 265).
Tomo 1, lib. i. c. vi. (Gz. viii. 315, R. iii. 307, 377, 489).
Indices 263 (R. i. 437).

INDEX LOCORUM.

The following list contains the names of places in Spain, referred to in the Calendar or in the documents. The former are referred to by numbers, the latter by pages. Variations of spelling are given in brackets. The places given in the Town List at the end of the List of Writers are repeated in this list, though they are already arranged alphabetically, with the addition of TL. In some cases, the items in the Bibliography relating to these towns are referred to by BL, with the author's name attached. When the name occurs in the cross references of the Index Nominum this is also indicated by adding IN.

Ablitas, IN
Abnalazar, 1087
Acosta, IN
Ager (Ageo), 901, 965, 1209
Aguilar, BL, Verga
Alagon, 423, 457, 458, 1052, 1081, 1099, 1204
Alajon, p. 131
Alargon, 436
Alayo, p. 133
Albala, IN
Alborge, IN
Alcalá de Henares, 1286, 1296, 1311, 1313, 1314; TL, BL, Boletin, xvii., Kayserling, IN
Alcañiz, 914, 969, 987, 1097, 1111, 1112, 1118, 1713, 1225, 754, 792, 836; BL, Verga
Alcolea, 893, 897, 969, 1086, 1148, 1149; TL
Alfandich, 574
Alfara, IN
Alfaunem, 598
Algaidas, see Algoadis, IN
Algeciras (Algezira), 622, 623, 730; pp. 132, 133
Algerre, 899
Algucene, 1381
Alicante, 904
Almazon, TL
Almazcara, see Almascaran, IN
Almonazir, 571
Alora, IN
Altamira, IN
Altea, 250
Amato, IN
Ameradin, 1460
Amparies, 1211
Anglesola, 845, 868

Aragon, 119, 127, 371, 500, 502, 861, 889, 967, 995, 740, 749, 751, 763, 770, 807, 817, 1691; p. 132; TL, BL, pass.
Arcos, 1469, 1469
Ardutiel, TL
Arevallo, TL, IN
Arrobas, IN
Artesa, 1003
Astesa, 862
Avila, 1583; p. 142; BL, Boletin xi., Verga, TL
Aytona, 841
Badajoz, BL, Fernandez, Kayserling
Barbastro, 116, 200, 479, 482, 665, 781, 810, 866, 938, 958, 990, 1007, 1124; pp. 131, 132, 134
Barcelona (Barchelona, Barna, Barzelona), 104, 106, 107, 110, 122, 123, 131, 135, 142, 144, 166, 168, 172, 179, 181, 184, 190, 208, 209, 233, 241, 255, 256, 304, 305, 316, 324, 326, 340, 347, 349, 356, 358, 363, 372, 374, 394, 395, 397, 410, 424, 434, 438, 445, 464, 470, 489, 505, 559, 595, 628, 633, 634, 635, 687, 709, 766, 769, 775, 777, 779, 780, 787, 796, 802, 803, 819, 822, 825, 838, 842, 848, 856, 858, 867, 886, 937, 974, 982, 983, 984, 985, 1002, 1017, 1019, 1024, 1026, 1029, 1030, 1041, 1048, 1054 1056, 1060, 1067, 1069, 1072, 1077, 1078, 1079, 1116, 1125, 1134, 1137, 1141, 1145, 1173, 1187, 1188, 1196, 1726; TL, BL, Balaguer, Balaguer y Merino, Boletin, xvi., xvii., Capmany, Denifle, Fiter, Frankel, Molina, Pi, Revue iv., xv., Revista, Verga

Barch. [Barcelona], p. 132
Bayres, 1506
Baza, IN
Bearn, 1617
Bejar, TL
Bellpuig, 1144, 1146, 826
Bencape, 579
Berbizana, 1620
Berga, 1055, 1093 ; p. 159
Bernopa, 734
Besalu (Bisalu), 131, 136, 150, 151, 152, 169, 170, 182, 217, 226, 303, 310, 379, 396, 430, 451, 452, 503, 530, 636, 719, 721, 722, 723, 811, 980, 1136 ; p. 159 ; TL, IN
Biel, 906, 1121, 1150
Birviesca, BL, Verga
Borgia (Borja, Boria), 259, 859, 944, 955, 1012, 1052, 1063, 1098, 1178, 1214, 1216, 1544, 1597 ; p. 132
Burgos, 1280 ; pp. 131, 142 ; TL, BL, Verga
Burosana, 1164
Burriano (Burriana), 534, 870, 874
Caballeria, 1087 ; LN
Cabanas, IN
Caceres, IN
Cadiz, TL
Cæsar Augusti (Cesang), 1730, 1731 ; p. 132, *see* Zaragoza
Cala, 1317
Calahorra, 1447 ; p. 142 ; TL, IN
Calatayud, 165, 174, 195, 203, 260, 262, 263, 824, 831 ; pp. 131, 132, 133 ; 264, 265, 290, 293, 294, 299, 364, 560, 609, 612, 674, 692, 760, 786, 812, 840, 844, 849, 869, 872, 873, 877, 891, 896, 916, 931, 1035, 1128, 1129, 1156, 1168, 1169, 1170, 1172 ; TL, BL, Kayserling, La Fuente, Verga
Calatrava, 1266
Caldes de Monbrey, 1002
Camporotundo, IN
Canget, 672
Caparroso, 1517
Caragoza, 114, 115, 132, 183, 277, 331, 538, 569, *see* Zaragoza
Cardona (Cordena, Cerdana), 444, 449, 454, 834 ; pp. 156, 159
Carmona, 1318
Carrion, TL, BL, Verga
Castellon, 791 ; BL, *Revue* xiv.
Castilla, 1281, 1447, 1689, 1694 ; TL, BL, *Boletin* vii., *Chronica General*, Cohen
Castos, 1431
Cataluña (Cathalonia, Cattaluna), 146, 314, 371, 419, 502, 763, 764, 765, 817, 861, 995, 1726 ; TL, BL, Balaguer, *Boletin* xvi., *Bulleti*
Celsona, pp. 155, 156

Cerraton, *see* Hereton, IN
Cervera, 179, 960, 1002, 1021, 1042, 1053, 816, 1714, 1717 ; TL, BL, Cohen
Cetina, 1200
Cevana, 1486
Ciudad, TL
Concentania, 1704
Conesa, 1720
Conflent, 444, 449, 454
Constantinopla, 1306
Copluire, 274, 275
Cordova (Cordoba), 1270, 1695 ; TL, BL, *Boletin* iv, xvii, Bravo, Cohen, Fernandez, Pavon, Roa, *Revue* ii, Romero. Verga
Corella, 1652, 1675
Cortez, IN
Cuenca, p. 142
Daroca (Darocha), 109, 204, 213, 296, 674, 692, 847, 917, 973, 986, 1085, 1091, 1106, 1108, 1382 ; pp. 131, 132, 133 ; TL, IN, BL, Verga
Dhurj, p. 133
Elche, 827
Espinosa, IN
Esquerra, IN
Estagello, 300
Estella, 1392, 1393, 1397, 1407, 1405, 1516, 1551, 1560, 1561, 1593, 1604, 1613, 1614, 1614, 1619, 1411, 1392, 1404, 1406, 1411, 1413, 1427, 1620, 1620, 1621, 1622, 1633, 1640, 1644, 1645, 1428, 1430, 1435, 1453, 1456, 1470, 1471 ; p. 150 ; 1475, 1480, 1483, 1506, 1510, 1513, 1529, 1532 ; TL, BL, Kayserling
Exea (Escea), 187, 599, 627, 761, 1043, 1083, 1103, 1218 ; pp. 131, 132, 134 ; BL, Verga
Falces (Falcet), 790, 1588 ; p. 151 ; TL
Farisa, 843, 908, 808
Fauste, 950, 951
Ferol, p. 131
Figueras, 495
Fonsa, 1119
Fores, 1720
Formaguera, 1711
Fraga, 915, 1028, 1046, 1199, 1206 ; TL
Funes (Funez), 1385, 1580
Gandi, pp. 132, 133
Gandia, 1190
Girona, 136, 138, 142, 144, 150, 151, 152, 169, 170, 173, 217, 226, 308, 310, 320, 330, 379, 396, 429, 430, 451, 503, 636, 719, 722, 723, 775, 801, 811, 831, 857, 929, 936, 975, 980, 1017, 1058, 1065, 1070, 1116, 1125, 1133, 1135, 1138, 1139, 1142, 1207 ; IN, TL, BL, Girbal, *Boletin* vi, Fita, Verga

Granada, 1685 ; IN, TL, BL, *Capitulos*, Cohen, Kayserling, Verga
Granollers, p. 159
Guadalaxa, TL
G'unde y Bisuldunj [Gerona y Besalu], p. 132
Hiebla, p. 141
Huerta, 1582 ; IN
Huesca, 118, 169, 172, 189, 229, 288, 613, 894, 903, 924, 925, 947, 948, 954, 1174, 1184, 1185, 1193, 1195, 674, 726, 762, 773, 781, 837 ; IN, TL, BL, Cohen, Verga
Huete, TL, BL, Cohen, Verga
Ilerd (Ilrd), pp. 132, 133
Illescas, TL, BL, *Boletin* vi., Verga
Ixar, TL
Jaca (Jacca), 186, 261, 271, 651, 742, 743, 747, 757, 773, 1084, p. 133 ; BL, Cohen
Jacit, p. 132
Jaen, 953, 1063 ; p. 131 ; BL, Verga, Ximena
Játiva, 1153, 1154, 1155, 1160, 1166, 788, *see* Xativa
Lacuna, 1208
Laguardia, 1469, 1469 ; BL, *Boletin* xi. xiv. Lea, Loeb, *Revue* xv.
Larrabezua, IN
Larraga, 1396, 1620 ; p. 151
La Sarda, TL
Leira, *see* Lera, IN
Leon, BL, *Revista* ; TL, Tumbo, Verga
Lórida (Leria), 105, 112, 167, 227, 249, 337, 378, 418, 422, 462, 463, 522, 550, 608, 674, 756, 766, 775, 776, 805, 809, 814, 815, 832, 839, 842, 854, 871, 939, 941, 1005, 1016, 1032, 1034, 1038, 1051, 1092, 1107, 1109, 1110, 1115, 1135, 1179, 1183 ; TL, BL, Cohen, Porta, Verga
Lerna, p. 134
Lizia, 1039
Llexens, 300
Limale, IN
Lodiva, IN
Lorea, TL
Lugo, 1683
Luna, 1004 ; p. 131, p. 132
Macely, p. 134
Macone, p. 132
Madrid, 1350 ; TL, BL, *Boletin* x., Capmani, Kayserling, Verga
Majua, *see* Machu, IN
Malaga, TL, BL, Kayserling, Verga
Mallenta, 1572
Mallorca, 516, 631, 1682 ; TL, BL, *Boletin* ix., Jovellanos, Kayserling, Landizabale, Llebres, Mallol, Verga
Manresa, 854, 1194 ; p. 151 ; BL, Mas. *Revue* v., vi., Verga ; IN (Minorisa)
Marruhono, p. 129
Marsella, 566
Matola, IN
Medelin, IN
Mendovia, 1620
Menorca, TL, BL, Salonova
Menzanera, 1718
Merida, TL, BL, Hübner
Molina, 972 ; IN
Monblanc, 794, 797
Moncada, 1212
Monclus (Monellus), 772, 781, 793, 799, 868, 997, 1075, 1130, 1131, 1132, p. 132
Monreal, 1457, 1465, 1571, 1602, 1603, 1606, 1660 ; TL, BL, Cohen, Verga
Montalban, 935, 971, 1050, 1095, 1171, 1197, 759 ; TL
Montblanch, 117, 228, 305, 307
Montjuich, IN
Montpellier (Monpellier, Monpeller, Montpelliers), 149, 206, 207, 409, 412, 413, 431, 432, 433, 434, 439, 440, 552, 553, 640, 650, 659, 660, 661 ; TL, IN
Montple, p. 132, *see* Montpellier
Monzon (Monson, Monso, Montço), 121, 196, 221, 337, 478, 663, 755, 767, 970, 1140, 1143, p. 131 ; IN, TL, BL, Bondy de Porta, Cohen, Verga
Mora, 1708
Morella, 270
Morviedro (Moviedro, Monviedro, Murvedre), 387, 473, 511, 517, 521, 673, 679, *see* Murviedro
Mundos, p. 131
Murçi, 142
Murcia, TL, BL, Cascalis, Verga
Murviedro, 884, 885, 930, 1126, 1162, 1180, 1181, 1182 ; p. 131, p. 132, *see* Morviedro ; BL, *Boletin* xiv., Verga
Nagera (Nager), 1385, 1386
Naples, 1240
Navarra, 1573 ; TL, BL, *pass.*
Nazaici, p. 133
Nieto, *see* Neyto, IN
Nucastell, 166
Ocaña, TL, BL, Verga
Ocea, 1049
Olet, 1462
Olgazena, 1393, 1393
Olit, 1466, 1472, 1497, 1505, 1517, 1566, 1598, 1612, 1657, *see* Olet
Oran, 1693 ; TL, BL, Cohen
Orihuela, 934, 940
Oriola, 813
Orioli, 1735

Osca (Osce), pp. 132, 133, 134
Osma, p. 142
Palafols, IN
Palencia, p. 142
Palma, BL, Verga
Pamplona, 1400, 1408, 1400, 1403, 1430, 1434, 1442, 1491, 1494, 1509, 1512, 1519. 1527, 1543, 1553, 1563, 1571, 1584, 1589, 1606, 1607, 1620, 1621, 1623, 1624, 1624, 1628, 1632, 1636, 1638, 1651, 1655, 1664, 1672, 1676; TL, BL, Aneliers, Cohen, Verga
Pardes, 922
Passarel, IN
Pelof, 250
Peña, 1382, 1382
Penades, 595
Peniscota, 341, 342
Penitensis, p. 130
Penjafiel, TL
Pente de la Reyna, 1606
Peralta, 1581, 1620, 1644, 1650; p. 151
Perebada, 1221
Peredala, 1027
Perpignan (Perpiñan), 111, 164, 180, 197, 198, 231, 339, 377, 431, 444, 449, 542, 544, 551, 557, 584, 585, 652; TL
Piera, 994
Plasencia, p. 142; BL, Fernandez, A. Kayserling
Ppencal, p. 132
Prades (Prados), 864, 887, 898
Prato, IN
Putresa, 125
Quadrolles, 674 (?)
Ricep, 1705
Rivopullo, IN
Romeo, IN
Rossillon, 654
Rosta, p. 131, p. 132, p. 133
Ruesca, 905, 1100
Ruesta, 993
Sagunto. BL, Chabut
Sala, IN
Salamanca, TL, BL, Dovado, Fernandez, Fuero des Kayserling, Verga
Sanguesa (Sanquesa), 1460, 1496, 1576, 1606, 1612, 1660, 1669, p. 151
Santa Coloma, 927, 945, 949, 1145, 790
Santa Coloma de Queral, 1000
Santa Martin, 1146
Santo lalla, 1317
Saragoza (Saragoça), 529, 678; p. 133, *see* Zarogoza
Segorbe, 1104, 1114
Segosta, 790
Segovia, p. 142; TL, BL, *Boletin* ix., Calvete, Kayserling, Somorrostro, Verga

Sesma, 1620
Sevilla, 1292, 1295; TL, BL, Amador, *Boletin* xvi., xvii., Cohen, Colmenares, Fernandez, Kayserling, Verga, Vira Zuñiga
Siguenza, p. 142
Solsona, TL, BL, *Boletin* xxi., Cohen
Soria, TL, BL, Cohen
Suyllana, 577
Syllana, 622
Tafalla, 1408, 1532, 1653, 1663, p. 151
Tahust, p. 131, p. 133
Talavera, TL
Talaya, IN
Tamaiste, 1008, 1025
Tarragona, (Taragona, Tarazona), 177, 305, 324, 415, 434, 438, 532, 559, 606, 821, 856, 928, 1022, 1061, 1117, 1120,1161; TL, BL, Cohen, IN
Tarraga (Tarrega), 1001, 1189, 1191, 1217, p. 156; TL
Taust, p. 132, p. 133
Teragon, p. 132; *see* Taragona
Teruel, 287, 581, 850, 943, 976, 988, 998, 1047, 1116, 1167, 674, 782, 789, 795, 831, 833; BL, Fernandez
Toledo, 1260, 1264, 1265, 1277, 1279, 1282, 1285, 1289, 1290, 1291, 1300, 1302, 1309, 1310, 1312, 1315, 1321, 1322, 1343; TL, BL, *Anales*, *Boletin* vii., xi., xvi., Cohen, Gamaro, Kayserling, Luzatto, Mendoza, Pisa, Verga, Zunz.
Toletano, 1346
Tolosa, IN, TL
Tordesilla, TL
Torrilles, 607
Tortos, 1670
Tortosa, 199, 201, 253, 326, 335, 368, 507, 593, 775, 783, 800, 806, 830, 834, 852, 876, 918, p. 131; TL
Trasierra, p. 142
Trasmos, 615
Tudela, 273, 1383, 1386, 1387, 1391, 1404, 1406, 1408, 1410, 1383, 1386, 1387, 1391, 1407, 1408, 1410, 1415, 1420, 1423, 1430, 1431, 1433, 1436, 1437, 1452, 1482, 1500, 1503, 1511, 1526, 1532, 1545, 1548, 1552, 1559, 1566, 1569, 1570, 1577, 1580, 1582, 1585, 1595, 1619, 1620, 1620, 1627, 1729, 1631, 1635, 1639, 1646, 1658, 1659, 1632, 1665, 1670, 1671; p. 151; TL, BL, Cohen, Fuero, Verga
Turol, p. 133
Turolij, 1732; p. 132
Ucles, TL
Umcastro, 907, 961, 1032, 1045
Uncastillo (Uncastielho, Uncastil, Unicast), 1186; pp. 132, 133, 134

Unicastell, p. 131
Urgel, 965, 1031, 1209; TL, IN
Valencia (Valnt, Valucia), 176, 188, 210, 211, 240, 315, 448, 453, 454, 475, 476, 500, 501, 510, 518, 526, 567, 573, 582, 670, 753, 763, 775, 778, 785, 851, 860, 861, 878, 879, 880, 881, 883, 888, 902, 933, 952, 956, 968, 996, 1010, 1023, 1040, 1115, 1152, 1691, 1709, 1723, 1727, 1728; p. 133, pp. 132, 134; TL, BL, Aureum, Boix, *Baletin*, viii., Breviario, Carbayon, Escolano, Kayserling, *Revue* xiii., xiv., Verga, *see* Vlnt
Valladolid, 1324; TL, BL, Fernandez, Kayserling, Verga
Valle de Lon, 863
Vealenga (Vealingo), 1198, 1201
Viana, 1432, 1469, 1471, 1489, 1493, 1620, 1634
Vich, 1074, p. 159
Viduecro, IN
Villafranca, 147, 179, 205, 208, 232, 305, 324, 434, 438, 541, 559, 595, 626, 629, 633, 649, 900, 1002, 1009, 1053, 1203, 798, 831, 1620, 1710; p. 159
Villareal, 1094, 711, 1454

Vittoria, BL, Landazuro
Vlnt [Valentia], p. 131
Xalina, p. 131
Xativa (Xative, Xat), 238, 291, 417, 533, 536, 561, 1716; pp. 132, 133; TL
Xeres, p. 141; BL, *Boletin* x., xii., Verga
Xulve, 1718
Zamarite, 1066
Zamora (Zamorra), 1271, 1323; TL, Verga
Zaragoza, (Zaragosa, Zaragossa), 113, 160, 165, 171, 208, 222, 272, 279, 280, 281, 327, 328, 338, 346, 352, 398, 456, 512, 513, 563, 674, 768, 774, 784, 804, 818, 820, 828, 829, 835, 846, 853, 855, 865, 875, 882, 890, 932, 959, 963, 978, 979, 989, 991, 999, 1006, 1011, 1014, 1037, 1059, 1064, 1090, 1096, 1105, 1114, 1115, 1122, 1123, 1125, 1127, 1151, 1163, 1176, 1177, 1223, 1224, 1502, 1504, 1574, 1642, 1712; TL, BL, Brüll, Espés, Gremios, Kayserling, Verga, IN, *see* Saragoza
Zuglar, 1467

INDEX NOMINUM.

THE following list contains all the personal names given in the preceding abstracts and documents. Those contained in the list of writers, and the bibliographical list, are omitted, as these are already arranged alphabetically. References are to the number of items in the calendar, except for numbers preceded by p., which refer to the pages on which the documents are printed. The actual forms of the names in this list must be used with caution, since they are no less than four stages off the originals, being printed versions of my transcripts of the archivists' abstracts of the official copies in the Registros of the original documents, which were probably not distinguished by any rigid orthography of proper names. Mistakes may have occurred during any of these four processes with regard to the names contained in the calendar. Those given in the documents are probably more trustworthy. Variants of the names which occur more than once I have placed in brackets.

I have in most cases suggested some hints as to the derivation or meaning of the various forms used, giving cross-references to family names, and explaining these under the cross references (in italics). First names more rarely present difficulty, but I have sometimes added a note in square brackets with the first occurrence of the name.

Aaron Abenafia, 488
Abdfaza [?=Abed Chasan], see Azac Abdfaza, fijo de Abran Abolbaza, 1403
Abeldano [=Ibn El Danan], see Ja-Abeldano, 1599
Abembivay [Ibn Vives], see Mose Abembivay, 422
Aben Acot [Ibn Isaac], see Cag Aben Acot, p. 141
Aben Alfaha [? Ibn al Haham], see Juçaf Aben Alfaha, p. 146
Aben far, see Abraham aben far, p. 141
Aben Sara, see Jacob Aben Sara, p. 146
Aben Tupel [Ibn Tophel], see Abrahem Aben Tupel, p. 146
Aben xūxe [? Ibn Shoshan], see Abrahem Aben xūxe, p. 146
Abenafia [=Abulafia], see Aaron Abenafia, 488
Abenamjas [Ibn Nachmias], see Todros Abenamjas, p. 146
Abencabre [Ibn Zabarra], see Juçef Abencabre, 359
Abendabuit [Ibn David], see Todros Abendabuit, 1732, 1733

Abenduit [Ibn David], see Samuel Abenduit, 1733
Abenhamjas, see Mayr Abenhamjas, 1312
Abenrodrich [Ibn Roderich], see Abrahim Abenrodrich, 401
Abentudi [Ibn Tudi], see Jucepho Abentudi, 400
Abenvion [Ibn Vives], see Vion hijo de Juçef Abenvion, 393
Abenvives [Ibn Vives], see Vives hijo de Juçef Abenvives
Abexudach [? Ibn Zaduk], see Cabadia Abexudach, 318
Abiat Musse, 555
Abinafia [Abulafia], see Haraon Abinafia, 692
Abinbeniz [? Abenbeniz=Ibn Vives], see Judas Abinbeniz, 1541
Abindino [Ibn Danan], see Abrahim Abindino, 353, 357
Abinhahin [Ibn Faquin?], see Jucef Abinhahin, 364
Abiniuch [? Ibn Juich, cf. Montjuich], see Caib Abiniuch, 459
Ablitas [nr. Tudela], see Ezchel de Ablitas; Ezmel de Ablitas Solomon de Ablitas, 1433, 1437, 1439; Judas hijo de Ezmel de Ablitas, 1405

Abnalfalim [Ibn al Falim], see Juçef Abnalfalim, 282
Aboazar, see Jaco Aboazar, 1643
Abolfada [cf. Abulfeda], see Azach Abolfada, 1455
Abon, see Gentto Abon, p. 150
Abraam de Niort, p. 151
Abraam F. de Ravi Azac, p. 151
Abrafimo Avingabello, 508
Abrahalaf, see Abrahim Abrahalaf, 466
Abraham, 581, 711
Abraham aben far, p. 141
Abraham Albarme, 155
Abraham Alcarayyim, 459
Abraham el Barchilon, 1280
Abraham de Beilero, 602
Abraham Bon Ysach, 1614
Abraham de Cabanas, p. 159
Abraham Carfati, 1649
Abraham Chimello, 281
Abraham Garcia, 25, see Garcia Luis
Abraham ben Isaac, p. xxxiv. (10)
Abraham ben Jehuda, p. xxxiv. (2)
Abraham Levi, 147
Abraham Levi, 231
Abraham de Limale, 543
Abraham de Lodiva, 433
Abraham hijo de Maimon (Abrafim filium Maymoni), 214; p. 130
Abraham ben Moses, pp. xxxiv. (11), xxxv. (13)
Abraham de Sala, 555
Abraham hijo de Simeon, p. 159
Abraham Simon, p. 159
Abraham ben Solomon, p. xxxv. (10)
Abrahan, 350
Abrahan, 1621
Abrahan de Adreto, 632
Abrahan Cornineto, 1617
Abrahan (Abran) Ensoep (Euxoep, Ensoe, Ensoess, Enxoe, Eunxoep), 1560, 1561, 1564, 1565, 1572, 1604, 1610
Abrahan (Abran) Jafe (Yafe), 1404, 1405, 1406, 1407, 1435; p. 150
Abrahan hijo de Vida ben Estranja, 126
Abrahe, see Christofolo Abrahe, 1655
Abrahem Aben Tupel, p. 146
Abrahem Abenxuxe, p. 146
Abrahem Talay, p. 146
Abrahen Arevalo, p. 146
Abrahim Abrahalaf, 466
Abrahim Abenrodrich, 401
Abrahim Abindino, 353, 357
Abrahim Cavalleria, 696
Abrahn Medelin, p. 150
Abram Alfaquin, p. 150
Abram Alor, p. 150
Abram Coen, p. 150

Abram Frances, p. 150
Abram Lera, p. 150
Abram Raviza, p. 151
Abramot, 1441
Abran Azaya, 1604; p. 150
Abran Azen, 1594
Abran Cominto, 1616
Abran Ebenayon, 1489
Abran Ebendavit, 1584
Abran Emperat, 1619
Abran Empesat, p. 151
Abran Enfiret, 1564
Abran Evenquis, p. 151
Abran Guluf, 1585
Abran de Larrabiza, 1667
Abran de Larranza, 1624
Abran Levi, 1620
Abran Medelin, 1480, 1493, 1516
Abran Orabuena, 1585
Abroz, see Samuel Abroz, p. 151
Absaradiel, see Juçaf Absaradiel, p. 146
Abucayr, see Brahim Abucayr, 317
Abudarban, see Dani Abudarban, p. 141
Abuhafa Haman, 250
Abutarda, 108
Acaa [Isaiah?], see Samuel Acaa, 237
Acac (Acaz, Achazh) Alborge, 1512, 1514, 1563
Açach y Abrafino del Calbo, 260
Acach [=Isaac] Erxire, p. 150
Açach Frevago, 273, 276,
Acach Golluf, 1725
Acach Levi Huertto, p. 150
Acach Maquerel, p. 150
Acach Parego, 1618
Acach Zarazaniel, 1635
Acap [? Joseph] Alquexi, 1576
Acat [=Acac=Isaac] Oficial, 1428; p. 150
Acaya [Isaiah], see Saul Acaya, 1623
Acaz, 1579, 1622
Acaz Alfuqui, 1532
Acaz Benjamin, 1585
Acaz Evendavit, 1598
Acaz el Malac, 1585
Acaz (Acat, Acoz) Medelin (Medelei), 1471, 1483, 1485, 1498, 1507, 1510, 1523, 1528, 1544
Acaz (Achaz) Orabuena, 1584, 1590, 1662
Acaz hijo de Salomon, 1401, 1401
Achaz Benjamin, 1526
Achazh Alborge, 1563; see Acaz A.
Acosta, Alejandro de, 1
Acosta, [nr. Vittoria], see Catalina Acosta, 1
Adida, see Azach Adida, p. 150; Judas Adida, 1532

Adret, see Salomon Adret, 215, 713; p. 130
Adret, Galavandrez, 94
Adreto, see Abrahan de Adreto, 632
Aguilarer, Joanne, 95
Ahaen [Ha-Cohen], see Juze Ahaen, 1589
Aharon Almaña, 168
Aim [=*Heb*. Chayim] Alaman, p. 151
Aimi, 1665
Alacar (Alazar), 1080, 1624
Alaman [=German], see Aim Alaman, p. 151
Alascon, Simon de, 96
Albala [pr. Caceres], see Jucef Albala, 524
Albala, see Salomon Albala, 281
Albante, see Jahudan Albante, 421
Albarme, see Abraham Albarme, 155
Albedana, see Jacob Albedana, 1566
Alboazal, see Juce Hermano de Alboazal, 1380
Alborge [pr. Zaragoza], see Acac Alborge, 1512 ; Samuel Alborge, 1425 ; see Alborque
Alborque, see Juze Alborque, 1438
Alcaçar, 234
Alcala [town name], see Samuel Alcala, 331
Alcalahorri [from Calahorra], see Juze Alcalahorri, p. 150
Alcalvo, see Assach Alcalvo, 686
Alcarani, see Gentto Alcarani, p. 150
Alcarayyim [? Karaite], see Abraham Alcarayyim, 459
Alcostante, see Mosse Alcostante, 483
Alfahar [Al Fakhar, cf. Alfacar, pr. Granada], see Zulema Alfahar, 1293
Alfalmal, 771
Alfaquein [Alfaquin, physician], see Salomon Alfaquein, 472
Alfaqui, see Juze Alfaqui, 1628 ; Samuel Alfaqui, 1519 ; Juce Alfaqui, 1651 ; see Alfaquin
Alfaquin [physician], see Abram Alfaquin, p. 150 ; Gento A., p. 150 ; Judas Alfaquin, p. 150 ; Salomon Alfaquin, 235, 236 ; Semuel Alfaquin, 1480, 1613 ; see Alfaquein, Alfaqui, Alfuqui
Alfara [pr. Taragona], see Azach Alfara, 535
Alfeda [cf. Abulfeda], see Juze Alfeda, 1660
Alfuqui [Alfaquin], see Acaz Alfuqui, 1532
Algoadis [cf. Algaidas, pr. Cordoba], see Salomon Algoadis, 1620
Ali de Castelnova, 581
Almacaravi, see David Almacaravi, 392

Almafia, see Aharon Almafia, 168
Almalagni [cf. Malañeu, pr. Barcelona], see Cortal Almalagni, 105
Almanquas, see Aya Almanquas, p. 151
Almascaran [cf. Almazcara, pr. Leon], see David Almascaran, 480
Almeida, Maria de, 2
Almidi [? Almiri], see Gehuda Almidi, 1650
Almiri, see Judas Almiri, p. 150
Almocatel [? Al Muqatel=Shochet, cf. Mocatta], see Benvist Almocatel, 269
Almorcat, 1104
Almorcat, see Jafra Almorcat, 112
Almuli, see Salomon Almuli, 212
Alonso Tudillos, Diego, 3
Alor [cf. Alora, pr. Malaga], see Abram Alor, p. 150
Alpullat [cf. Embolat], see Yhuda Alpullat, p. 146
Alquexi [? Alfaqui], see Acap Alquexi, 1576
Altamira [pr. Viscaya], see Judas Levi Altamira, p. 150
Altamira, see Vitas Altamira, p. 150
Alvacoz, 1625
Alvarez, see Maria Alvarez, 73
Alvares Mencia, 54
Amanieillo (Amaneiel), 1503, 1506; p. 151
Amaniello [Emanuel], see Samuel Amaniello
Amanillo [Emanuel], see Samuel Amanillo, 1515
Amariello, see Zimuel Amariello, 1473
Amatu [Amato, pr. Alba de Tormes, cf. Amato Lusitano in Writers' list], see Juda Amatu, p. 151 ; Mose Amatu, p. 151
Ana Gomez de Espinosa, 20; see Espinosa, D* Ana de
Anbies de la Cassa, Pedro, 5
Andrade, see Lopez de Andrade (Manuel), 34
Anoch [Enoch, Chanoch], see Astrugo Anoch, p. 158
Anseh hijo de Aaron Cellem, p. 159
Antonio, Don, 60 (see Sosa, D. Francisco Rafael de)
Antonio Rodrigues-Grades, 67 (see Mendez)
Antonio Vidal, 1682
Aroala [? Alcala], see Xaym Arcala, p. 146
Arempelx, see Isaac Arempelx, p. 156
Arevalo [pr. Avila], see Abrahen Arevalo, p. 146
Aron Judio, 1611

Aronz [Aarons], see Jacob Aronz, 262
Arrobas [pr. Alicante], see Levi Arrobas, 1583
Arture [cf. Artera, pr. Barcelona], see Vidal Arture, 657
Ascarella [cf. Ascara, pr. Huesca], see Astrugo Ascarella, 268
Asce, see Jento Asce, 1585
Assach Alcalvo, 686
Astruch [fr. Astre=Heb. Gad], see Maymon Astruch, p. 159; Vidal Astruch, 406; see Astrugo
Astruch (Astrugo) de Rivopullo, pp. 156, 159
Astruch (Astrugo) de Zabarra, p. 156
Astruco de Tolosa, 348
Astrugo, 104
Astrugo, p. 155
Astrugo, p. 158
Astrugo, 368
Astrugo, 1570
Astrugo Anoch, p. 158
Astrugo Ascarella, 268
Astrugo Bara, p. 159
Astrugo ben Bonseignor, 369, 386
Astrugo Bonsenior, 159
Astrugo Capitis, p. 158
Astrugo de Carcassona, 650
Astrugo Coffen, p. 159
Astrugo de Collato, 658, 667
Astrugo (Astruch) Jacob (Jayme), Xixon (Xixa, Xixo, Xexoni), 97 (?), 201, 251, 252, 253, 341, 382, 384, 385, 390, 405, 407, 437, 484, 496, 497, 519, 579, 580, 582, 684, 689, 694, 705, 706, 735
Astrugo Judio hijo de Isach, 128
Astrugo Leon, 216
Astrugo de Montpellier (Montepesulano), 413; p. 158
Astrugo (Astruc, Astruch) de Porta, 289, 313, 314, 321, 322; p. 180; see Bonastruc de Porta
Astrugo (Astruch), Ravay (Navaya, Ravayle), 97 (?), 319, 320, 430, 487, 490, 723, 727, 728, 738; see Astrugo de Porta
Astrugo hijo del q.º Vidal de Carcassona, 537
Astrugo, see Isaac Astrugo, p. 159; Jucepho Astrugo, 486; Vidal Astrugo, 300; see Astruch
Astuega, see Buena Astuega, p. 150
Aurilopiat, see Salomon hijo de Samuel Aurilopiat, 403
Aveambra, see Jucef Aveambra, 290
Avencadach [Ibn Zadok], see David Avencadach, 603
Avencafay [Ibn Zafay?], see Jucef Avencafay, 1716

Avencives, see Jahudano Avencives, 160
Avendanan [Ibn Danan], see David Avendanan, 237
Avengayet [Ibn Giat], see Mosse Avengayet, 161
Avenianah [Ibn Ganach], see Azach Avenianah, 536
Avenrodrich [Ibn Roderich], see Jacob Avenrodrich, 515
Avenxaprut [Ibn Shaprut], see Jucef Avenxaprut
Avinbices, see Juhadan Avinbices, 266
Avinbruch [Ibn Baruch], see Salomon Avinbruch, 512
Avincabre [Ibn Zabarra], see Jucef Avincabre, 203; see Avinzabarra.
Avincent [? Ibn Shemtob], see Juhada Avincent, 725
Avinceprut [Ibn Shaprut], see Jucef Avinceprut, 671; see Avenxaprut.
Avinceyt [Ibn Zaid], see Jucef Avinceyt, 284
Avingabello, see Abrafimo Avingabello, 508
Avinzabarra [Ibn Zabarra], see Jafre Avinzabarra, 153, 154, 156; see Zabarra
Avrufesal, see Samuel Avrufesal, 291
Aza Almanquas, p. 151
Azac Almanguas, 1403, 1403
Azac [Isaac] Abdfaza hijo de Dª Abran Abolbaza, 1403
Azac Cardeniel, see Juce fijo de Azac Cardeniel, p. 151
Azach Abolfada, 1455
Azach Adida, p. 150.
Azach Alfara, 535
Azach Avenjanah, 536
Azach Bitales, 272
Azach el Calbo, 292
Azach Descapa, p. 151
Azach de Mamea, p. 151
Azach Medelin, p. 150; see Acaz M.
Azach de la Parra, p. 151
Azach Pizon, p. 151
Azach Veriach, p. 151
Azan del Gabay, 1446
Azaq Bonbet, 1594
Azat, 1408
Azaya [Isaiah], see Cacon Azaia, p. 150; Zazon Azaia, p. 151
Azaia [Isaiah], see Abram Azaya, 1504; p. 150. Genco Azaya, p. 150
Azday, 1570-1574
Azday [Chasdai], see Nasi Azday, 462, 471; Vitalis Azday, p. 135
Azday Cresquez [Chasdai Crescas], 1730, p. 134
Azelemi, see Maylo Azelemi, 281

Azen [Chasan], see Abran Azen, 1594; Lave Azen, p. 151
Azenel Abran Levi, 222
Azi Buena, 1607
Baco, see Judas Baco, 1621; Salomon Baco, 1511, 1625; see Bacon.
Bacon, see Salomon Bacon, 1619, 1620, 1631
Baez Fernan, 13
Baez de Payba, Gonzalo, 6
Bahiel [cf. Don Bahiel among Writers], see Salomon Bahiel, 286
Banduno, 594
Bara [pr. Huesca], see Astrugo Bara, p. 159
Barano Vidal, p. 158
Barcelay, 1588
Barchilon [Barcelona], see Abraham el Barchilon, 1280
Baro, 1076, 1080
Baronetus Vitalis, p. 157
Baroni [cf. Baroña, pr. Coruña], see Juceffus Baroni, p. 157; Vidal B., p. 158; V. Folis Baroni, p. 156
Bartolomé hijo de Diego Sanchez, 54
Barva, see Juze de la Barva el Marchant, p. 151
Baza [pr. Granada], see Jento Baza, 1528
Bazu [cf. Bazuelo, pr. Oviedo], see Moze Bazu, p. 151
Beatriz, 7
Beatriz hija de Luis Alfonso, 8
Beder, 233
Beilero, see Abraham de Beilero, 602
Belcayra, see Salasaar Belcayra, 104
Bendavit [Ibn David], see Ezmel Bendavit, 1540
Benedicto judeo Gerunde, p. 130
Beneida, see Gento Beneida, 1670
Benjamin Gil, 27; see Gil de Espinosa
Benjamin, see Vitas Benjamin, 1420
Benoria Ysrael, 97
Benvist Almocatel, 269
Benzamino, see Isaac Benzamino, 29
Berquiz, see Jento de Berquiz, 1462
Besalu, see Bonanaschi de Besalu y Navarro, 217
Besero, 1227
Bevengario Lupeto, p. 159
Benvenist de Porta (La Porta), 130, 134, 142, 143, 144, 145, 162, 163, 166, 167, 168, 170, 192, 202, 205, 219, 224, 232, 257, 275, 307, 339, 355, 375, 681; p. 131
Bienvenist, see Simuel Bienvenist, 1559, 1566, 1577
Bienvonist [Bienvenist], see Samuel Bienvonist, 1597; see Bienvenist
Biory, 485
Bitales [Vitalis], seeAzach Bitales, 272

Bobicilla, 1560
Bona filia viuda de Scapato Maleto [see Moses ben Isaac among Writers], 124
Bonafacio, 185
Bonafilia, pp. 157, 159
Bonafos, 1519
Bonafos Cresques, p. 159
Bonafos Mosse, 646
Bonafot, 158
Bonafot, see Ferrano Bonafot, 366
Bona Foz el Toben, 1467
Bonanaich Salomon de, 185
Bonanaschi de Besalu y Navarro, 217
Bonanat de Provincia, 147
Bonanoxo Salomon, 241
Bonastrugo de Porta, 323; see Astrugo de Porta
Bonavia, see Menahen Bonavia, p. 146
Bonbet, see Azaq Bonbet, 1594
Bonfal, 648
Bonisach Samuel, 641; see Salomon Samuel
Bonna muger de Salomon Samuel, 642
Bono hijo de Ibra'm Meminir, 1391, 1391
Bonorsi, see Brianda Bonorsi, 98
Bonosiello, see Juze Bonosiello, 1620
Bonsenior [=Tobias], see Astrugo Bonsenior, 159
Borraina, 644
Brahim Abucayr, 317
Brandon, Fernando Esteban, 9
Brianda Bonorsi, 98
Buchon, see Yuzaf Buchon, p. 146
Buena Astruega, p. 150
Buena, see Azi Buena, 1607
Burgense, see Paulo Burgense, 1272
Cabadia Abexudach, 318
Cabanas [pr. Barcelona], see Abraham de Cabanas, p. 159
Cáceres, Isabel, 10.
Cacon [? *Heb*. Shoshan] Azaia, p. 150
Cadeniel, see Juda Cadeniel, p. 151
Cag aben acot, p. 141
Cag el Madridano, p. 146
Caib Abiniuch, 459
Calahorra [pr. Logroño], see Juze de Calahorra, 1411
Calaorrano, see Mose Calaorrano, p. 159
Calataniebo [? Calat nuevo], see Joanne Sancey de Calataniebo, 1725
Calbo [pr. Albacete], see Acach y Abrafino del Calbo, 260, 292; Jucef el Calbo, 283
Caleman, 481

[Cal]   *Index Nominum.*   [Due] 255

Call [Barcelona ghetto], see Romeo de Call, 565
Cambra, see Salama de la Cambra, 679
Cami, see Jento Cami, 1509
Camporotundo [pr. Huesca], see Vidal de Camporotundo, pp. 158, 159
Capitis, see Astrugo Capitis, p. 158; Isau Capitis, p. 159
Caracosa [Zaragoza], see Salomon Caracosa, 715
Carcassona [Carcassone], see Astrugo de Carcassona, 650
Cardeniel, see Zanon f. de Jacob de Cardeniel, p. 151
Cardoso de Fonseca, Diego, 11
Carfati [Zarfati = Frenchman], Abraham Carfati, 1649
Carnicero [= Butcher = Shochet], see Jacobo Carnicero, 1401
Carniceros, see Ximon Carniceros, p. 146
Cascante, 1666
Cassa, see Aubies de la Cassa, Pedro, 5
Casteillano, see Mose Casteillano, p. 150
Castelnova [pr. Guadalajara], see Ali de Castelnova, 581
Castilla Frances, 99
Castillanli, see Maymon de Castillanli, 354
Castro, see Isabel de Castro, 73
Castro, Alonso de, 12
Catalina Acosta, 13
Catalina, hija de Lope Gonzalez, 8
Cavalleria [pr. Barcelona], see Abrahim Cavalleria, 696; Hizde hijo de Jahudan de Cavalleria, Jahudan de Cavalleria, Salmon de Cavalleria, 517, 570
Cazon Pintor, p. 150
Cellem, see Jucefa hijo de Aaron Cellem, p. 159
Centon Corrons, p. 159
Cerdana, 585
Cerruch, see Nazan Cerruch, 1633
Cerujico [? surgeon], see Vidal Cerujico, 1657
Cetrino Hallen, 527
Chimello [cf. Chimillas, pr. Huesca], see Abraham Chimello, 281
Christofolo Abrahe, 1655
Coen [Cohen], see Abram Coen, p. 150
Coffen [Cohen], see Astrugo Coffen, p. 159; Isaac C., p. 159; Maymon Coffen, p. 159
Cohen, see Saul Cohen, p. 151; Villareal Cohen, p. 151
Cohon, see Salomon Cohon, 178
Collato, see Astrugo de Collato, 658, 667

Collem, see Enoch Collem, p. 158
Comineto, see Abrahan Comineto, 1617
Cominto [Comineto], see Abran Cominto, 1616
Confient, 585, 584
Coquino, see Mahahixo Coquino, 575
Corchi [? Zarzi], see Cresquas Corchi, 714
Coronel [cf. Coraneles, pr. Santander], see Jorje Coronel, 22
Correo, see Gentto Correo, p. 150
Corrons, see Centon Corrons, p. 159
Cortal Almalagni, 105
Cortes, see Vitas Cortes, p. 150
Cortez [nr. Tudela], see Jacob Cortez, 1512, 1568
Cresch, see Samuel Cresch, 646
Cresquas Corchi, 714
Cresques Vidal, p. 159
Cresques [=Heb. Zemach], see Bonafos Cresques, p. 159, see Cresquez
Cresquez [Crescas], Azday Cresquez, 1730, p. 134
Cristo de la Paciencia, 13
Cristobal (Don) de Ayala, 42; see Mendez Cristobal and David Mendez
Cuendani, see Esmel Cuendani, 1472
Dabid [David], 1680
Dani Abudarban, p. 141
Daniel, 530
Darnedo, see Saul Darnedo, 1538
Daroca [pr. Zaragoza], see Salama de Daroca
David, see Abendabuit, Ebendavit; Gento de Rabi David
David Almascaran, 480
David Almcaravi, 392
David Avençadach, 603
David Avendanan, 237
David Mascaran, 703
David Mendez, 42; see Mendez Cristobel; Don Cristobel de Ayala
Descals [? De Call], see Saloman Descals, 638
Descapa [cf. Escafit Melis in List of Writers], see Azach Descapa, p. 151
Diaz, (Ant) Caldera, 14
Diaz, Francisco, 16
Diaz, Mendez, 17
Diaz-Mendez-Brito Francisco, 15
Doliz, Lic.do D. Miguel, 18
Domingo de Guzman, 1351.
Domingo Romero, 56 (see Ysaac Mendez)
Dona Gentif, p. 151
Dona Vaseba, p. 151
Druda Hereton, p. 159
Duc de Lencastre, 1523
Duena hija de Salomon Barba Amplaon, 1401, 1401

256 [Dul]   *Index Nominum.*   [Gen]

Dulceto, see Salomon Dulceto, p. 159; Vidal D., p. 159
Dulcia, p. 156
Dulcia, uxor Jacobi, p. 157, p. 159
Ebenayon [Ibn Chayun], see Abran Ebenayon, 1489
Ebendavit, see Ezmel Ebendavit; José Ebendavit; Todros Abendabuit
Ebendavit [Ibn David], see Abran Ebendavit, 1584
Ebrei, p. 129
Ederi, see Zazon Ederi, 1571
Egido [pr. Caceres], see Simon Egido 258
Elias David, 1389, 1389
Embolat [Em Bolat, cf. Joseph ibn Plat], see Gentto Embolat, p. 150; Jento E., 1532; Judas Embolat, 1469; Mose Embolat, p. 151; Yuza Embolat, 1428
Emendino [Ibn Danan], see Ezmel, Emendino, 1505
Empempesat [Em Pesat], see Samuel Empempesat, 1418
Emperat [? Empesat], see Abran Emperat, 1619
Empesat, see Abran Empesat, p. 151
Encave [En Save], see Juze Encave 1442
Enech, see Simon Enech, 668
Enfiret [En Piret, cf. Porat], see Abran Enfiret, 1564
Enoch, see Vidal Enoch, p. 156
Enoch Collem, p. 158
Enriquez Pereira Diego, 19
Ensoep, see Abrahan Ensoep
Ephraim ben Isaac, p. xxxiv. (2)
Erenton, p. 156.
Erxire, see Acach Erxire, p. 150
Esmel, 1466
Esmel Cuendani, 1472
Esmel Falaquera, 1659
Espinosa [pr. Burgos], Dª Ana de, 20; *see* Ana Gomez de Espinosa
Espinosa, Manuel de, 21
Esquerra [pr. Burgos], see Juze Esquerra, 1427
Esterr la vidua de Atano, p. 150
Esther Abraham, p. 158
Esther Capitis, p. 158
Esther de Minorisa, p. 158
Evendavit [Ibn David], see Acaz Evandavit, 1598
Evenquis, see Abran Evenquis, p. 151
Ezamel [Samuel], 1620
Ezchel de Ablitas [Ezechiel], 1422
Ezguerra [cf. Ezcurra, pr. Navarra], see Judas Ezguerra, p. 150
Ezmel de Ablitas, 1406, 1407, 1409, 1410, 1412, 1414, 1416, 1417, 1422, 1424, 1426, 1448, 1451

Ezmel Bendavit, 1540
Ezmel Emendino, 1505
Ezmel Evendavit (Emendavi), 1492, 1497, 1517, 1523, 1527, 1555, 1564
Ezmel de Huerta, 1582
Ezmel J., 1409, 1415
Falaguera [cf. Ibn Palquera], see Sento Falaguera, 1462
Falaquera, see Esmel Falaquera, 1659
Farach [cf. Ibn Faradsch], see Zazon Farach, p. 151
Fernan, see Baez Fernan, 13
Fernan Mendez de Castro (Manuel), 17
Fernandez de Castro Dⁿ Jorge, 22; *see* Don Gorge Coronel
Fernando hijo de Juan Alfonso, 8
Ferrano Bonafot, 366
Ferrario [=Heb. Barzellai], see Jafra Ferrario, p. 159
Ferrer, Matolij, 497
Fonseca, Dⁿ Antonio de, 23
Frances, see Abram Frances, p. 150; Castella F., 99; Hain F., p. 151; Jacob F., p. 146; Leon F., 1669; Menahen F., p. 150; Vitas Frances, 1481
Franch, see Jucef Franch, 616
Francisco Franco, 17
Francisco de San Martin, 39; see Martin B. Francisco
Franco, see Francisco Franco, 17; Salomon F., 1553; Salomon hijo de Abran F., p. 150; Salomon hijo de Judas F., p. 150; Samuel F., p. 150; Zulema et Franco, p. 151.
Frevago, see Acach Frevago, 273, 276
Gabai [Gabay], see Sentto Gabai, p. 150
Gabay, see Azan del Gabay, 1446
Gabay [=treasurer], see Nazan del Gabay
Galaf Maitro, p. 150
Galaf Maquerel, p. 150
Gamino Abutazda, 109
Gamiz [Gomez], see Genco Gamiz, p. 150
Garcia el Blanco, Alonso, 24
Garcia, Luis, 25; see Abr. Garcia
Garcia, Marcos, 26
Garcia Perez, 1245
Gardo, p. 146
Gateymos, see Sallaman Gateymos, 1596
Gavay [Gabay], see Nazan de Gavay, 1548, 1550
Gayade, see Jacob Gayade, p. 143
Gehuda Almidi, 1650
Genco [? Heb. Shemtob] Azaya, p. 150
Genco Gamiz, p. 150
Genco Nafarro, p. 150

Gentif, see Dona Gentif, p, 151
Gento [? Shemtob] Alfaquin, p. 150
Gento Beneida, 1670
Gento Iamiz, 1652
Gento Mainos (Maincos), 1640, 1642, 1644, 1645, 1654, 1656
Gento Nucion, p. 150
Gento (Jento) de Ravi David (Ravidavid), 1615, 1618, 1638, 1641, 1644, 1647, 1661, 1680
Gento, la Vidua de, p. 151
Gentto Abon, p. 150
Gentto Alcarani, p. 150
Gentto Correo, p. 150
Gentto Correo de Lanaga, p. 150
Gentto embolat, p. 150
Gerona, see Moysse Rabbi, maestro de Gerona, 246, Benedicto judeo G.
Geuda [Judah] Orabuena, 1420
Gil, see Benjamin Gil ; see Gil de Espinosa, 27
Gil de Espinosa, 27 ; see Benjamin Gil
Golluf, see Acach Golluf, 1725
Gomez Francisco, 28
Gonco [Gento] Bon Isach, p. 150
Gonzalo Pacheco de Luna, 6 ; see Baez
Gonzalo Perez de Villagarcia, 6 ; see Baez
Gota, see Salamon Gota, p. 150
Gotta, see Judas Gotta, p. 150
Govero, see Juze Govero, p. 151
Goze, hija de Forrario Jaxra, p. 156
Grades, see Antonio Rodrigues-Grades, 67 ; see Mendez
Granada, see Samuel de Granada, 1626
Granat, see Yuzaf Granat, p. 146
Grassa, see Juceph de Grassa, 148
Grenaion, see Sento Grenaion, p. 150
Gulielmi Levito, p. 130
Guluf [Golluf], see Abran Guluf, 1585
Guzman, Domingo de, 29 ; see Isaac Benzamino
Hahym, 1296
Hain [*Heb.* Chayim] Frances, p. 151
Hallen, see Cetrino Hallen, 527
Haman, see Abuhafa Haman, 250
Haraon Abinafia, 692
Havia, p. 151
Haym, 1298
Haym [Chayim], see Rabi Haym el Levi, p. 143
Henton [? Hereton], see Jacobo Henton, p. 159 ; Lupeto, II., p. 159
Hereton, p. 159
Hereton [? Cerraton, pr. Búrgos], see Druda Hereton, p. 159 ; Isaac Hereton, p. 156 ; Lupeto H., p. 156 ; Vidal Hereton, p. 159 ; Vitalis H., p. 156

Heudi, see Juze Heudi, 1485
Hieroni, see Vitalis Hieroni, p. 157
Hizde [*Heb.* Chasdai] hijo de Jahudano de Cavalleria, 562
Huerta [pr. Caceres], see Ezmel de Huerta, 1582 ; Mair de Huerta, 1582
Huertto [? Huerta], see Acach Levi Huertto, p. 150
Huesca, see Maestro Huesca, 920
Iamiz, see Gento Iamiz, 1652
Ibrahin hijo de Acach, 120
Ibraym, 1401
Ines hija de Marcos Gonzalez, 30
Ines hija de Rodrigo de Villanueva, 8
Isaac ben Abraham, p. xxxiv. (10)
Isaac ben Albalial, p. xxxv. (13)
Isaac Arempelx, p. 156
Isaac Astrugo, p. 159
Isaac Benzamino, 29; see Guzman Domingo de
Isaac Coffen, p. 159
Isaac de Minorisa, p. 158
Isaac Hereton (Heretone), p. 156
Isaac Maymon, p. 159
Isaac Mendez, 56 ; see Domingo Romero
Isaac hijo de Mir y Dulcia, p. 159
Isaacus de Minorisa, p. 156
Isabel hija de Alvaro Ortolan, 31
Isabel de Castro, 73
Isac, 128 ; *see* Astuego Indio
Isach, 239
Isach Jaffies, 724
Isach de Palafols, 718
Isach Suyllan, 647
Isaco, 373
Isaco, hijo del Bonito de Habraham, 554
Isau [Esau] Capitis, p. 159
Israel ben Isaac, p. xxxiv. (2)
J. de C., 346
Jaco Aboazar, 1643
Jacob, 530, 1524, 1620, 1648
Jacob Abeldano, 1599
Jacob Aben Sara, p. 146
Jacob Albedana, 1566
Jacob Aronz, 262
Jacob Avenrodrig, Avenrodrich, 509, 515
Jacob Chasan ben Isaac, p. xxxiv. (1, 5, 6, 9, 11, 12) ; p. xxxv. (13, 14)
Jacob Cortez, 1512, 1568
Jacob Frances, p. 146
Jacob Gayade, p. 143
Jacob Naaman, p. 150
Jacob Tarazona, p. 151
Jacob de Thorres, 1576
Jacob de Urgel, 235
Jacob Yahiva, p. 141
Jacobo Carnicero, 1401, 1401
Jacobo Henton, p. 159

Jacobo de Valencia, 1267
Jafe, see Abrahan Jafe
Jaffies [Jafe], see Isach Jaffies, 724
Jafra Almorcat, 112
Jafra Ferrario, p. 159
Jafre Avinzabarre, 153, 154, 156
Jafre Maymon, 157
Jafuda fill dem Astruch Bonsenyor, 1329
Jahudan Albante, 421
Jahudan (Jafuda, Jahudano) de Cavalleria, 114, 132, 133, 140, 141, 163, 165, 171, 175, 183, 191, 220, 225, 242, 267, 289, 297, 298, 329, 330, 332, 338, 343, 344, 345, 352, 360, 361, 362, 408, 459, 465, 468, 474, 475, 499, 510, 513, 514, 525, 528, 538, 568, 572, 614, 617, 630, 670, 675, 676, 677, 678, 691, 698, 700, 704
Jahudan de la Paza, 240
Jahudano Avencivez, 160
Jahude, 260
Jayme [Jacob] de Call, 564, 565, 583, 626, 629, 664
Jayme de Montjuich, 165, 489, 491, 492, 493
Jayme Romeo, 638
Jayme Salomon, 639
Jehuda ben Abraham, p. xxxiv. (7, 8, 11, 13)
Jehuda ben David, p. xxxiv. (4)
Jenon, 1556
Jento, 1607
Jento Asce, 1585
Jento Baza, 1528
Jento de Berquiz, 1462
Jento Cami, 1509
Jento Embolat, 1532
Jeronima de la Paz, 32
Joaimez Selma, 100
Joanne Sancez de Calataniebo, 1725
José Garcia de Najera, 47; see Nunez Garcia José; José de Vitoria
José de Vitoria; 47 see Nunez Garcia José; José Garcia de Najera
Josefo de Monso, 302
Joseph ben Abraham, p. xxxi. (6)
Joseph Ebreo, p. 129
Joseph Chasan ben Moses, p. xxxv (2, 4, 6)
Joseph (Yussuf) ben Samuel, p. xxxiv. (5, 12, 13, 14)
Jozé Coronel, 22; see Fernandez de Castro Da Jozé
Joze (Juze, Juce) Evendavit (Avendavit, de Rabi David, de Rabi Dabid), 1584, 1585, 1669, 1678
Juan Vidal, 1682
Juan de Vidouire, 126
Juan y Rodrigo, 54, hijos de Catalina Rodriguez

Juarez Manuel, 33
Juçaf [Joseph] Aben Alfaha, p. 146
Juçaf Absaradiel, p.146
Juce fijo de Azac Cardeniel, p. 151
Juce Hermano de Alboazal, 1330
Juce [=Joseph], see Samuel Juce, 1733
Juce (Juze, Juza) Orabuena (Horabuena), 1495, 1513, 1521, 1528, 1529, 1541, 1542, 1543, 1547, 1549, 1550, 1551, 1560, 1562, 1567, 1568, 1570, 1571, 1573, 1581, 1591, 1592, 1599, 1601, 1603, 1610, 1614
Jucef, 102, 260
Jucef, 728
Jucef Abencabre (Avincabre), 203, 359
Jucef Abinhahin, 364
Jucef Abnalfalim, 282
Jucef hijo de Abrahan, 721
Jucef hijo de Abraham Ferrero, 200
Jucef Abudarban, p. xxxiv. (2)
Jucef Albala, 524
Jucef Alcofol, 288
Jucef Aveambra, 290
Jucef Avencafay, 1716
Jucef Avenxaprut (Avinceprut, Avenxprit, Abenxaprut), 402, 511, 521, 671, 672, 673
Jucef Avincabre, 203
Jucef Avinceyt, 284
Jucef Bava, 723
Jucef el Calbo, 283
Jucef Franch, 616
Jucef Levi, p. 158
Jucef de Mayoneh, p. 159
Jucef de Moza, 272
Jucef Ravaya (Rabaya), 632, 690, 710, 722
Jucef de Tudela, 389
Jucef Zabarra, p. 158, p. 159
Jucefa hijo de Aaron Cellem, p. 159
Juceff Mascaran, 164
Juceff de Mayorcha, p. 157
Juceffus Baroni, p. 157
Jucefo, 512
Jucefo hijo de Pros Levi, 736
Jucefo Revaya, 494; see Jucef Ravaya
Juceph de Grassa, 148
Juceph (Jucefo) hijo de Navarra, 218, 301
Jucepho Abentudi, 400
Jucepho Astrugo, 486
Juda, 103
Juda Amatu, p. 151
Juda Cardeniel, p. 151
Juda f. de Juze Cardeniel, p. 151
Juda Lebi, 1470
Juda Maquarel, p. 151
Judah, 1328
Judah ben Moses, 1341
Judas, 1415

Judas Abinbeniz, 1541
Judas Adida, 1532
Judas Alfaquin, p. 150
Judas Almiri, p. 150
Judas Baco, 1621
Judas Embolat, 1469
Judas Ezguerra, p. 150
Judas hijo de Dⁿ Ezmel de Ablitas, 1405
Judas Gotta, p. 150
Judas Levi, 1458, 1463, 1471, 1475, 1476, 1477, 1478, 1479, 1480, 1485, 1486, 1488, 1490, 1499, 1506, 1507, 1532, 1533, 1535, 1536, 1537, 1541, 1549, 1554 ; p. 150
Judas Levi Altamira, p. 150
Judas Levi el Joven, p. 150
Judas Macarel, 1618
Judas Macharel Marchant, p. 151
Judas Orabuena, 1590, 1605, 1614
Judas Zapattero, p. 150
Juhada Avincent, 725
Juhadan Avinbices, 266
Junes fijo de Dⁿ Ezmel, 1409
Juniz, 1544
Juscef, 725
Juseph, 101
Juzaf, 1604
Juze [Joseph], 1408, 1408
Juze, 1621
Juze fijo de Abram Maquerel, p. 150
Juze Ahaen, 1589
Juze Alborque, 1438
Juze Alcalahorri, p. 150
Juze Alfaqui, 1628
Juze Alfeda, 1660
Juze de la Barval Marchant, p. 151
Juze Bonosiello, 1620
Juze de Calahorra, 1411, 1411
Juze encave, 1442
Juze Esquerra, 1427
Juze Govero, p. 151
Juze Heudi, 1485
Juze Lebi, 1480
Juze Machu, p. 150
Juze Mattascon, p. 150
Juze Medellin, 1621
Juze Naamias, p. 150
Juze Ofizial, 1620, p. 150
Juze Ravi [Rabi], 1440, 1668
Juze Tulli, 1627
Juze (Iuze) Zayel (Zarzel), 1502, 1504, 1512
Larrabiza [Larrabezua, pr. Viscaya], see Abran de Larrabiza, 1667
Larranza [Larrainzar, pr. Navarra], see Abran de Larranza, 1624
Lave [Levi] Azen, p. 151
Lebi [Levi], see Juda Lebi, 1470 ; Juze Lebi, 1480
Leon, see Astrugo Leon, 216

Leon Frances, 1669
Leon de Paris, p. 151
Leonet, p. 151
Lera [Leira, pr. Coruña], see Abram Lera, p. 150
Levi, 1428
Levi, see Abraham Levi, 147, 231 ; Abran L., 1620 ; Judas Levi ; Juce L., p. 158 ; Salomon L., p. 150 ; Saul L., 1600, p. 150 ; Semuel Levi, 1637, 1655
Levi Arrobas, 1583
Levite, see Gulielmi Levite, p. 130
Limale, see Abraham de Limale, 543
Liot, Carlota, 34
Lodiva, see Abraham de Lodiva, 433
Lopez de Andrade (Manuel), 35
Luna, 148
Lupeto, see Bevengario Lupeto, p. 159
Lupeto Hereton, pp. 156, 159
Macarel, see Judas Macarel, 1618
Machado, Lope, 36
Macharel Marchant, see Judas Macharel Marchant, p. 151
Machu [cf. Majua, pr. Leon], see Juze Machu, p. 150
Madrid, Fr. Juan de, 37
Maer [Meir] Zabaira, 716
Maestro Huesca, 920
Magestro, 138
Mahahixo Coquino, 575
Mahalab, 469
Mainos, see Gento Mainos
Mair de Huerta, 1582
Malac, see Acaz el Malac, 1585
Malat [? Malac], see Salomon Malat, 1671
Mamea, see Azach de Mamea, p. 151
Manio, see Simon de Manio, 708
Manresa [pr. Barcelona], see Maymon de Manresa, p. 159, see Minorisa
Manuel, see Juarez Manuel, 33
Manuel indio, 38
Manuela Pimentel, 87, 88
Manuela de Pimentel, 91
Maquerel [cf. Macarel], see Acach Maquerel, p. 150; Galaf M., p. 150; Suze fijo de Abram M., p. 150
Maquarel, see Juda Maquarel, p. 151
Mardofay [Mordecai], see Musquet Mardofay, 497
Maria Alvarez, 73
Marti (Martini), see Raymundo Marti, 193, 230
Martin Bⁿ Francisco, see Francisco de San Martin, 39
Martin, see Sanchez Martin, 8
Martin hijo de Ruy Gonzalez, 8
Mascarini [cf. Almascarani], sec Juceff Mascarini, 164

Masolom [Meshullam], see Mayro Masolom, 638
Matho, see Galaf Matho, p. 150
Matolij [cf. Matola, pr. Alicante], see Ferrer Matolij, 497
Matos, Baltasar de, 40
Mattascon, see Juze Mattascon, p. 150
Matteo, see Samuel Matteo, p. 151
Maylo Azelemi, 281
Maymon [cf. Maimonides], see Isaac Maymon, p. 159; Jafre Maymon, 157; Abrahm hijo de Maymon, 214, p. 130
Maymon, see Moyses hijo de Maymon [Maimonides], 243
Maymon Astruch, p. 159
Maymon de Castillanli, 354
Maymon Coffen, p. 159
Maymon de Manresa, p. 159
Maymonello, 7, 153
Mayoncha [Majorca], see Juceff de Mayoncha, p. 157
Mayoneh, see Jucef de Mayoneh, p. 159
Mayr Abenhamias, 1312
Mayrisio, 461
Mayro Masolom, 638
Maysono, hijo de Mir y Dulcia, p. 159
Maza, 1485
Medelin [pr. Badajoz], see Abrahn Medelin, p. 150, etc.; Acaz Medelin; Azach M., p. 150; Nazan M., 1620; Saul de Medelin, 1469
Medellin, see Juze Medellin, 1621; Mosen N., 1593
Medillen, see Acaz Medillen, 1544
Menahen [Menachem] Bonavia, p. 146
Menahen Frances, p. 150
Mendez, 67 (see Antonio Rodriguesgrades)
Mendez, see David Mendez, 42; see Mendez Cristobal; Cristobal de Ayala
Mendez, see Isaac Mendez, 56
Mendez Dⁿ Carlos, 41
Mendez Cristobal, 42; see David Mendez; Don Cristobal de Azala
Mendez, Fernando, 43
Mendez, Victoria, 13
Mendez, Viorante, 13
Mier Zabarra. p. 158 (see Maer Z.)
Minorisa [Manresa], see Esther de Minorisa, p. 158; Isaac de M., pp. 156, 158; Saimonus de M. p. 158
Mira Eredera de Ravi Azach, 1446
Mirona Vidal, p. 158
Molofay [Mordecai], see Moschal Modofay, 685
Mohep, see Yhuda Mohep, 1312

Mois, 1620
Molina [pr. Burgos], see Mose de Molina, 1302
Montjuich [nr. Barcelona], see Jayme de Montjuich
Monso [Monzon], see Josefo de Monso, 302
Montpellier, see Astrugo de Montpellier, 413; p. 158
Mora, see Jucef de Mora, 272
Mosa Nahguelib, 204
Moschal Mordofay, 685
Mose Abembivay, 422
Mose Aben Tupel, p. 146
Mose Amatu, p. 151
Mose Calaorrano, p. 150
Mose Casteillano, p. 150
Mose embolat el Viejo, p. 151
Mose figo Abram Frances, p. 150
Mose de Molina, 1302
Mose Orabuena, 1585
Mose Quinto, p. 150
Mosen Medellin, 1593
Mosen Zarazaniel, 1634
Moses ben Chainiz, p. xxxiv. (1, 5)
Moses Chasan ben Joseph, p. xxxiv. (7)
Moses Chaya, p. xxxiv. (9); p. xxxiv. (14)
Moslet, 1516
Mosse [=Moshe (ss=sh)=Moses], see Bonafos Mosse, 646
Mosse Alcostante, 483
Mosse Avengayet, 161
Mosse hijo de Bahiel, 285
Mosse el Neyto, 651
Mosse hijo de Salomon, 642
Mosse hijo de Salomon Samiel, 540, 643, 653
Mosse Samuel, 646, 652, 654, 655, 656
Moyses hijo de Maymon, 243
Moyses Rabeya, p. 159
Moysse Rabbi, maestro de Gerona, 246
Moze Bazu, p. 151
Muce (Mage, Muse) de Portella, 532, 600, 605, 606, 610, 611, 615, 624
Musquet Mardofay, 497
Musse [Mosse=Moshe=Moses], see Abiat Musse, 555
Naaman [=Heb. *Nachman*], see Jacob Naaman, p. 150
Naamias [=Heb. *Nachmias*], see Juze Naamias, p. 150
Nachmanides, 289
Nafarro [Navarro], see Genco Nafarro, p. 150
Nahguelib, see Mosa Nahguelib, 204
Nasi (Nacy) Azday (Asdai), 462, 471
Navarra, see Jucef hijo de Navarra, 218, 301
Navarrey, 218
Navarro, 302

Navort, see Samuel de Navort, p. 151
Nazan [Nathan] de Gabay, 1518, 1550
Nazan (Nazar) del Gabay, 1532, 1545, 1568, 1586, see Azan del Gabay, 1446
Nazan Medelin, 1593, 1620
Nazar, 1648
Nazar Cerruch, 1633
Neyto [cf. Nieto, pr. Albacete], see Mosse el Neyto, 651
Nicos, 1527
Niort, see Abraam de Niort, p. 151
Nucion [cf. Nucia, pr. Alicante], see Gento Nucion, p. 150
Nuñez Alvarez Isabel, 13
Nuñez Febos Diego, 44
Nuñez Garcia José, 47 (see José de Vitoria; José Garcia de Najera)
Nuñez Isabel, 45
Nuñez de Silva, Dª Isabel, 46
Ochoa Sanchiz, 1618
Oficial, see Acat (Acach) Oficial, 1428, p. 150
Olivares, Francisco Luiz de, 48
Orabuena [?=Heb. Shemtob], see Abran Orabuena, 1585 ; Acaz Orabuena ; Geuda Orabuena, 1420 ; Juce Orabuena ; Judas Orabuena, 1590, 1605, 1614 ; Mose O., 1585 ; Salomon Orabuena, 1575
Palafols [pr. Barcelona], see Isach de Palafols, 718
Paramo, Francisco de, 49
Parego [cf. Pareja, pr. Guadalaxara], see Acach Parego, 1618
Paris, see Leon de Paris, p. 151
Parra, see Azach de la Parra, p. 151
Passarell [cf. Passarelos, pr. Coruña and Asparel among Writers], see Samuel Passarell, 411
Paulo Burgense, 1272
Payba, Gonzalo, see Baez de Payba, Gonzalo, 6
Pedro hijo de la Cibriana, 54
Pedro, Juan de San, 50
Pedro Vives hijo de Jucef Avenvives, 558
Peña, Fernando de la, 8
Perez, see Garcia Perez, 1245
Pimentel, see Manuela Pimental, 87, 88, 91
Pintor, see Cazon Pintor, p. 150
Pizon [cf. Pison, pr. Palencia], see Azach Pizon, p. 151
Porta, see Bonastrugo de Porta, 321
Porta [in E. Pyrenees, cf. Sa (=la) porta, Sasportas], see Astrugo de Porta; Benvenist de Porta
Portella [nr. Villafranca, Leon], see Mucc de Portella

Prats [pr. Barcelona], see Salomon de Prats, 697
Provincia [Provence], see Bonanat de Provincia, 147
Quinto [pr. Zaragoza], see Mose Quinto, p. 150
Rabaya [= Ravaya = Rab. Chief Rabbi], see Jucef Rabaya, 722
Rabeya [Ravaya], see Moyses Rabeya, p. 159
Rabi [Rabbi], see Juze Rabi, 1668
Rabi *haym* el Levi, p. 143
Rabica, 1639
Rava [Ravaya], see Jucef Rava, 723
Ravay [= Rab, Chief Rabbi], see Astrugo Ravay
Ravaya, see Jucefo Ravaya, 494
Ravayle, see Astruch Ravayle, 727
Raviona, la Vidua de, p. 151
Raviza [Ravaya], see Abram Raviza, p. 151
Raymundo (Raymund) Marti, 193, 230
Raymundus, 1249
Regina, p. 158
Regina hija de Samuel Brafagre, 148
Reynna, p. 150
Rivopullo [pr. Girona], see Astruch de Rivopullo, pp. 156, 159 ; Vitalis de Rivopullo, pp. 155, 159
Robles, Juan de, 51
Rodrigo, see Juan y Rodrigo, hijos de Catalina Rodriguez, 54
Rodrigo hijo de Martin Fernandez, 54
Rodriguez, Beatriz, 13
Rodriguez, Juana, 55
Rodriguez Mercado, Dª Baltasar, 53
Rodriguez, Miguel, 13
Rodrigues Narices, Diego, 54
Rodrigues de Sesena, 52
Romeo [pr. Zaragoza], see Jayme Romeo, 638
Romeo, 638
Romeo de Call, 565
Romero [pr. Murcia], see Domingo Romero, 56
Romero, Juan, 56
Ruiz, Bartolomé, 57
Saimonus de Minorisa, p. 158
Sala [pr. Barcelona], see Abraham de Sala, 535
Salaio Vidua, p. 151
Salama de la Cambra, 679
Salamon hijo de Abran franco, p. 150
Salamon hijo de Bonhida de Torre, 712
Salamon franco, 1553
Salamon Gota, p. 150
Salamon Habn., p. 151
Salamon de Torres, p. 151
Salasaar Belcayra, 104
Salazar, Dª Catalina, 58

Salema (Salome) de Daroca (Derocha), 221, 249, 336, 337, 351
Sallaman Gateymos, 1596
Salomon, 1620
Salomon, see Bonanoxo Salomon, 241; Jayme S., 639; Vidal Solomon, 158
Salomon de Ablitas, 1433, 1437, 1439
Salomon Adret, 215, 713; p. 130
Salomon Albala, 281
Salomon Alfaquein, 472
Salomon Alfaquin (Alfaqui), 285, 286
Salomon Algoadis, 1620
Salomon Almuli, 212
Salomon Avinbruch, 512
Salomon Bacon (Baco), 1511, 1619, 1620, 1629, 1631
Salomon Bahiel, 286
Salomon Caracosa, 715
Salomon de Cavalleria, 517, 570
Salomon Cohon, 178
Salomon Descals, 638
Salomon Dulceto, p. 159
Salomon fijo de Judas franco, p. 150
Salomon Levi, p. 150
Salomon Malat, 1671
Salomon Orabuena, 1575
Salomon de Prats, 625, 697
Salomon Samuel, 641 (see Bonisach Samuel)
Salomon hijo de Samuel Aurilopiat, 403
Salomon de Tortosa, 233
Salomon Vidal, p. 157
Salomon Vidal (Vitalis), 534; pp. 156, 157, 158, 159
Salomon Zaragoza, 169, 172
Salomonis, p. 129
Samuel, 467
Samuel, p. 159
Samuel, see Mosse Samuel, 646, 652, 654, 655, 656; Salomon S., 641
Samuel Abenduit, 1733
Samuel Abroz, p. 151
Samuel Acaa, 237
Samuel Alborge, 1425
Samuel Alcala, 334
Samuel Alfaqui, 1519
Samuel (Semuel, Simuel) Amaneillo (Amanillo, Amarillo, Amariellio, Amariello), 1459, 1468, 1479, 1482, 1506, 1510, 1515, 1531, 1534, 1544, 1549, 1554, see Zimuel, A.
Samuel Avrufesal, 291
Samuel Bienvenist, 1597
Samuel ben Chaya, p. xxxiv. (8, 11, 13)
Samuel Cresch, 646
Samuel Empempesat, 1418
Samuel franco, p. 150
Samuel de Granada, 1626
Samuel Isach hijos de Aron, 238

Samuel hijo de Jacob, 194
Samuel Juce, 1733
Samuel padre de Judas, 1448
Samuel Matteo, p. 151
Samuel de Navort, p. 151
Samuel Passarell, 411
Samuel hijo de Simeon, p. 159
Samuel Vonisat, p. 151
Samuel Zerno, 336
Sanchez Martin, 8
Sanchez Serrano (Luis), 17
Sanchez de Zamora, Diego, 59
Sanchiz, see Ochoa Sanchiz, 1618
Saprut [Shaprut, cf. Avenxeprit], see Sento Saprut, 1614
Satorra, see Saul Satorra, p. 158
Saul, 1450
Saul Acaya, 1623
Saul Cohen, p. 151
Saul Darniedo, 1538
Saul Levi, 1600, p. 150
Saul de Medelin, 1469
Saul Satorra, p. 158
Selma, see Joaimez Selma, 100
Semuel (Simuel) Alfaquin (Alfaque), 1480, 1613
Seneos Don, p. 150
Sento [Shemtob], 1519
Sento Falaguera, 1462
Sento Grenaion, p. 150
Sento Saprut, 1614
Sentto Gabai, p. 150
Seseña, see Rodrigues de Seseña, 52
Shosan ben Shemtob, p. xxxiv. (2, 10, 13)
Simeon, p. 158
Simon Egido, 258
Simon Enech, 668
Simon de Manio, 708
Simuel, 1449, 1607
Simuel Bienvenist (Bienbenist, Bienbenista), 1559, 1566, 1577
Simuel Lebi (Levi), 1637, 1655
Solomon ben Abraham, p. xxxiv. (10)
Solomon Chasan ben Chayim, p. xxxiv. (6)
Solomon Cohen ben Joseph, p. xxxiv. (9)
Sorbeillida, 1610 (hija de Juze Orabuena)
Sosa, D. Francisco Rafael de, 60 (see Antonio D.)
Sosa, Manuel de, 61
Suan [cf. Suano, pr. Santander], see Vidal Suan, 648
Suyllan, see Isach Suyllan, 647
Talay [cf. Talaya, pr. Oviedo], see Abrahem Talay, p. 146
Tarazona [Taragona], see Jacob Tarazona, p. 151

Thomas Trivet Cavallero de Anglaterra, 1519
Thorres [Torres, pr. Navarra], see Jacob de Thorres, 1576
Todros Abenamjas, p. 146
Todros Abendabuit (Abenduit), 1732, 1733
Toledo, Fr. Alfonso de, 62
Tolosa [=Toulouse], see Astruco de Tolosa, 348
Toros (Teros), Vidal (Vitalis), pp. 156, 157, 159
Torres [pr. Navarra], see Salamon de Torres, p. 151; see Thorres
Tortosa, see Salomon de Tortosa, 233
Tudela, see Jucef de Tudela, 389
Tulli, see Juze Tulli, 1627
Tupel [=Heb. Tophel], see Mose Aben Tupel, p. 146
Urgel [cf. Urgal, pr. Pontevidra, and Uriel da Costa], see Jacob de Urgel, 235
Valencia, see Jacobo de Valencia, 1267
Vaseba, see Dona Vaseba, p. 151
Veredebut, see Yuda Veredebut, 1644
Veriach, see Azach Veriach, p. 151
Vidal [=Heb. Chayim], see Barano Vidal, p. 158; Cresques Vidal, p. 159; Juan Vidal, 1682; Mirona Vidal, p. 158; Salomon V., p. 157; Toros Vidal
Vidal, 616, p. 156
Vidal Arture, 657
Vidal (Vitali, Vitalis) Astruch, 220, 300, 367, 406; pp. 155, 156, 158
Vidal (Vitalis) Baroni, p. 156, 158
Vidal Cerujico, 1657
Vidal de Camporotundo, pp. 158–9
Vidal Dulceto, p. 159
Vidal Enoch, p. 156
Vidal Hereton, p. 159
Vidal Salomon, 158
Vidal Suan, 648
Vidal Xicadillo, 604
Vidalon, 314
Vidouire [Vidueero, pr. Lugo], see Juan de Vidouire, 126
Villareal Cohen, Juan de, 63
Villon, 1481
Vion hijo de Juces Abenvion, 393
Vitalis [=Heb. Chayim], see Baronetus Vitalis, p. 157
Vitalis Azday, p. 135
Vitalis Heretoni, p. 156
Vitalis (Vidal) de Rivopullo, pp. 155, 159
Vitaliz Hieroni, p. 157

Vitas Altamira, p. 150
Vitas Benjamin, 1420
Vitas Cortes, p. 150
Vitas Frances, 1481
Vitoria, see José de Vitoria, 47
Vives, 680, 729, 732
Vives hijo de Jucef, 737
Vives hijo de Jucef Abenviveo (Abenvives, Jucef Abenvion), 477, 531, 574, 576, 577, 621, 669, 699, 701, 707, 717, 733
Vivones, 539
Vonisat [Bonisac], see Samuel Vonisat, p. 151
Vos, see Zulema de Vos, p. 151
Xaprut [Shaprut], 1073
Xaym [=Heb. Chayim] Arcala, p. 146
Xicadillo [cf. Gikatilia among Writers], see Vidal Xicadillo, 604
Ximon Carniceros, p. 146
Xixon [?=Heb. Shoshan], see Astrugo Jacob Xixon
Yahiva, see Jacob Yahiva, p. 141
Yhuda Alpullat, p. 146
Yhuda Mohep, 1312
Yuce Alfaqui, 1651
Yuda Veredebut, 1644
Yuza embolat, 1428
Yuzaf Buchon, p. 146
Yuzaf Granat, p. 146
Ysrael, see Benoria Ysrael, 97
Zabaira, see Maer Zabaira, 716
Zabarra, p. 155
Zabarra, see Astruch de Zabarra, p. 156; Jafre Avibzabarre, 153, 154, 156
Zabarra, see Jucef Zabarra, pp. 158, 159; Mir Zabarra, p. 158
Zamora, see Sanchez de Zamora Diego, 59
Zanon f. de Jacob de Cardeniel, p. 151
Zapattero [=carpenter], see Judas Zapattero, p. 150
Zaragoza, see Salomon Zaragoza, 169, 172
Zarazaniel, see Acach Zarazaniel, 1635. Mosen, Z., 1638
Zayel [?=Zavalla in Biscay], see Juze Zayel
Zazon Azaia, p. 151
Zazon Ederi, 1571
Zazon farachi, p. 151
Zerno, see Samuel Zerno, 336
Zimuel Amariello, 1473
Zulema Alfahar, 1293
Zulema el Franco, p. 151
Zulema de Vos, p. 151

www.ingramcontent.com/pod-product-compliance
Lightning Source LLC
Chambersburg PA
CBHW031905220426
43663CB00006B/770